현대의 지성 60

한국 종교 사상의 사회학적 이해

차성환

1995

지은이의 문학과지성사판 역서

막스 베버의 사회과학 방법론(1990)

현대의 지성 60

한국 종교 사상의 사회학적 이해

초판 발행/1992년 4월 20일

재판 발행/1995년 9월 1일

지은이/차성환

펴낸이/김병익

펴낸곳/(주)문학과지성사

등록번호/제10-918호(1993. 12. 16)

서울시 마포구 서교동 363-12호 무원빌딩(121-210)

편집: 338)7224~5·7266~7 FAX 323)4180

영업: 338)7222~3·7245 FAX 338)7221

ⓒ차성환, 1995

ISBN 89-320-0557-5

값 8,000원

현대의 지성 60

한국 종교 사상의 사회학적 이해

차성환

증보판을 내며

저자는 여기에서 그간 독자들에게 가장 많은 오해를 불러 일으켰던 것으로 보이는 '공공 윤리' 개념에 대해서 간단히 언급해두고자 한다. 이 책에서 사용되고 있는 공공 윤리 개념은 서구 근대 사회를 지지해주고 정당화시켜주는 것으로, 우리 전통의 신유교 윤리적 지향과는 대립 관계에 있다. 신유교 윤리는 '삼강 오륜'에서 단적으로 드러나는 바와 같이 어디까지나 인간 사이의 구체적인 관계에 관련된 행위 원리이다. 저자는 이러한 윤리를 '사적' 윤리라고 이념형적으로 규정하고 있다. 여기에서는 행동의 심정적 차원이 중요시된다. 반면 공공 윤리는 구체적인 인간을 넘어서 있는 원칙, 공동체의 목적·규칙·이상 등과 같은 추상적인 것에 대한 일관성 있는 헌신을 요구하는 행위 원리라고 규정하였다. 이 윤리는 행위의 형식적 절차를 객관적으로 규정함으로써 윤리성을 높여주려고 하는 경향이 있다. 이것은 서구에서 공적인 영역에서 이상적인 행위 원리로 통하고 있다.

본 증보판에서 새로이 추가된 제 7 장에서는 현재 한국 자본주의 사회가 얼마나 속속들이 신유교적 전통에 의해서 강하게 지배되고 있으며, 시민들의 행위와 사회 제도 사이의 모순이 현실적인 핵심 문제라는 것이 상세히 논증되고 있다. 그리고 제 8 장은 초판에서 미진하게 논의된 한국 개신교에 대한 보충적인 성격을 가지고 있다. 이로써 책 전체에 흐르는 논리가 다소 강화될 수 있기를 바라며 독자들의 아낌 없는 질책을 기대한다.

어두골 연구실에서
1995 년 8 월
차 성 환

책머리에

오늘날 우리 사회를 염려하는 많은 사람들은 사회의 공적 및 사적 영역 모두에서 난무하고 있는 부정·부패·비리 등과 인맥·학맥·지연 등이 공적인 법과 규범을 넘어서 결정적으로 중요한 역할을 하고 있는 현실을 한마디로 '총체적 난국'이라고 진단하고 있다. 해방 후 우리 사회는 서구적인 방식에 따라 근대화를 추진하여, 특히 경제적인 면에서 괄목할 만한 발전을 이룩했다. 그럼에도 불구하고 사회의 희소 자원을 평화적으로 원만히 분배하고 내적 갈등을 처리하여 일정한 수준의 통합을 달성하는 데에는 완전히 무력함을 드러내고 있다. 이는 우리 사회의 정치적 지배 구조와 그것에 대한 사회 성원의 태도 사이의 불일치로부터 심각한 문제점들이 발생되고 있다는 것을 의미한다. 이러한 사회의 지배 구조와 시민의 사회적 행위 사이의 갈등으로부터 빚어지는 문제와 모든 산업화된 사회가 공통적으로 안고 있는 문제와는 분명히 구분되어야 한다. 또한 이러한 갈등으로부터 오는 우리 사회 특유의 문제에 대한 원인은 근대적인 사회적·정치적 제도의 부재에 있지 않으며, 또 아직 완전히 산업화되지 않은 과도기적 발전 상태에 있기 때문도 아니다. 오히려 그 원인은 근대 정치적 제도들에 수반되어야 하는 '공공의 윤리'가 충분히 발전되지 못한 데에 있다고 할 수 있다. 사회정치적 태도에 대한 근대적 인간의 태도와 행동 지향은 하나의 특별한 윤리로부터 강하게 지원을 받고 있다. 그런데 우리 사회는 이와 다르다는 데에 문제가 있는 것이다.

이는 우리 사회에서 깊은 의미를 지니는 심층적이고 중요한 문제임에 틀림없고, 사회학은 이 문제에 대하여 마땅히 책임 있고 설득력 있는 대답을 찾아 제시해야 할 것이다. 저자는 이를 근대적 사회 제도와 행위 지향 사이의 모순이라고 규정하고, 역사적으로 왜 이런 사태가 빚어지게 되었으며, 이렇게 된 데에는 어떤 층의 사회적 행위에 그 주요한 원인과 책임이 있는가를 사회학적으로 규명하고 싶었다. 이러한 관심에서 저자는 이 책에서 우선 우리 사회 사람들의 행위의 주요 동기 체계를 구성하고 있음에 틀림없어 보이는 불교·신유교·카톨릭·동학·개신교 등의 윤리적 종교에 주목하여 분석을 시도하게 되었다.

이 책에 담겨 있는 논문들은 근대화 과정을 통해서 한국 사회에 도입되었거나 새로 생겨난 제도들을 운용하는 데 필요한 행위 동기를 우리 사회의 종교 및 이와 관련된 문화 체계가 제공해주고 있는가를 묻는 데 지향되어 있다. 근대적 사회 제도들이 사회 속에서 원만히 기능하기 위해서는 공리주의적 행위 동기를 넘어서는 강한 동기 부여 체계의 확립이 필요하다는 것이 저자의 기본적인 입장이다. 이를 위해서 사회과학의 어떤 고정된 이론이나 모델에 비추어 역사적 자료들을 검증하는 방식을 취하지 않았다. 역사적인 많은 사실들을 문제시하고 우리 역사의 연대기적 순서의 기본 골격을 따르고 있으나 역사학적인 연구를 수행한 것은 아니다. 우리의 역사와 사회에서 큰 역할을 했고 현재 우리들 행위의 의식적·무의식적 준거틀로 작용하고 있는 한국의 윤리적 종교의 사상을 연구 대상으로 하고 있다. 추상적인 교리나 관념의 수준에서가 아닌 해당 종교 지식인들의 사고 구조를 역사사회적 상황 속에서 이념형적으로 재구성하여 인간 행위에 제공한 의미 체계를 이해할 만한 것으로 드러나게 하는 데 주력하고자 했다. 때문에 역사적 대상들을 우리의 질문에 적합하다고 생각되는 한에서만 지극히 선별적으로 상세히 논의하는 형식을 취했다.

이 책에 담긴 논문들은 단행본을 겨냥하여 씌어진 것이 아니라, 저자가 89년 독일 유학에서 돌아와 개별 논문 형식으로 학술 잡지에 발표한 것들이 대부분이다. 불교와 유교에 대한 논문은 저자의 박사 논문으로부터 뽑아내어 우리말로 옮겨 자유롭게 정리한 것이다. 이 때문에 각 논문의 문제 제기와 결론 부분이 다소 중복되기도 했다. 단행본으로 준비하면서 개별 논문들에서 발견된 오자와 어색한 문체를 가다듬고 논리를 강화하기 위해 필요한 손질을 했지만 각 논문의 기본 논지에는 변함이 없다. 마지막 제6장을 제외한 각 장은 모두 해당된 하나의 종교를 다루고 있는 독립 논문 형식으로 구성되어 있다. 그러나 서로 다른 종교들을 다루고 있는 각 논문이 모두 우리 사회의 제도와 시민들의 행위 지향 사이의 갈등 원인을 해명하고자 하는 동일한 문제에 지향되어 있기 때문에 단행본으로서의 통일성을 유지하고 있다고 할 수 있다. 이 책에서 제기한 문제들의 만족할 만한 해명을 위해서 계속되는 연구가 뒤따라야 함은 말할 것도 없다. 특히 한국 개신교에 관한 논문은 초기 선교사의 종교 성향만이 다루어져 선교사들을 계승하고 있는 한국 개신교 지식인들 고유의 역할이 분석되지 못한 채로 남아 있다.

어려운 가운데에도 학문을 계속할 수 있도록 물심 양면으로 격려와 지원을 아끼시지 않으시고, 이 책을 집필하는 데 좋은 조언을 주신 여러 교수님들, 특히 박영신·진덕규 교수님과 글방 모임에서 값진 토론을 나눌 수 있었던 선생님들을 기억하며 고마움을 표하고 싶다. 그리고 논문들이 완성되기까지 헌신적으로 자세히 읽고 오류를 지적해준 아내 조진형의 노고에 대해 감사의 마음을 전하고자 한다. 초학자인 저자의 책의 출판을 기꺼이 맡아주신 문학과지성사 김병익 사장님과 좋은 책을 만들기 위해 애쓴 편집부 직원들에게 감사의 뜻을 표하는 바이다.

1992년 3월
차 성 환

차 례

증보판을 내며/iii
책머리에/iv

제 1 장 한국 불교 지식인의 사고 구조와 생활 세계 ────── 11
    1. 불교 일반에 대한 서론적 고찰 • 12
    2. 한국 불교의 두 가지 주요 흐름 • 17
    3. 불교의 개혁 및 대항 개혁 운동 • 33
    4. 맺는 말: 사고 구조의 사회적 의미 • 41

제 2 장 신유교와 사적 윤리 ──────────────── 49
    1. 유교에 대한 예비적 고찰 • 50
    2. 한국에서의 유교(13세기까지) • 55
    3. 한국에서의 사회 변동과 신유교의 등장 • 58
    4. 한국에서 신유교 지식인의 사고 구조 • 66
    5. 맺는 말 • 101

제 3 장 초기 한국 카톨릭 교회 공동체의 구조 원리 ───── 111
    1. 머리말 • 111
    2. 한국 카톨릭 교회 공동체의 생성 • 122
    3. 초기 카톨릭 교회 공동체의 구조 원리 • 138
    4. 초기 카톨릭 지식인의 사고 구조 • 145
    5. 카톨릭 의식과 대중의 삶의 영위 • 150
    6. 맺는 말 • 153

제 4 장   한국 근대화와 동학 지식인의 사고 구조 ————— 158

　　1. 머리말 • 158
　　2. 동학 공동체 조직 원리의 특징 • 163
　　3. 최제우의 신 개념 및 구원의 길 • 165
　　4. 추종자 집단의 계층적 성격 • 176
　　5. 신 개념, 인간관 및 구원의 길 변동 • 181
　　6. 맺는 말 • 193

제 5 장   초기 개신교 선교사들의 종교 성향과
　　　　　근대적 삶의 형성 ————————————— 203

제 6 장   한국적 산업 사회 맥락에서 새로운
　　　　　가치관의 모색 ————————————— 243

제 7 장   베버의 개신교 윤리와 한국 자본주의의
　　　　　신유교적 가치 ————————————— 267

　　1. 머리말 • 267
　　2. 서구 문화 전통과 막스 베버의 근대 자본주의
　　　 이해 • 272
　　3. 서구 자본주의와 한국의 신유교적 가치 • 293
　　4. 한국 자본주의 신유교적 전통 • 307
　　5. 맺는 말 • 339

제8장 1920~1930년대 기독교 신비주의 운동의
       사회학적 의의 ─────────────── 352
    1. 머리말 • 352
    2. 이용도 신비주의 운동의 위상 • 357
    3. 이용도의 인격적 카리스마와 교회 비판 • 361
    4. 신비주의적 구원의 길과 생활 운용의 원리 • 367
    5. 신비주의적 신앙자의 능동적 활동이 지닌 의미 • 375
    6. 맺는 말 • 378

    색   인/383

제 1 장
한국 불교 지식인의 사고 구조와
생활 세계

오늘날 불교는 전인구의 35%를 점하고 있다. 불교는 1392년 조선 왕조 성립 이후로 통일신라 시대나 고려 시대와 같이 국교 또는 국가적 이데올로기로서 더 이상의 특권을 누리고 있지는 못하지만, 현재 한국 사회에서 가장 많은 신도를 가지고 있는 종교라고 할 수 있다. 불교는 조선 왕조 개국초부터 구한말까지 정부 관료와 신유교 지식인들에 의한 탄압으로 인해서 단지 주술적 성향이 강한 민속 신앙적 전통의 한 형태로서만 서민 대중들 속에서 명맥을 유지할 수 있었다.

오늘날의 한국 불교의 위상을 이해하는 데에는 다음의 역사적 사실을 주목해볼 필요가 있다. 한국 역사에서 일본에 의한 대한 제국의 식민지화는 지금까지 지배권을 누리고 있던 신유교에게는 사회에 대한 유교의 공식적 지배권의 종말을 의미하는 것이었다. 이와는 대조적으로 불교에 있어서는 제한된 의미이긴 하지만 신유교 세력의 압박으로부터의 해방을 의미하는 것이었다.[1] 개괄적으로 말하자면 이때부터 한국 역사에서 종교적인 문제는 서서히 사적인 문제로 의식되게 되었다. 이와 같은 사회적인 여건에도 불구하고 불교의 지도층은 조선 왕조 시대에서의 침체로부터 불교를 다시 회복시킬 수는 없었다. 불교의 이와 같은 형편과 관련하여 오늘날의 한국 불교에서도 불교적 지식인들이 과거 역사 속에서 보여주었던 전통

---

1) 강위조, 『일본 통치하 한국의 종교와 정치』, 현대신서 81(서울, 1977), pp. 68~73 참조.

적인 사고 구조 이외에 의미있게 발전된 어떤 것을 여전히 찾아볼 수 없다. 그렇기 때문에 오늘날까지도 사람들은 불교의 전성기를 여전히 통일신라와 고려 시대로 보는 경향이 있다. 이 때문에 우리는 불교적 지식인들 특유의 사고 구조 중 가장 독창적이고 의미있는 것을 바로 이 전성기에서 발견할 수 있을 것이고, 또 이것을 연구해봄으로써 오늘날 불교가 갖는 사회적 의미의 이해에 있어 이념형적인 개념의 역할을 기대해볼 수 있을 것이다.

1. 불교 일반에 대한 서론적 고찰

불교란 창시자인 고타마 싯다르타의 '깨달음을 얻은 자'라는 뜻을 가진 '부다'의 학설을 받드는 종교를 의미한다. 고타마 싯다르타(약 BC 560~480)는 네팔과 인도의 국경 지방에서 태어났다. 35세 되었을 때 깨달음을 얻게 되어 부다 *Erwachter* 가 되었다.[2]

부다의 구원 선포는 다음과 같은 그의 견지에 바탕을 두고 있다. 곧 인간이 감각적 향락에 탐닉하는 것도 아니고, 과도하게 자학적으로 금욕하는 것도 아닌, 사려깊고 신중하게 세계를 포기하는 일종의 중도 노선을 따르는 것이 구원(해탈)에 다다르게 된다는 것이다. 물론 여기에는 인간의 고통 *Leiden*, 그것의 출현 원인, 고통의 원인 제거 그리고 이러한 목표에 도달하는 단계에 관한 4성제 8정도의 참된 지식을 갖는 것이 전제가 된다. 인생 전체는 온갖 고통으로 가득차 있다. 고통의 원인은 '생의 갈증' 곧 욕심 *Gier* 이다. 고통의 제거는 이와 같은 생의 갈증으로부터 자기 스스로가 해방됨으로써 이루어진다는 것이다.[3]

2) Hans Wolfgang Schumann, *Buddhismus: Stifter, Schulen und Systeme*(Olten, 1976), pp. 15, 21 참조 ; Helmuth von Glasenapp(옮기고 엮음), *Pfad zur Erleuchtung: Das Kleine, das Große und das Diamant-Fahrzeug*(Köln, 1985), pp. 15~17 참조.

3) 윗글, pp. 23f. 참조 ; Helmuth von Glasenapp,, *Die fünf Weltreligionen: Brahmanismus, Buddhismus, Chinesischer Universismus, Christentum und Islam*(Düsseldorf, 1963), p. 74 참조 ; Sergei Tokarev, *History of Religion*

부다는 자기 자신을 열반 *Nirvana*에 이르는 길 안내자라고 했다. 그러나 부다는 사람들이 그가 제시한 구원의 길을 실질적으로 가서 목표를 달성하도록 하는 데 자신이 어떤 영향력도 끼칠 수 없다는 사실을 분명히했다.[4] 다른 말로 그는 사람들의 짐을 대신 져주거나 자신의 능력을 사람들에게 양도하는 구세주의 성격을 갖지 않는다는 말이다. 이와 같은 '예시 예언'의 성격을 막스 베버는 다음과 같이 자세히 논의하고 있다:

그는 종교적인 구원에 이르는 길을 그 자신이 특유의 보기가 됨으로써 다른 사람들에게 알려준 하나의 본보기가 된 인간이다. 부다의 경우에서와 같이 그의 설교는 신적인 위엄을 지닌 위탁 사항도, 윤리적 복종의 의무에 대한 그 어떤 것도 담고 있지 않다. 오히려 그의 설교는 구원을 절실히 요청하고 있는 이들에게 자신이 걸어왔던 것과 똑같은 길을 갈 것을 호소하고 있는 것이다(예시 예언).[5]

또한 막스 베버가 보여주고 있는 바와 같이, 외형적으로 불교에는 평신도 공동체 조직이 없다. 잘라 말해 불교에서 신앙 고백적 수행은 수도원과 승려 공동체에 집중되어 있다. 그러나 승려 조직 자체 또한 고도의 조직성을 결하고 있다. 역사적으로 볼 때 평신도 조직의 결여는 불교가 자신의 출생국인 인도에서 완전히 소멸해버리는 결과를 가져왔다. 불교는 인도 밖에서 자신의 내적 구조를 심각히 변형시킨 형태로서만 하나의 '세계 종교'가 되었다.[6]

(1989): 우리말 번역은 한국 종교연구회, 『세계의 종교』(서울, 1991), pp. 314~17 참조.

4) Gustav Mensching, *Allgemeine Religionsgeschichte* (Heidelberg, 1949)(2판), pp. 186f. 참조.

5) Max Weber, *Wirtschaft und Gesellschaft* (Tübingen, 1972)(5판), p. 273 (*WG*로 줄여 씀).

6) Max Weber, "Hinduismus und Buddhismus," *Gesammelte Aufsätze zur Religionssoziologie* II (Tübingen, 1978)(6판), p. 252 참조("Hinduismus und Buddhismus"로 줄여 씀); Karl Ludvig Reichelt, *Truth and Tradition in Chinese Buddhism. A Study of Chinese Mahayana Buddhism*(übers. v. Kathrina van Wagenen Bugge)(New York, 1968)(2판), 5, pp. 10~12 참조. 불교의 발전에 대한 일반적인 사항은 Kenneth K. S. Ch'en, "Einlei-

불교는 세계에서 두 가지 큰 방향, 곧 소승 불교 *Hinayana-Buddhismus*와 대승 불교 *Mahayana-Buddhismus*로 각각 발전되었다.[7] 소승 불교에서는 사람들이 본질적으로 개인적 차원에서 특유의 인격적 구원(인생의 보편적 고통으로부터의 해탈)을 추구한다. 여기에서 불교는 전체적으로 도통한 사람이 되기를 추구하고, 죽은 다음에는 완전한 '열반'에 도달하기를 추구하는 수도승들을 위한 것이었다. 소승 불교는 주전 3세기에 스리랑카로 뻗어나아갔고, 주전 100년경에는 실론·버마·타일란드·라오스 및 캄보디아에 뿌리를 내릴 수 있었다. 부다가 입적한 후 약 400년경에 인도에서 발전된 대승 불교에서는 구도자들이 모든 중생과 온 세계의 제도 및 구원(해탈)을 위해서 애쓴다. 이렇게 하여 대승 불교는 부다의 옛 학설을 확장해 가지고 있음을 보여준다. 아시아에 널리 전파된 종교는 소승 불교가 아닌, 대승 불교였다. 대승 불교는 히말라야의 국가들, 몽고·티벳·중국·한국·베트남, 그리고 일본 등지에 퍼졌고, 이들 나라에서 계속 발전하였다.[8]

불교는 중국에서 주후 67년경에 한 황제의 칙령으로 공인되었다.[9] 막스 베버에 의하면 불교는 중국에서 대중들의 삶의 운용에 어떤 지배적인 영향력을 끼치지 못했다.[10] 불교는 중국으로부터 대승 불교의 형태로 한국에 전래되었다.[11] 삼국 시대에 불교는 한국을 거쳐

tung," *Buddhism in China. A Historical Survey* (Princeton, 1964), pp. 3~20 참조.

7) Josef Hasenfuss, *Weltreligionen als sozial–kulturelle Gestaltungsmächte: Eine religionssoziologische Studie*(Würzburg, 1955), pp. 68f. 참조; Hans W. Schumann, 윗글, pp. 125~28 참조; Max Weber, "Hinduismus und Buddhismus," pp. 264~72 참조.

8) Max Weber, 윗글, pp. 286, 288 참조.

9) Karl Ludvig Reichelt, 윗글, p. 9 참조. 중국에서의 불교 전파, 그 의미 및 운명 등에 대해서는 Max Weber, Hinduismus und Buddhismus," pp. 288~94 참조; Karl Ludvig Reichelt, 윗글, pp. 9~62 참조.

10) Max Weber, 윗글, p. 294 참조; Gerhard Rosenkranz, *Der Weg des Buddha: Werden und Wesen des Buddhismus als Weltreligion* (Stuttgart, 1960), pp. 142~55 참조.

11) 막스 베버가 짤막하게 한국 불교에 대해서 언급한 것이 그의 종교사회학 논집 3권의 힌두교와 불교에 관한 연구에 있다. Max Weber, 윗글, pp.

서 일본에 전래되었다.[12]

한국에서 불교의 발전은 일반적으로 왕들의 비호와 국가적인 조처에 종속적이었다고 말할 수 있다. 잘 알려진 바와 같이 신라의 문무왕(661~680)은 668년에 한반도를 최초로 통일했다. 통일신라에서 불교는 정치적인 판도내에서 왕실이 비호하게 됨에 따라 지배적인 종교로 발전될 수 있었다.[13]

사람들은 보통 통일신라 시대(668~935)와 고려 왕조(935~1392)의 기간을 한국 불교의 전성기라고 일컫는다. 이때에 불교는 승려 공동체내에서뿐만 아니라, 공식적인 국교로서 그리고 일반 서민들 속에서 민속 신앙의 한 형태로서 꽃을 피웠다. 이 때문에 불교는 한국인들에게 더 이상 하나의 외래 종교라고 여겨지지 않게 되었다. 곧 이 기간 동안에 불교는 한국 특유의 불교 문화를 발전시켰던 것이다.[14]

이 시기의 한국 불교에서 활동한 대표적인 지식인들은 그들이 '화정' 또는 '원융' 사상이라 불렀던 세계의 모순 대립을 지양한 우주적 조화에 대단한 가치를 부여하고 있다는 일반적인 특징을 보여주고 있다.[15] 그러나 그들은 이와 같은 이상이 윤리적 계명을 통한

　　294f. 참조. 한국에서의 불교의 발전의 개괄적인 역사에 대해서는 Han Woo-keun, *The History of Korea* (Seoul, 1981)(12판), pp. 62~72 참조; Gerhard Rosenkranz, 윗글, pp. 155f.; Frits Vos, *Die Religionen Koreas* (Stuttgart, 1977), pp. 133~55 참조.

12) Gerhard Rosenkranz, 윗글, pp. 156~75 참조.

13) Han Woo-keun, *The History of Korea*, pp. 75~89, 99~110 참조.

14) 윗글, pp. 99~110, 146~49 참조.

15) 이에 대해서는 이미 많은 학자들이 주목한 바 있다. 보기로, 이기영,「한국적 사유의 일 전통」,『한국불교연구』(서울, 1982), pp. 127~62; 길희성,「지눌의 심성론」,『역사학보』93(1982. 3), pp. 1~20; 고익진,「원효의 기신론 소·별기를 통해서 본 진속 원융 무애관과 그 성립 이론」,『불교학보』10(1973), pp. 287~319; 유병덕,「한국 불교의 원융 사상」,『유병덕 논문집』8(이리, 1975), pp. 39~62; 이영자,「의천의 천태 회통 사상」,『불교학보』15(1978), pp. 219~33; 권기종,「서산의 화 사상」,『불교학보』15(1978), pp. 183~97; 김항배,「승랑의 화 사상」,『불교학보』15(1978), pp. 183~97; 오형근,「원측의 화 사상」, 윗글, pp. 199~217; 이종익,「조선의 배불 정책과 불교 회통 사상」, 조명기 외,『한국 사상의 심층 연구』(서울, 1983)(3판), pp. 142~59; 송석구,「보조의 화 사상」,

인간 규제를 통해서나, 아니면 사회경제적 체제를 개선하거나 제도적 혁신을 통해서 달성될 수 있는 것으로 보지 않았다. 오히려 그들은 이와 같은 세계의 우주적 이상이 인간 의식(마음)을 밝힘으로써만 달성될 수 있다고 믿었다. 이 점에서 한국 불교를 이끌어온 뛰어난 지식인들이 지니고 있던 사고 구조의 독특성이 드러난다.

이와 같은 사상의 바탕은 무엇보다도 대승 불교 특유의 학설 곧 '의식론 *Bewußtseinslehre*'에 두고 있다고 할 수 있다.[16] 대승 불교의 이 학설은 한국의 불교 지식인들에 의해 수용되어 체계화·합리화되었다. 곧 불교인들의 마음[心]에 대한 불교적 해명이 그것이다. 이 지식인들은 이 학설을 가지고 서로 다른 학설의 난립으로 대립하고 있는 불교내의 많은 종파들을 종합하여 화합시킬 수 있다는 확고한 믿음을 갖고 있었다.

이와 같은 믿음은 당시에 유명했던 학승들[보기로 원효(617~686)·의천(1055~1101)·지눌(1157~1210)]의 글 속에서 쉽게 찾아낼 수 있다. 이와 관련하여 현대의 불교 학자인 이기영은 원효에 기대어서 불교의 본질을 다음과 같이 정의하고 있다:

불교라는 종교는 동요하는 인간의 의식 안에서 전개되는 사건이며, 타락한 의식이 타락을 모르는 그 원천에로 복귀하고자 하는 의식 활동이라고 할 수 있고, 그것은 단순한 의식 활동이 아니라 모든 생활 활동이 그 의식에 수반하는 행위이다.[17]

위와 같은 기본 입장을 견지하고 있는 한국 불교를 필자는 분석적 목적에서 '명상' 불교와 '구원자' 불교로 이념형적으로 나누어 논의하고자 한다. 이 두 유형의 불교는 한국 역사에서 동시에 나란히 존재하였고, 서로 영향을 주고받았다고 볼 수 있다. 불교의 추종자 계층의 성격을 기준해볼 때, 명상 불교는 사회의 상류층, 결국 불교적 지식인들 중 소수의 좁은 범위에서 발전된 반면에, 보살에 대한

『불교학보』 15(1978), pp. 235~53 등 참조.
16) Gerhard Rosenkranz, 윗글, pp. 83~87 참조.
17) 이기영, 「한국적 사유의 일 전통」, p. 128.

신앙이 중심을 이루는 구원자 불교는 대중들 속에서 종교적 신앙심을 불러일으켰다는 특징을 갖고 있다. 이러한 이념형적 구분은 불교가 상정하고 있는 '구원의 방식'을 염두에 둔 것으로 역사적으로 다양하게 전개된 불교내의 특정 종파, 하나 또는 그 몇몇의 종합 형태와 완전히 일치하지는 않는다. 불교내에 존재하는 여러 종파는 역사적으로 외국에서 서로 다른 종파로부터 상이한 시기에 전래되어 그대로 한국내의 독립된 종파로 불리고 있을 뿐만 아니라, 종교적 행위의 사회적 의미에 관심이 있는 우리의 관점에서 볼 때, 이들 종파는 각기 다른 사회적 행위라는 배타적 범주를 형성하고 있지 않다. 이 때문에 불교내에 존재하는 각 종파를 과학적 분석의 범주로 그대로 받아들이는 데에는 문제가 있는 것으로 보여진다. 특히 불교내에 널리 알려진 '선종'과 '교종' 사이의 구분 및 대립의 관점을 이 글에서 따르지 않는다는 점이 먼저 지적되어야 할 것이다.[18]

더 나아가서 우리는 고려 왕조 말기에 있었던 불교계의 서로 다른 두 종류의 개혁 운동을 분석해볼 필요가 있다. 이를 통해서 우리는 한국 불교 지식인들의 특이한 사고 구조를 더욱더 분명하게 파악할 수 있게 될 것이다. 우리는 먼저 명상 불교의 '의식론'을 분석할 것이다.

2. 한국 불교의 두 가지 주요 흐름

I. 명상 불교와 의식론

명상 불교의 대표적 지식인들은 모든 불교의 학설들이 각기 다름

---

18) 한국 불교의 여러 종파에 대해서는 Frits Vos, *Die Religionen Koreas*, pp. 133~55 참조: 신라 이후에 사람들은 5교 9산으로 구분한다. 5교에는 열반종(포덕 창시)·계율종(자장 창시)·화엄종(의상 창시)·법성종(원효 창시)·법상종(진표 창시) 등의 종파가 있다. 9산은 신라에 있던 다양한 선종 분파임을 표방하고 있는 9개의 수도 사원을 이름한다. 윗글, p. 143 참조.

에도 불구하고 하나의 공통된 『바탕을 가지고 있다고 생각했다. 곧 모두가 불교적인 구원(해탈)에 있어서 인간의 의식이 결정적이라는 데에 의견의 일치를 보고 있다는 것이다. 이와 같은 견지를 바탕으로 하여 한국 역사에서 불교의 지식인들은 개별 불교 종파들 사이의 갈등 및 불교적인 표상과 세속적 세계 사이의 긴장을 해결해보려는 다양한 시도를 했다. 이들은 일반적으로 마음[心]이라고 부르는 인간 의식의 구조를 분석함으로써 속세의 현실을 설득력 있게 설명하려고 했다. 이와 관련해서 속된 현실에서의 인간 고통의 원인과 그 고통의 원천적 제거 가능성을 바로 해명하려 했다.[19] 이러한 독특한 사고 구조는 원효의 '일심론(一心論)'에서 그 전모가 분명하게 드러난다.[20]

이 학설에 의하면 인간의 전체 의식은 서로 의존적인 8가지 의식의 층으로 구성되어 있다. 의식의 가장 바깥쪽에는 전오식(前五識)이라 불리는 5가지의 의식이 자리잡고 있다. 이들 의식은 우리가 구체적으로 확인해볼 수 있는 감각 기관 곧 시각·청각·후각·미각·촉각 등의 기관을 통해서 형성된다. 이들 의식의 바로 안쪽에는 이러한 5가지 감각 기관을 총괄하고 지배하는 제6식이 있다고 한다. 제6식은 오늘날 우리의 생물학적 분류에 따른 어떤 한 감각 기관을 통해서 형성되는 것이 아니다. 인간 의식의 핵심에 가장 근접해 있는 의식은 제7식이라 불린다. 이는 보통 심리학에서 자아 의식이라고 부르는 것과 비교해볼 수 있다. 불교는 중생들 속에 있는 이 제7식의 상태를 타락된 것으로 보며, 따라서 가장 문제적인 것으로 본다. 왜냐하면 바로 타락한 제7식 이른바 '자아 의식'은 세계 본질의 '연기적 속성'을 인정하지 않고, 세계와 세계내의 일체의 것을 절대 불변의 것으로 전도시켜 파악하기 때문이다. 인간 의식

---

19) 이기영, 「한국의 불교 사상 개설」, 『한국의 불교 사상』(이기영 옮김), 한국사상전집 1(서울, 1983)(4판), pp. 11~26 참조.

20) 원효, 「대승 기신론 소·별기」, 『한국의 불교 사상』, pp. 53~161; Jemin Ri, *Wonhyo und das Christentum: Ilsim als personale Kategorie* (Frankfurt/a. M., 1987), pp. 32~68 참조. 중국에서의 '대승 기신론'에 대해서는 Karl Ludvig Reichelt, 윗글, pp. 30f.를 참조.

과정 전체의 바탕을 이루고 있는 의식을 제8식이라 명하고 있다. 원효는 이를 일반적인 인간 의식[心]과 구분하여 일심(一心)이라고 불렀고, 일반적으로 불교에서는 제8식 안에 인간 각자의 불성이 간직되어 있다고 믿기 때문에 알라야 *Alaya* 식 곧 '여래장, 여래의 씨' 또는 진여(眞如)라고 부른다. 실제로는 제8식으로부터 인간의 모든 행위, 의지적 행동 및 온갖 사상이 생겨난다는 것이다. 이 학설에 의하면 일심 곧 여래장은 인간과 우주의 시원(모체)이며, 세계의 조화롭고 합리적 질서를 보증하는 신적인 섭리의 힘이라고 한다.[21]

중생의 경우에 제8식은 인간 의식의 이상적인 상태를 형성하고 있지 않다. 중생의 의식 상태는 그 의식의 심층인 제8식이 무명(無明)과 비본질적인 것에 의해서 불투명하게 되어버림으로써 정상에서 이탈되어 있다는 것이다. 그리고 이 사실에서 또한 업의 인과 법칙 *Karman-Gesetz* 이 출현하게 된다. 이 업의 인과 법칙에 따라서 모든 인간은 스스로 고통스런 환생의 수레바퀴를 따라 생멸(生滅)한다는 것이다. 일심이 무명에 의해 혼탁해짐에 따라서 인간은 특정의 사상 곧 업의 허상을 끝도 없이 계속 열정적으로 추구해가게 된다는 것이다. 이러한 과정이 항구적인 의식 속에서 계속 일어나며, 이를 통해서 일심의 내부에 주관과 객관의 분리가 일어나게 된다는 것이다. 이로써 제7식인 자아 의식이 출현하게 된다. 이는 4가지 이기적인 성향 곧 자기애[我愛]·아치[我痴]·자만[我慢]·아집[我見]의 출현에 대한 조건이 된다. 이러한 타락된 의식들에 종속된 상태에서 제6식과 앞서 말한 다섯 가지 감각 기관들이 지각을 위해서 동원된다는 것이다. 이로부터 열망 *Gier*, 이와 관련된 그 무엇인가에 대한 욕망(갈망), 그리고 의식적 및 무의식적 의지 등이 출현하게 된다는 것이다. 이는 다시금 인간의 전체 삶의 타락된 관계를 규정하고 이루어가게 된다.[22] 바로 이것이 업의 인과 법칙을 선

---

21) 이기영, 「원효와 불교 사상」, 『한국의 불교 사상』, pp. 38f. 참조.
22) 이기영, 「원효와 불교 사상」, p. 43: 타락된 자아 의식의 중요한 형태인 아집으로부터 유래하게 되는 이상(異相)으로 표상되는 6가지 발전된 형태의 타락된 모습과, 이에서 한층 더 발전된 멸상(滅相)으로 명명되는 7가지의 행동으로 옮겨진 타락의 실상들이 언급되고 있다.

도해간다. 그리고 이를 통해서 환생의 과정이 작동하게 된다는 것이다.[23]

물론 위에서 논의한 학설에서 환생이란 단순히 인간 영혼의 순환을 의미하는 것이 아니다. 오히려 그것은 인간의 정신적 상태에 상응하게 규정되는 삶의 양태의 순환을 의미한다. 이러한 업에 의한 인과 응보의 과정이 진전됨에 따라, 인간의 삶은 이른바 고통스러운 삶으로 이루어진 여섯 가지 곧 지옥, 배고픈 귀신들의 왕국, 악덕배의 세계, 동물의 세계, 인간 세계, 그리고 천상의 세계 등으로 각각 상징되고 있는 삶의 양태를 윤회하게 된다는 것이다.[24] 물론 이때에 불교가 문제시하고 있는 세계는 인식 주체인 인간 바깥에 객관적으로 존재하는 삶의 공간과는 상관이 없다. 이 때문에 세계는 어떤 초세계적인 신적 존재의 피조물이기보다는, 인간 정신 속에서 생성된 현실에 대한 표상이라 할 수 있다. 결국 이러한 세계는 앞서 말한 의식 과정에서 생성된 산물로서 망상 또는 환상에 지나지 않는 성격을 가지고 있다는 것이다. 막스 베버가 올바르게 그 특성을 규정하고 있듯이 여기에서 문제시되는 세계는 "빈틈없는 윤리적 인과 응보로 이루어지는 우주"이다.[25] 결과적으로 개개인은 자기 자신의 운명을 온전히 그 스스로 만드는 것이 된다. 엄격히 말해 이런 종류의 불교에는 절대자에 대한 종교적 죄나 이와 관련된 회개 같은 것이 존재할 수 없다. 단지 인간 자신의 타락된 이해 관계에 대한 무지 또는 끝없이 계속되는 환생 *Wiedergeburt*으로부터 벗어날 수 있다는 것에 대한 무지, 아니면 적어도 여전히 고통스러운 삶으로 또다시 환생되는 것을 중단시킬 수 있다는 데에 관한 무지가 있을 뿐이다.[26]

이와 같은 불교의 독특한 세계와 인간 삶에 대한 표상이 의미하

---

23) 이기영, 윗글 참조; 송석구, 「불교의 인성론」, 『불교학보』 19(1982), pp. 307~26; 길희성, 윗글, pp. 1~20.
24) 이기영, 「원효의 실상 반야관」, 『한국 불교 연구』, p. 405 참조.
25) Max Weber, *WG*, pp. 318f. 참조.
26) 이와 같은 환생의 사상 *Wiedergeburtsgedanken*에 '영혼'이 완전히 배제되고 있음을 알 수 있다. Max Weber, 윗글, p. 319 참조.

는 바는 인간 생의 근본적 문제인 생사(生死)의 보편적 고통이 원천적으로 제거될 수 있으며, 나아가서 이러한 고통으로부터의 해방이 모든 사람에게 가능하다는 것이다. 한국에서 불교 지식인들은 '의식론'의 정교화를 통해서 모든 인간이 고통스러운 삶의 현실 속에 처해 있긴 하지만 불교적 구원에 필수적인 확고 부동한 기반을 자신 속에 가지고 있다는 사실을 입증하려고 시도했다. 이에 대한 근거로 앞에서 살펴본 바와 같이 모든 사람이 제8식, 이른바 일심(一心) 또는 장식(藏識) 및 부다의 씨라 불리는 의식을 가지고 있다는 사실을 들고 있다. 이 일심은 주관적이고 상대적인 어떤 것이 아니다. 어떤 초감각적인 것으로서 절대적인 정신적 실체, 온갖 존재와 사물이 생성되게 하는 이른바 '부다의 씨'라고 할 수 있을 것이다.[27] 이와 같은 학설에 따르면, 개인은 자신의 구원을 단지 개인적으로만 추구할 수 있다는 것이 분명해진다.

명상 불교의 지식인들은 세계를 불성 *Buddha-Natur*의 현신(現身), 일심의 화신(化身) 등으로 추상적으로 파악하여 하나의 조화로운 우주라고 보았다. 대립 모순으로 표현되는 '타락'한 인간의 눈에 비친 근본적인 고통의 현실과는 달리, 세계 자체는 본질적으로 아름답게 화합하는 최상의 우주라는 말이다. 단지 개인의 일심이 무명(無明)에 의해 혼탁해지거나, 무지에 의해 정도에서 이탈되었을 때, 다양한 세상의 현상들에 대한 허망하고 인간을 미혹시키는 표상들이 등장하게 된다는 것이다. 그러므로 인간 구원의 열쇠는 이와 같은 무지의 극복에 있게 된다. 이들 지식인에게는 객관적인 세계가 아닌 단지 의식의 산물로서 곧 환상과 꿈으로서의 주관적 세계가 중요하고 의미심장한 실질적 현실이라는 것을 알 수 있다.

막스 베버가 논의하고 있는 바와 같이,[28] 위에서 언급한 불교 지식인들의 경우 모든 구원 종교에 따라다니는 세계 평가 절하 *Weltentwertung*는 단순한 세계 도피 *Weltflucht*로 나타날 수밖에 없었고, 가장 가치있는 구원(고통의 원인 제거)을 위한 최선의 수단이

---

27) 원효, 윗글, pp. 76~91 참조; Jemin Ri, 윗글, pp. 59~61 참조.
28) Max Weber, "Hinduismus und Buddhismus," p. 359 참조.

능동적인 금욕적 '행위'가 아닌 신비적 '명상 *Kontemplation*'이었다는 사실을 확인할 수 있다. 여기에서 명상이란 개인이 지각의 대상 없이 자기 자신의 의식 과정을 반성하는 가운데 깊은 침잠과 부동심 곧 일심에 도달하고자 하는 의식적 활동을 의미한다. 이 지식인들의 학설에 의하면 명상을 통해서(또는 깨달음을 통해서) 인간은 돌연한 직관으로 인식의 근거인 제8식, 곧 일심의 통일성 있는 본질을 체득할 수 있게 된다는 것이다.[29]

이와 같은 깨달음에서 인간은 현실이 인간 의식의 산물이며 단지 잠시 동안만 존재하는 실재라는 것과 의식만이 항구적으로 존재한다는 사실을 인식할 수 있다는 것이다. 결국 인간사의 모든 것은 인간의 '마음'에 달려 있다는 말이다. 이는 깨달음을 얻은 사람이 중생적 존재의 삶의 추진력들(열망 또는 탐욕·혐오·환상 또는 자만·정욕·미움 등등)로부터 해방되어, 더 이상 이러한 것들에 사로잡히지 않으며, 이와 같은 것들에 완전히 무관하게 되어 어떤 영향도 받지 않게 된다는 것을 의미한다. 순전히 심리학적인 면에서 볼 때 이러한 방식에서의 세계와 세속적 삶의 추진력에 대한 철저한 평가절하는 신비적 구제 획득이 담고 있는 참된 의미 내용을 더 이상 계속해서 합리적으로 설명할 수 없게 되는 결과를 불가피하게 낳는다.[30] 위에서 언급한 구제의 획득 상태에서는 성과 속 사이의 차이, 수도승의 삶과 평신도의 삶 사이에 어떤 구별 같은 것은 이미 무의미하게 된다. 이때에는 자연히 결과적으로 말로 표현할 수 없는 그 어떤 신적인 것이 세계의 질서이며, 세계의 실질적인 바탕이 되는 경향이 있으며, 영원한 질서와 영원한 존재가 합일되어 구별되지 않게 되는 속성을 보인다.[31] 깨달음을 얻은 사람들에게는 세계가 완전히 조화로운 우주로서만 존재한다. 그는 절대적으로 비종속적이며, 완전한 자유를 향유한다.[32] 이와 같은 정신적인 태도를 우리는 막스 베버와 더불어 세계에 대한 일종의 철저한 무관심 *Weltindif-*

---

29) 길희성, 윗글, p. 9 참조.
30) Max Weber, "Hinduismus und Buddhismus," p. 366 참조.
31) Max Weber, 윗글, p. 273 참조.
32) 길희성, 윗글, pp. 11~18 참조.

*ferenz*으로 성격지을 수 있다:

세계에 대한 무관심은 경우에 따라서 세계로부터 외형적인 도피의
형태 또는 실제로는 세속내에 있지만 세계로부터 아무런 영향을 받지
않는 행위의 형태를 취할 수 있는 태도였다. 결과적으로 세계에 대립
하여 자신을 확증하는 형태 및 세속 내외에서나 그것들을 통해서 이루
어지는 것이 아닌 그 자신의 독자적 행위의 형태를 띨 수 있다.[33]

불교에서 이와 같은 깨달은 자의 상태는 또한 후기 인도의 신개
념에 관한 막스 베버의 설명과 완전히 일치하는 것을 발견할 수 있
다. 베버는 이를 "세계의 추진력에 초연하게 대립하여 서 있는 지
적 사변의 성격을 띠는 관조"라고 성격지운다.[34]

위에서 언급한 의식론에서는 일종의 탁월한 지성적 합리주의를
통하여 세계를 비인격적인 규칙에 의해서 지배되는 조화로운 우주
로서 정의하고 있음을 알 수 있다.[35] 앞에서 언급한 불교 지식인들
이 파악한 세계에 의하면 구원론적으로 평가 절하된 실질적 삶(중
생의 생활)의 세계는 일반적으로 '업의 인과 법칙'이라고 불리는 결
정론적인 법칙이 지배한다.

위와 같은 사고 구조는 이러한 종류의 불교가 사회적 및 개인적
삶에 대해서 갖는 관계에 심대한 영향을 미치는 결과를 가져온다.
인간에게 있어서 최고 및 최후적으로 손에 넣을 수 있는 종교적인
유산은 '신비적' 체험이 담고 있는 일반적 속성으로부터 보여지는
것과 같은 성격을 드러낸다. 이와 관련해서 드러나는 결과는 사회
정치적인 무관심이다. 다른 것은 다 차치하고라도 신비적인 인식
및 지식들은 서로 같거나 합리적이지 않으며, 의사 소통이 가능하
지 않다는 속성을 가지고 있다.[36] 신비적 체험은 다른 곳에서와 마

---

33) Max Weber, "Hinduismus und Buddhismus," p. 367.
34) Max Weber, *WG*, p. 263.
35) Max Weber, "Einleitung," *Gesammelte Aufsätze zur Religionssoziologie* I
    (Tübingen, 1978)(7판), p. 254 참조(*GARS* I로 줄여 씀).
36) Max Weber, "Hinduismus und Buddhismus," p. 366 참조.

찬가지로 '규범'을 담고 있지 않다. 오히려 그와는 정반대로 신비적 체험은 그 스스로에게서 느껴진 '실체'이다.[37] 이와 같은 종교적 성향내에서는 사람들이 절대로 외형적인 성과를 지향하는 가운데 짜임새 있게 자신의 삶을 운용함으로써 사회적인 관계를 합리적으로 변혁시키지 않는다.

이들 불교 지식인은 그들에 의해서 높이 평가된 구원 수단인 명상을 결코 독점하려 하지 않았다. 오히려 그들은 구원 수단의 비도그마적 성격을 강조했다. 그러나 이런 방식으로는 일반인들에게서 특유하게 나타나는 초세계적인 것을 감각적으로 체험하고자 하는 욕구와 외적 및 내적인 곤궁에 처해 있게 되었을 때에 절실히 요청되는 종교적 구호 욕구를 전혀 만족시킬 수 없었다. 막스 베버에 의하면 대중의 종교심리학적 성격에서 흔히 나타나는 이와 같은 감각적 욕구가 각종 지성인들의 구원론에 나타나는 합리적인 성격과는 정반대로, 곧 앞에서 언급한 지식인들의 의식론이 갖는 합리적 성격과는 대조적으로 결정적인 중요성을 갖는다는 것이다.[38] 그렇지만 물론 지식인의 이러한 종교 성향은 불교 승려 공동체내에서도 소수의 사람들에게 한정되고 있다는 사실을 지적할 필요가 있다. 이들 지식인은 일반적으로 깨달음·열반 및 불성과 같은 형이상학적인 종류의 목표를 추구했다.

명상 불교의 지성을 대표하는 이들은 민속 종교적 행위와 세속적 세계의 질서에 적극적으로 대처하기보다는 묵인하여 관용하는 태도를 견지하여왔다. 왜냐하면 자신들의 종교적 성향을 대중들에게 관철시킬 수 있는 처지가 아니었기 때문이다. 이와 관련하여 한국 불교의 역사를 보면 불교의 종교적 성향과는 다른 종류의 것들 곧 단순한 기도적 형태의 경건회, 귀신 축출의 형태 및 불교적인 의식과 정령 숭배 의식의 혼합적인 것 등등이 자유롭게 발전하게 되는 현상이 있었다. 명상 불교의 지식인들 자신이 한국에서 애니미즘적 신앙 형태와 관련되어 있는 정령 숭배에 실제로 종사하는 경우

---

37) Max Weber, 윗글, p. 273 참조.
38) Max Weber, 윗글, p. 255 참조.

24

는 드물었지만, 자신들의 활동 기간중에 자신들의 공동체 소속원들이 평신도를 위해서 베푸는 비불교적 실천 행위들을 묵인했다.[39] 여기에서 우리는 다시금 승려층내에서도 명상 불교를 대변하는 지식인들은 단지 소수에 지나지 않았고, 불교의 승려들 대부분은 정작 일반 신도들의 생에 결정적인 돌발적인 사건들에 영험을 가져오는 의식들을 집행하느라고 시간을 보냈다는 사실을 고려해야만 한다. 분명히 이들 의식의 중요한 부분들은 원래 불교적인 것이 아니었다.

막스 베버는 위에서 언급한 바와 같은 대중의 속인적 종교 욕구에 대해 지성인 구원론이 적응하는 방식을 다음과 같이 정식화하고 있다. 이는 한국 불교의 변화 과정을 이해하는 데 중요하다:

전세계에서 감각적인 대중의 평민적 종교 성향을 위한 두 가지 전형적인 구원론의 가능성 곧 주술 *Magie* 또는 구세주 *Heiland*가 있다. 아니면 두 가지가 동시에 있을 수 있다. 육체적 및 정신적 위기 상황에서의 주술사 및 구호자로서의 살아 있는 구세주·구호자·대변자 및 신의 소유 경험 또는 신들린 경험에서 감각적 엑스터시 중에 소생하는 존재 및 정열적인 예배에서 초세속적 대상으로 나타나는, 곧 죽어서 신으로 승격된 구세주가 그것이다.[40]

우리는 평신도의 욕구에 대한 이와 같은 적응 과정을 다음과 같이 한국의 '호국 불교'를 역사적으로 고찰하는 데에서 분명하게 확인할 수 있을 것이다.

II. 한국의 '호국 불교'와 구세주 종교 성향
1) '주술적 비보설'
불교는 고려 왕조에서 국가의 공식 종교로 인정되었다. 고려의 태조 왕건(918~943)은 불교를 국교의 자리로 올려놓았다. 이에 대한

---

39) Sek-keun O, *Der Volksglaube und das Christentum in Korea* (München, 1979) (박사 논문), pp. 168~70 참조.
40) Max Weber, "Hinduismus und Buddhismus," p. 255.

보답으로 불교는 국가와 왕실의 안녕을 '종교적'으로 보증하는 과제를 짊어지게 되었다. 불교는 한국 역사의 대부분의 시기에서 왕조·국가 및 사회를 위한 '주술적' 방벽으로 유명했다. 이러한 사실은 또한 불교가 한국 사회에 특유하게 적응한 '호국 불교'의 성격을 곧바로 설명하고 있는 것이다.

다른 한편 불교 지식인의 특이한 사고 구조는 이와 같이 변형된 방향으로 불교가 발전하도록 하는 데 일익을 담당했다. 이러한 사고 구조는 불교의 승려인 도선(808~898)이 주술적 '사탑비보설(寺塔裨補說)'이라는 특이한 학설을 고안해내어 세상에 알렸다는 사실에서 분명하게 그 모습을 드러낸다. 이 비보설은 고려 왕조에서 일반적으로 인정되어 받아들여졌다. 간단히 말해 '사탑비보'라 불리는 이 학설은 "불교의 절과 탑이 지덕을 보호한다"는 내용을 골자로 하고 있다. 도선은 풍수지리설의 요소와 밀교적 신앙의 바탕에서 발전한 불교의 한 형태를 혼합하여 자신의 학설을 만들었다고 할 수 있다.[41] 그 당시에 풍수지리설은 하나의 민속 신앙으로서 번창하고 있었다. 이는 중국으로부터 한국에 전래되었다. 풍수지리설에 의하면 국가(땅)와 인간의 운명은 지형, 특히 산과 강의 형태를 통해서 규정된다. 왕조의 흥함과 쇠함, 사회적 지위, 인간의 행복과 불행 등등이 지세에 달려 있다는 것이다.[42] 이러한 속설은 도선으로 하여금 다음과 같이 한국의 지형을 진단하고 그에 따른 예언적 제언을 하게끔 부추겼다:

동국(東國)의 산천은 아름다우나 깊은 골짜기가 많고 도적이 잇달아 일어나고 수한(水旱)이 순조롭지 못하다. 이러한 산천의 병을 고쳐 삼재(三災)를 소멸하고 국운을 연장시키려면, 사탑(寺塔)으로 쑥을 삼아 뜸질을 해야 한다. 〔……〕 지세를 두루 살펴 이지러진 곳은 사찰로 보완하고 배처(背處)는 탑으로 누르고 도적은 사탑으로 금하고 석불로

---

41) 서윤길, 「도선 비보 사상의 연원」, 『불교학보』 13(1976), pp. 171~90 참조; 홍정식, 「고려 불교 사상의 호국적 전개(Ⅰ)」, 『불교학보』 14(1977), pp. 17f.

42) Frits Vos, *Die Religionen Koreas*, pp. 127~32 참조.

지켜 그 수가 삼천에 달하면 삼한이 통일된다.[43]

이와 같은 도선의 예언을 고려 왕조의 정부가 신봉하였기 때문에 불교를 국가와 사회를 위한 주술적 방비 수단으로 수용하게 되었다는 역사적 사실은 우리의 논의에서 중요하다. 이러한 불교와 국가와의 밀착 관계는 한국의 승려 공동체에게 있어서 보호를 받게 된다는 측면과 아울러 동시에 자신의 자율적 발전에 결정적인 제한을 가하는 국가적 통제를 감수하지 않으면 안 된다는 이중적 성격을 갖고 있었다. 바꾸어 말하면 이런 방식을 통하여 승려 공동체는 생존에 절대적으로 필요한 최소한의 물질적 기반을 확보할 수 있었다. 곧 불교의 사찰·사원 및 사탑들 중 많은 것이 왕조 정부의 비용으로 건립되었고, 아울러 이것들의 유지 및 운영을 위해 면세된 토지와 노비들이 제공되었다.[44]

도선이 제시한 불교 신앙의 종류가 미친 영향은 고려 태조 왕건이 후왕들에게 내린 정치적 지침서인 '훈요십조'에서 분명하게 확인될 수 있다.[45] 이 중에서 3가지 항목이 우리에게 중요한 의미를 갖는다. 그 중요 골자는 i) 훌륭한 통치의 기반으로서 불교적 신앙을 견지하라; ii) 도선이 예언했던 장소 이외에 더 이상의 사원을 건립하지 말라; iii) 고래로 내려오는 습속인 '연등'[46] 및 '팔관회'[47]를 불교의 경축일로 정하여 시행하라.

---

43) 권상노(편), 『조선 사찰 사료』 I (서울, O. J.), pp. 210f.; 홍정식, 윗글, p. 18 참조. 중국에서 불교의 사탑과 풍수설의 관계에 대해서는, Max Weber, "Hinduismus und Buddhismus," p. 234f. 참조.

44) Chongko Choi, Staat und Religion in Korea: Zur Grundlegung eines koreanischen Religionsreches (Freiburg i. Br., 1979), p. 50 참조.

45) 『역주 고려사』 1(동아대학교 고전연구실 옮김)(부산, 1965), 「세가」 2, 태조 26년 4월, pp. 65~69.

46) 음력 4월 8일로 석가 탄신을 경축하는 축제일이다. 옛날에 이 축제일은 바다의 용신을 위한 것이었다. 유동식, 『한국 무교의 역사와 구조』(서울, 1975), p. 139 참조.

47) 음력 11월 15일로 불교의 두 거대한 축제날 중 하나이다. 불교 승려들은 이 축제에서 정해진 커다란 산 및 강의 신과 바다의 용신에게 제사를 드린다.

우리는 고려 왕조에서 새로운 사원과 탑이 건립될 때마다 거의 예외 없이, 태조의 훈요십조와 도선의 예언이 관료들 사이에서 거론되고 있다는 사실을 사료에서 또한 확인할 수 있다.[48] 이와 같은 상황을 고려사는 간단히 "선조 왕대에 선교의 사원을 창설한 것은 지덕을 도와서 국가를 이롭게 하려 한 것"이라고 기록하고 있다.[49]

물론 이와 같은 역사적 사건들은 한국 불교의 사회적 위상과 실질적 상황을 파악하는 데 중요한 것이었다. 이런 것과 관련해서 14세기에 이르렀을 때 불교 사원은 거대 농장의 소유주가 되었다. 불교 사원이 소유한 토지의 면적은 당시 경작 가능한 국토 면적의 약 1/6에 달하였고, 사원 소유의 노비 수는 15세기에 동원 가능했던 부역 의무자의 약 1/4에 달하게 되었다.[50] 자연히 불교 승려들의 공식적 기능은 국가와 왕실의 안녕과 복지 및 이와 관련된 세속적 이해 관계의 성위를 위해 기도하는 것이었다.

이와는 대조적으로 몇몇 안 되는 소수 불교에 달통한 이들은 종교적으로 국가 보위를 주무로 하고 있는 이러한 불교에 어떤 주술적 의미가 담겨 있다고 생각하지 않았다. 이들의 견해에 의하면 불교를 통해서 일반 백성들의 정신적인 능력이 고양됨으로써 국가 또는 사회가 평화롭게 된다는 것이다. 그렇지만 이들은 우리가 이미 보아온 바와 같이 불교가 주술적으로 정형화되는 것을 막아 보호할 수도 없었고, 불교적 가르침의 실천을 효과적으로 합리화할 수도 없었다. 왜냐하면 이들은 사람들이 외형적으로 드러나는 결과를 지향하는 가운데 짜임새 있게 자신의 삶을 운용하게끔 변화시키는 방향으로는 어떠한 영향력도 끼칠 수 없었기 때문이다.

2) 호국 불교적 구원론의 두 변형태

대중 속에서 호국 불교가 발전하는 데에는 앞에서 언급한 바와 같은 고도의 합리성을 담고 있는 불교 구원론인 '의식 이론(一心論)'

---

48) 『역주 고려사』 8(부산, 1969), 제 95 장, 「열전」 8, 최충, 유선, p. 299 참조.
49) 『역주 고려사』 4(부산, 1968), 제 38 편, 공민왕 1 년 1 월, p. 6.
50) 강진철, 『고려 토지 제도사 연구』(서울, 1980), p. 142 참조; 임영정, 「여말 농장 인구에 대한 일연구」, 『동국사학』 13(1976), pp. 24~27 참조.

의 열렬한 옹호자인 원효의 사고 구조가 결정적인 영향을 끼쳤던 승려 공동체의 구성원들이 일익을 담당했다.[51] 이들은 전형적인 명상적 구원 추구자로서 세계로부터의 도피를 끝까지 밀고 나간 것이 아니라, 신의 도구로서 신의 뜻에 맞는 삶을 운용하려 했던 '세속내의 금욕 추구자'들과 마찬가지로 세계의 질서내에 머물러 있었다.[52] 보기를 들면 원효는 세속 사람들과 똑같은 복장을 하고서, 자신의 사상을 「무애가」[53]라는 노래로 만들어 큰 박을 악기로 삼아 부르면서 세속에 널리 전파하여, 불교의 대중화를 꾀했다고 전해진다. 그는 물론 가족을 가지고 있었다.[54] 그러나 그의 행위는 전형적인 금욕주의자들의 행동과는 정반대로 자기 모순적인 성격을 드러낸다. 그는 자신이 어떤 행위의 규범에도 얽매여 있다고 보지 않고 있다. 물론 오늘날의 불교학자들은 이를 절대 자유한(불교적인 깨달음을 얻은) 인간 고유의 특성으로 이해하고자 한다.[55] 우리는 막스 베버와 더불어 원효의 이와 같은 행위를 일종의 세속 내적인 신비주의 *Mystik*와 같은 것이라고 성격화할 수 있다:

〔……〕 세속 도피적인 신비주의 외에도 〔……〕 세속 내적인 신비주의가 있다. 몸은 바로 세속내에 있으면서, 그 세속과 대립하여 세속으로부터 초연한 삶을 유지한다. 그의 세속에서의 행위는 내면적으로 세속과의 생사 인연을 끊은 상태이다. 곧 태어남과 죽음, 다시 태어남과 다시 죽음, 온갖 가시적인 기쁨과 번뇌를 동반하고 있는 삶과 행위 그대로를 존재의 영원한 형체로 부정함 없이 받아들인다. 그러면서도 스

---

51) 김영태, 「신라 불교 대중화의 역사와 그 사상 연구」,『불교학보』6(1969), pp. 145~91 참조; 안계현, 「원효의 미타정토 왕생 사상(I, II)」,『역사학보』16(1961. 12), pp. 1~26; 윗글, 21(1963. 8), pp. 1~32; 조명기, 「한국 불교 사상사」,『한국문화사대계』Bd. VI(고려대 민족문화연구소 편), (서울, 1970), pp. 894~909; Jemin Ri, 윗글, pp. 80~83.
52) Max Weber, "Zwischenbetrachtung," *GARS* I, pp. 538f. 참조.
53) 무애란 생사가 곧 열반이란 것을 의미하는 것으로 성속의 구별이 있을 수 없다는 말이다. 따라서 세속 속에 살고 있는 범인 또한 깨닫기만 하면 부처가 될 수 있다는 사실을 강조하기 위한 표현이라 생각된다.
54) 일연, 「삼국유사」,『한국의 민속 종교 사상』, 한국사상전집 4(서울, 1983) (4판), pp. 217~19 참조.
55) 이기영, 「원효와 불교 사상」, p. 30 참조.

스로는 세속과의 초연함 속에서 구원의 확증을 얻었다고 주장한다.[56]

  이 지식인들은 대중 속에서 추종자를 얻어 항구적으로 유지하기 위해서 많은 타협을 하지 않으면 안 되었다. 불교적 지식인들은 많은 경우 타협 과정에서 자신들의 이념적 요구들을 삭제했다.[57] 그럼에도 불구하고 일상적인 생활을 윤리적으로 합리화시키는 데는 거의 아무런 성공도 거두지 못했다.
  이들 지식인은 대중의 불교적 구원을 위한 인간학적 바탕에 대해서 다음과 같은 확고한 견해를 갖고 있었다. 곧 인간 존재의 가장 깊은 곳에는, 열악한 수준이지만 최상의 것으로 완성될 수 있는, 다시 말해 깨달음을 얻을 수 있는 모체 곧 씨가 이미 마련되어 있다는 것이다. 깨달음을 얻은 자의 상태와는 정반대로 중생들의 경우 그 모체는 아주 열악한 수준으로 그리고 깊은 심층 속에 감추어져 있기는 하지만 여전히 존재하고 있다. 그러므로 인간은 원칙적으로 자기 자신만의 힘으로 구원을 달성할 수 있다는 것이다. 이들에 의하면 모든 중생은 깨달음을 얻은 자(부처)와 본질적으로 다를 바가 하나도 없다.[58]
  이에서 한걸음 더 나아가 이들은 대승 불교의 천국에 대한 표상들(정토·서방 정토·불국토 등등)을 시간과 공간의 크기로 보는 것이 아니라, 인간 의식이 완전하게 밝혀진 상태[覺]에 대한 상징으로 이해한다. 또 이들 지식인에 있어 수많은 부다와 보살들은 어떤 신앙의 대상이거나 구세주가 전혀 아니다. 그것들은 부다의 지혜와 자비의 현현 형태 *Erscheinungsform*에 지나지 않는다.[59]

56) Max Weber, "Hinduismus und Buddhismus," p. 275 ; 막스 베버, 『힌두교와 불교』(『종교사회학 Ⅱ』)(홍윤기 옮김)(서울, 1987)(2판), p. 358 참조.
57) 정태혁, 「정토교의 사상적 배경에 대한 고찰」, 『불교학보』 12(1975), pp. 33～59 참조 ; 이기영, 「신라 불교의 성격과 그 현대적 의의」, 『한국불교연구』, pp. 457～62 ; 「원효의 미륵 신앙」, 윗글, pp. 411～18 ; 안계현, 「불교의 정토 신앙과 그 사적 고찰」, 『한국 사상의 심층 연구』, pp. 160～72.
58) 이기영, 「원효 사상의 현대적 이해」, 『한국 불교 연구』, pp. 434f. 참조.
59) 윗글 ; 안계현, 「원효의 미타정토 왕생 사상(Ⅰ, Ⅱ)」, 『역사학보』 16 (1961. 12), pp. 1～26, 윗글, 21(1963. 8), pp. 1～32 참조.

이러한 특수한 기본적인 입장에도 불구하고 이들은 대중을 위해서 특별한 구원의 방식을 규정하고 있다. 그래서 체계화된 계명들을 갖추고 있으며 그들이 가장 높이 평가하고 있는 구원 수단인 명상이 간단한 기도문(보기로 '나무아미타불 관세음보살')의 형식으로 약식화된다. 지식인들에게 있어서 이러한 기도문은 결코 어떤 주술적 의미를 가지고 있는 것이 아니라, 명상을 돕는 하나의 수단이었다. 그렇지만 이때 이들은 승려는 곧바로 열반에 도달할 수 있을 것을 희망할 수 있지만, 일반 신도들은 다르다고 묵시적으로 전제하고 있었다. 곧 종교적 대중은 '서방 정토라 불리는 극락 세계'에 왕생한 후에야 비로소 정상적인 구원의 길 또는 승려의 길에 들어갈 수 있게 되기를 희망할 수 있다는 것이다. 지식인들은 이와 같은 가르침으로써 자신들의 종교적 성향을 유지하는 가운데 대중들을 효과적으로 교화하려고 시도했다.[60]

　그러나 지식인들이 대중들을 위해 약화시켜 제공했던 구원을 위한 행위 및 정신적 유산은 일상적 삶의 구성적 부분에 속하는 것은 아니었다. 그 결과 대중들은 계속해서 주술적 전통에 사로잡혀 있게 되고, 지식인들의 위와 같은 작업이 세계내에서 이루어지는 실천적인 일상적 행위에 어떤 연결점을 제공하는 데로 이어지지 못했다는 것을 의미했다.[61]

　한편 대다수의 불교적 지식인들은 대중의 구원을 위하여 이와는 대조적인 인간학적 관점을 전제하고 있었다. 곧 모든 중생은 완전히 무력하다고 본다. 그렇기 때문에 이들은 '정토 불교' 유파를 발전시켰다. 이들 유파의 교리에 따르면 보살 특히 아미타불은 구원을 성취시키는 힘으로서 그리고 열정적이며 신비적인 신앙 중심의 예배 대상으로서 특히 중요하다. 서방 정토의 주이신 아미타불이라 불리는 이 보살은 신자들 중 신심이 돈독하여 '나무아미타불'이라고 열심히 염불하여 자신에게 헌신하는 이들을 그의 낙원에 받아들인

---

60) 정태혁, 윗글, pp. 33~59 참조.
61) 이러한 사실은 막스 베버의 관찰과 비교해볼 만하다. Max Weber, "Hinduismus und Buddhismus," pp. 304f. 참조.

다. 여기 종교적 대중 속에서 보여지는 구원 수단 및 구원을 위한 행위 또는 정신적 유산은 지식인들 속에서 특유하게 나타나는 어떤 명상적인 성격을 떠고 있지 않다. 결과적으로 이 지식인들은 다음과 같은 확신에 도달하게 되었다. 곧 중생들은 이미 '자신의 독자적인 능력'에 의해서 구원에 도달할 수 없는 상태에 있으며, 때문에 오직 가능한 방법은 참회하면서 아미타불에게 헌신하여 '서방 정토'에 왕생하는 길이라는 것이다.[62]

이제 우리는 대승 불교의 보살 개념을 알아볼 필요를 느낀다. 보살이란 말은 처음에는 부다의 존칭이었다. 시대가 경과하면서 이 용어는 불교의 깨달음에 도달하기를 바라는, 곧 수도중에 있는 사람을 지칭하는 말로 사용되었다. 대승 불교에서 보살은 완전한 깨달음에 도달했지만, 자신이 다른 모든 중생들의 해방과 구원을 위해서 헌신할 수 있게 되기 위하여 다른 무엇보다도 입적하여 열반에 들어가는 것을 포기한 초월적인 신적 존재를 가리키는 말이 되었다. 이러한 보살은 자신이 원하는 바에 따라서 어느 곳에든, 그리고 언제 어떤 형태로든 자유로이 사람들에게 다가와 도와줄 수 있게 된다.[63]

불교의 지식인들은 이와 같은 교리의 도움을 입어 한국에서 모든 계층의 사람들로부터 계속해서 많은 추종자들을 얻어 모을 수 있었다. 불교적 지식인들이 일으킨 위에서 본 바와 같은 두 가지 다른 형태의 운동은 구원에 대해 서로 다른 인간학적 바탕을 설정하고 있음에도 불구하고 종교적 대중들에게 동일한 작용을 했다. 결과적으로 이들 두 가지 서로 다른 불교 운동은 또 다른 불교적인 구원 이론을 발전시켰다. 이러한 불교에서는 대중의 구원 회구가 자신들 삶의 실천적인 태도에 어떤 수미 일관된 영향을 끼치지 못했다. 여기에서 우리는 일본 불교에 대한 막스 베버의 해석을 인상깊게 되새기게 된다:

---

62) 장원규, 「정토 왕생의 원리」, 『불교학보』 3·4(1966), pp. 70~74 참조.
63) Maria Boxberg, *Leiden. Ein Grundproblem menschlicher Existenz: Zur buddhistischen Erlösungslehre* (Altenberg, 1981), pp. 92~96 참조; Max Weber, "Hinduismus und Buddhismus," pp. 268~75f.

인도의 승려들 속에서 나타나는 이러한 지성적인 구원론이 그 어떤 하나의 '민족의 종교'로 될 수 있기 위해서는 말할 것도 없이 머리로 상정해볼 수 있는 가장 심각한 내적 변동을 경험하지 않으면 안 되었다.[64]

앞에서 언급한 바와 같은 영적인 성격이 특히 두드러지는 호국 불교의 구원론에서는 삶을 세속 안에서 합리적으로 운용할 수 있는 종교적 기초를 마련할 수 없었다. 여기에서 지식인의 사고 구조, 이와 관련된 앞서 언급한 지식인 및 그 종교적 성향의 특이성은 대중들이 삶을 어떻게 꾸려나가게 되는가에 결정적인 의미를 갖는다는 사실이 다시금 분명해진다.

3. 불교의 개혁 및 대항 개혁 운동

I. 승려 공동체 운동

12세기 말엽에 고려 왕조 사회에는 '정혜 결사(定慧結社)'라는 슬로건을 내세웠던 '수선사 운동'과 특유의 신앙을 강조했던 '백련 결사 운동'이라 불린 두 가지 서로 다른 승려 공동체 운동이 발전되었다. 이 두 운동 모두가 기성의 불교에 대해 반대하는 성격을 지니고 있었다는 사실이 우리의 관심을 끈다. 앞에서 보아온 대로 기존의 불교는 대중과 왕조 정부에 주술적인 의례 그리고 거의 예외 없이 국가 사회와 개인을 외적인 재난으로부터 비보하는 수단으로서 봉사하고 있었다. 이 때문에 승려들 중심의 이 두 결사 운동에서 주창자와 그 후계자들 모두가 의식적으로 자신들의 지적인 종교 성향을 일상적인 종교 성향과 관련지으려는 시도를 포기하고 있다는 특징을 보여준다. 수선사 운동은 세계 도피적인 엄격한 명상의 성격을, 백련사 운동은 의례 중심의 종교적 믿음을 강조하는 성향을 띠면서 세계 도피적 성격을 갖고 있었다. 잘 알려진 바와 같이 고려 왕조 사회는 1170년에 있은 무신정변에 의해서 지금까지 권력

---

64) Max Weber, "Konfuzianismus und Taoismus," *GARS* I, p. 512.

을 잡고 있던 문신이 제거되고 무신들이 권력을 장악하게 되는 사태를 맞고 있었다. 그리고 사회는 1231년부터 1356년에 이르는 긴 기간을 몽고의 지배하에 있게 된다. 이와 관련된 혼란으로 인해서 많은 농부들은 자신들의 농토를 떠나 유랑의 길을 걷지 않으면 안 되었다.[65] 바로 이와 같은 정치사회적인 위기의 압력하에서 위에서 말한 지식인들의 종교적 성향 및 이와 관련된 사고 구조가 독특하게 발전되었다는 사실을 주목해볼 필요가 있다.

한국 불교는——우리가 이미 보아온 바대로——국가의 종교로서 국가의 비보, 사회의 안녕과 복지를 사람들에게 약속했다. 고려 사회는 불교의 이러한 약속에도 불구하고 심각한 위기로 빠져들고 있었다. 이에 대해서 고려의 불교 지식인들은 대답하지 않으면 안 되었다. 바로 이러한 상황과의 관련성 속에서 우리가 이제 논의하게 되는 두 가지 종류의 승려들 중심의 개혁 운동이 발전되어나왔던 것이다.

13세기초에 불교의 위계에서 최고 정점에 속하는 국사(國師)[66] 원묘 요세(1163~1245)는 백연 결사라 불리는 특별한 승려 공동체를 설립하였다. 이보다 앞선 1190년에 보조국사 지눌에 의해서 설립된 수선사 운동이 강한 합리주의적 종교 성향을 견지하고 있었던 데 반해, 요세의 백연 결사 공동체는 반이성주의적 경향을 띠고 있었다.[67]

지눌(1158~1210)은 기성의 승려 집단이 올바른 구원의 길인 명상의 실천과 동떨어져 있다고 비판했다. 아울러 그는 승려 각자가 스스로 깨달음을 얻기 위해서는 무엇보다도 불교 교리의 공부와 수행 단계에 따른 명상의 실천에 전념해야만 한다는 사실을 강조했다.

---

65) 고익진, 「고려 불교 사상의 호국적 전개(Ⅱ)」, 『불교학보』 14(1977), pp. 33f. 참조; Han Woo-keun, *The History of Korea*, pp. 151~76.
66) 958년 광종(950~75) 때의 고려 정부는 승과 제도를 도입 실시하기 시작했다. 승과에 합격한 승려는 법계를 받게 되고, 불교계의 지도자로서 임명된다. 이들 중 뛰어난 승려들이 국사에 임명되었다. 문화공보부(편), 『한국의 종교』(서울, 1973), p. 58 참조.
67) 고익진, 「고려 불교 사상의 호국적 전개(Ⅱ)」, pp. 33f. 참조; 「원묘 요세의 백연 결사와 그 사상적 동기」, 『불교학보』 15(1978), pp. 109~20.

이와 같은 이유에서 그는 '세계 도피적인' 명상을 불교적 구원에 이르는 올바른 길이라고 선언했다. 그는 올바른 승려 공동체의 이상을 제시하면서 추종자들을 모았다. 지눌이 설립한 승려 공동체의 목표는 구성원 각자가 세속적인 세계로부터 멀리 떨어져 있는 산속에 은거하며 무엇보다도 공동으로 공부와 명상을 통한 수행을 실천하는 것이었다.[68] 이 공동체는 기성의 호국 불교의 의례주의와 서책에 의한 지식을 부정적으로 보아 거부하고 여론화했다. 그렇지만 이러한 공동체가 상정하고 있는 구원론이 필연적으로 담고 있는 영지적이고 신비적인 성격은 일반인들의 삶에 적합한 곧 세속내에서 삶을 짜임새 있고 합리적으로 운용하는 방법을 발전시킬 수 있는 종교적 바탕으로 제공될 수는 없었다.

백연 결사 운동의 특별한 의미는 이 공동체가 지눌의 결사체에 대항하여 생겨났다는 데에 있다. 이 결사체의 창시자인 요세는 이전에 지눌의 결사체의 일원이었다. 그러나 요세는 지눌이 상정하고 있는 불교적 구원을 위한 인간학적 바탕 및 이와 관련된 수선사 운동의 종교적 성향이 담고 있는 명상적 성격에 동의할 수 없었다. 요세의 견해에 의하면 제한된 특정의 지식인들만이 지눌의 공동체에 의해서 선포된 구원의 길을 걸을 수 있을 것임에 틀림없기 때문이다.[69]

이러한 이유에서 요세는 기성의 승려 집단을 개혁하기 위해서 전혀 다른 구원의 방식을 선포했다. 그는 대승 불교에 속하는 '정토교'의 가르침을 취사 선택하고, 이를 자신의 공동체에서 예시적으로 실천하였다. 그의 가르침은 특별한 종류의 종교적 실천, 곧 참회와 보살의 성호를 부르는 일을 특히 중요시했다. 보기를 들자면 이 공동체 성원들의 일과에서 가장 중요한 과제는 각자가 참회하면서 아미타불의 이름을 일만 번씩 부르는 것이었다. 이는 금욕적인 고행의 수단에 속하는 것이었다. 이러한 종교적 실천은 아미타의 낙원

---

68) 지눌, 「권수정혜결사문」, 『보조국사 전서』(김달진 역주)(서울, 1990)(3판), pp. 19~71 참조.
69) 고익진, 「원묘 요세의 백연 결사와 그 사상적 동기」, pp. 109~16 참조.

에 왕생하리라는 확고 부동한 신앙에 의해서 이루어졌다.[70] 기존의 불교가 외적인 곤경으로부터의 해방 및 세속적인 이해 관계(국가의 안보, 풍년 등등)의 충족을 도모하려 했던 반면에, 이 공동체는 위에서 언급한 기도문과 신앙을 통해서 내면적인 곤경으로부터의 해방 및 자신의 구원의 확실성을 보장하려고 시도했다. 이러한 종교적 성향이 어떤 특별한 윤리적 요구와 분명한 관계를 확립하지 않고 있다는 사실은 특히 중요하다. 이들 추종자의 행위는 거의 전부가 삶을 전통적으로 운용하는 경향을 갖고 있다. 이 지식인들은 대중들에게 주술적인 구원을 베풀려고 했다. 보살(구세주)에게 헌신하는 것은 대중들의 경건심의 특징적인 유형이었다. 이는 이 공동체의 창시자뿐만 아니라, 이들을 계승하고 있는 지식인들 또한 세계상을 윤리적으로 합리화하고 체계화시키지 않았으며, 이와 관련하여 자신들의 종교적 성향으로부터 주술적 요소를 제거하기 위해서 그 어떤 노력도 기울이지 않았다는 것을 의미한다. 오히려 이들 지식인은 그들이 제시한 종교적 의식의 실천이 주술적인 효험을 가져온다는 사실만을 극적으로 강조했다. 그 결과 이들의 종교적 성향은 온통 주술적인 채로 남아 있게 되었다.

백연사 운동은 수세대에 걸쳐서 계속되었고 고려 왕조말에 이르기까지 여덟 명의 국사들에 의해서 지도되었던 반면에, 수선사 운동으로부터는 15명의 국사를 배출했다.[71] 이는 불교 지식인들이 이끌었던 이와 같은 두 종류의 운동이 고려 사회에서 어떻게 중요시되었는가를 단적으로 말해주는 사실이라고 볼 수 있다. 아울러 한국 역사에서 이들 두 공동체의 종교적 성향이 세계에 대한 합리적 지배 및 세계의 합리적 변혁을 위한 그 어떤 추진력도 결하고 있다는 것을 보여주고 있다.

II. 의례주의적 믿음의 종교적 성향

원시 불교적 이상과는 달리 한국에서 변형된 불교는 그 구성 요

---

70) 윗글, pp. 116~19 참조.
71) 「고려 불교의 호국적 전개(II)」, pp. 35, 42 참조.

소로서 수많은 신앙의 대상들과 또한 애니미즘적이며 무속적인 여러 가지 의례들을 가지고 있었다. 이러한 사실은 무엇보다도 『고려사』의 기록들에서 분명하게 드러난다. 『고려사』의 기록에 의하면 신앙의 대상 및 의례의 목적에 따라 명명되어진 83가지 서로 다른 불교의 법회 의식들이 보고되고 있고, 공식적으로 약 1,080회 가량의 불교 법회를 수행한 것으로 나타난다.[72]

이러한 법회 의식들은 대중들과 왕조의 정부에게 어떤 불교적인 정신적 깨우침의 의미가 아닌, 호국・기우・풍년・명복・장수・건강・전승 등등으로 표현되는 세속적 이해 관계의 실현을 도모하고자 하는 주술적 의미를 가지고 있었다.[73]

우리는 탁월한 불교 지식인들에게서 그 어느 면에서도 위와 같은 다신교적 신 개념을 찾아볼 수 없지만, 이러한 불교의 영향하에 있는 대중의 종교적 성향을 거의 다신교적이라고 성격지을 수 있다. 종교적 대중들은 수많은 부다・보살들과 민속적인 신 및 정령들을 구원자로서 섬겼다. 이러한 사실들은 대승 불교에 대한 막스 베버의 관찰에서 이미 다시 확인되고 있다:

주술적 치료법, 마취 요법과 주술적 동종 요법에 의한 엑스터시・우상 숭배 및 성자 숭배, 신령・천사 및 악령 등으로 불리는 온갖 종류의 신들이 대승 불교 속으로 침투해 들어왔다. 무엇보다도 극락으로 불리는 천국・지옥・구세주들(메시야)이 대승 불교에 등장하게 되었던 것이다. (생에 대한) 목마름으로 표현되는 애착, (개인의) '이름 및 외모'를 넘어서 있는 피안, 곧 7번째 하늘(도솔천)에 미래의 구세주인 불교 특유의 메시야 신앙의 대상인 미륵보살이 왕좌에 앉아 있다. 게다가 지옥의 형벌로 사람들을 위협하고 있다.[74]

---

72) 서윤길, 「고려 호국 법회와 도량」, 『불교학보』 14(1977), pp. 89~103 참조.
73) 보기로 『역주 고려사』(부산, 1966), 제20장, 명종 9년 7월, p. 451; 윗글, 제17장, 인종 18년 6월, pp. 316f.; 윗글(부산, 1965), 제6장, 정종 12년 3월, p. 284; 윗글, 제22장, 고종 5년, pp. 552f. 등을 참조.
74) Max Weber, "Hinduismus und Buddhismus," p. 277; 막스 베버, 「힌두교와 불교」, pp. 360~61 참조(우리말 옮김은 필자, 원텍스트에 있는 각주

법회라는 종교 의식들이 수없이 많이 시행되었음에도 불구하고 이것들은 결코 지속적이거나 규칙적이지 않았다. 오히려 의식의 시행은 원칙적으로 그때그때의 상황과 이해 관계에 종속적이었다.[75] 곧 불교 자체의 내적인 요구에 따른 규칙적인 성격을 띤 것이었다고 보기는 어렵다는 말이다.

고려 시대 후반기 이후로 갈수록 사회는 점점 더 심각한 위기로 빠져들었다. 이러한 사실은 기성의 불교적 신앙이 도모하고 있는 세속적 이해 관계의 실현에 대한 주술적 효험, 곧 한국 불교 고유의 종교적 약속이 사람들에게 의심을 불러일으키게 되었다는 것을 의미했다. 기성의 승려 집단은 이에 대해서 마땅히 그 어떤 해명을 하지 않으면 안 되었다. 이러한 이들의 응답 속에서 우리는 다시금 기존 승려 집단의 독특한 사고 구조를 파악할 수 있게 된다. 필자는 이러한 목적을 위해서 기존 승려 집단의 한 대표자인 체원(體元: 1280(?)~ ?)의 경우를 들고 싶다.[76]

체원이 어떤 윤리적 요구를 대중들에게 제기한 것이 아니라, 도리어 불교 신앙을 아주 간단하게 주술적으로 이끌어가게끔 고무했다는 사실은 우리에게 특히 중요하다. 우리는 체원의 이와 같은 행위에서 변형된 한국 불교의 최후적인 모습을 발견하게 된다. 이것은 그에 의해서 발굴되어 제시되고 있는 원래 비불교적인 민속 신앙의 대상이었던 신적인 존재들과 이러한 신적 존재들과 관련되어 전승된 설화들에서 특히 분명해진다. 체원의 저술은 합천 해인사에 보관되어 있는 8만 대장경 속에 남아 있다.[77]

체원은 현세불로 알려진 관음보살 *Avolokitesvar*에 대한 신앙이 가져오는 주술적이고 기적적인 효험을 불교의 경전들 속에 나타나 있는 관음보살의 설법에 대한 주석을 통해서 이론적으로 강조하여

는 생략했음).

75) 서윤길, 「고려 호국 법회와 도량」, 『불교학보』 14, pp. 102f. 참조.

76) 체원은 한국 불교의 가장 큰 종단의 하나였던 화엄 종파의 한 승려이었다.

77) 채상식, 「체원의 저술과 화엄 사상: 14세기 화엄 사상의 단면」, 『한국 화엄 사상 연구』(한국불교문화연구소 편)(서울, 1982), pp. 239~44 참조.

제시했다. 이와 아울러 체원은 관음보살의 설법을 널리 알리기 위해서 절요 형식으로 편집하였을 뿐만 아니라, 그 밖에 관음 신앙의 기적적 효능을 강조하기 위하여 일종의 '불교 경전'을 자신이 직접 저술하였다. 앞서 말한 경전에 대한 주석을 통해서 그는 관음보살의 놀라운 업적을 드러내어 찬양하였다. 곧 관음보살은 온갖 곤경, 허다한 위험 및 각종의 질병들로부터 사람들을 구원했다는 것이다.[78]

체원은 자신이 위작한 불교 경전에서 효험을 가져오는 종교적 실천들을 제시해 보였다. 여기에는 보살들에게 드리는 기도문들뿐만 아니라, 비불교적인 민속 종교의 신앙 대상들('천신' '지신' '삼신' 등등)에 대한 헌신, 불경의 조판, 독경 등등이 '극락 정토'에 왕생하는 데 긴요한 구제 수단 및 공덕이 된다고 보고, 이것들의 실천을 강조하고 있다.[79]

한국 역사에서 체원이 제정한 불교적 평신도를 위한 신앙 지침은 실제로는 평신도들에게 거의 아무것도 요구하지 않거나 본질적으로 형식적인 요구만을 하고 있었다. 그래서 독경, 불경의 필사, 설법의 청취, 주술사로서의 승려의 예언 및 조언 등등은 형식적인 것이 되어버렸고, 따라서 종교적 대중의 삶에서 불교적인 내용을 소진시켜 버리는 결과를 가져왔다. 실제로는 일종의 악귀에 대한 신앙이 평신도의 삶을 지배했던 것이다.[80]

위와 같은 신앙의 바탕에서 그 유명한 대장경판이 고려 왕조 정부의 막대한 비용으로 거란군의 침입을 불교의 주술적 힘을 빌어 막기 위한 수단으로서 두 차례나 간행되었다. 첫번째 간행은 11세기 전반기에 있었고, 두번째 것은 1237년에서 1251년 사이에 이루어졌다. 두번째 간행된 81,258개의 대장경판은 합천 해인사에 오늘날까지 보관되어 있다.[81]

---

78) 윗글, pp. 244~65 참조.
79) 윗글.
80) 이에 상응하는 논의는 Max Weber, "Hinduismus und Buddhismus," p. 281 참조.
81) Chongko Choi, *Staat und Religionen in Korea: Zur Grundlegung eines koreanischen Religionsrechts*, p. 53 참조; Frits Vos, *Die Religionen Koreas*, p. 146.

이에서 한걸음 더 나아가 체원 자신이 제시했던 종교적 실천과 그것들의 주술적 효험에 대한 모범이 되는 역사적 사실을 통일신라 시대의 유명한 고승인 의상의 가르침에서 발견하고 있다는 사실은 우리에게 있어 또한 중요하다. 당시에 의상은 '정토 불교'의 구원의 길(일종의 구원자 종교의 성향)을 대중을 위해서 제시했다. 통일신라 시대는 한국에서 평화의 시기이며, 한국 불교의 전성기에 해당한다. 이런 사실을 들추어냄으로써 체원은 바로 이 시기에 미륵보살과 관음보살에 대한 신앙 및 자신이 말한 종교적 실천이 대중들 속에서 성행하고 있었다는 사실을 사람들에게 주지시키고자 했다. 이로써 체원은 인간 역사에서 대중들에 의한 앞서 언급된 종교적 신앙의 수행이 세상에 평화의 시대를 가져옴에 틀림없다는 사실을 입증하고자 했다.[82]

그러나 이와 같은 체원의 사려깊은 작업은 세계상을 합리적으로 체계화하거나 대중의 종교적 성향에서 주술적 요소를 철저히 색출해 제거해버리는 것을 의미하지 않았다. 오히려 그것은 그 어떤 윤리적인 요구를 하지 않으면서 대중들로 하여금 주술적인 신앙을 갖게 하고, 주술적인 종교적 의식을 수행하도록 고무시키는 것이었다.

막스 베버가 아래와 같이 성격화하고 있듯이, 불교적 지식인들의 이러한 사고 구조 및 그와 관련된 종교적 성향 때문에 대중의 종교적 행위는 자연히 원초적이며 주술적인 종교적 성향을 갖는 수준에 머물러 있게 된다:

그렇게 되면 종교적 행위는 '신에 대한 예배'가 아니라, '신을 강제하는 것'이며, 신을 부르는 것은 기도가 아닌, 주술적인 암호문이 된다. 이는 근절할 수 없는 민속 종교적 성향, 무엇보다도 인도인의 종교적 성향을 이루고 있는 근본 바탕이었다. 그러나 이는 대단히 보편적으로 널리 퍼져 있다.[83]

이 모든 것으로부터 우리는 다음과 같이 막스 베버의 말로 결론

---

82) 채상식, 윗글, pp. 252f. 258f. 참조.
83) Max Weber, *WG*, pp. 257f.

을 내릴 수 있을 것이다. 곧 한국의 불교 특히 호국 불교는 인도에
서 있었던 원시 불교 시대의 구원 종교적 성향을 더 이상 가지고
있지 않으며, 그보다는 오히려 승려 조직에 의한 주술적이며 신비
주의적인 의례 수행의 성격을 가지고 있었다는 것이다. 이러한 경
우에는 사회학적으로 결정적인 의미를 갖게 되는 종교적 대중(평신
도)을 위한 종교적인 공동체가 형성되지 않는다. 이 때문에 호국 불
교의 구원 종교적 성향은 어떤 경우에서든 완전히 비사회적인 성격
을 갖게 되었다. 개인들은 불교의 승려들에게 개인 자격으로 의지
했다. 호국 불교에는 서구의 교회에 있는 신자들의 영혼을 돌보는
사제직에 해당하는 것들이 아무것도 없을 뿐만 아니라, 무엇보다도
규칙에 따라서 삶을 규제하는 모든 종교적 수단들이 빠져 있다.[84]
일반적으로 말해, 불교의 지식인들은 자신들의 전통 및 민속적 종
교 성향으로부터 유래한 주술적 요소들을 결코 배척하지 않았다.
오히려 그들은 이 주술적 요소를 다양한 방식으로 자신들의 학설
및 가르침을 돕는 수단으로 보아 수용하였다. 다른 말로, 세계 전체
는 위에서 언급한 독특한 사고 구조를 통해서 무지무지한 주술적
마술의 정원으로 탈바꿈되어버리고 말았다. 이는 또한 대중들로 하
여금 하나의 합리적인 삶의 방식을 만들어낼 수 있게 하는 어떤 계
기도 생겨나지 못하게 되는 결과를 초래하였다.

4. 맺는 말 : 사고 구조의 사회적 의미

불교는 윤리적인 세계 종교지만, 한국 역사에서 불교적인 구원의
종교적 성향은 실제 세계와 그 어떤 긴장 관계도 만들지 않았다.
물론 이 원인은 한국 불교 지식인들의 특이한 사고 구조에 놓여 있
다. 원리적인 면에서 불교에 정통한 지식인들의 사고 구조는 법칙
에 지향된 종교적 성향에 속박되어 있다. 곧 '일심,' 장식 또는 여래
의 씨, 불성 등등으로 표현되는 불교적 '신'은 인간과 우주의 핵으로

---

84) Max Weber, "Konfuzianismus und Taoismus," pp. 511f. 참조.

서 세계 질서를 조화롭고 합리적으로 보존하는 하나의 신적인 섭리의 힘으로 파악하고 있다는 사실에서 단적으로 드러난다. 이는 동양 지식인들의 세계 파악에서 보여지는 중요한 특성 중의 하나이기도 하다.

지식인을 대상으로 하는 불교의 구원론은 실제로 생활 현장에서 활동하고 있는 계층의 한국인들과 대립하여 서 있었다. 그렇기 때문에 세계 안에서 행한 일의 업적과 앞에서 언급한 명상 불교적 지식인들의 세계 도피적인 구원론은 어떤 내면적인 연결점을 형성할 수 없었다. 불교적 지성인의 종교적 성향에 의해서 규정된 윤리는 어떤 종류의 인간적인 본능에도 얽매이지 않도록 의식적으로 철저히 자신을 규제한다는 의미에서 '합리적'이다. 막스 베버로서는 동양의 뛰어난 불교 지식인들의 고유한 경향으로서 이와 같은 깨어 있는 의식에 의한 끊임없는 자기 지배가 〔소극적인〕 효과 없는 것일 뿐이었다고 일반적인 평가를 내릴 수밖에 없는 것이었다.[85] 물론 이러한 자기 지배가 그들이 정말로 도달하려고 의도한 목표는 아니었다. 그 목표는 영원한 평온을 찾기 위해서 세계의 무상함, 곧 업의 인과 응보의 수레바퀴로부터 벗어나는 구원이었다. 한국 역사에서 불교적 교양을 쌓은 층은 자신들의 진정한 관심을 세속 밖에 두고 있었다. 이는 이들이 영혼의 신비적이며, 무시간적인 행복과 세속적 존재에 의해 무의미하게 돌아가는 쳇바퀴의 생으로부터 벗어나는 것을 추구하는 데서 알 수 있다.[86] 그렇지만 한국 역사에서 이러한 사고 구조는 일체의 합리적이며 목적 지향적인 행위와 그 어떤 세속적인 관심과 관련된 일체의 것을 앞에서 언급한 불교적인 구원으로부터 이탈되어 있는 것으로 간주했다는 것을 의미했다. 그래서 명상적인 불교 지식인들의 철저한 세계 도피적인 입장으로부터는 어떤 합리적인 사회 윤리 및 이와 관련된 공공 윤리로 이어지는 그 어떤 길도 마련될 수 없었다. 이미 언급한 지식인의 종교적 성향과 대중의 욕구 사이의 긴장에도 불구하고 지식인이 추구했

---

85) Max Weber, "Hinduismus und Buddhismus," p. 373 참조.
86) 윗글, p. 373 참조.

던 구원의 길이 가지고 있던 당당한 위세가 그 어떤 대규모적인 윤리적 가르침에 의해서 실제적으로 분쇄된 적이 없었다. 이 때문에 구원 수단의 비일상성 및 비합리적 성향은 사라지지 않고 변함없이 남아 있게 되었다. 구원 수단 자체가 일체의 짜임새 있는 삶의 방식과 적대적인 노선에서 비합리적이며 저돌적으로 돌입하는 것이었거나, 아니면 방법에 있어서는 실상 합리적이지만, 설정하고 있는 목표 자체가 비합리적인 것이었다.[87]

불교적 세계상의 이러한 근본적인 전제와 관련되어 '자비 *Mitleid-stimmung*'로써 모든 중생, 특히 보살의 이상 실현이라는 점에서 무상한 존재들에 대한 연민의 정의 촉구 또한 한국의 대중들에게서는 말할 것도 없고, 불교적 지식인들에게서도 합리적인 사회적 행위를 유발시킬 수 없었다.

이러한 종교적 성향에 종속하여 기존의 승려 집단 특유의 사고 구조가 출현하였다. 이 사고 구조는 주술적 비보설, '구세주-불교'의 교설, 승려 공동체 운동 및 주술적 신앙의 종교 성향 등등에서 파악될 수 있다.

이러한 사고 구조의 사회적 의미는 한국 역사에서 하나의 주술적 세계상이 불교라는 이름 아래에서 대중의 일상적 생활을 위해서 중요한 역할을 할 수 있었다는 사실에 있다. 불교의 세계상과 이에 상응하는 지식인들의 사고 구조가 빚어낸 결과는 절대지인 영지와 지고의 구제 상태를 종교적 대중이었던 평신도들에게 제공하기를 거절하게 만든 것이었다. 불교 평신도들의 행위는 의례적이며 전통적이었고, 그럼으로써 철저히 일상적 이해 관계에 따르는 특징을 지니게 되었다.[88]

지금까지의 연구로부터 다음과 같이 결론을 내릴 수 있다. i) 불교 지식인의 사고 구조는 대중들이 구원받고자 하는 원초적 감정을 하나의 윤리적 종교의 성향으로 발전되도록 자극하지 않았고, 또 그럴 수 있는 능력이 없었다. 실제로 지식인들은 대중을 안중에

---

87) 윗글, p. 359f. 참조.
88) 윗글, p. 372 참조.

두고서 "극락으로 표현되는 천적(天的)인 낙원"에 대한 여러 다양한 표상들, 민속 및 불교적 전통으로부터 유래한 신적인 존재들의 사상(보기로 다양한 보살)을 사용했다. 그러나 이 사실 자체가 그들이 이러한 사상들을 윤리적인 척도 및 계명과 결부시켰다는 것을 의미하지는 않는다. 이 때문에 대중들에게서 신적인 존재들은 어떠한 도덕적인 의미도 가지지 않았다. 어떤 경우든 그러한 존재들은 대중들의 종교적 행위에 영향을 줄 수 없었다. 다른 말로 그 존재들의 이상에 따르는 종교적 행위를 유발시킬 수 없었다. ii) 승려 집단이 종사한 일과 의례적인 규정들의 수행은 자연적인 세력들을 주술적으로 지배하고, 귀신들의 장난을 막아내기 위한 지극히 편의적인 수단에 지나지 않았고, 그래서 불교의 대중들은 순전히 현세적인 구원에 대한 허다한 관심, 조잡스런 주술, 그리고 이것들 외에 보다 나은 상태로의 환생 기회 등등을 추구하게 되는 결과를 가져왔다는 사실이 드러난다.[89]

효과면에서 본다면 앞서 언급한 지식인들의 종교적 성향과 그들 사고 구조의 강력한 영향력은 대중들의 삶을 세속 내적이고도 합리적이며 절도 있게 운용하게 했다는 의미에서는 결코 한번도 작용한 적이 없었고, 대부분 이와는 정반대의 결과를 가져왔다. 그래서 대중들에게서 일상 생활의 어떤 윤리적 합리화 및 이와 관련된 어떤 공공 윤리가 발전되어나올 수 없었다.

이러한 사고 구조 및 이와 관련된 불교적 지식인들의 종교적 성향은 부분적으로는 당시 이들과 관련된 비불교적 지식인 일반의 사고 구조와의 관계 속에서 발전되었다고 보아진다. 곧 불교에 직접 종사하고 있지 않은 일반(평신도) 지식인들은 고려 왕조기 곧 13세기 말엽에까지 인간의 영혼과 종교적 삶을 위해서 불교를 수용했다. 그러나 이들은 일상적인 생활 및 이와 관련된 사회정치적 윤리를 위해서 유교를 채택했다.[90] 이러한 사실은 그 당시에 불교의 승

---

89) 필자는 여기에서 막스 베버의 개념들을 사용해서 우리의 연구 결과를 요약해보았다. 윗글, p. 360 참조.
90) 『역주 고려사』 8(부산, 1969), 제93장(「열전」 6), 최승로, 시무 28조,

려 집단이 일상적 생활에 대해서 부정적인 의미를 갖고 있었음에도 불구하고 일반 지식인층으로부터 이렇다 할 만한 어떤 비판을 받지 않게 된 원인이기도 했다.

이러한 상황은 신유교 및 이와 관련된 성리학이 중국으로부터 한국에 유입된 이후인 14세기 초엽 이후부터 변동되었다. 곧 일반 지식인들이 불교를 떠났던 것이다. 이에서 한걸음 더 나아가 이들은 신유교적 세계상의 전제들에 기대어서 불교를 날카롭게 비판하기 시작했다. 불교는 사회적 삶을 위해서 믿음직한 윤리적 계명을 제공할 수 있는 능력이 없으며, 세계 도피적인 종교적 성향 및 주술에 지향된 불교 지식인들의 사고 구조에 의해서 불교의 성격이 규정될 수 있다는 것이다. 한국 역사에서 이러한 일반 지식인들은 불교를 퇴진시키는 데에 결정적인 역할을 했을 뿐만 아니라, 특히 신유교에 의해서 규정되고 있는 사회 집단의 발전을 위해서 지울 수 없는 공헌을 했다. 이들에 대해서는 다른 곳에서 논의를 계속할 것이다.

불교의 지식인들은 지금까지도 우리가 제시한 바 있는 사고 구조의 기본적인 경향을 여전히 고수하고 있다고 생각된다. 한국 불교는 오늘날까지도 적극적인 의미에서 어떤 공공 윤리도 발전시키지 않고 있는 것으로 보여진다.

참 고 문 헌

강위조(1977),『일본 통치하 한국의 종교와 정치』, 현대신서 81, 서울.

강진철(1980),『고려 토지 제도사 연구』, 서울.

고익진(1973),「원효의 기신론 소·별기를 통해서 본 진속 원융 무애관과 그 성립 이론」,『불교학보』10.

_____(1977),「고려 불교 사상의 호국적 전개(Ⅱ)」,『불교학보』14.

_____(1978),「원묘 요세의 백연 결사와 그 사상적 동기」,『불교학보』15.

　　　p. 215 참조.

권기종(1978),「서산의 화 사상」,『불교학보』15.

길희성(1982. 3),「지눌의 심성론」,『역사학보』93.

김영태(1969),「신라 불교 대중화의 역사와 그 사상 연구」,『불교학보』6.

김항배(1978),「승랑의 화 사상」,『불교학보』15.

동아대학교 고전연구실 옮김(1965~69),『역주 고려사』1~8권, 부산.

문화공보부 편(1973),『한국의 종교』, 서울.

베버, 막스(1987),『힌두교와 불교』(『종교사회학 Ⅱ』)(홍윤기 옮김), 서울
　(2판).

서윤길(1976),「도선 비보 사상의 연원」,『불교학보』13.

_____(1977),「고려 호국 법회와 도량」,『불교학보』14.

송석구(1978),「보조의 화 사상」,『불교학보』15.

_____(1982),「불교의 인성론」,『불교학보』19.

안계현(1961. 12),「원효의 미타정토 왕생 사상(I)」,『역사학보』16.

_____(1963. 8),「원효의 미타정토 왕생 사상(Ⅱ)」,『역사학보』21.

_____(1983),「불교의 정토 신앙과 그 사적 고찰」,『한국 사상의 심층 연
　구』(조명기 외 엮음)(3판).

오형근(1978),「원측의 화 사상」,『불교학보』15.

원　효(1983),「대승 기신론 소·별기」,『한국의 불교 사상』, 한국사상전
　집 1(이기영 옮김), 서울(4판).

유동식(1975),『한국 무교의 역사와 구조』, 서울.

유병덕(1975),「한국 불교의 원융 사상」,『유병덕 논문집』8, 이리.

이기영(1982),「원효의 미륵 신앙」,『한국불교연구』(이기영 지음), 서울.

_____(1982),「한국적 사유의 일 전통」,『한국불교연구』.

_____(1982),「신라 불교의 성격과 그 현대적 의의」,『한국불교연구』.

_____(1983),「한국의 불교 사상 개설」,『한국의 불교 사상』.

이영자(1978),「의천의 천태 회통 사상」,『불교학보』15.

이종익(1983),「조선의 배불 정책과 불교 회통 사상」,『한국 사상의 심층
　연구』.

일　연(1983),「삼국유사」,『한국의 민속 종교 사상』, 한국사상전집 4(최동
　희 외 공역), 서울(4판).

임영정(1976),「여말 농장 인구에 대한 일연구」,『동국사학』 13.

장원규(1966),「정토 왕생의 원리」,『불교학보』 3·4 합집.

정태혁(1975),「정토교의 사상적 배경에 대한 고찰」,『불교학보』 12.

조명기(1970),「한국 불교 사상사」,『한국문화사대계』 Bd. VI(고려대 민족 문화연구소 편), 서울.

지　눌(1990),「권수정혜결사문」,『보조국사전서』(김달진 역주), 서울(3판).

채상식(1982),「체원의 저술과 화엄 사상: 14세기 화엄 사상의 단면」,『한 국 화엄 사상 연구』(한국불교문화연구소 편), 서울.

토카레프, 세르게이(1991),『세계의 종교』(한국 종교연구회 옮김), 서울.

홍정식(1977),「고려 불교 사상의 호국적 전개(I)」,『불교학보』 14.

Boxberg, Maria(1981), *Leiden. Ein Grundproblem menschlicher Existenz: Zur buddhistischen Erlösungslehre*, Altenberg.

Ch'en Kenneth K. S.(1964), "Einleitung," *Buddhism in China. A Historical Survey*, Princeton.

Choi Chongko(1979), *Staat und Religion in Korea: Zur Grundlegung eines koreanischen Religionsrechts*, Freiburg i. Br.(박사 논문).

Glasenapp, Helmuth von(1963), *Die fünf Weltreligionen: Brahmanismus, Buddhismus, Chinesischer Universismus, Christentum und Islam*, Düsseldorf.

Glasenapp, Helmuth von(옮기고 엮음)(1985), *Pfad zur Erleuchtung: Das Kleine, das Große und das Diamant-Fahrzeug*, Köln.

Han Woo-keun(1981), *The History of Korea*, Seoul(12판).

Hasenfuss, Josef(1955), *Weltreligionen als sozial-kulturelle Gestaltungsmächte: Eine religionssoziologische Studie*, Würzburg.

Mensching, Gustav(1949), *Allgemeine Religionsgeschichte*, Heidelberg (2판).

O Sek-keun(1979), *Der Volksglaube und das Christentum in Korea*, München(박사 논문).

Reichelt, Karl Ludvig(1968), *Truth and Tradition in Chinese Buddhism. A Study of Chinese Mahayana Buddhism*(übers. v. Kathrina van Wagenen Bugge), New York(2판).

Ri Jemin(1987), *Wonhyo und das Christentum: Ilsim als personale Kategorie*, Frankfurt/a. M.(박사 논문).

Rosenkranz, Gerhard(1960), *Der Weg des Buddha: Werden und Wesen des Buddhismus als Weltreligion*, Stuttgart.

Schumann, Hans Wolfgang(1976), *Buddhismus: Stifter, Schulen und Systeme*, Olten.

Vos, Frits(1977), *Die Religionen Koreas*, Stuttgart.

Weber, Max(1978), "Einleitung," *Gesammelte Aufsätze zur Religionssoziologie* I, Tübingen(7판)(*GARS* I로 줄여 씀).

_____ (1972), *Wirtschaft und Gesellschaft*, Tübingen(5판).

_____ (1978), "Hinduismus und Buddhismus," *Gesammelte Aufsätze zur Religionssoziologie* II, Tübingen(6판).

_____ (1978), "Zwischenbetrachtung," *GARS* I.

_____ (1978), "Konfuzianismus und Taoismus," *GARS* I.

제 2 장
신유교와 사적 윤리

신유교 특히 성리학은 조선 왕조 말기 곧 1910년 이후로 공식적인 예배 행위의 대상도 국가의 교육 프로그램도 제공하고 있지 않지만, 여전히 특이한 방식으로 오늘날 한국 사회에서 그 생동력을 의연히 유지하고 있다. 물론 신유교는 더 이상 공식적인 국가 이데올로기가 아니다. 또한 유교의 경전들은 공식적인 학교 교육에서 더 이상 특권적이며 독점적인 역할도 하지 못한다. 그럼에도 불구하고 신유교는 현대 사회에서 시민들의 삶에 심층적이고도 강력한 지적 및 민속적 전통으로서 여전히 영향력을 행사하고 있다.[1] 이 때문에 어느 누구도 유교적 가족 윤리 및 이 윤리의 바탕 위에서 형성된 신유교의 이상적 국가와 사회가 여전히 중요한 문화적 유산으로서 오늘날 한국 사회의 기본 바탕을 형성하고 있다는 사실에 대해 반론을 제기할 수 없을 것이다.[2]

그렇기 때문에 이 글에서는 신유교가 한국에서 어떻게 발전되었는가와, 신유교 매개층의 특이한 사고 구조와 관련지어 신유교의 사회적 의미를 분석하고, 사회학적으로 해명해보려고 한다. 필자는 여기에서 한국의 신유교 윤리에 초점을 맞추려고 한다. 신유교 윤리는 막스 베버에 기대어서 다음과 같이 성격화될 수 있다. 곧 이 윤리는 대단히 풍부하고 포괄적인 사회 윤리적 표상을 담고 있음에

---

1) 여기에서 필자는 최재석의 「현대 사회에 있어서의 전근대적 가족 의식」, 『한국 가족 연구』(서울, 1983)(개정 2판), pp. 225~91 을 이에 대한 정보를 알리는 보기로 들고 싶다.
2) 송항용, 「유교」, 『전환기의 한국 종교』(서울대 종교문화연구소 편)(서울, 1986), pp. 266~68 참조.

도 불구하고, 일종의 '사적 윤리'의 바탕인 엄격하고 강력한 '대인간적 지배 복종의 관계'만이 사회 속에서 신유교 윤리를 통해서 지지를 받았고 또 정당화되었다. 그 결과 하나의 '사적 윤리'가 사회의 공적인 영역 및 사적 영역, 그리고 시민들의 사회적 행위 등등을 망라하여 지배적인 자리를 차지할 수 있게 되었다. 그러나 이러한 발전은 단지 그것을 매개했던 층의 이해 관계 및 이와 관련된 해당 지식인들의 사고 구조라는 분명한 전제들 아래에서만 가능했다는 사실을 기억할 필요가 있다. 이와 관련해서 우리의 연구는 신유교의 영향 아래에서 어떤 믿을 만한 '공공' 윤리가 사회 속에서 발전되어나올 수 없었다는 사실을 드러내보이려고 한다. 이 글에서 신유교 및 한국의 역사에 관한 많은 논의가 있게 되겠지만, 그것들이 선별적으로 단지 이런 특수한 관점하에서만 '사회학적으로' 상세히 고려되고 있다는 사실을 강조해두고 싶다.

1. 유교에 대한 예비적 고찰

I. 유교의 창시자 공자

우리는 중국에서 '쿵후재'로 불리는 이름을 공자라고 명명하고 있다. 서양에서는 이 이름을 라틴어식으로 음역하여 'Konfuzius'라고 표기하고 있다.[3] 공자는 춘추전국이라 불리는 중국의 사회적 대혼란기에 노나라(BC 722~481)에서 주전 551년경에 태어났고, 주전 479년에 죽었다고 알려져 있다.[4]

---

3) Helmuth von Glasenapp, *Die fünf Weltreligionen: Brahmanismus, Buddhismus, Chinesischer Universismus, Christentum und Islam*(Düsseldorf, 1963), p. 148 참조.

4) 공자의 생애에 관해서는 윗글, pp. 148~53 참조; Pierre Do-Dinh, *Konfuzius in Selbstzeugnissen und Bilddokumenten*(Hamburg, 1960), pp. 19~80; Herrle G. Greel, *Confucius and the Chinese Way*(New York, 1960), pp. 25~56; Karl Jaspers, "Konfuzius," *Die maßgebenden Menschen: Sokrates, Buddha, Konfuzius and Jesus*(München, 1964), pp. 133~35; W. E. Soothill, *The Three Religions of China*(London, 1973)(3판), pp. 28~37.

공자의 근본적인 관심은 중국 고대의 이상 사회에 있었다. 그는 위대한 고대 사회의 모습, 특히 이 사회의 관습(풍습)을 자기 민족의 이상향으로 웅장하게 드러내기 위해서 연구했다. 공자는 사분오열되어 있는 중국인들의 세계를 다시 평정해야 한다는, 결국 중국 전체를 다시 재건해야 한다는 남다른 확고한 소명 의식을 가지고 있었다. 이를 위해서 실질적으로 긴요한 일을 자신이 하지 않으면 안 된다는 천명을 깨닫고 있었다.[5] 공자 사상의 기본 바탕에는 국가들의 사분오열식 난립, 혼란과 민심 동요의 시대에 인간은 오직 '이상적 고대'로의 창조적인 복귀에 의해서만 구원될 수 있다는 전제가 깔려 있다. 공자는 무엇보다도 전체의 유기적인 한 부분으로서 개별 인간의 내면적 심신 상태를 위하여 마음을 썼다. 그러나 그의 가르침 배후에는 어떠한 종교적인(황홀경 또는 신탁에서 생겨난) 원초 체험 Urerfahrung도 있지 않았다. 그는 또한 어떤 신으로부터 계시를 받은 일도 없다.[6]

공자의 가르침은 본질적으로 스스로가 취사 선택하고 자신의 관점에서 편집했던 풍습 및 관습에 관한 고대의 문서 · 노래, 공식 기록들, 점성술, 그리고 『예서』 등등에 기초를 두고 있었다. 이와 같이 공자에 의해서 주해되었고, 또 그 자신이 쓴 책은 후에 '오경'이라 불리는 유교의 경전으로 모아져 편집되었다.[7]

실제로 공자는 자신의 사상을 쉽게 알아볼 수 있게끔 체계적이고도 일관성 있고 논리 정연하게 체제를 갖추어 제시하고 있지 않다. 그럼에도 불구하고 사람들은 그의 가르침을 도덕 철학적 사상 체계라고 말할 수 있고, 그가 이곳저곳에서 행한 언설들은 분명한 출발점과 목표를 지향하고 있어 논리적으로 서로 관련되어 통일성 있

---

5) M. Eder u. a., *Die Großreligionen des Fernen Ostens*(Baden-Baden, 1962), pp. 18 f. 참조; Gustav Mensching, *Allgemeine Religionsgeschichte*(Heildelberg, 1949)(2판), p. 141.
6) Karl Jaspers, 윗글, pp. 156 f. 참조. 공자의 가르침 일반에 대한 것은 P. Do-Dinh, 윗글, pp. 81~110 참조.
7) 유교의 오경이라 함은 『서경』『시경』『역경』『예기』『춘추』의 책을 말한다. Gustav Mensching, 윗글, pp. 139 f. 참조; Helmuth von Glasenapp, 윗글, pp. 153~59.

는 사상으로 분류될 수 있는 성격의 것이다. 당시에 공자는 많은 다른 중국 철학자들 중의 한 사람이었고, 결코 가장 큰 명성과 성공을 거둔 사람이 아니었다. 그러나 2,000년 이상이나 중국과 그에 인접해 있는 국가들을 지배했던 유교의 바탕이 그의 가르침으로부터 생성되어 자라나왔던 것이다.[8]

Ⅱ. 중국에서의 유교

유교는[9] 공자가 죽고 난 후인 1세기경에 두 유명한 철학자인 맹자(ca. BC 372~289)와 순자(ca. BC 310~230)를 통해서 이론적 체계를 갖추게 되었다. 맹자는 무엇보다도 그가 온갖 공격으로부터 방어하려고 시도했던 성선설이라 알려진 학설의 주창자로 유명하다.[10] 맹자의 성선설은 주전 3세기경에 순자에 의해서 논란되었다. 순자는 맹자와는 정반대로 인간의 본성은 악하며, 이는 교육을 통해서 선한 것으로 바꿀 수 있는 것이라고 주장했다. 무엇보다도 맹자의 사상은 송나라 시대(960~1276)에 이르러서 최종의 결정적인 형태로 신유교 속에 침투되어 자리잡게 되었다.[11]

유교는 공자의 가르침을 따르는 유학자들이 일으켰던 하나의 지적 사상 운동이었다. 그럼에도 불구하고 유교는 구체적으로 정부의 정치적 행위와 통치를 돕고 그 기강을 세우도록 협력하는 것과 실천하는 것을 목표로 하고 있었다.

한나라 시대(BC 206~AD 220)에 이르러 유교는 국가의 종교로 발전하기 시작했다. 여러 세대의 뛰어난 유학자들은 유교를 사적인 생활과 국가적 활동을 총체적으로 망라하는 하나의 체계로 완성시켰다. 유교는 실질적인 통치 세력과 연계됨으로써 새로운 모습의 사상으로 발전할 수 있었다. 유교의 지식인들은 자기들이 속한 신

---

8) Karl Jaspers, 윗글, pp. 160~64 참조; Helmuth von Glasenapp, 윗글, pp. 154~59.
9) 유교에 대한 일반적인 것은 Byung-tai Hwang, *Confucianism in Modernization: Comparative Study of China, Japan and Korea*(University of California〔박사 논문〕)(Berkeley, 1979), pp. 34~191 참조.
10) P. Do-Dinh, 윗글, pp. 123~30 참조; W. E. Soothill, 윗글, pp. 37~41.
11) Helmuth von Glasenapp, 윗글, pp. 159~65 참조.

분의 이해 관계를 안정시키는 데에 기여하게 되어 있는 정통 학설을 발전시켰다. 유교는 국가의 교육 체계로서 정립되었고, 국가적 존재의 질서와 위엄을 정당화하는 방향으로 자신의 학설을 확장했다.[12] 이렇게 하여 유교는 종교에 무관심하고 구원과는 소원한 일종의 신분 윤리로 발전되었다. 유교는 세력 있는 관료 집단의 윤리요, 일종의 예의 범절의 체계였다. 유교는 문학적 교양을 쌓은 점잖을 빼는 사회 계층에 걸맞는 윤리였다.[13]

Ⅲ. 중국에서의 신유교 발전

유교의 이론적 합리화 및 확장 곧 형이상학적이고 유사 자연철학적 요소들의 유입과 체계화는 송나라 시대(960~1276)에 이루어졌다. 이렇게 확장된 체계는 마침내 청조(1644~1911) 때에 움직일 수 없이 확고부동한 전통으로 자리를 굳히게 되었다.[14] 1세기 이상에 걸쳐서 계속 변형된 이러한 유교는 원시 유교와 상당한 거리가 생기게 되었다. 그렇기 때문에 오늘날 우리는 이렇게 변형된 유교를 원시 유교와 구분하여 신유교라 부른다.[15]

순수 유교의 종교철학적 바탕이 포괄적인 세계의 해명을 위해서는 너무 좁다고 인식한 일군의 유학자들은 송나라 때에 도교 및 불교적인 사상을 받아들여 새로운 유학 체계를 산출해내기에 이르렀다.[16]

---

12) Karl Jaspers, 윗글, pp. 160 f. 참조.
13) Max Weber, "Einleitung der Wirtschaftsethik der Weltreligionen"(Einleitung으로 줄여 씀), *Gesammelte Aufsätze zur Religionssoziologie* I (*GARS* I로 줄여 씀)(Tübingen, 1978)(7판), pp. 254 f. 참조; *Wirtschaft und Gesellschaft*(*WG*로 줄여 씀)(Tübingen, 1980)(5판), pp. 290 f.
14) Roy-munsang Seoh, *The Principlist Tradition of Yi Korean Confucianismus and the Case of An Chong-bok(1712~1791)*(University of Washington[박사 논문], 1977), pp. iii~xiv 참조.
15) P. Do-Dinh, 윗글, pp. 145~53 참조.
16) Daniel L. Overmyer, *Religions of China. The World as a Living System*(New York, 1986), pp. 48 f. 참조; Donald L. Baker, *Confucians Confront Catholicism in Eighteenth-Century Korea*(University of Washington[박사 논문], 1983), pp. 86~88.

후에 지배권을 획득한 신유교의 형태는 특히 경전의 주석가로서 유명한 주자(1130~1200)에게 힘입은 바가 크다.[17] 주자는 송대에 신유교를 완성한 사람으로 알려져 있다. 주자는 유교의 고전에 대한 자신의 주석이 독보적인 정통 학설이 됨으로써 그 이후의 전중국 정신사에 지울 수 없는 막대한 영향력을 끼쳤다. 주자가 신유교 학파의 4 선구자들의 연구 성과를 하나의 완결된 체계 속으로 융합했다는 사실 또한 커다란 의의를 지닌다. 주돈이(1017~1073)·장자(1020~1077)·정호(1032~1085)·정이(1033~1107) 등이 신유교의 발전에 선구적인 역할을 했다.[18]

잘 알려진 바와 같이 주자의 주해와 그의 학파의 연구는 성(性) Hsing과 이(理) Li를 집중적으로 탐구한다는 의미에서 '성리학'이라 불리고 있다. 성은 본성, 그 중에서도 인간의 본성을 가리키고, 이는 우주 만물의 근본 질서 바탕인 도(道) Tao의 소우주적 현상체를 의미한다. 성과 이로 불리는 전문 용어는 성리학의 핵심을 이룬다. 신유교는 일종의 우주 기원론 곧 우주 생성에 대한 사상을 갖고 있다. 이러한 우주 생성론은 그 자체의 존립을 위해서 고안된 것이라기보다는 이로부터 예절의 원칙과 교육의 근본 법칙을 이끌어내기 위하여 인간 본성 존재의 사실성과 법칙성에 대한 근거를 제공하기 위한 것이었다.[19]

공자는 근엄하고 실천적인 생활 지향의 이상으로서 중국내에서 뿐만 아니라, 국경 밖의 나라들에서도 추종자를 얻었다. 공자에 대한 제사는 중국에서만 있었던 것이 아니라, 중국 문화가 확장되어

---

17) Helmuth von Glasenapp, 윗글, pp. 160~63 참조; Jörg Bäcker, '*Prinzip der Natur*' und '*Sein Selbst Vergessen*': *Theorie und Praxis des Neokonfuzianismus anhand der 'aufgezeichneten Aussprüche des Hsien Lieng-Tso*'(*1050~1121*)(Bonn Universität[박사 논문], 1982), pp. 18 f.; W. E. Soothill, 윗글, pp. 41~44.

18) Olaf Graf, *Tao und Jen: Sein und Sollen im sungchinesischen Monismus* (Wiesbaden, 1970), pp. 3~12 참조; Wing-tsit Chan, "Einleitung," Chu Hsi u. a., *Reflections on Things at Hand: The Neo-Confucian Anthology* (Wing-tsit Chan 옮김)(New York, 1967), pp. xvii~xli.

19) Olaf Graf, 윗글, pp. 13 f. 참조; Wing-tsit Chan, 윗글, pp. xvii~xviii.

54

퍼지는 것과 아울러 중국과는 다른 언어를 말하는 나라들에서도 뿌리를 내렸다. 공자에 대한 숭배는 베트남에서 15세기경에 지도층에 의해서 이루어졌고,[20] 한국에서는 조선 왕조하에서 유교가 국가 종교의 자리에까지 올라갔다.

2. 한국에서의 유교(13세기까지)

우리는 이제 어떻게 그리고 언제 유교가 중국으로부터 한국에 전래되었고, 한국의 유교가 중국의 형태와 어떻게 다른가를 질문해야 한다.[21]

유교의 경전은 고구려(BC 37~AD 668)에는 372년경에, 백제(BC 18~AD 661)에도 이와 별반 늦지 않게 알려졌다. 그리고 신라(BC 57~AD 668)에는 5세기 중엽에야 비로소 알려졌다.[22] 그러나 이와 같은 삼국 시대에는 유교가 사회에서 미미한 역할을 하는 데 머물러 있었다.

통일신라 시대(668~935)에 유교는 일부 지식인들에 의해서 도덕적 원리로서 받아들여졌고, 이들에 의해서 국내와 국외 특히 당나라에 유학해서 연구되었다.[23]

고려 왕조 시대(935~1392)에 지식인들 중 다수가 문학적 교양을 쌓기 위해 유교를 받아들였고, 이렇게 하여 왕조에 봉사하는 일종의 관료제가 발전하는 데에 기여하였다. 고려 시대 지식인들은 유

---

20) Helmuth von Glasenapp, 윗글, pp. 164 f. 참조; Duy-Tu Vu, *Der Beginn der christlich-europäischen Einflußnahme in Vietnam*(Hamburg, o. J.), pp. 29~33.

21) 유교에 대한 일반적인 개관은 Byung-tai Hwang, 윗글, pp. 457~587 참조.

22) Min-hong Choi, *Der Einfluß der konfuzianischen Ehtik in Korea*(München Universität[박사 논문], 1960), p. 6 참조; Frits Vos, *Die Religionen Koreas* (Stuttgart, 1977), pp. 158~60.

23) 이기백, 「한국 유학의 정착 과정」, 『한국 사상의 심층 연구』(조명기 외 편)(서울, 1983)(3판), pp. 174~88 참조; Frits Vos, *Die Religionen Koreas*, pp. 160~62.

교를 하나의 종교, 결과적으로 인간의 삶을 포괄적으로 이끌고 지도하는 세계상으로 보지 않았다. 그들은 유교를 정치적 원리 또는 단순히 도덕적인 하나의 체계로 보아, 이를 교육에 이용하려고 했다.[24] 이 시대에 유교는 무엇보다도 국가의 공식 종교로서 지배적 역할을 하고 있던 불교 때문에 하나의 '종교'로 자신을 발전시킬 수 없었다. 당시에 유교는 한국에서 독자적인 사제 집단을 갖거나 공개적인 예배 활동을 수행할 수 없었다. 일반적으로 이 두 가지는 종교가 체계화된 윤리적 종교로 발전하는 데 있어서 결정적인 의미를 가지는 것이었다.[25] 유교는 불교 및 민속 신앙들과 독특한 방식으로 공존하고 있었다. 유교는 백성들의 일상적 삶에 대해서 제한된 정치-도덕적 의미를 가졌을 뿐, 어떤 종교적 의미를 지니지 않았다.[26]

이러한 상황은 한국과 중국에서 유교에 대한 공식적인 이름이 옛날부터 지금까지 '유학자들의 가르침 Ju kiao'을 뜻한다는 사실에서 또한 분명하게 알 수 있다.[27] 무엇보다도 한국 유교의 독특한 성격은 그 매개층이었던 지식인들의 특별한 이해 관계 및 정부에 대한 이들의 후원과 지지 등과의 밀접한 관련성 속에서 발전했다. 다른 말로, 유교의 성격은 본질적으로 해당 지식인들의 사고 구조에 의해서 결정되었다.

고려 왕조 정부는 958년에 중국의 모범을 따라 일종의 관리 공개 채용 시험인 과거제를 도입 실시했다.[28] 그리고 992년에는 당시 왕

---

24) 윤용균, 『尹文學士遺稿』(서울, 1933), p. 17 참조; 『역주 고려사』 7(부산, 1971), 74편(「지」 28), 선거 2, pp. 45~66; 허흥식, 「고려 과거 제도의 검토」, 『한국사연구』 10(1974. 9), p. 52.
25) Max Weber, WG, p. 260 참조.
26) 『역주 고려사』 8(부산, 1969), 제93편(「열전」 6), 최승로, p. 215 참조; Han Woo-keun, The History of Korea(Seoul, 1981)(12판), p. 149; Frits Vos, Die Religionen Koreas, p. 162.
27) Max Weber, "Konfuzianismus und Taoismus," GARS I, p. 432 참조.
28) Han Woo-keun, The History of Korea, p. 129 참조. 기존의 지배층 및 이와 관련하여 지식인층의 신분 유지에 대한 과거 시험 제도의 의미에 대해서는 Karl A. Wittfogel, Oriental Despotism. A Comparative Study of Total Power(New Haven, 1957), pp. 347~54.

조의 수도였던 개성(송악)에 일종의 유교 대학을 설립했다.[29] 과거 시험 제도와 유교 대학은 역사의 진전에 따라 시험의 중점 척도와 교과 내용은 변동되었을지라도 조선 왕조말까지(1910) 계속되었다. 시험은 근대 서구 세계에서와 같은 전문 분야 지식의 소유 여부도, 종교적인 카리스마의 구비 여부를 묻는 것이 아니었고, 오직 문학적 교양을 쌓았는지가 척도였다.[30] 이러한 교양은 유교적인 경전(그렇지만 신유교적인 것은 아님)에 관련되어 있었고, 철저히 세속적 및 도덕적인 것이었지 종교적인 것이 아니었다.[31]

한국에서 유교의 발전이 선교사들의 활동에 의한 결과가 아니라는 사실 또한 주목해볼 가치가 있다. 한국에서 유교의 발전은 한국의 지식인들이 유교의 경전들을 받아들여 자발적으로 연구한 결과였다. 물론 이때에 지식인들의 공식적인 지위 또한 유교의 발전에 빈번히 유리하게 작용한 것은 사실이다.

유교가 사회에 퍼져나감과 아울러 유교 고유의 담지자층이 필요했다. 만일 고려 왕조 사회에서 13세기 중엽 이후에 신진 사대부라 불리는 일반 평신도 지식인층이 형성되지 않았다면, 신유교는 결코 국가의 공식 종교로서 500년 동안이나(1910년까지) 조선 왕조 사회 백성들의 국가 및 사적 생활의 전체 영역을 지배할 수 없었을 것이다.[32] 신유교 지식인들의 사고 구조 또한 이 지식인층의 사회학적 처지에 의존하여서 발전되었다.

---

29) Frits Vos, *Die Religionen Koreas*, p. 162 참조.
30) 막스 베버는 다음과 같은 견해를 피력하고 있다. 곧 중국 유학자들의 견해에 의하면 문학적 교양을 쌓는 것만이 인격을 완성하는 유일의 보편적 수단이다. 그러나 이러한 문학적 교양의 습득은 유교의 정통 학설로 인정되어 받들어지는 옛 고전들에 대한 공부를 통해서만 가능한 것이었다. Max Weber, "Konfuzianismus und Taoismus," *GARS* I, p. 452 참조.
31) 이는 중국에서 막스 베버가 윗글, pp. 409 f.에서 관찰하고 있는 바와 비교해볼 만하다. 허홍식, 윗글, p. 53 참조.
32) 이에 대한 이론적 바탕으로서 필자는 막스 베버의 논의를 제시하고자 한다. Max Weber, "Einleitung," 윗글, p. 241 참조.

3. 한국에서의 사회 변동과 신유교의 등장

우리는 한국의 신유교가 가지고 있는 사적 윤리의 성격을 이해하기 위해서 무엇보다도 먼저 그것이 지닌 사회학적 바탕 및 이와 관련된 신유교 매개층의 사회적 독특성을 파헤쳐야만 한다.

I. 세속의 지식인과 신유교 사이의 선택적 친화성

우리는 13세기 이후의 고려 왕조 역사에서 세속 지식인 집단과 신유교 사이에 형성된 일종의 선택적 친화성 관계를 분명하게 확인해낼 수 있다. 필자가 이미 암시한 바와 같이 세속의 지식인들은 이전에 대단히 특이한 생활을 지향하고 있었다. 곧 영적이고 종교적 삶을 위해서는 불교의 지시를 존중했다. 그렇지만 일상적 삶, 정치 및 사회의 질서를 위해서는 유교의 가르침을 따랐다.

13세기에 사회정치적 문제들이(보기를 들어 공적인 영역에서 기강의 와해, 농민들이 타락한 관리들에 이해 착취되고 불교 사원에 토지가 집적됨으로써 기아 상태에 허덕이게 됨) 점점 더 심각하게 되었을 때,[33] 이들 세속적 지식인의 삶의 지향 자체가 변동되었다. 이 시대에 사회정치적 문제들이 점점 많아지고 더욱더 심각해지는 것과 비례해서 지금까지 지배적 역할을 해온 불교 지식인들은 자신들의 특권의 유지를 위한 것은 아니지만 결과적으로 대중의 신앙을 일종의 주술적 방향으로 직접 인도했다. 이와 같은 사회적 혼란의 상황에서 유교에 지향된 세속의 지식인들은 자신의 사회를 다시금 질서 잡힌 정상 상태로 회복시키지 않으면 안 된다는 당위성과 이에 필요한 실천적 행위를 자신들이 해야 한다는 소명 의식을 갖게 되었다. 그렇지만 이들은 전반적으로 지배층이나 귀족 가문 출신이 아니었다.

---

33) 『역주 고려사』 7, 제78장(「지」 32), 식화 1, 전제 록과전, pp. 301~99 참조; 정도전, 『국역 삼봉집』 II(고전국역총서 121)(서울, 1984)(2판), pp. 251~53; 한영우, 『조선 전기 사회 사상』(서울, 1976), pp. 184~96.

이들 대부분은 말단 지방 행정 기관에서 실무를 담당했던 향리직 후손들이었다. 이들 선조들이 가난한 농부는 아니었고, 중소 지주적 기반을 가진 층에 속했다는 특징을 갖고 있다.[34]

이 지식인들은 문제의 한국 사회를 재조직하는 데 필요한 사회적 모형과 이상을 제공할 수 있는 이데 Idee와 이상향을 찾고 있었다. 이들은 이러한 이데를 기존의 한국 불교나 유교에서 찾아내려고 하지도 않았고 또 그럴 수도 없었다. 왜냐하면 두 종교 모두는 기존의 지배층과 연결되어 있었고, 게다가 이 두 종교가 통일성 있고 긍정적인 사회적 질서를 지향하는 어떤 모델을 갖고 있지 않았기 때문이다.[35] 이들은 불교 지식인의 종교적 성향이 갖고 있는 세계 도피적 성격에 동의할 수 없었다. 그리고 이들은 기성의 유교 그 자체를 긍정하기보다는, 유학이 체계적이고도 통일성 있는 세계상 곧 신유교로 발전될 필요가 있다는 입장을 취하고 있었다. 이들은 기존의 불교적 지식인 및 유교적 지식인들이 당면한 사회적 문제의 해결에 더 이상 아무런 역할도 할 수 없다고 생각했다. 왜냐하면 이 두 집단은 자신들이 누리고 있는 특권의 유지에 급급해 있기 때문이라는 것이다.

아마도 송대에 발전했던 신유교가 11세기 또는 12세기에 이미 한국에 알려졌을 것으로 생각된다. 신유교는 13세기 중엽부터 위에서 언급한 세속의 지식인들에 의해서 진지하게 연구되기 시작했다.[36]

---

34) 이우성, 「고려조의 이에 대하여」, 『역사학보』 23(1964. 4), p. 22 참조; 허흥식, 「고려의 국자감시와 이를 통한 신분 유동」, 『한국사연구』 12(1976. 4), p. 80.

35) 윤사순, 「한국 성리학의 전개와 그 특징」, 『한국 사상의 심층 연구』, pp. 190f. 참조.

36) 윤사순, 「한국 성리학의 전개와 그 특징」, pp. 189f. 참조. 이러한 세속적 지식인들의 일반적 성격은 중국에서의 유학자들에 대한 막스 베버의 논의와 비교해볼 가치가 있다. 베버에 의하면 중국에서 지배층은 유학자층이었다. 이들 층은 예를 학습함으로써 형성되어나왔다. 그러나 그것은 동시에 뛰어난 세속적 교양을 닦음으로써 이룩되었다. 이들의 출신 성분은 대부분 문학적 교양, 무엇보다도 문자적 지식을 획득한 영주 가문의 자제들이었다. 이들의 사회적 지위는 이러한 문자적 지식 및 문학적 지식에 바탕을 두고 있었다. Max Weber, "Konfuzianismus und Taoismus," p. 396 참조.

이러한 지식인들 중 두각을 드러냈던 인물로 이재현·이색·정몽주·길재·정도전·권근 등등을 들 수 있다.[37] 이들 세속의 지식인들은 신유교에서 무엇보다도 하늘과 땅, 그리고 그 사이에 존재하는 사물들 및 인간이 전체의 한 부분으로서 영원히 조화롭고 평화로운 우주와 독특한 방식으로 결부되어 있는 하나의 포괄적인 세계상을 발견할 수 있었다. 이제 이와 같은 우주론적인 질서의 원리는 불교적인 세계상이 차지했던 자리를 대신할 수 있는 일종의 종교적인 의미를 갖게 되었다. 이들 세속의 지식인들은 신유교에서 보다 나은 사회 질서를 위한 한 모범을 발견할 수 있었다.[38] 이들은 이러한 세계상의 도움으로 자신들이 처해 있는 사회적 현실의 의미·한계, 그리고 문제의 원인들을 명확하게 이해하고 또 설명할 수 있었다.

II. 조선 왕조 성립, 지배층의 변동 그리고 신유교

위에서 언급한 세속의 지식인들은 13세기 이후부터 고려 왕조 관료제내의 신유교적 교양을 쌓은 관료층으로 자신들을 발전시켰다. 이들 중의 많은 사람들이 앞서 말한 과거 시험에 합격하여 곧 자신들의 독자적인 능력이 인정되어 왕조의 관료 제도를 운영하는 행정 요원이 되었다. 이러한 역사적 사실은 이들 자신들과 신유교의 발전에 결정적인 의미를 갖는 것이었다. 왜냐하면 관직의 소유자는 언제나 조선 왕조에서 가장 영향력이 많은 사회 계층에 속했기 때문이다.[39]

1170년에 이르기까지 이들 세속의 지식인들에게는 관료가 될 수

---

37) 윤사순, 「한국 성리학의 전개와 그 특징」, p. 190 참조.
38) 정도전, 『국역 삼봉집』 II, pp. 266~68 참조; 이성무, 「주자학이 14·15세기 한국 교육 및 과거 제도에 미친 영향」, 『한국사학』 4(1983), p. 360.
39) 이것은 중국에서 관직 소유자에 대한 막스 베버의 진술과 비교해볼 만하다: "관직 소유자는 [……] 국가의 납품업자 및 거대 상인 이외에 재산을 축적할 수 있는 대부분의 기회를 잡고 있는 인격의 소유자들이었다. 이 때문에 이 계층의 영향력은 인격적인 면에서와 마찬가지로 경제적인 면에서도 그 자신의 씨족 바깥에서 또한 [……] 일반 백성들에게 대체적으로 막대한 것이었다." Max Weber, "Konfuzianismus und Taoismus," p. 424.

있는 길이 신분 제도에 의해서 봉쇄되어 있었다. 과거 제도는 신분 제도내에서 작동하고 있었다. 문학적 교양을 쌓은 관료 집단의 기성화된 특권은 바로 이러한 신분 제도를 통해서 직접·간접으로 보장되고 있었다.[40] 1170년의 무신정변에 의해서 고려 왕조 정부의 거의 모든 문신 관료가 파면되거나 살해되었다. 중요한 것은 이 정변을 통해서 이제까지 존재해온 신분 체계가 상당 부분 그 의미를 상실하게 되었다는 사실이다.[41] 바로 이 무신정변 이후에 위에서 말한 세속의 지식인들에게 과거 시험의 응시 자격이 부여되었고, 신유교적 교양을 쌓은 관료들이 중앙 정부의 각료진에 선발될 수 있게 되었다. 이렇게 세속의 지식인들은 점차적으로 정부의 비중 높은 권력의 자리를 점령해갈 수 있게 되었다. 곧 이들이 인사·과거 시험 그리고 대학의 장 자리 등등을 장악하게 되었다.[42]

신유교의 발전을 위해서 앞서 말한 신유교적 교양을 쌓은 관료들의 노력에 의하여 신유교가 국가적 교육 체계로서 제도화되었고, 대학에서의 교육이 전통 유학적 문헌 대신 신유교적인 경전에 의해서 시행되게 되었으며, 과거 시험의 척도도 이에 따라 바뀌었다는 사실 또한 대단히 중요하다.[43] 그래서 한국 신유교의 운명은 이들 세속 지식인층의 사고 구조에 완전히 달려 있게 되었다.

이들 관료 집단이 한국 역사에서 가장 강력한 지배층으로 부상했을 때, 그들은 일종의 토지 개혁을 단행할 수 있었다. 1388년부터 1391년에 신유교적 교양을 쌓은 관료 집단은 기존의 특권 관료층 및 이들 가문으로부터의 온갖 저항에도 불구하고 신흥 무사 집단 (대표자는 이성계)의 도움을 얻어 고려 왕조의 농지법을 개혁하는 데 성공하였다.[44] 여기에서 신유교의 세계상은 이데올로기적 무기로

---

40) 이것은 중국에서도 마찬가지였다. Max Weber, 윗글, pp. 405~08 참조.
41) 변태섭, 「고려조의 문반과 무반」, 『사학연구』 11(1961. 7), pp. 58f. 참조.
42) 이우성, 윗글, p. 22 참조; 민현구, 「신돈의 집권과 그 정치적 성격(Ⅱ)」, 『역사학보』 40(1968. 12), pp. 82~92.
43) 『역주 고려사』 7(부산, 1971), 74편(「지」 28), 선거 2, 학교, pp. 66~80 참조; 이성무, 윗글, pp. 364f., 370f., 378f.
44) 『역주 고려사』 7(부산, 1971), 78편(「지」 32), 식화 1, 전제 록과전, pp. 301~99 참조; 정도전, 『국역 삼봉집』 Ⅱ, 경리, pp. 251~53.

서 커다란 역할을 했다. 이에 대한 증거로 신유교적으로 교양을 쌓았던 관료 집단은 특히 기존의 토지법에 대한 그들의 비판에서 드러나는 모든 해당 문제들을 사회경제적인 문제가 아닌 도덕적인 것으로 취급하고 있다——신유교의 전형적인 특징——는 사실을 지적하는 것으로 족하다.[45]

이 개혁을 통해서 한편으로는 특권적 관료 및 가문들이 소유하고 있던 농토의 대부분이 국고에 환원되어야만 했고, 다른 한편으로는 두 신흥 관료 집단이 녹봉 지급법에 정한 바대로 국가로부터 농토를 일종의 봉토로서 지급받을 수 있게 되었다. 이들 신흥 관료들은 전에는 국가의 재정적인 어려움 때문에 자신들에게 정해진 녹봉을 제대로 지급받을 수 없었다.[46]

신유교적 교양을 쌓은 관료 집단은 이와 같은 경제사회적인 지위의 상승에도 불구하고 만족할 수 없었다. 왜냐하면 그들의 신유교적 세계상과 사회적 현실 사이에 긴장이 상존하고 있었기 때문이다. 무엇보다도 주술적으로 강하게 변형된 한국 불교는 신유교적 지식인들의(물론 신유교적인 교양을 쌓은 관료 집단으로부터) 거센 비판에도 불구하고 국가의 공식 종교로서 여전히 존재하고 있었기 때문이다.[47] 그 밖에 불교의 사원은 막대한 토지 소유자였음에도 불구하고 앞서 언급한 토지법의 개혁에서 불교의 사원들이 소유하고 있던 농지들은 국고에 환수되지 않았다. 이 당시에 신유교적 교양을 갖추고 있던 관료 집단은 지배층내에서 여전히 소수파에 지나지 않았다. 문신 관료 중의 대다수와 무신 집단 및 왕실은 기성의 불교를 배척하고 있지 않았다.[48]

45) 『역주 고려사』, 윗글; 정도전, 윗글.
46) 민현구, 윗글, pp. 83~90 참조.
47) 정도전, 『국역 삼봉집』 I(고전국역총서 120)(서울, 1984)(2판), pp.306~81 참조; 『고려사절요』(민족문화추진위원회 편)(서울, 1982)(3판), 제35장, 공민왕 3년, p. 389; 윗글, pp. 396~403, 409~11, 416~23; 이종익, 「조선의 배불 정책과 불교 회통 사상」, 『한국 사상의 심층 연구』 pp. 45~49.
48) 이상백, 「유불 양교 교대의 기연에 대한 일 연구」, 『이상백 저작집』 I(서울, 1978), pp. 19~191 참조.

무장 이성계(1335~1400)가 일종의 군사 쿠데타에 의해서 권력을 장악하게 되었을 때, 신유교적 교양을 쌓은 관료 집단은 신유교적 세계상에 의해서 규정되는 사회를 이룩하기 위해서 신흥 무사단과 힘을 합하여 자기 집단의 내분에도 불구하고 그리고 온갖 저항을 무릅쓰고서 '새로운' 왕조를 개창하지 않을 수 없었다.[49] 잘 알려진 바와 같이 이 새로운 왕조는 조선 왕조라 불렸고, 1910년까지 약 500년 동안 계속되었다. 무장 이성계는 새로운 왕조의 왕으로 등극하게 되었다(1392). 그러나 이것이 계기가 되어 신유교적 교양을 쌓은 관료 집단 및 모든 신유교적 지식인들은 두 분파로 분열되었다. 왜냐하면 이들 모두가 즉각적으로 신왕조의 정당성에 대해서 동의할 수 있었던 것은 아니었기 때문이다. 이들 지식인의 한 분파는 유교의 한 원리 때문에 새로운 왕조의 개창을 거부했다. 왜냐하면 이들이 존중하는 유교의 원리에 의하면 신하는 결코 왕의 자리에 올라가서는 안 되기 때문이다.[50] 이제 다른 분파에게서 가장 중요한 과제는 새로운 왕조의 정당성을 증명해보이는 일이었다.

막스 베버에게서 찾아 읽을 수 있듯이, 이들 관료 집단과 신흥 무사 집단은 새로운 왕조의 정당성을 증명하기 위해서 하나의 '신' 및 이와 관련된 어떤 한 종교가 시급히 필요했다:

> 개인적인 행위에서와 마찬가지로 어떤 공동체적 행위에서 그 자신을 위한 특유의 신을 갖지 않았던 적이 결코 없었고, 그리고 또 이익 집단 *die Vergesellschaftung*이 그 지속성을 보증받고자 할 경우에 그 집단을 위한 신을 필요로 하지 않았던 적이 없다. 하나의 단체 또는 이익 집단이 권력 장악자 개인의 인격적 권세의 자격으로서가 아닌 비인격적인 한 '단체'로서 모습을 드러내는 경우에는 언제나 이들 집단은 그들에게 특별한 하나의 신을 꼭 필요로 했다.[50]

이렇게 하여 신유교는 불교를 대신해서 국가의 공식 종교가 되었

---

49) Han Woo-keun, *The History of Korea*, pp. 203~28 참조.
50) 류승국, 『한국의 유교』(서울, 1980)(2판), pp. 177~82 참조.
51) Max Weber, *WG*, p. 252.

다. 앞에서 말한 관료 집단의 강력한 이해 관계가 없었더라면, 이 시기에 국교의 공식적 교체는 일어나지 않았을 것임에 틀림없다. 두 관료 집단에게는 이것을 제외하고는 어떤 다른 가능성이 없었다. 그 이유는 무엇보다도 앞에서 암시한 바와 같이 기존의 불교와 전통적인 한국 유교가 적대 세력 집단의 이데올로기적 바탕이었다는 데에 놓여 있다. 이에서 한걸음 더 나아가 신유교적 지식인들은 그들에게 아주 편리한 '혁명 이론'을 바로 신유교 속에서 발견해낼 수 있었다. 중국에서 맹자에 의해서 처음으로 체계화된 혁명론은 신유교에서 인정되어 받아들여지고 있다. 이 혁명론에 의하면 지배권의 정당성은 정치적인 권력이나 무력에 있는 것이 아니라, 지배자의 카리스마적인 덕성에 그 뿌리를 두고 있다. '하늘[天]'은 덕성 있는 자에게 전권을 위임한다. 그러나 하늘은 또한 폭군의 정치하에서 고생하고 있는 백성들의 마음을 감지할 수 있다. 만일 지배자인 임금이 덕을 잃게 되면, 하늘은 그의 뜻을 다른 이에게 두게 되며, 곧 이와 관련하여 천명은 다른 유덕한 인물에게 옮겨져 위임된다는 것이다. 이렇게 될 때, 백성들은 실덕한 그에게 더 이상 복종할 의무가 없게 된다는 것이다. 맹자는 이와 같이 하늘 뜻이 바뀌는 것(천명의 변동)을 혁명이라고 이름하였다.[52]

위에서 말한 두 관료 집단은 이러한 혁명론을 조선 왕조의 정당성의 바탕으로 채택하였다. 이 학설은 한국에서 신유교적 지식인들의 사고 구조가 특이하게 발전하게끔 하는 데에 중요한 영향력을 끼쳤다. 왜냐하면 이 학설은 막스 베버가 이념형적으로 정식화하고 있는 바와 같이[53] 여전히 일종의 특수한 정령 숭배적 신앙의 성격을 가지고 있기 때문이다. 하늘의 뜻(의지)은 비인격적인 법칙적 종교 성향의 전형적인 표상이다. 이는 서구에서의 인격적 신의 의지와는 전혀 다른 의미를 갖고 있다. 지식인들은 하늘의 뜻을 숙명적인 힘으로 생각했다. 그렇기 때문에 이들 지식인들은 새로운 왕조의 지배 구조를 근대화시킬 수 없었다. 그보다는 오히려 한국에서

---

52) 下中邦彦, 『アシア 歴史事典』(동경, 1959), p. 378 참조.
53) Max Weber, WG, pp. 246 f. 참조.

일종의 카리스마적 지배 구조가 관철되었다.[54]

우리는 이러한 사실들을 다음의 역사적 기록들을 통해서 분명하게 인식할 수 있다. 곧 앞서 말한 두 관료 집단의 이데올로기 주창자였던 정도전 자신이 쓴 책인 『경제문감』과 그가 편집한 『고려 국사』에서 고려 왕조의 마지막 4왕, 공민·공양·우왕 및 창왕 등을 덕을 잃은 군주로서 서술하려고 시도하고 있다[55]는 것이 그것이고, 이에서 한걸음 더 나아가 『고려사절요』에서 이 시기에 자연적 이변과 민란이 많이 있었다는 것을 특히 자세히 서술하고 있다[56]는 사실이 그것이다. 이러한 것들은 앞서 언급한 군주들로부터 이미 천명이 떠났다는 것을 암시하고자 한 것이었다. 이와는 반대로 무장 이성계는 덕을 지닌 인물로서 묘사되고 있다.[57]

신유교는 조선 왕조 정부의 사려깊은 노력을 통해서 그리고 이와 관련하여 앞서 말한 세속의 지식인들의 이해 관계 때문에 정당화의 일환으로 사회 속에 제도화되었고, 유일의 종교로서 자리를 잡게 되었다. 신유교 지식인들이 지닌 사고 구조의 대부분은 이미 이러한 역사적 과정 속에서 그것의 독특한 방향 또는 그 성격이 규정되었던 것이다. 물론 이것들은 한국 신유교의 특이한 발전에 있어서 깊은 의미를 지니는 것이었다. 바로 이 때문에 신유교적 지식인들은 한국에서 신유교를 하나의 독자성을 띠는 윤리적 구원 종교로 발전시킬 수 없었고, 또 그럴 의사도 없었던 것이다.

---

54) 중국에서의 카리스마적 지배 원리에 대해서는 Max Weber, "Konfuzianismus und Taoismus," pp. 310~13 참조. 아울러 동양의 지배 체제에 대한 K. A. Wittfogel의 관찰을 참조해볼 수 있다. Karl A. Wittfogel, *Oriental Despotism*, pp. 90f., 92, 95f.

55) 윤용균, 윗글, p. 121 참조; 정도전, 『국역 삼봉집』 II, pp. 215~29; 『고려사절요』 4권(서울, 1982)(3판), 제34장, 공양왕 3년, pp. 394~420.

56) 『고려사절요』 4권, 제34장, 공민왕 3년, pp. 389, 393, 394f., 408f., 411f., 405~20 참조.

57) 한영우, 『정도전 사상의 연구』(한국문화연구총서 15)(서울, 1973), p. 85 참조; 정도전, 『국역 삼봉집』 I, pp. 182~93.

4. 한국에서 신유교 지식인의 사고 구조

신유교의 영향 아래에서 한국 사회에는 사회학적 범주에 의하면 일반적으로 '사적 윤리'라고 서술하게 되는 특별한 윤리가 발전되었다. 이의 원인——지금까지 단지 암시해왔던——을 보다 자세히 밝히기 위하여 이 윤리를 매개하였던 계층의 사고 구조를 (역사적인 맥락에서) 세 가지 측면에서 이념형적으로 제시하고자 한다.

I. 신유교 지식인의 영향

막스 베버가 중국 유교에 대해서 논의했던 것들은 같은 방식으로 조선 왕조의 신유교에도 해당된다. 곧 신유교는 어떤 독자적인 사제 집단을 갖고 있지 않다. 관료 집단이 신유교의 사제적 기능을 전적으로 대행했다. 신유교 지식인들은 한국에서 관료층 또는 관료 예비군들이었다. 그렇기 때문에 이 지식인들은 어떤 독자적인 '구원론'도, 어떤 고유의 윤리 및 자율적인 종교적 세력에 의한 특유의 교육 개념도 발전시키지 않았다.[58] 다른 말로, 신유교는 자신의 지배적인 사회적 위치에도 불구하고 스스로를 왕조 정부에 대립하여서는 자율적인 '교회'로 자리를 잡을 수 있는 능력이 없었다. 오히려 신유교는 정부의 지배 체계내로 완전히 통합되어버렸다.[59]

신유교 지식인들은 자신들이 관료층의 구성원이라는 것 때문에 한국 불교 지식인들의 사고 구조와는 정반대로 조선 왕조말까지 약 500년 동안이나 내세의 희망, 개인 기도 및 사적인 구원 추구 등에 어떤 의미도 부여하지 않았다.[60] 이들은 전통적인 종교적 신앙 곧 민속의 종교적 성향, 불교적인 주술적 신앙 등을 "윤리적으로 합리

---

58) Max Weber, "Konfuzianismus und Taoismus," p. 431 참조.
59) 일반적인 것은 Karl A. Wittfogel, *Oriental Despotism*, pp. 87 f., 96 참조.
60) 최길성, 『한국의 조상 숭배』(서울, 1986), pp. 17~31 참조; 이성무, 윗글, pp. 367~69; Max Weber, *WG*, pp. 290 f.; "Konfuzianismus und Taoismus," p. 434.

화시키려"는 어떤 시도도 감행하지 않았다.[61] 그 대신 이들 지식인은 가부장적인 사회의 구조를 보존하고자 하는 이해 관계 때문에 신왕조를 개창하자마자 정령 숭배, 무엇보다도 조상의 영에 대한 숭배 및 신유교적인 의례들을 사회 속에 제도화하려는 시도를 즉시 꾀했다.[62] 막스 베버가 중국에 대해서 논의하고 있는 바와 같이 이것은 이들 지식인과 그들의 정부에 있어서 사리에 맞는 필수 불가결한 것이었다:

왜냐하면 한편 유교 국가적 이유에서 백성들에게 종교를 갖게 해주어야만 했다. 공자의 말에 의하면 신앙 없이는 세상의 질서가 유지될 수 없다. 그렇기 때문에 백성들로 하여금 종교를 갖게 하는 것은 정치적으로 보아 그들에게 먹을 양식을 제공하는 것보다 훨씬 더 중요한 것이기까지 하다.[63]

여기에서 암시되고 있는 신유교적 지식인 및 이들 정부의 이해 관계는 다음의 역사적 사실에서 분명하게 그 모습을 드러낸다. 곧 첫째로 이들은 무엇보다도 14세기말에 사회가 중국의 신유교적 예의 범절에 따라서, 그리고 실제로 『주자가례』에 따라서 규제될 필요가 있다는 견해를 표명하고 있다.[64] 이것은 대중들에게 전형적인 신유교적 의례주의의 의미를 갖는 것이었다. 둘째로 앞에서 언급한 『주자가례』는 1403년에 과거 시험의 중요한 과목으로 지정되었고, 하위직 관료들은 이에 대한 시험을 다시 쳐야만 했다.[65] 아울러 이들 지식인은 정부의 지원을 받아서 백성들에게 지금까지 행해온 불교적이거나 전통적인 의식들을 대신하여 신유교의 주요 의식인 관

---

61) 이와 비교되는 중국에서의 유교적 지식인의 태도에 대해서는 Max Weber, "Konfuzianismus und Taoismus," p. 543 참조.
62) 이성무, 윗글, pp. 367~69 참조.
63) Max Weber, "Konfuzianismus und Taoismus," pp. 431 f.
64) 『태조실록』 3권, 제2년, 2월 丁卯 참조; 윗글, 9월 己亥; 『태종실록』 11권, 제6년, 6월 癸亥; 윗글, 22권, 제11년, 7월 甲戌; 이성무, 윗글, pp. 367~69.
65) 『태종실록』 5권, 제3년, 6월 乙卯조에 근거하여 논의하고 있는 이성무, 윗글, p. 369를 참조.

혼상제의 예식을 때에 따라서 적절히 채택하도록 국법으로 선포하였다. 그래서 앞서 언급한『주자가례』에 따라서 가묘 입사 제도를 시행하지 않는 이들에 대해서는 왕의 처벌 명령까지 내려지게 되었다(보기로 1427, 1428, 1430 그리고 1433).[66] 신유교 지식인들은 조선 왕조 시대에 불교 신앙 및 민속 신앙을 탄압하는 반면, 공식적으로 인정된 신들과 조상의 영들에 대한 제사는 오직 국가 기구들의 관리 및 가장들이 독점하여 드릴 수 있도록 배려하였다. 이를 통해서 단지 초인간적 존재들(보기로 신들 및 정령)과 이것과 유사한 비인격적인 세력들이 개인을 넘어 존재하는 공동체를 위한 제사의 대상으로 고려되었다. 그리고 이들 비인격적 세력이 공동체의 운명을 규정하게 되었다는 사실은 중요하다.[67] 중국에서의 공식적 제사에 대한 막스 베버의 논의에서 알 수 있는 바와 같이, 신유교 지식인들의 이러한 조치는 기존의 사회 질서 및 이와 관련된 자신들의 계층적 이해 관계를 보존하고자 하는 관심에서 내려진 것이었다:

유교는 황제와 관료들에 의해서 행하여지는 공식적 제사 및 가장들에 의한 조상 제사를 주어진 세속 질서를 구성하는 요소의 일부분으로 전제한다.[68]

신유교 지식인들은 1406년에 다음과 같은 방식으로 한국 불교에 대해서 결정적인 타격을 가할 수 있었다. 곧 정부로 하여금 불교 사원이 소유하고 있던 토지와 노비의 대부분을 압류하여 빼앗게 하고, 사원에 거주하던 승려들을 환속시킨 일이다. 그 밖에 국가의 허락 없이는 어느 누구도 승려가 될 수 없게 하는 승려 도첩제를 강화했다.[69] 한국 역사에서 불교의 사제 집단은 이러한 타격으로부터

---

66)『세종실록』35권, 제9년, 2월 戊申 참조.
67) 중국에서 신유교의 제사 대상에 대한 막스 베버의 논의는 Max Weber, "Konfuzianismus und Taoismus," p. 308을 참조.
68) 윗글, p. 453.
69) 한우근,「여말선초의 불교 정책」,『서울대학 논문집』6권(인문・사회과학편)(1957. 12), pp. 23f. 참조;「세종조에 있어서의 대불교 시책」,『진단학보』25・26・27 합본, pp. 98f.

자신들을 결코 완전히 회복시킬 수 없었다. 이후부터 신유교는 명실공히 유일의 지배 종교가 되었다. 그래서 우리는 조선 왕조 시대에 신유교적 지식인들이 불교와 온갖 종류의 민속 신앙들을 효과적으로 억압하는 데 성공을 거두었다고 결론지어 말할 수 있다.[70]

　그러나 백성들에 대한 이러한 신유교의 지배는 일반적으로 알려져 있는 구원 종교, 일례로 기독교가 행했던 지배와는 전혀 다른 사회학적 의미를 지니고 있었다. 이를 논증하기 위해서 필자는 다음의 역사적 사실들을 지적하고자 한다. 공식적인 국가의 제사와 백성들의 조상 제사는 단지 공동체의 이해 관계 및 씨족의 이해 관계만을 충족시키기 위한 것이었다. 순전히 개인적인 이해 관계는 이 두 제의 모두에서 고려 대상이 되고 있지 않았다. 막스 베버가 중국에서 관찰했던 바와 같이 한국에서도 국가적 제의는 의도적으로 간소하고 열정이 제거되어 무미 건조한 제물 헌납, 축문 낭독, 그리고 절제된 풍악 등으로 구성되었다는 사실을 확인할 수 있다. 사적인 '기도'는 존재하지 않았다. 문신 신분의 헌관 및 왕이 모든 것을 도맡아 했다.[71] 이것은 한국 신유교에서 개인들이 당면한 재난들에 대한 방비나 제거가 공동체의 제의 곧 공식적으로 인정된 제의에 관련되어 있었던 것이 아니라, 오히려 그런 개인은 무당 또는 불교의 승려들과 같은 전통적이고 개인적인 영적 술사들에게 의존하지 않으면 안 되었다는 사실에서 분명하게 알 수 있다.[72] 조상 제사는 대중들에게 유일하게 공식적으로 인정된 제의였다. 그러나 조상 제사의 성격은 국가적 제의와 조금도 다를 바 없는 것이었다. 신유교적 지식인들은 대중들에 의한 사사로운 제사 행위를 예에 어긋나는 행동 곧 미신으로 규정하여 배척했고, 아울러 그런 행위들

---

70) 중국에서 유교적 정부가 종교들을 통제한 것에 대해서는 C. K. Yang, *The Functional Relationship between Confucian Thought and Institutions* (Chicago, 1957), pp. 284~86 참조.

71) 황경환, 『조선 왕조의 제사』(서울, 1967), pp. 11~94 참조; Max Weber, "Konfuzianismus und Taoismus," pp. 431, 434, 458 f., 466.

72) 이기영, 「인왕반야경과 호국 불교」, 『한국 불교 연구』, pp. 190 f. 참조; 최길성, 윗글, p. 111. 중국의 경우는 Max Weber, "Konfuzianismus und Taoismus," pp. 434, 458 f. 참조.

을 금지했다.[73] 이 지식인들은 민속 신앙이 합티화되어 독립적인 종교 또는 초세계적인 것을 지향하는 윤리적 종교로 발전하고, 또 독자적인 세력으로서 관료 집단에 대립하여 설 수 있게 되도록 내버려두고 싶어하지 않았다.[74] 이와 같은 이들의 다각적인 노력과 활동은 한국에서 16세기부터 19세기까지 효과를 나타내었다.

위에서 언급한 신유교 지식인들의 태도와 관련해서 조선 왕조 시대에는 어떤 강력한 사제 집단이 도무지 존재할 수가 없었다. 이는 역사의 긴 안목에서 볼 때 신유교적인 지식인들이 근본적으로 개인들이 당면한 고난 *Leiden* 과 이로부터의 구원을 담당하는 자율적인 종교 공동체가 발전하는 것을 방해한 결과였다는 것을 의미한다.[75] 실제로 사회 속에 이러한 종교 공동체가 건실하게 발전되었다면, 우리는 그로부터 근대 사회를 대비할 수 있는 어떤 공공 윤리를 기대할 수 있을 것이다. 중국에서 유학자 관료 집단이 지배하던 시대에서처럼, 조선 왕조 때에 신유교 지식인들과 그들의 왕조 정부는 무력을 통해서 그리고 정령 숭배(특히 조상 숭배)를 끌어들임으로써 '종파의 발달'을 최소한의 수준으로 억제하여 묶어두는 데 대단한 성공을 거두었다.[76] 이것이 조선 왕조 사회에 가져온 결과를 중국에서 막스 베버가 관찰한 것과 비교해볼 만하다:

사회적으로 강력한 예언은——이는 근동 아시아, 이란 또는 인도의 특징일 것이다——최소한의 형태로도 알려지지 않았다. 예언자들이 세계를 초월해 있는 신의 이름으로 윤리적인 '요구'를 제기한 적이 한번도 없다.[77]

---

73) 『태조실록』 2 권, 제 1 년, 11 월 戊寅; 윗글, 제 1 년, 9 월 己亥; 『태종실록』 11 권, 제 6 년, 6 월 癸亥; 『태조실록』 3 권, 제 2 년, 2 월 丁卯; 『태종실록』 22 권, 제 11년, 7 월 甲戌; 이성무, 윗글, pp. 367 f. 참조.

74) Karl A. Wittfogel, *Oriental Despotism*, pp. 49 f., 87 참조.

75) 이성무, 윗글, pp. 367〜69 참조. 중국의 경우는 Max Weber, "Konfuzianismus und Taoismus," p. 432 참조.

76) 중국에서 이와 관련된 상황에 대해서는 Max Weber, 윗글, pp. 509〜11 참조. 종파의 발달이 갖는 사회학적 의미에 대해서는 Max Weber, 윗글, p. 503 참조.

77) 윗글, pp. 430 f.

그래서 한국에서는 19세기말 이후에야 비로소 평신도 공동체와 자립적으로 조직화된 사제층을 두고 있는 종교들 곧 카톨릭 교회, 동학 종교, 개신교 및 기타 등등이 발전할 수 있게 되었다는 사실은 결코 우연이 아니다.[78] 한국 신유교와는 정반대로 이 종교들의 선포와 약속은 '구원'을 절실히 요구하는 대중들을 겨냥하고 있다. 이들 종교는 자신들의 전문적 활동의 중점을 대중들의 삶을 종교적으로 돌보는 데에 두고 있다.

신유교 지식인들은 국가 관료제의 행정 책임자 또는 관직 대기자로서 정치와 국가 및 사립 교육을 규정해왔다. 그렇지만 이들은 어떤 독자적인 신유교적 교육 체계를 만들려고 시도하지 않았다. 오히려 이들은 신유교적 정신 가운데 있는 국가의 교육 체계를 옹호하고 나섰다.[79] 이러한 교육의 목표는 사회 속에 특이한 신유교적 윤리를 발전시키는 것이었다. 위에서 언급한 신유교 지식인층의 이해 관계와 관련하여 한국 문화의 운명에 깊은 의미를 지니는 특이한 교육 체계가 사회 속에 깊이 뿌리를 내리게 되었다. 교육의 목표와 관련하여 막스 베버는 교육을 두 가지 이념형으로 구분하였다:

교육의 목적에서 역사적으로 드러난 서로 대비되는 두 가지 외형적인 양극은 카리스마(영웅적 자질 또는 주술적인 소양)의 일깨움이 한 편에 서 있고, 전문 분야의 전문 기술 전수가 다른 편에 서 있다. 첫번째 유형은 카리스마적인 지배 구조에 걸맞는 것이고, 나중 것은 합리적인 관료제에 의한 (근대적) 지배 구조에 부합한다. 이 둘이 서로 아무런 관계 없이 그리고 중간 단계 없이 대립하여 서 있는 것은 아니다.[80]

---

78) 우리는 1779년에 이미 지식인층 내부에서 원초적인 한국 카톨릭 신앙 고백을 발견하게 된다. 이는 1784년경에 카톨릭의 평신도 공동체로 발전되었다. 주재용, 『한국 카톨릭사의 옹위』(서울, 1970), pp. 41 f., 48 참조; 1860년대 이후로 일종의 동학 종교의 평신도 공동체가 발전되었다. 최동희, 「최재우와 동학 사상」, 『한국 사상의 심층 연구』, p. 439 참조; 1898년에 개신교 선교사들의 포교 활동이 대한 제국 정부로부터 공식적으로 허락되었다. 민경배, 『한국기독교회사』(서울, 1982), p. 132 참조.

79) 이성무, 윗글, pp. 370~78 참조.

80) Max Weber, "Konfuzianismus und Taoismus," p. 408.

의심할 바 없이 한국 신유교의 교육 개념은 첫번째 유형에 해당한다. 신유교 지식인들은 결과적으로 한국 역사에서 자신들의 포괄적인 문학적 교양 교육에 의한 수신을 통해서(가장 중요한 구원 수단) 인간의 의식(마음) 속에 있는 특수한 카리스마 곧 '천적인 본성'(인간 본성 속에 性으로 표현된 우주의 理)을 일깨워내려고 했다. 다른 말로 우주 만물의 근원인 태극에 대비되는 인간 속에 구현되어 있는 태극의 구체형인 인극(人極)에 도달하려고 했다.[81] 한국의 유교적 지식인들은 이를 군자 또는 성인이라는 말로 표현하곤 했다. 이것은 다시금 막스 베버의 중국에 대한 논의와 비교해볼 만하다:

　　그러나 일반 개인들은 모든 인간에게 빠짐없이 숨겨져 있는 천부적 자질을 눈에 보이게 드러내는 일, 곧 자기 개인 고유의 참된 본성을 개발함으로써 가장 훌륭하게 하늘을 섬긴다. 결과적으로 모든 것은 자기 고유의 바탕으로부터 자기를 계발하는 목적과 관계된 교육의 문제인 것이다.[82]

다른 말로 신유교의 이(理)는 세계의 질서와 아름다움, 그리고 조화와 화합을 보장하는 신적인 것이다. 지식인들은 모든 면에서 자기 완성을 이룩한 군자가 되기를 원했다. 자기 완성은 이러한 조화 및 화합의 한 표본이 되는 것을 의미한다. 이들에게 있어서 전문 분야에 대한 전문 지식의 전수는 어떤 경우든 부차적인 것이었다.[83] 그러므로 신유교의 경우 인간 안에서 얻을 수 있는 종교적으로 가장 가치있는 것(성인 또는 인극에 도달)은 일종의 '신비적 체험'이 일반적으로 갖고 있는 특성을 그대로 갖고 있다. 이것은 한국에서 해당 지식인들이 불가피하게 그들의 구원 상태를 사실적인 것으로 객관화하거나 이와 관련하여 이로부터 일반 사람들을 위한 인정적 관

---

81) 이퇴계, 「성학십도」, 『한국의 유학 사상』, pp. 233~64 참조; 이율곡, 「성학집요」, 윗글, pp. 366~74; 현상윤, 『조선 유학사』(서울, 1982), pp. 62~65.

82) Max Weber, "Konfuzianismus und Taoismus," pp. 441 f.

83) 중국에서의 경우는 윗글, pp. 448 f. 참조.

계와 대비되는 비인격적 원리의 관계를 내용으로 하는 윤리적 계명을 이끌어내려는 시도를 거의 하지 않게 되는 결과를 가져왔다. 위에서 언급한 구원받은 상태가 갖는 '신비적' 성격과 이에 상응하는 독특한 '신 개념'은——이는 뒤에 상세히 논의될 것임——이러한 신유교로부터 직접적인 대인간적 지배 복종 관계의 덕성 이외에 신에 대한 그 어떤 봉사 의무의 관념이나 사실적이고 비인격적인 '목적'에 대한 봉사 의무의 개념이 자라나올 수 있게 되는 것을 방해했다. 곧 이미 말한 바 교육적 본질은 신유교의 윤리가 하나의 '사적' 윤리로 발전하게 하는 데 기여했다고 말할 수 있다.

신유교 지식인들의 견해에 의하면 그렇게 '깨달은 자,' 결과적으로 '카리스마적'인 자질을 겸비한 이들이 지배자 및 이와 관련된 관료들이 되어야 하고 또 될 수 있다는 것이다.[84] 여기에서 다음과 같은 막스 베버의 논의는 우리의 이해를 도울 수 있을 것이다:

황제는 단지 공인된 자질을 갖춘 유학자 관료를 통해서, '고전적으로'는 정통적 유학자 관료를 통해서만 '합법적으로' 통치할 수 있었다. 이것은 유학자들의 한결같은 이론이었다. 이에서 벗어난 어떤 이질적 형태는 재해, 그리고 심한 경우에는 황제의 실각 및 왕조의 멸망을 자초할 수 있었다.[85]

그러므로 백성들이 지식인들에게 순종하는 것은 일종의 '성스러운' 의무가 되는 것이었다. 막스 베버가 중국에서 관찰한 바와 같이, 군주는 어리석은 백성을 자기 자식같이 취급해야 하는 것이었다. 물질적·정신적으로 관료 집단을 돌보고, 이들을 존경하고 공경하는 것은 백성들의 으뜸되는 의무였다.[86] 그렇기 때문에 한국에서

---

84) 송항용, 윗글, pp. 263~73 참조; 여기에서 우리는 강한 불교적 색채를 발견할 수 있다. 막스 베버에 의하면 중국의 대중들의 눈에는 과거 시험에 좋은 성적으로 합격한 후보자와 관료들은 관직에 필요한 충분한 지식을 갖춘 관직 대기자가 결코 아니었고, 오히려 시험을 통해서 확인된 주술적 자질의 담지자였다. Max Weber, "Konfuzianismus und Taoismus," p. 416 참조.

85) Max Weber, 윗글, p. 430.

86) 윗글, p. 441 참조.

지식인들은 교육을 중요한 국가적 과제로 여겼고, 자신들의 계층적 이해 관계와 관련하여 교육 자체를 지배층, 결과적으로 귀족 가문에게만 한정했다. 이렇게 함으로써 지식인들은 그들의 특권적 신분과 가부장적인 사회 구조를 실질적으로 정당화시킬 수 있었다.[87]

Ⅱ. 유교 지식인들의 세계관과 신관

조선 왕조 시대에 신유교 지식인들은 중국의 신유교적 전통으로부터 빌어온 그 특유의 전문 용어들을 써서 유교의 세계상을 특이한 방향에서 체계적으로 합리화했다.[88] 세계의 조직과 세속내에서의 인간 활동의 의미는 이를 통해서 전적으로 새로운 가치를 부여받게 되었다. 그것은 지금까지 지배적이었던 불교의 세계관에 의해 평가되었던 것과는 분명히 구별되는 것이었다. 이제 세계에 긍정적인 의미가 부여되었고, 인간 행동의 목적은 더 이상 세계로부터 도피하는 것이라기보다는 오히려 세계 안에서 자신을 보존하는 것이었다.[89] 그러나 이와 같은 세계상의 합리화는 세계에 철저하게 적응하는 것을 지향하고 있었다. 이것과 또 이와 관련된 것들을 중국 유교의 성격에 대한 막스 베버의 논의와 비교해볼 필요가 있다:

그러나 유교는 불교와는 정반대로 완전히 세속 내적인 일반인들을 위한 도덕이었다. 그리고 유교는 여전히 불교와는 심하게 대조적으로 세계, 세계의 질서 및 관습에 대한 적응이요 결국 거대한 정치적 원리의 법전 및 세속인들을 위한 사회적 예의 범절의 집대성이었다. 세계의 조화로운 질서들은 고정 불변의 것들이었다. 그리고 단지 이들 질서 중 한 특수한 경우가 사회의 질서였다.[90]

여기에서 보여지고 있는 바와 같이 비인격적인 규칙들에 의해서

---

87) Karl A. Wittfogel, *Oriental Despotism*, pp. 114 f. 참조.
88) 류승국, 「한국의 유학 사상 개설」, 『한국의 유학 사상』, pp. 28 f. 참조; Olaf Graf, 윗글, pp. 13~49.
89) 이에 대한 보기는 정도전, 『국역 삼봉집』 I, pp. 318~22, 328~31 참조.
90) Max Weber, "Konfuzianismus und Taoismus," p. 441.

통치되고 있는 우주로서 세계상의 합리화는 다음의 전문 용어들에 기초를 두고 있다. 곧 '하늘(天)' '하늘의 뜻(天命)' '태극(太極)' 또는 '무극(無極)' '이(理)' 또는 '하늘의 이치(天理)' '도(道)' 또는 '천도(天道)' 그리고 그 밖의 것 등등이다. 신유교 지식인들은 지고의 '천적(天的)인(신적인)' 세력을 초신적이고 비인격적이며 불변적이며 영원한 존재로서 그리고 최후적이고 지고의 권세자로서 인식하고 있었다. 이들 세력에게 '이'라고 명명되는 바의 무시간적으로 통용되는 영원한 질서라는 성격을 부여하였다. 이러한 질서는 세계의 화합과 평화의 근거였다.[91]

신유교 지식인들은 우주의 기원에 관해서 대략 다음과 같은 관점을 가지고 있었다. 곧 모든 존재의 근원인 무극 또는 태극으로부터의 동정(動靜)에 의해서 음양(陰陽)이 출현한다는 것이다. 이 음양은 존재하는 것들의 원초적인 두 양식으로, 남성과 여성의 원리로서 생각되었다. 그 다음에 음양의 신비적인 묘합을 통해서 다섯 가지 기본 세력(五行)이 조성된다. 이들 세력은 물〔水〕·불〔火〕·나무〔木〕·금속〔金〕·흙〔土〕 등으로 표상되고 있다. 무극 또는 태극에서의 영원한 질서에 따라서, 결국 태극에 내재하는 음양과 오행의 절묘하고 신비한 배합을 통해서 하늘·땅 그리고 그 사이에 존재하는 것들 및 인간이 출현하였다는 것이다. 이와 같은 형체들의 출현은 '기(氣)'로 명명되었던 원초적 자료로 말미암았다. 온갖 만물들은 이와 같은 과정을 통해서 출현하고 소멸한다는 것이다. 인간의 죽음과 모든 존재하는 것의 소멸은 사물 속에 내재하고 있던 '이'와 '기'가 각각 분리되어 흩어져버리게 되는 자연적 과정을 의미했다.[92]

이와 같은 세계상을 근거로 할 때 세계 질서가 올바르게 기능하는 것은 "하늘이 내린 태평성세"요, 하늘의 법칙이 내린 보응에 해당되는 것이었다. 이와는 반대로 가뭄·홍수·일식, 전쟁에서의 패배, 외적의 창궐 등과 같은 온갖 재난은 천적인 조화에 의한 화평

---

91) 보기로 정도전, 『국역 삼봉집』 I, pp. 306~81; 이퇴계, 「태극도」, 『한국의 유학 사상』, pp. 237~39; 이율곡, 「천도책」, 윗글, pp. 352~59.

92) 정도전, 윗글 참조; 이퇴계, 「태극도」, pp. 238 f., 「이학변」, pp. 266 f.; 이율곡, 「천도책」, 윗글, p. 354.

이 주술적인 세력(귀신들)에 의해서 교란되고 있다는 징표들이었다.[93] 이와 같은 천적(天的)인 세력에게는 열정, 무엇보다도 '진노' 같은 것이 있을 수 없다. 왜냐하면 지식인들의 관점에 의하면 천적인 힘의 비인격성 안에서 그리고 모든 세속적인 것 위에 특이하게 숭고하고 고결한 힘, 바로 그 비인격적인 활동을 통해서 세상의 평온과 내부적 질서가 가장 적절히 보장된다고 보고 있기 때문이다.[94]

이러한 견지에 의하면 비인격적인 지고의 세력 곧 천리(천도)는 고정 불변하는 자연과 관습의 질서 속에서 자신을 인간에게 드러낸다. 물론 이들 비인격적 세력 자체는 단지 조화로운 우주 질서의 한 부분일 뿐이다.[95] '천적인' 세력들은 지식인들의 특별한 사고 구조 때문에 한국에서 하나의 인격성을 지닌 천적인 지배자의 사상으로 계속 발전될 수 없었다. 왜냐하면 지식인들은 이들의 성격을 초세속적인 지고의 규칙 또는 원리라고 못박고 있었기 때문이다. 신유교 지식인들에게는 초세속적이고 윤리적인 지배자로서 피조물에 대해 윤리적 의무의 이행과 보답 행위를 요구하는 신의 관념이 전적으로 빠져 있다. 이와 관련하여 지식인들은 지고의 초세계적인 세력 곧 무극 또는 태극의 비인격성을 반복하여 강조하여왔다.[96]

막스 베버가 중국에서 관찰했던 바와 같이, 이 지식인들의 견해에 의하면 영혼은 죽은 뒤에 사라져버린다. 이들의 견해에 의하면 원칙적으로 정령·혼 및 어떤 신들의 존재도 항구적으로 존재할 수 없다. 왜냐하면 이들 모두는 예외 없이 우주의 영원한 질서에 따라서 이(理)와 기(氣)의 묘합으로 형태를 받아 단지 정해진 기간 동안만 존재할 수 있기 때문이다.[97] 이 지식인들은 이와 같은 견해를 가

93) 윗글 참조.
94) 중국에서의 천적인 세력에 관해서는 Max Weber, "Konfuzianismus und Taoismus," p. 305 참조.
95) 보기로 이율곡, 「천도책」, p. 357 참조. 중국 유교에서의 천의 개념에 대해서는 C. K. Yang, "The Functional Relationship between Confucian Thought and Chinese Religion," John K. Fairbank(ed.), 윗글, pp. 272 f. 참조.
96) 정도전, 『국역 삼봉집』 I, pp. 306~08 참조; 이퇴계, 「태극도」, pp. 238 f., 「이학변」, p. 266; 이율곡, 「천도책」, p. 354.
97) 정도전, 윗글, pp. 306~10 참조; Max Weber, 윗글, p. 433.

지고 한편으로는 원시적이고 민속 및 불교적인 종교에 있는 애니미
즘적인 정령 및 신들에 대한 사상을 무가치한 것으로 만들고, 다른
한편으로는 지식인들의 불교적 세계상에 새로운 의미를 부여하려고
했다. 그러나 역사적으로 볼 때 이들 지식인은 이와 같은 그들의
사상을 결코 계속적으로 발전시키지 않았다. 오히려 필자가 암시해
온 바와 같이 이 지식인들은 대중들 속에서 특정의 정령 및 신들에
대한 신앙을 조장시켜왔다. 왜냐하면 뒤에 논의가 되겠지만 이들에
의해서 주장된 황금률에 해당하는 지고의 덕성인 효는 정령 신앙에
그 근거를 두고 있었기 때문이다. 그렇기 때문에 이 지식인들은 신
유교적인 예의 범절에 따라 대중들에게서 성행되고 있던 전통적이
고 불교적인 정령 숭배 및 신들에 대한 신앙들을 규제했다. 그렇지
만 이러한 것들을 결코 완전히 배척하려고 시도하지 않았다.[98] 그러
나 결과적으로 이들은 정령 신앙의 요소들이 세계를 구원하는 인격
적이고 윤리적인 신의 관념으로 발전되는 것을 방해했다. 이와는
정반대로 신유교적 지배층이 득세하는 바람에 공식적으로 인정된
열광적인 속성을 가진 제의는 뿌리째 뽑혀버려 한국에서 완전히 자
취를 감춰버리게 되었다.[99]

　신유교 지식인들은 이와 같은 방식으로 자신들의 특수한 윤리의
바탕을 마련할 수 있었다. 다른 말로, 이들은 이렇게 사회의 가부장
적인 질서 및 이와 관련된 자신들의 신분적 이해 관계를 정당화하
려고 했다. 이는 그들이 자신들의 세계관 속에서 발견한 영원한 질
서 또는 천도를 가부장적인 사회의 구조와 동일시해버렸다는 사실
에서 분명해질 것이다.[100] 이는 자신들의 세계관에도 불구하고 신유
교 지식인들이 신들 및 정령들을 사회의 가부장적 질서를 보증하기
위해서 수용하지 않을 수 없었다는 것을 의미했다. 이는 또한 한국

---

98) 『태조실록』 2권, 제1년, 9월 壬寅; 윗글, 8권, 제4년, 12월 己未; 『태
　　조실록』 5권, 제3년, 6월 乙卯; 『세종실록』 35권, 제9년, 2월 戊申.
99) 황경환, 윗글 참조; 또한 중국에 대한 막스 베버의 심도 있는 논의는
　　Max Weber, "Konfuzianismus und Taoismus," p. 306 참조.
100) 정도전, 『국역 삼봉집』 I, pp. 318f., 320f. 참조; 이율곡, 「천도책」, pp.
　　358f.

의 역사에서 주술*Magie*이 없어져버리지 않게 된 셈이기도 하다. 그러나 이러한 주술적 전통의 보존은 앞서 언급한 신유교의 사적 윤리의 극히 내면적인 경향에 속하는 것이었다. 이때에 드러나는 내면적 이유는 모든 신유교적 세력의 분쇄를 방해하여 막는다는 것이었다.[101]

일반적으로 우리는 이와 같은 세계관을 단순히 세계에 대한 손쉬운 긍정이라고 성격화할 수 있다. 왜냐하면 거기에는 어떤 원칙적인 세계의 거부가 존재한다기보다는 인간에게 가장 중요한 과제를 올바르게 세계에 적응하는 것이라고 보기 때문이다. 구원에 이르는 올바른 길은 영원하고 초신적인 세계의 질서에 순응하는 것이었다. 이를 지식인들은 다음과 같은 말로 표현하고 있다. 곧 인간은 오직 맑은 정신으로 자신을 통제하고 자신의 내면적 평정을 교란하는 모든 것을 억제함으로써 인간 본성의 이상적인 상태인 극처〔人極〕에 도달할 수 있다는 것이다. 그러나 이는 한국 역사에서 세속적인 힘의 확고한 질서에 효성스럽게 적응하라는 사회적인 가르침을 의미했다. 이 지식인들에게 있어서 이상적인 인간의 기품과 존엄은 오륜(五倫)이라 불리는 도덕적 의무의 이행에서 모습을 드러낸다. 이러한 오륜의 의무가 지니는 내용은 언제나 살아 있거나 죽어버린 구체적인 인간에 대한 존경심으로부터 나오는 것이었다. 그것은 항상 주어진 사회적 질서에 의해서 가까이 서 있는 인물에 대한 것이었지, 한번도 성스러운 '사실' 또는 '이데'에 대한 존경심을 내용으로 한 적이 없다.[102]

앞서 언급한 세계관과 그에 의존하고 있는 이러한 지식인들의 행위는 한국 역사에서 대중들이 합리적이고도 절도 있게 삶을 운용해가는 경향이 발전해가는 것을 방해했다. 왜냐하면 이들은 예언적

---

101) 중국의 경우는 Max Weber, "Konfuzianismus und Taoismus," p. 513 참조.

102) 이퇴계, 「잡저」, 윗글, pp. 176 f. 참조; 정도전, 『국역 삼봉집』 I, pp. 318~21; 류승국, 『한국의 유교』, pp. 187 f., 202 f., 215 f.; 한영우, 『조선전기 사회 사상』(서울, 1976), pp. 98~104. 중국에서 효의 개념에 대해서는 Max Weber, "Konfuzianismus und Taoismus," pp. 446 f. 참조.

종교 성향의 등장을 말살해버렸고, 애니미즘적인 종교 성향 속에 있는 모든 열광적인 요소를 뿌리째 뽑아버렸기 때문이다.[103] 뒤에서 자세히 논의되겠지만, 이러한 세계상 아래에서 발전된 신유교의 윤리는 무조건적인 세계의 긍정 및 세계에 대한 적응을 전제로 한다. 이와 같은 전제는 또한 순전히 주술적인 성격을 지니는 종교 성향과의 연속선상에 있는 것이었다.[104]

Ⅲ. 인간 관계의 근본 원리: 삼강(三綱)

지금까지 암시하는 데 그쳤던 신유교 윤리가 지니고 있는 '사적 윤리'의 성격을 앞서 언급한 오륜에 대한 신유교 지식인들의 태도를 분석함으로써 분명하게 밝힐 수 있다. 여기에서는 또한 이러한 의무들의 성격 전체를 자세히 논하거나 그것들의 부분을 상세히 제시하려 하지 않는다. 다만 근본적인 성격의 도덕적 의무들이 무엇 때문에 '이데'나 '사실'에 대한 것이 아닌 구체적인 인간에 대한 것으로만 발전되었는가를 질문하고자 한다. 그 원인의 규명을 위해서는 이들 지식인의 종교적 성향 또는 신 개념만을 고려하는 것으로는 충분하지 않다. 이와 아울러 그와 관련된 해당 지식인들의 사고 구조를 고려해야만 한다.

신유교의 지식인들은 한국 역사에서 중국 신유교의 전통에 따라 앞서 말한 오륜을 신유교적 윤리 체계의 핵심으로 받아들였다.[105] 잘 알려진 바와 같이 이들 도덕적 규정은 임금과 신하, 아버지와 아들, 남편과 아내, 형제들 사이, 그리고 친구 사이에 의(義)·친(親)·별(別)·서(序)·신(信) 등으로 표현되는 덕스러운 인간 관계를 요구하고 있다. 이러한 도덕적인 기본 의무들이 순전히 가부장적인 신분 질서에 애초부터 부합하는 것은 아니었다.[106] 보기를 들어 만일 해당 지식인들이 이를 근대 국가의 개념과 같이 '이데'나

---

103) 이것은 중국에서 막스 베버가 윗글, p. 493에서 관찰하고 있는 바와 비교해볼 만하다.
104) 윗글, p. 515 참조.
105) 한영우, 『조선 전기의 사회 사상』, pp. 101 f. 참조.
106) 윗글, p. 103 참조.

'사실'에 대한 의무로 철저히 합리화시켜버렸다면, 이들 관계는 일종의 공공 윤리로 발전될 수도 있는 것이었다.

그러나 지식인들은 이와는 정반대로 이러한 도덕적인 기본 의무들을 '삼강(三綱)'이라 불리는 특이한 도덕적 원리의 관점에 따라서 해석했다.[107] 이는 한국에서 이러한 도덕적 기본 의무들이 해당되는 한국의 지식인들의 사고 구조에 의해서 사회에 대한 독특한 의미를 부여받게 되었다는 것을 의미한다.[108] 자신들의 지배권을 안정시키고자 하는 지식인층의 이익과 관련해서 조선 왕조 사회의 시작부터 끝까지 이러한 삼강의 원리가 집단 형성을 위한 근본 바탕이라고 간주하였다. 잘 알려진 바와 같이 사람들은 삼강이란 전문 용어에 의해서 인간 사이의 관계를 근본적으로 수직적인 '주종'의 관계로 인식하는 원리를 함축적으로 규정해왔다. 우리는 이 관계가 임금과 신하, 아버지와 아들, 남편과 아내 사이의 직접적인 대인간적 지배 복종을 그 내용으로 하고 있다고 결론지을 수 있다.

이 지식인들은 무엇보다도 아버지와 아들 사이의 관계를 그 밖의 모든 사회적 관계의 핵심이라고 생각했다. 왜냐하면 그 밖의 모든 사회적 관계는 이로부터 연역될 수 있는 것으로 보았기 때문이다.[109] 이에서 한걸음 더 나아가 이들은 자신들의 세계관에서 삼강이란 원리와 영원한 화합의 질서를 동일시했다. 다시 말하면 이들은 자신들의 세계상을 가지고 삼강의 원리를 정당화했고, 그럼으로써 기존의 세속적 권력 및 이와 관련된 세계의 구조를 조화로운 우주의 변동시킬 수 없는 한 부분으로 여기게 되었다. 삼강의 원리에 의해서 사회 구조의 가부장적인 대인간적 지배 복종의 관계는 한국에서 영원하고 조화로운 우주 질서를 구축하고 있는 한 부분으로 정당화되었다.[110]

그 밖에 지식인들은 사회적인 상황과 관련지어 자신들의 윤리 체

---

107) 윗글.
108) 김길환, 『조선조 유학 사상 연구』(서울, 1980), pp. 501~04 참조.
109) 한영우, 『조선 전기의 사회 사상』, pp. 103 f.
110) 윗글, pp. 104~24 참조; 정도전, 『국역 삼봉집』 I, pp. 318~23; 이퇴계, 「인심도심설」, 윗글, p. 176; 이율곡, 「천도책」, p. 354.

계의 철학적 및 종교적인 바탕을 공고히하고자 했다. 이것은 한편으로는 지식인 계층을 위해서 필수 불가결한 것이었고, 다른 편에서는 대중들을 위해서도 또한 절실히 요청되었다.[111] 지식인들은 중국 신유교 전통에 기대어서 자신들의 윤리 체계의 기초를 '인간 본성' 안에서 찾아내고 또 거기에 정박하려고 시도했다. 이와는 반대로 대중을 위해서는 보다 정교화시킨 의례들을 발전시켰다. 성리학이라 불리는 인간 본성에 대한 학설은 16세기 이후에, 그리고 신유교의 의례주의는 17세기 초엽 이후에 각각 발전되었다.[112]

1) 신유교 지식인들의 공동체 운동 및 씨족 가문의 결속

신유교 지식인들은 16세기에 이르러 자신들의 도덕 체계를 근본적으로 합리화하고 정당화하기 시작했다. 이들은 자신들의 사회정치적 상황을 고려하면서 현실의 지배 관계가 더 이상 신유교 윤리의 원리에 적합하지 않다는 견해를 가지고 있었다. 왜냐하면 왕위 찬탈자인 세조(1455~1468)와 폭군 연산(1494~1505)에 의해서 정치적인 윤리가 송두리째 와해되었기 때문이었다.[113] 왕위 찬탈은 지배자가 신유교의 전통을 단절시키는 것이고, 이와 관련하여 왕이 신유교 지식인층에 대해서 결투를 신청해왔다는 것을 의미했다. 왜냐하면 신유교적 지식인층의 권력은 바로 이러한 전통에 완전히 의존되어 있었기 때문이었다.[114] 신유교 지식인들 대부분은 왕위 찬탈(1455)을 불의한 것으로 규정하여 거부했다. 이러한 사건과 관련하여 신유교에 지향된 관료들 중 많은 사람들이 살해되거나 관직으로부터 쫓겨났다. 1498년에 연산군의 폭정하에서 일반적으로 사화(士禍)라고 불리는 유학자들에 대한 제1차 박해 사건이 일어났다. 제2차 사화는 1504년에, 제3차가 중종 통치하(1506~1544)였던 1519년에 그리고 마지막 제4차는 명종 통치기(1545~1567)인 1545년에

---

111) 류승국,「한국 유학 사상 개설」, pp. 34, 38 참조; 윤사순,「한국 성리학의 전개와 특징」, pp. 194~96.
112) 윗글.
113) 류승국,「한국 유학 사상 개설」, pp. 28, 30, 34, 38 참조.
114) 이에 대한 이론적 근거로서 필자는 막스 베버의 논의를 제시하고자 한다. Max Weber, "Konfuzianismus und Taoismus," pp. 427 f. 참조.

각각 있었다.[115]

이와 같은 사건들과 아울러 왕조 정부에서의 신유교적 지식인들의 지배적인 역할은 크게 위축되었다. 이와 같은 사회적 상황과 관련해서 일반적으로 사림파(士林派)라고 불리는 생존 기반이 전과 다른 새로운 신유교 지식인층이 발전되어나왔다. 이들은 관직에 매어 있지 않고 자유롭게 학문을 탐구하는 의미있는 유학자층, 곧 신유교의 참된 대표자라는 자각을 갖기 시작하였다. 이와 같은 자유로운 유학자 신분층은 한국에서 서원 운동을 통하여 철학적인 학교 교육을 매개한 층이었다.[116]

앞서 언급한 정치적인 사건은 신유교 지식인층에게 있어서 신유교의 세계상 및 윤리 체계가 사회의 조화로운 질서를 보증할 수 있는지 의심스럽게 되었다는 것을 의미했다. 이제 지식인들은 자신들의 신분적 지위를 염려하지 않을 수 없었고, 백성들에게 신유교의 윤리적 요구 사항의 기본 근거를 보다 더 명확하게 제시해야 할 절대적 필요성이 있었으며, 또 자신들의 윤리 체계를 이에 맞게 합리화시키지 않으면 안 되었다. 이러한 배경과 관련해서 신유교 지식인들이 주동하는 특이한 운동이 발전되어나왔다.[117]

지식인들은 이러한 운동의 표현으로 보통 서원(書院) 및 사우(祠宇) 건립이라 불렸던 독특한 신유교적 '공동체'를 전국에 걸쳐서 조직화했다. 이들 공동체의 유일의 목적은 교육 및 특정 유교 성현들의 영혼에 제사를 드리는 것이었다. 이러한 공동체는 신유교의 집 공동체 및 씨족 가문 공동체를 토대로 해서 급속히 확산 발전될 수 있었다. 이러한 공동체는 왕조 정부의 통제에도 불구하고 한국 역사에서 전국에 600개 이상이 출현하였다.[118] 물론 이들 공동체에서

115) Han Woo-keun, *The History of Korea*, pp. 213 ff., 263 ff. 참조.
116) 금장태, 「의리 사상과 선비 정신」, 『한국 사상의 심층 연구』, pp. 234∼36 참조. 중국의 경우는 Max Weber, "Konfuzianismus und Taoisms," p. 400 참조.
117) 윤사순, 「한국 성리학의 전개와 특징」, pp. 192∼95 참조; 정순목, 「조선조 시대의 교육 사상의 사회적 기반」, 『교육과 사회』(기독교사회문제연구소 편)(서울, 1983), pp. 74∼78, 80∼82.
118) 이병효, 「서원과 붕당」, 『한국사연구입문』(한국사연구회 편)(서울, 1981),

신유교 지식인들의 지배권은 일반적으로 인정되어 받아들여졌다. 이를 통해서 이 지식인들은 자신들의 특권적 신분 지위를 관직과 관련시키지 않아도 지방의 백성들 속에서 주장할 수 있었다. 이전에는 신유교 지식인들이 자신들의 카리스마를 보통 관직과 관련지어서 가장 확실하게 유지할 수 있었다는 사실을 돌이켜보건대, 이러한 변화는 지식인들에게 대단히 중요한 의미를 갖는다는 것을 쉽게 알 수 있다.[119]

그러나 이른바 이들 신유교 공동체는 우리에게 알려진 종교 공동체와는 전적으로 다르게 구성되어 있었다. 왜냐하면 이들 공동체는 구원에 대한 추종자들의 모든 관심을 도외시하고 있었으며, 또 이 공동체 성원들은 앞서 말한 직접적인 대인간적 주종 관계 이외의 어떤 다른 행위 지향도 가지고 있지 않았기 때문이다.

앞에서 이미 제시한 바와 같이, 조선 왕조 정부와 신유교 지식인들은 14세기말 이후부터 백성들을 길들이기(교화하기) 위해서 특정의 신들에 대한 제사와 조상 제사를 조심스럽게 사회 속에 제도화해왔다. 의심할 여지없이 백성들 속에서 이러한 제사가 일반화된 것과 앞에 말한 지식인들의 공동체 운동은 한국에서 집 공동체 및 씨족 가문 집단이 그 밖의 모든 것을 지배하는 사회적 조직으로 발전하게 하는 데 기여했다. 일반적으로 사림과 유학자로 알려진 관직으로부터 자유로운 지식인들의 활동과 대중의 제사 행위는 막스 베버가 중국에 관해서 다음과 같이 논의하고 있는 바의 중요한 사회학적 의미를 지니고 있었다는 것은 두말할 필요도 없다:

씨족 가문의 결속과 유지는 〔……〕 의심의 여지없이 전적으로 조상 제사의 의미에 바탕을 두고 있었다. 이 조상 제사는 유일하게 황제의

　　　　pp. 296~305 참조; 정만조, 「17~18세기의 서원·사우에 대한 시론」, 『한국사론』 2권(서울, 1975), pp. 211~80; 류홍렬, 「조선 사묘 발생에 대한 일 고찰」, 『진단학보』 5(1936), pp. 119~164; 민병하, 「조선 서원의 경제 구조」, 『대동문화연구』 5(1968), pp. 75~96.
119) 최완기, 「조선 서원 일고」, 『역사교육』 18(1975), pp. 131 f. 참조; 정만조, 윗글, pp. 230~34.

정부나 그의 관료들에 의해서가 아닌, 집의 제사장인 가장에 의해서 가족들이 조력하는 가운데 수행되었다. 그러나 조상 제사가 태고 이래의 고전적인 '민속적 제의'에서 유래했다는 것은 의심할 여지가 없다.[120]

이제 여기에서 씨족 가문이 유교 사회에서 갖는 의미를 얼마간 논의할 필요를 느낀다. 막스 베버가 중국에서 관찰했던 바와 같이,[121] 씨족 가문은 옛 신분제적인 조직을 매개하여 전수하고 있던 장본인이었다. 한국에서 이러한 씨족 가문의 독특한 역할을 중국에 대한 막스 베버의 논의와 견주어볼 필요가 있다:

어떤 경우든 카리스마는 오래 전부터 이미 더 이상 엄격히 개인 인격에 부착되어 있는 것이 아니라, 오히려 [……] 그 개인이 속한 씨족 가문에 부착되어 있었다. 자발적으로 봉건 영주의 신하가 됨으로써 얻게 된 영지가 그의 신분을 만드는 것이 아니라, 오히려——적어도 원리적으로——그 반대였다. 곧 귀족적 씨족 가문의 일원이라는 사실, 곧 정해진 위계에 따라 지급되는 봉토에 대한 그의 권한을 결정하는 것은 가족 전래의 등급이었다.[122]

한국의 지식인들은 기존의 특권적 신분에 대한 이해 관계 때문에 이와 같은 원리를 독특한 방식으로 사회 속에 관철시켰다.[123] 이러한 관계로 한국 사회에서는 엄밀히 말해 근대 서구 사회적 의미의 그 어떤 개인 개념도 출현할 수 없었다. 그 대신 가족 또는 씨족 가문이라는 특수한 개념만이 유례없이 강하게 발전하였다.

---

120) Max Weber, "Konfuzianismus und Taoismus," p. 376.
121) 윗글, p. 314.
122) 윗글, p. 315.
123) 여기에서 필자는 다만 다음의 사실들을 지적해두고 싶다. 곧 16세기 중엽에 족보의 발행이 일반화되기 시작했다. 이전에 족보는 왕족이나 귀족 가문들에 한해서 만들어졌다. Hyeryung Choi, *Die Veränderung der Familienstruktur in Korea unter besonderer Berücksichtigung der alten Menschen: Zur Anwendbarkeit westlicher familiensoziologischer Konzepte für koreanische Wandlungsprozesse*(Frankfurt a. M., 1983), p. 19f. 참조; 최재석, 「조선 시대의 족보와 동족 조직」, 『역사학보』 23(1979. 3), pp. 37~39.

신유교가 전체 백성들에게 결정적인 영향을 끼치게 되었을 때(다시 말해 16세기 이후), 씨족 가문의 공동체는 자연스럽게 수많은 특이한 '이익 단체'들로 발전되었다. 이들 단체에는 여전히 혈연 관계, 결국 일종의 상속 카리스마의 원리 및 대인간적 주종 관계가 지배적인 역할을 하고 있다. 씨족 가문은 외부에 대해서 같은 동지로서 결속한다. 분명하게 정해진 유사시 구호 의무 및 신용 대부의 우선권이 씨족 가문내에 주어졌다. 씨족 가문은 필요한 경우 의약품·의원 및 장례에 필요한 것들을 조달했고, 노인·과부·자손들의 교육 등등의 문제를 염려하고 필요한 배려와 조치를 했다. 씨족 가문은 대부분 종토라 불리는 고유의 재산 및 일종의 재단 운영과 유지에 필요한 방대한 토지를 소유하고 있었다.[124] 16세기말 이후 조선 왕조 지배층 내부에 있었던 가장 중요한 사회-경제적 갈등(보기로 당쟁이)이 무엇보다도 앞서 말한 씨족 가문 공동체의 이해 관계에 의해서 규정되어지는 것으로 귀결됨은 피할 수 없었다.[125]

2) 인간 본성론

앞서 말한 사회적 문제의 해결이라는 점에서 볼 때 신유교적 지식인들에게 있어서 실제로 가장 시급했던 과제는 사회를 위해서 믿을 만한 공공 윤리를 수립하는 것임에 틀림없다. 그러나 이와는 정반대로 지식인들은 지금까지의 '사적 윤리'를 한층 더 강화시키려고 시도했다. 이것은 다음과 같은 역사적 사실에서 자명해진다. 곧 지식인들이 가부장적인 사회 구조의 바탕, 결과적으로 '사적 윤리'의 종교적이고 철학적인 기초를 인간의 본성, 다시 말해 인간의 의식 속에서 찾아내고, 이를 이론적으로 입증하고자 했다는 것이 그것이다. 물론 이 경우에 나타나는 이러한 특수한 사고 구조는 의심의 여지없이 유교의 낙관론적인 인간 본성과 세계에 대한 관념에 기초를 두고 있는 것으로 보여진다. 막스 베버의 다음과 같은 논의는

---

124) 여기에서 필자는 이러한 사정을 알 수 있게 하는 다음의 문헌들을 제시하고자 한다. 정형우, 「조선 향약의 실시 경위 및 그 내용에 대한 일고찰」, 『인문과학』 23(1970. 6), pp. 99~125; 이태진, 「향청과 향약」, 『한국사연구입문』(서울, 1981), pp. 308~15.
125) 민병하, 「조선 서원의 경제 구조」, pp. 75~78 참조.

또한 한국의 신유교 지식인의 견해에도 해당된다:

　　근본적으로 악한 것은 없었다. 〔……〕 오히려 과실만이 존재했다. 그
리고 이것은 불충분한 인격 도야의 결과였다. 〔……〕 세계의 질서는
문화적 욕구와 불가피한 노동 분업 및 이로부터 나타나는 이해 관계의
갈등 등이 자연스럽게 발전하여 만들어낸 산물이었다. 공자의 현실주
의적 사상에 의하면 경제적 및 성적 관심이 인간 행위의 근본적인 추
진력이었다. 그렇기 때문에 본성의 타락과 죄업이 강제적 통치 및 사
회적 예속을 완전히 주어져 있는 필연으로 받아들이게 되는 근거는 아
니었다. 〔……〕 그렇기 때문에 그러한 강제 법규, 소유권 분쟁, 그리고
경제적 이익을 둘러싼 싸움 등은 원리상 하등의 문젯거리가 되지 못했
다.[126)]

　지식인들이 인간 본성에 대한 형이상학적인 학설에 전적으로 몰
두하게 됨으로써 결과적으로 이들 스스로가 정치사회적 현실을 조
성해가야 하는 자신들의 의무를 기피해버리고 말았다.[127)] 이 때문에
사람들은 오늘날까지 신유교를 인간 본성인 성과 이를 궁구한다는
뜻으로 '성리학' 또는 간단히 주자의 가르침을 의미하는 '주자학'이
라고 부른다. 그리고 신유교 지식인들의 위와 같은 경향과 관련해
서 사람들은 성리학을 사회 현실을 외면한 '공리공론'이라고 빈번히
논박해왔다.[128)]

　우리는 한국 신유교의 이러한 방향을 유명한 유학자인 이퇴계
(1501~1570)와 이율곡(1536~1584)에게서 분명히 인식할 수 있다. 여
기에서 필자는 이 두 석학의 글들에 기대어서 해당 신유교 지식인
들의 사고 구조가 주는 의미를 제시하고자 한다.

　이 지식인들은 위에서 언급한 사회의 문제들에도 불구하고 신유
교의 전통적인 도덕적 규정들 속에 움직일 수 없는 진리가 담겨 있

---

126) Max Weber, "Konfuzianismus und Taoismus," p. 442.
127) 정순목, 윗글, pp. 80~82 참조; 현상윤, 『조선유학사』, pp. 60~64.
128) 윤사순, 「실학의 발흥과 사상적 배경」, 『한국 사상의 심층 연구』, pp.
　　399~403 참조; 김길환, 윗글, p. 247.

다고 확고히 믿고 있었다. 결과적으로 인간에게 시급히 요청되는
것은 윤리적 규정들의 바탕 및 그것들의 타당성에 대해 분명한 자
각을 하는 것이다.[129] 이것은 전혀 놀라운 일이 아니다. 왜냐하면 이
지식인들은 중국인들이 상정하고 있는 인간상의 기본 요소들을 비
판 없이 수용하고 있기 때문이다. 막스 베버는 중국인들의 인간상
을 다음과 같이 적고 있다:

　　세계는 가능한 것 중의 최선의 세계이다. 인간의 본성은 그 기질상
　윤리적으로 선하다. 인간들 각각은 모든 사물에 있어서와 마찬가지로
　정도의 차이는 있지만 원칙적으로 똑같은 천성을 갖고 있다. 그리고
　여하튼 아무런 제약을 받지 않고 자신을 완성할 수 있는 능력을 가지
　고 있고, 도덕률을 성취하기에 충분하다.[130]

　신유교 지식인들은 인간 본성의 구조를 옛 전문 용어들인 '이(理)'
와 '기(氣)'를 사용하여 새롭게 분석했다. 우리는 이와 같은 인간 본
성에 대한 사상을 특히 '이기설' '인심도심설' '4단 칠정론' 등에서
알 수 있다.[131]
　사단이란 맹자가 말한 바와 같이 측은(惻隱)·수오(羞惡)·사양
(辭讓)·시비(是非)로 표현되는 원초적인 정을 의미한다. 신유교 지
식인들은 이를 인간의 이성적인 것을 대표하는 인의예지(仁義禮智)
를 드러내는 단서가 되는 정이라고 하여 중시했다. 칠정이란 희(喜)·
노(怒)·애(哀)·구(懼)·애(愛)·오(惡)·욕(慾)으로 표현되는 인간
정의 총칭이다.[132] 지식인들은 인간 본성이 우주와 마찬가지로 '이'와
'기'로 구성되었다고 주장했다. 곧 인간 본성은 지선의 천적(天的)인
유산 곧 천적(天的)인 '이'를 갖고 있다는 것을 밝히고자 했다. 이들
은 이를 위해서 인간 본성 속에 4단이 존재하고 있다는 사실을 내

---

129) 류승국, 「한국 유학 사상 개설」, pp. 27 f.
130) Max Weber, "Konfuzianismus und Taoismus," p. 514.
131) 보기로 이퇴계, 윗글, pp. 79~125, 127~68; 이율곡, 윗글, 324~51, 352~
　　64.
132) 윤사순, 「론사단 칠정서 해제」, 『한국의 유학 사상』, pp. 74~78 참조.

세우려고 했다. 이들의 견해에 의하면 인간 본성 속에 있는 4단은 우주 속에 있는 천적인 '이' 그 자체라는 것이다. 이들은 '기'라는 용어를 가지고 7정과 같이 인간 본성 중 분명하게 눈에 띄는 요소들을 명명했다.[133]

신유교 지식인들은 인간 본성과 우주 속에서 '이'와 '기'의 역할 및 관계에 대하여 어떤 일관되고 일치된 견해를 드러내고 있지 않았다.[134] 이 때문에 이 지식인들은 서로 다른 두 가지 학파를 형성 발전시켰다. 이퇴계를 대표로 하는 한 학파는 '이'와 '기'의 역할을 이원론적으로 보았다. 그래서 '이'와 '기'는 형이상의 것과 형이하의 것, 비물질과 물질, 초감각적인 것과 감각적인 것, 추상적인 것과 구체적인 것, 선과 악 등의 형식으로 각각 성격화될 수 있는 것이었다. 이 학파는 또한 인간 본성 속에서 4단과 7정, 도심과 인심, 천심과 인욕, 초감성적인 것 및 감각적인 것 등등을 이원론적으로 분리해내려고 했다. 이 학파의 사람들은 여기서 한걸음 더 나아가 '이'는 '기'에 대해서 항상 지배적인 위치에 있어야 하고, 인간은 마땅히 '이'의 덕을 길어내어야 한다고 주장했다.[135]

이율곡을 대표로 하는 다른 학파는 '이'와 '기'의 특성 및 역할을 혼돈해서는 안 되지만, 이 둘 사이의 불가분한 역할과 관련성을 강조했다. 그렇기 때문에 이 학파에 속한 지식인들은 자신들의 인성론에서 사람의 인심 도심, 4단 칠정, 천도와 인욕 등등을 이원론적으로 분리할 수 없다는 것을 나타내려고 했다. 왜냐하면 이 둘은 같은 근원에서 말미암았기 때문이라고 한다.[136]

이 두 학파 모두 인간은 마땅히 자신의 이기적인 욕망 및 사적인

---

133) 이퇴계, 윗글, pp. 79~125, 127~68; 이율곡, 윗글, pp. 324~51, 352~64; 김길환, 윗글, pp. 256 f. 참조.

134) '이기'의 이원론을 둘러싼 지식인들 사이의 논쟁에 대해서는 Roy-mun-sang Seoh, 윗글, pp. 2~27, 43~66 참조.

135) 류승국, 「한국 유학 사상 개설」, pp. 29~34 참조; 배종호, 『한국 유학 사』(서울, 1983)(3판), pp. 70~81, 117~58, 159~203; 김길환, 윗글, pp. 24~53.

136) 김길환, 윗글, pp. 253~56 참조; 배종호, 윗글, pp. 82~92, 101, 117; 류승국, 『한국의 유교』, pp. 34~39.

88

이해 관계가 앞서 언급한 신유교의 오류으로 표현되는 덕목에 대립하는 것이기 때문에 억제돼야 하고, 천적인 선한 유산 및 전통적으로 신유교에서 숭상되는 덕성을 인간 심성 속에서 양성해내어야 한다는 데에는 일치된 견해를 가지고 있었다.[137] 그러나 한국 역사에서 단지 첫번째 학파만이 결정적인 의미를 가지고 있었다.[138] 그렇지만 이 때문에 지식인층 내부에 독특한 생활 지향이 발전되는 결과를 가져왔다. 신유교 지식인들은 그 어떤 실용적인 직업에 기꺼이 종사하려고 하지 않고, 오히려 평생 동안 천적인 선한 덕성을 길어내기 위하여 포괄적인 문학적 교양을 쌓는 노력을 기울이려고 했다.[139] 이들 신유교 지식인의 특이한 사고 구조로 말미암아 상인·소매상인·수공업·농민 등의 삶이 천시되는 결과가 나타났다.[140] 이 때문에 조선 왕조 후반기에 신유교 지식인들 중 많은 사람이 가난함에도 불구하고 농업 또는 상업에 종사하지 않았고, 하는 일 없이 놀고 먹는 사태가 벌어지게 되었다. 이들은 자신의 삶을 인욕에 얽매이게 하기보다는 차라리 가난하게 살기를 원했다.[141]

앞서 말한 지식인들은 인간 본성에 대한 분석을 통해서 인간이 '하늘'과 합일할 수 있다는 것을 이론적으로 증명해보였다. 이것이야말로 앞서 언급한 운동에서 지식인들이 정말로 목표로 했던 것이다. 곧 그것은 최상의 구원 상태를 의미하는 것으로 내재적인 '신'(인간 본성에 내재하는 천의 '이')과의 신비적인 합일이었다. 이러한 합일을 위해서 신유교 지식인들은 인욕, 감정적인 기분, 그리고 이기적인 경향 등을 합리적으로 억제하려고 했다.[142] 그러나 이것 자

---

137) 류승국, 윗글, pp. 210~16 참조; 윤사순, 「한국 성리학의 전개와 특징」, pp. 194 f.
138) 윤사순, 윗글, p. 195 참조; Donald L. Baker, 윗글, pp. 90 f.
139) 윤사순, 「실학의 발흥과 그 사상적 배경」, pp. 399~403 참조.
140) 정순목, 윗글, p. 86 참조.
141) 윤사순, 「조선 말기 주리파 사상의 의의」, 『제 2 회 동양문화 국제학술회의 논문집: 주자학과 한국 유학』(서울, 1980), pp. 168~78 참조. 중국의 유교 지식인들의 '시민층'에 대한 태도에 대해서는 T'ung-tsu Ch'ü, "Chinese Class Structure and its Ideology," John K. Fairbank(ed.), 윗글, pp. 246 f. 참조.
142) Donald L. Baker, 윗글, p. 103 참조.

체가 지식인들이 도덕적 계명에 따라서 세계를 합리적으로 통제 지배하려고 했다는 것을 의미하지는 않는다. 오히려 이는 인욕 및 정치경제적인 이익에 대한 관심을 억제하거나 극소화함으로써 자신들의 체면, 강직성 및 명예심 등을 보존하게 되는 것을 의미했다.[143]

신유교 지식인들에게서 구원 수단은 불교 지식인들에게서와 같은 세계 도피적인 명상이 아니었고, 신유교의 경전들에 대한 공부[144]와 정심을 목표로 하는 경(敬)의 실천이었다.[145] 물론 이러한 구원의 길은 엘리트적이다. 왜냐하면 지식인들만이 그와 같은 것을 실천할 수 있을 것이기 때문이다. 우리는 물론 신유교 지식인들이 자신들의 정신적인 활동을 통해서 합리화된 종교적 윤리를 발전시켰다고 말할 수 있다. 이러한 윤리에 의해서 규정되는 삶의 지향은 다음과 같은 것을 의미했다. 곧 인간은 세계의 영원하고 초신적인 질서인 '이'에 적응해야 한다는 것이다. 다시 말해 공동의 삶이 우주적인 조화를 가져오는 데에 필요한 사회적 요구 사항에 적응해야만 한다는 것이다.[146] 결국 그것은 세속적 권력 관계의 고착된 질서에 고분고분하게 순종하는 것과 무관하지 않은 것이었다. 이 때문에 지금까지 암시한 신유교의 윤리는 다음과 같이 성격지을 수 있다. 곧 이 윤리는 세상에 대한 긴장, 그것에 대한 종교적인 평가 절하 및 실질적인 세상의 거부 등을 최소한의 수준으로 약화시키고 있다는 것이다.[147]

3) 신유교의 의례주의와 '효도'

17세기에 지식인들은 신유교를 일종의 의례주의로 바꾸어갔다. 왜냐하면 이들은 대중에 대한 외형적인 규제를 통해서 새로이 대두되고 있던 사회의 무질서를 다시 바로잡고 싶어했기 때문이다. 신

143) 김길환, 윗글, p. 84 참조; 정순목, 윗글, pp. 76 f.; 이퇴계, 윗글, pp. 151 f.
144) 막스 베버에 의하면 중국에서 고전을 통한 철학적이고 문학적인 교양을 쌓는 것은 자기를 완성하는 보편적인 수단이었다. Max Weber, "Konfuzianismus und Taoismus," p. 514 참조.
145) 이퇴계, 윗글, pp. 245~46 참조; 류승국, 『한국의 유교』, pp. 211 f.; 김길환, 윗글, pp. 105~16.
146) 중국의 경우는 Max Weber, "Konfuzianismus und Taoismus," p. 514 참조.
147) 이러한 상황은 중국과 비교해볼 만하다. Max Weber, 윗글, p. 514 참조.

유교의 의례주의는 한국의 사회적 상황과의 밀접한 관련성 속에서 발전되었다.[148] 이 시기의 조선 왕조 사회의 구조, 특히 신분 체계는 두 번에 걸친 외적의 침입으로 인해 심하게 해체되어 혼란스럽게 되었다. 첫번째 침입은 1592년에서 1597년까지의 일본에 의한 것이었다. 다른 것은 1636년에 만주족에 의한 것이었다.[149] 신유교 지식인들은 지금까지 해왔듯이 지식인들만에 의한 정신적인 활동을 통해서 극도로 혼란스럽게 된 사회 질서를 바로잡는 것이 불가능하다고 생각했다. 왜냐하면 대중들이 이를 실행하는 것은 근본적으로 불가능하기 때문이라는 것이다. 그렇기 때문에 지식인들은 대중들을 위해서 특수한 신유교적 의례들을 만들어내었다. 이들은 이를 통해서 대중들의 기강을 잡을 수 있으리라는 믿음을 가지고 있었다. 지식인들은 기존의 의식들을 근거로 해서 이와 같은 작업을 하였다. 선조왕(1567~1608)이 집권한 이후로 신유교 지식인들이 관료로서 정부에서 다시금 지배적인 역할을 할 수 있었다는 사실 또한 신유교가 이러한 방향으로 발전할 수 있게 되는 데에 중요한 요소였다.[150] 그러나 16세기 이후로 이들 신유교적 관료층은 앞서 말한 씨족 및 제사 공동체로부터 발전해온 사회 계층과 밀접한 관련을 맺고 있었다. 결국 이들은 이제 씨족 공동체의 대표들이었다.[151] 이 사실은 신유교의 의례주의에 특별한 형식과 의미를 부여했다.

신유교적 의례주의는 지식인층의 특별한 이해 관계 때문에 대중들에게서 한국 불교 및 민속 신앙의 그것과는 완전히 다른 의미를 가지고 있었다. 곧 한국 불교와 민속 신앙의 경우 그것은 개인들이 당면했던 재난을 제거하기 위한 하나의 주술적 수단이었다. 이와는 반대로 신유교에서 의례는 일종의 '가례(家禮)'라고 불렸던 가족의 예의 범절 체계 또는 신분 질서에 해당했고, 가부장적인 사회 질서 보증자로서의 성격을 지니고 있었다.[152]

148) 정순목, 윗글, pp. 82 f. 참조.
149) Han Woo-keun, *The History of Korea*, pp. 270~78.
150) 정순목, 윗글, p. 82 참조.
151) 이태진, 「향청과 향약」, 『한국사연구입문』, pp. 310~13 참조.
152) 현상윤, 윗글, pp. 165~80 참조. 중국의 경우는 C. K. Yang, 윗글, pp.

이러한 사실은 다음에서 분명하게 알 수 있다. 곧 조상 숭배와 효 및 이와 관련된 조상 제사가 앞서 말한 의례주의의 전형적인 것으로 규정되고 있다는 것이다. 신유교 지식인들의 견해에 의하면 조상 제사는 어떤 종교적 및 주술적인 의미를 가지고 있지 않다. 오히려 그것은 유교의 황금률에 해당하는 효도의 연장선상에 있는 덕목의 의미를 지니고 있을 뿐이다.[153] 지식인들은 부모와 자식 사이에 존재하는 원초적인 사랑의 감정을 인간이 따라야 하는 독특한 도덕적 의무로 발전시켰다. 이로써 이러한 도덕적 의무는 조선 왕조 시대에 가부장적인 사회 구조의 근본적인 원리가 되었다. 이것이 신유교적 의례주의의 핵심이었다. 자녀들의 이러한 도덕적 의무는 '효도'라고 명명되었다. 만일 막스 베버가 "효도 *Kindespietät* 는 모든 유교 윤리의 바탕이다"라고 말한다면,[54] 우리는 똑같은 말을 한국의 신유교에도 해야 할 것이다. 지식인들은 대중들에서 나타나는 원초적인 사랑의 감정을 효도로 제도화함으로써 부모에 대한 자녀들의 무제한적이고 인격적인 복종과 존경을 일방적으로 요구했다.[155]

이와 같은 요구는 다음과 같이 논증되었다. 곧 자녀들은 그의 삶을 부모로부터 무한한 은혜로서 받는다는 것이다. 그래서 자녀들은 부모에게 복종해야 하고, 또 봉양해야만 하는 빚을 지게 된다. 그러나 이러한 빚은 자녀들이 결코 완전히 갚을 수 없을 만큼 크고 깊다는 것이다. 지식인들의 견해에 의하면 부모의 은혜는 자녀들에게 일종의 숙명적인 성격을 갖는다. 이러한 근거로부터 지식인들은 다음과 같이 선언했다. 곧 효도는 부모님이 돌아가신 후에도 조상 제사로 계속되어야 한다는 것이다. 이렇게 해서 효도는 모든 인간에 있어서 가장 중요한 보편적 의무가 되었다. 왜냐하면 모든 사람은 예외 없이 살아계신 부모 또는 돌아가신 부모를 모시고 있기 때문

276~79 참조.
153) 최길성, 윗글, pp. 22~31, 189~204 참조. 중국의 경우는 C. K. Yang, 윗글, p. 278 참조.
154) Max Weber, "Konfuzianismus und Taoismus," p. 497.
155) 최길성, 윗글, pp. 53~61, 65~67, 74~90 참조.

이다.[156]

대중들의 조상 제사 행위는 지식인들에서와는 반대로 종교적인 의미, 무엇보다도 주술적인 의미를 가지고 있었다. 결과적으로 조상 제사는 대중들에게서 유일하게 공식적으로 인정을 받은 정령 신앙이 되었다.[157] 이것은 사회적으로 다음을 의미했다. 곧 이들 지식인은 대중들에게 윤리적 요구를 할 때에 세계상을 합리화하는 것을 통해서도 결코 정령 신앙을 퇴치해버릴 수 없었다는 말이다. 이에서 한걸음 더 나아가 이것은 지식인들의 사고 구조가 한국 역사에서 초세계적인 인격적인 신의 개념 및 이와 관련된 것으로 신, 국가 등등과 같은 사실적인 '이데'에 대한 의무의 개념이 발전될 수 있는 모든 가능성을 차단했다는 것을 의미했다. 왜냐하면 지식인들은 자신들의 당초의 의도와는 반대로 원색적인 주술적 성격의 정령 신앙을 (이들을 합리화시킴 없이) 대중들에게 적합한 형태로 끌어올렸기 때문이다.[158] 지식인들은 조상 제사에 대한 자신들의 사상과 대중들의 신앙 사이의 괴리를 실질적으로 심각하게 고려함 없이 제쳐놓을 수 있었다. 이것이 신유교 지식인들에게 가능했던 이유는, 이들이 중국 유교의 전통에 따라서 종교적인 영역에서 인간은 원칙적으로 평등하다는 전제를 계속 고수하려고 했기 때문이었다. 이와 같은 전제를 막스 베버는 다음과 같이 적고 있다:

〔……〕유교에는 불가피하게 인간은 불평등한 (종교적) 자질을 가지고 있다는(유교는 그 밖의 이유에서 이것에 전혀 관심이 없었다) 경험이 없다. 따라서 '은총의 상태'가 종교적으로 서로 다르다고 하는 일체의 사상 또한 존재하지 않는다. 이러한 개념 자체가 유교에 있을 수 없다는 것은 이미 필연적이었다.[159]

다시 말하면, 신유교의 황금률적인 덕목은 효도이며, 이 효도가

---

156) 최재석, 『한국 가족 연구』, pp. 189~204 참조; 황경환, 윗글, pp. 11 f.
157) 최길성, 윗글, pp. 53~61, 65~67, 74~90 참조.
158) 최길성, 윗글, pp. 110~12 참조.
159) Max Weber, "Konfuzianismus und Taoismus," pp. 434; 인간에 대한 유교적인 가치 평가는 윗글, pp. 434 f. 참조.

대중들의 조상의 영에 대한 신앙을 통해서 사회 속에서 삶을 규정하는 세력이 되었다고 정리할 수 있다. 그렇지만 대중들은 앞에서 말한 신유교의 조상 숭배를 단지 풍수 사상[160] 및 무속과 같은 민속 신앙을 통한 변형태로만 이해하여 받아들일 수 있었다.

대중들은 풍수설에 따라서 무엇보다도 조상의 묘지 자리가 가족 및 씨족 가문의 번성을 위해서 커다란 역할을 한다고 믿었다. 이것은 물론 전형적인 주술적 신앙관이다. 그러므로 한국 사회에서 오늘날까지 서구적인 의미에서의 공동 묘지가 발전할 수 없었다. 왜냐하면 묘지 자리는 언제나 풍수설의 규칙에 따라서 산속 그 어딘가에 정해졌기 때문이다.[161] 한국 무속에 의하면 조상의 혼령은 (신유교에서와는 달리) 신들 및 귀신의 성격을 가지고 있다.[162]

전체적으로 종합해보면 대중들에게서 신유교 윤리의 바탕은 정령 숭배, 무엇보다도 풍수설 및 무속이었다는 결론이 나온다. 이 때문에 중국의 경우와는 달리 한국에서는 도교가 어떤 의미있는 역할을 하지 못했지만, 다음과 같은 막스 베버의 논의는 원칙적인 면에서 한국 신유교의 주술적인 민속 신앙에 대한 관계를 알게 해준다:

> 그러나 주술적 세계상에 대한 유교 자체의 무력함 때문에, 유교가 근본적으로 순수 주술적이었던 도교 신도의 관념들을 멸시하고 있던 터이지만, 그것들을 자체 본바닥으로부터 뿌리뽑는 것은 전혀 가능하지 않았다.[163]

신유교 지식인들은 앞서 말한 바와 같이 자신들의 윤리가 가지고 있던 의미의 통일성이 파괴됨에도 불구하고 가례(家禮)에 대한 지금까지의 책들을 확대했다. 왜냐하면 신유교 지식인들은 효도와 조상 숭배가 정치적으로 없어서는 안 될 가부장적 왕조 체제의 바탕

---

160) 중국에서 풍수설의 실천과 그것의 사회적 영향에 대해서는 Max Weber, 윗글, pp. 483 f., 499 참조.
161) 최길성, 윗글, pp. 113~17, 131~35 참조.
162) 윗글, pp. 105~07 참조.
163) Max Weber, "Konfuzianismus und Taoismus," p. 485.

이라고 확고히 믿고 있었기 때문이다.[164] 신유교의 강한 합리주의에
도 불구하고 주술은 사회에 대한 신유교 지식인들의 항구적인 지배
권을 위해서 여전히 중요한 역할을 수행했다. 중국의 정통 유교에
서 주술의 역할에 대한 막스 베버의 논의는 원칙적으로 한국 신유
교에서 활동한 주술에 대한 것에도 해당된다:

　　주술은 정통 유교 안에서도 공인된 자리를 차지했고, 그것이 전통적
　　인 영향을 끼쳤다는 사실은 분명히 기억되어야 한다.[165]

　　유교는 단지 다음의 것들만을 철저히 거부했다. 곧 민속의 주술사들
　　에게서 발견되는 감정적인 엑스터시 및 도교 신도 특유의 무감각 상태
　　의 엑스터시, 다른 말로 하면 심리학적 의미에서 일체의 '비합리적인'
　　주술과 모든 형태의 수도승적 금욕이 바로 그것이다.[166]

　신유교 지식인들은 자신들의 정치적 힘을 바탕으로 해서 앞서 말
한 의례주의를 사회 속에 관철시킬 수 있었다. 그러므로 가례, 특히
효도의 위반은 최악의 죄과였다.[167] 이러한 도덕적 규정들은 사회에
서 범해서는 안 되는 규범이었다. 대중들의 삶 전체는 이러한 도덕
적 규칙들에 의해서 규정되었다.[168]
　그렇지만 신유교의 의례주의에 의해 대중들의 일상적 삶이 규제
된다는 것은 지식인층에게는 커다란 의미를 지니고 있었다. 왜냐하
면 지식인들은 이를 통해서 자신들의 지배적인 지위를 정당화할 수
있었기 때문이다. 신유교 지식인들은 의례의 정확한 수행을 보증하
였다. 이러한 규제가 갖는 의미는 중국에서 교양인층이 대중들의

---

164) 중국의 경우는 Max Weber, 윗글, p. 498 참조.
165) 윗글, p. 490.
166) 윗글, p. 490.
167) 막스 베버에 의하면 중국에서 유학자들에게서는 사회의 기본적인 의무
　　인 효도의 불이행만이 '죄'에 해당되는 것일 수 있었다. 윗글, p. 445 참
　　조.
168) 윤사순, 「한국 성리학의 전개와 특징」, pp. 195 f. 참조; 정순목, 윗글,
　　pp. 82 f.

삶의 운용에 끼친 영향에 대한 막스 베버의 논의와 일맥 상통한다:

　　대중의 삶의 운용에 끼친 교양인층의 결정적인 영향은 아마도 몇 가
　지 부정적인 작용으로 점철되었을 것임에 틀림없다. 곧 한편으로는 예
　언적 종교 성향의 등장을 완전히 저지했고, 다른 한편에서는 애니미즘
　적 종교 성향 중에서 모든 열광적인 요소를 폭넓게 뿌리뽑았다는 점이
　다.[169]

　여기에서 신유교 지식인들이 사회적인 변동에 직면해서 자신들이
합리화시킨 윤리를 대중들에게 관철시키려고 시도했지만, 그들이
지니고 있는 특이한 지성적 종교 성향 때문에 성공을 거두지 못했
다는 사실이 분명하게 드러난다. 결과적으로 이들은 자신들의 종교
윤리에 실질적으로 존재하는 이원론적 개념을 감수해야만 했다.
　필자는 앞서 말한 의례주의의 사회적 의미를 보다 분명하게 드러
내기 위해서 역사적 사실 하나를 보기로 들고자 한다. 16세기 중엽
이후로 신유교의 의례와 관련하여 일반적으로 당쟁이라고 불리는
일종의 권력 투쟁이 신유교 관료층 내부에서 발전되어나왔다. 이
투쟁은 17세기에 극에 달했으나 조선 왕조말까지 지속되었다. 이
권력 투쟁의 발단은 왕실의 예의 범절에 관련된 의례의 정확성을
둘러싼 논쟁, 곧 복상 문제에 관련된 것이었다. 신유교 지식인들은
이러한 논쟁을 통해서 여러 파당으로 갈리어 나누어졌다.[170] 이들
파당 사이의 세력 교체는 대부분 그때그때에 따른 왕의 개인적인
결단에 달려 있었다. 그리고 이는 권력을 상실한 파당의 괴멸로 이
어졌다. 그러나 신유교 지식인들은 정치사회적인 문제를 해결하기
위해서 어떤 합리화된 법체계를 고안해내려고 하지 않았다. 오히려

---

169) Max Weber, "Konfuzianismus und Taoismus," p. 493. 예언이 삶의 운용
　　에 대해서 갖는 의미를 위해서 필자는 다음과 같은 막스 베버의 논의
　　를 제시하고자 한다: "참된 예언은 내부로부터 생겨난 가치 척도에 체
　　계적으로 지향하는 가운데 삶을 운용하도록 만든다. 여기에서 '세계'는
　　이 규범에 따라서 윤리적으로 조성해가는 데 필요한 자료에 해당된다."
　　윗글, p. 521.
170) 현상윤, 윗글, pp. 187~207 참조.

96

이들은 이를 위해서는 지배자에 대한 올바른 교육의 실시가 중요하다고 생각했다. 왜냐하면 그래야만 지배자가 올바른 결정을 내릴 수 있다고 보았기 때문이다.[171] 실제로 신유교의 교육은 단지 지배자 및 이와 관련된 지배층을 위한 것이었지, 피지배자인 백성들을 위한 것이 아니었다.[172] 이와 같은 역사적 사실은 백성의 복지에 대한 유교적 관점을 보면 이해할 만하게 될 것이다. 막스 베버는 유교적 복지관을 다음과 같이 서술하고 있다:

실제로 유교는 개인의 자기 완성 능력을 강조하는 것과 아울러 특히 다음과 같은 점을 주장하였다. 곧 "백성과 모든 개인들의 물질적 및 윤리적인 복지는 결국 하늘이 정당성을 인정한 지배자의 카리스마적 자질 및 그의 관료들이 제공하는 국가 차원의 후생 설비에만 달려 있다는 것이다."[173]

신유교 파당들의 이와 같은 투쟁에서 패권을 장악한 집단은 17세기 중엽 이후로 신유교의 의례를 도그마적으로 고착화시키기 시작했다. 그리고 주자의 정통 학설 이외의 신유교(보기로 중국 양명 학파의 학설) 연구를 금지하였다.[174]

그러나 이것은 그들이 사회 속에서 통일성 있는 신유교의 사회 윤리를 생성하는 데 성공했다는 것을 의미하지 않는다. 왜냐하면 앞서 말한 권력 투쟁에서 분명하게 드러나는 바와 같이 이들이 성스럽게 떠받드는 인격적 의무 각각은 서로 모순에 빠져버렸기 때문이다. 이렇게 된 가장 중요한 원인은 그들 윤리의 '사적인' 성격에 놓여 있다. 왜냐하면 신유교 지식인들은 중국에서 유학자들이 그러했던 것처럼 순수 인정적——가족적·사제(師弟)적 또는 동배적——

---

171) 공자에 의하면 국가의 번성과 패망은 지배자 및 그의 각료들의 태도에 의해서 규정된다. M. Eder u. a., 윗글, p. 20 참조.
172) 정순목, 윗글, pp. 86 f. 중국에서 지배층에 대한 유교적 평가는 T'ung-tsu Ch'ü, 윗글, pp. 235∼39 참조.
173) Max Weber, "Konfuzianismus und Taoismus," p. 497.
174) 윤사순, 「실학의 발흥과 사상적 배경」, pp. 401 f. 참조; Donald L. Baker, 윗글, pp. 16 f.

유대 이외의 것은 거부했기 때문이다. 지식인들의 사회적 행위와 관련해서 볼 때, 그들의 사회 윤리는 이와 같은 인정주의를 부추기는 작용을 했다.[175]

한국 역사에서 신유교 지식인들은 앞서 말한 지식인층에서의 사상 운동을 통해서 그리고 대중 속에 의례주의를 침투시킴으로써 사회의 공적 및 사적 영역에서 전체 백성들의 삶을 신유교의 이름으로 규제할 수 있었다. 이는 전체 백성들이 신유교를 통해서 계몽되었다는 것을 의미했다. 그래서 대중의 삶은 주술적 전통에 이전보다 덜 종속되게 되었다고 말할 수 있다. 왜냐하면 변형된 한국 불교와 민속적 종교 성향이 한국에서 어떤 경우든 신유교보다는 본질적으로 더 전통주의적이었기 때문이다.[176]

요약하면, 효도는 신유교적 집단 구성의 근본 원리였고, 또한 가부장적 사회 구조의 원인이었다. 같은 이유로 대중들에게서 조상 숭배 및 조상 제사는 효도와 동일시되었다. 이러한 신앙으로부터 가족은 조상 제사 공동체 및 확대 가족 체계로 발전되었다. 물론 여기에서는 가장 중심주의가 지배적인 역할을 한다.[177] 이에서 한걸음 더 나아가 이러한 조상 제사 공동체 또는 집 공동체로부터 씨족 집단이 발전되어나왔다. 이 씨족 집단은 전체 사회의 성격을 규정해버렸다.[178] 이렇게 하여 혈연 관계가 한국인의 행동 지향 형성에 결정적인 의미를 갖게 되었다. 이러한 역사적인 사실로부터 신유교 지식인의 사고 구조가 자체의 강한 합리주의에도 불구하고 결과적으로 이와 같은 자연발생적인 인간 관계내에 있는 동기에 의해서 규정되었다는 사실을 알 수 있게 된다. 그러므로 대중의 삶의 운용은 조상 숭배에 뿌리를 두고 있는 가족 중심주의라는 테두리 안에서 정형화되게 되었다.

---

175) 중국의 경우는 Max Weber, "Konfuzianismus und Taoismus," pp. 493 f. 참조.
176) 이것은 중국에서 도교의 영향에 관한 막스 베버의 관찰과 비교해볼 필요가 있다. 윗글, p. 489 참조.
177) Seong-hi Yim, *Die Grundlage und die Entwicklung der Familie in Korea* (Köln Universität, 1961)(박사 논문), pp. 13~65 참조.
178) 박봉배, 『기독교 윤리와 한국 문화』(서울, 1983), p. 350 참조.

지식인층에서 있었던 효에 대한 사상은 다음과 같은 믿음으로 이어졌다. 곧 국가적 행위 영역 및 가족 밖에 놓여 있는 공공 영역을 위해 어떤 특별한 윤리가 사람들에게 필요하지 않다는 것이다. 왜냐하면 이들 지식인의 견해에 의하면 가족, 집 공동체, 사회 및 국가 사이에는 어떤 구조적인 차이도 존재하지 않기 때문이다. 따라서 이들 영역 어디에서나 행위 원리는 본질적으로 동일할 수밖에 없다는 것이다. 이를 위해서 하나의 보기를 더 들어 이해를 돕고자 한다. 곧 한국 역사에서 신유교 지식인들은 군(君)·사(師)·부(父)가 일체(一體)임을 항상 강조해왔다. 그들은 이를 통해서 사람들은 똑같은 행동 원리인 효도로써 사회의 중요한 각 영역을 대표하고 있는 이들을 섬겨야 한다는 사실을 강조하고자 했다.[179] 지금까지 제시한 신유교 윤리가 담고 있는 '사적 윤리의' 성격 및 이 윤리의 사회적 영향을 막스 베버가 중국 유교의 사회 윤리를 논의하는 데에서 다시 발견할 수 있다:

여기에서 모든 사회 윤리는 대인간적 주종 관계(효도 관계)를 이와 동일한 것으로 생각했던 그 밖의 것들에 조직적으로 그대로 옮겨 적용해놓은 것에 지나지 않았다. 자연발생적 사회 관계에 속하는 다섯 가지의 의무, 곧 임금[君]·아버지[父]·남편[夫]·형[兄](스승도 포함)·친구[友]에 대한 의무가 무조건적으로 서로 얽혀 있는 윤리 모두를 포괄적으로 담고 있었다. 이와 같은 관계 밖에 모든 자연적이고 사실적인 모든 의무들을 기저로 하고 있는 상호 부조에 대한 유교적 원리는 사람들의 심금을 울리는 어떤 비장한 요소도 함축하고 있지 않았다.[180]

물론 신유교는 의(義) 및 충(忠)이라 불렸던 공적 행위에 적합한 특유의 도덕적 덕목을 가르쳤다. 문자적으로 볼 때 의란 정의를 가리킨다. 그리고 충은 임금과 신하 사이에서 신하가 따라야 될 덕목 및 이와 관련하여 지배자와 시민 사이에서는 시민들의 덕스러운 행위 규범을 규정하는 말이었다. 충의 본래적인 개념은 멸사 봉공(滅

179) 최재석, 『한국 가족 연구』, pp. 219~22 참조.
180) Max Weber, "Konfuzianismus und Taoismus," p. 494.

私奉公)의 심적 상태를 지칭하는 것이었다. 그러나 지식인들은 이러한 원초적인 개념을 객관성을 띠는 이데 *Idee* 또는 공공의 영역에서의 사실적인 목적에 대한 의무의 학설로 발전시키지 않았다. 오히려 이들은 항상 구체적인 지배자에 대한 의무를 가리키는 학설로만 발전시켰다. 그래서 이 충은 임금과 신하 사이의 일종의 대인간적인 주종 관계(효도의 관계)만을 의미하게 되었다. 이것은 또한 지식인들이 한국 역사에서 충을 간단히 '불사이군(不事二君)'이란 말로 정식화했다는 사실에서 명확하게 드러난다. 여기에서 임금의 직책 또는 국가라는 구체적 인간과 분리되는 무형의 실체에 대한 의무 관념이 흔적조차 찾아볼 수 없게 됨은 물론이다.

지식인들은 '의(義)' 또는 '명분(名分)'이라 불린 덕목 또한 집 및 씨족 공동체를 위한 가례의 범위내에서만 해석할 수 있었다.[181] 왜냐하면 이들은 어떠한 근대 서구적 의미의 국가 또는 사회 개념도 모르고 있었기 때문이다.[182] 그러므로 한국 역사에서 앞서 말한 신유교 지식인층내의 갈등이 수세기 동안 계속되었음에도 불구하고 그 어떤 공공 윤리 및 이와 관련된 국가 개념의 발전에 어떤 기여도 할 수 없었다는 사실은 전혀 우연스런 일이 아니다. 이들 지식인은 가족의 구조를 국가 또는 사회의 구조로부터 분리해낼 수 없었다. 신유교의 세계상은 이러한 구분을 근본적으로 방해했다. 왜냐하면 신유교의 세계상에 따르면 국가 또는 사회는 단지 가족의 확대에 지나지 않는 것이기 때문이다. 신유교 지식인들의 윤리 체계 전체는 그들의 가족 개념을 바탕으로 해서 발전된 것이었다.[183] 서구에서 피조적인 과제를 사실적으로 객관화하는 데에서 이끌어낸 공공 윤리와는 정반대로 한국의 신유교 윤리는 전형적인 사적 윤리로서 인간적 유대라는 틀내에서 가장 강한 용맹을 떨친다. 그렇지만 이 모든 것들은 한국 신유교 지식인들의 사고 구조라는 배경하

---

181) 금장태, 『유교 사상의 문제들』(서울, 1991)(2판), pp. 41~60 참조.
182) 윗글 참조.
183) 박봉배, 『기독교 윤리와 한국 문화』, p. 349 참조; Etienne Balazs, *Chinese Civilization and Bureaucracy. Variations on a Theme*(H. M. Wright 옮김, Arthur F. Wright 편)(New Haven, 1964), pp. 10f.

에서만 이해될 수 있는 것이다.

5. 맺는 말

신유교는 조선 왕조 때에 지배층 및 이와 관련된 세속의 지식인들에 의해서 이데올로기의 바탕으로 채택되어 체계적으로 합리화됨으로써 한국 불교를 대신해서 국가의 공식적인 종교로 발돋움할 수 있었다. 조선 왕조 사회에 한국 신유교가 등장했다는 것은 중요한 사실이었다. 왜냐하면 세계의 조직과 대중의 일상적인 삶의 세계는 신유교의 세계상을 통해서야 비로소 처음으로 긍정적인 의미를 부여받게 되었기 때문이다. 신유교의 세계상에 의하면 인간은 구원을 위해서 더 이상 불교에서와 같은 세계 도피적인 명상을 필요로 하지 않는다. 오히려 신유교 윤리를 따라 정상적으로 영위하는 일상적인 삶으로 충분하다는 것이다.

한국 신유교의 운명과 신유교의 종교적 및 일상적 삶의 의미는 신유교 지식인 계층, 다시 말하면 관료와 관료 예비군층에 완전히 종속되어 있었다. 이와 같은 사회 계층에의 종속성 때문에 한국 신유교는 세계의 5대 종교에 속하면서도 어떤 독립적인 사제 집단이나 자기 고유의 구원론을 알지 못했다. 사회적 관습과 중국 신유교 세계상이 지니고 있었던 기본적인 성격은 한국 지식인의 사고 구조에 독특한 방식으로 반영되어 있다. 한국 신유교의 윤리는 이들 지식인의 사고 구조 때문에 순수한 '사적 윤리'로서 자신을 점철시켰다. 신유교가 더 이상 국가의 공식 종교나 공식 이데올로기가 아니지만, 신유교의 사적 윤리는 오늘날까지 한국 사회에서 막강한 역할을 수행하고 있다. 이 사적 윤리는 그 어떤 공공 윤리가 한국 사회에 발전하는 것을 방해한 중요한 요인으로 과거에 작용했었고, 또 지금도 여전히 그 작용을 멈추지 않고 있다.

신유교 지식인들은 세계를 비인격적인 규칙 및 법칙에 의해서 지배되는 우주로서 체계화하고 합리화시켰다. 그러나 이와 같은 체계화 및 합리화는 온전히 주어진 세계 질서에의 적응을 지향하고 있었다. 지식인들은 이러한 세계상을 바탕으로 해서 일종의 합리화된 윤리를 발전시킬 수 있었다. 이 합리적인 윤리는 특이하게도 내세에 대한 일체의 희망을 포기하고 있으며, 그 안에는 관료 계층이 가지고 있는 합리주의가 판을 치고 있다는 특징을 가지고 있다. 그렇지만 이들 지식인의 종교 성향은 대중들로서는 전혀 접근할 수 없는 것이었다. 대중들은 원초적이고 주술적인 민속 신앙에 사로잡혀 있을 수밖에 없었다. 왜냐하면 신유교 지식인들은 그 어떤 윤리적 성격을 갖는 종교 운동 속에 대중들이 휩쓸려 들어가게 할 수 없었기 때문이다. 신유교는 전형적인 비예언자적 종교였으며, 그 종교적 약속은 보통 현세적인 성격의 것이었다. 그렇지만 신유교 지식인들은 대중들의 애니미즘적이고 주술적인 민속 신앙들을 미신으로 규정하여 '도그마적'으로 철저히 배척하지 않았다. 오히려 그들은 그러한 신앙들을 '비정통적인' 것으로 규정하면서 소극적으로 마지못해 허용하는 태도를 보였다.[184] 이러한 '허용'은 신유교의 관료층이 대중을 길들일 필요성 때문에 자신들의 태도를 완화했다는 것을 의미했다.

지식인 계층의 이해 관계와 이들의 사고 구조는 사회 속에 독자적인 종교적 평신도 공동체가 발전되는 것을 용납하지 않았다. 그러한 공동체가 있었더라면 그 어떤 공공 윤리가 발전할 수 있으리라고 기대할 수 있지만, 결과적으로 이는 우리의 역사 속에 존재하지 못했다. 앞서 말한 지식인층의 이해 관계와 관련하여 신유교 지식인층은 세계를 완전히 주술로부터 풀어내거나 철두철미하게 합리화하는 데 성공하지 못했다. 이들 지식인은 특정의 정령 및 신들의 숭배, 무엇보다도 조상 숭배를 신유교적인 신분 윤리의 바탕으로 수용하지 않을 수 없었다. 대중들에게서의 조상 숭배는 신유교 지식인들의 견해와 어떤 관계도 없었다. 왜냐하면 지식인들의 견해에 의하면 조상 제사는 황금률에 속하는 효도의 연장선상에 있는 것이

---

184) 중국 유교에서의 도그마 문제에 대해서는 Max Weber, *WG*, pp. 287, 341 에 있는 기본적인 논의 참조.

기 때문이다. 그러나 대중에게서 조상 숭배는 주술적이고 애니미즘
적인 민속 신앙에 속하는 것이었다. 이것은 신유교 지식인들의 의
도와는 반대로 조선 왕조 시대에 주술적인 민속 신앙이 결정적인
역할을 했다는 것을 의미한다.

전체적으로 볼 때, 신유교 지식인의 사고 구조와 그들의 행위는
대중들에게서 합리적이고 규모 있게 삶을 운용하는 근대적인 생활
형태를 발전시키는 데 어떤 영향력도 끼치지 못했다는 사실이 분명
해진다.

앞서 말한 정령 숭배를 통해서 사회 속에 집 공동체 및 씨족 공
동체가 발전하였다. 물론 이들 공동체에서 혈통 관계가 결정적인
의미를 갖는다는 사실은 말할 것도 없다. 이를 통해서 사회 구조의
성격이 규정되었다. 결과적으로 사람들의 행위는 완전히 대인간적
인 주종 관계를 지향하게 되었다. 이것은 한국 역사에서 앞서 말한
집 공동체와 씨족 공동체 이외에 어떤 거론할 가치가 있는 사회 조
직체가 사회 속에 발전될 수 없었다는 것과, 이와 관련하여 시민들
은 유교적인 집단 형성의 원리만을 가장 중요한 전통으로 인정하고
있다는 사실을 의미했다. 그렇기 때문에 조선 왕조 시대에 모든 공
동체적인 행위는 대인간적이었으며, 무엇보다도 인척 관계에 의해
서 온통 물들어 있었고, 또 그것들에 의해서 완전히 조건지어져 있
었다.[185]

이러한 행위 지향은 한국 역사에서 분명하게 공적 및 사적인 삶
모두를 점령하고 있다. 살아 있거나 또는 죽은 구체적인 인간에 대
한 인간적인 복종은 신유교의 으뜸되는 덕목이요, 신유교 윤리 체
계의 핵이었다. 인간에 대한 인간적인 복종은 신유교적 집단 형성
의 이념형적 원리를 구성하고 있다. 이는 오늘날까지도 사회 구조
의 바탕을 규정하고 있다.

신유교 지식인의 사회관 및 세계관에 의하면 사회와 국가는 단지
가족의 확대물에 지나지 않는다. 지식인들은 으뜸되는 덕목인 '효

---

185) Max Weber, "Konfuzianismus und Taoismus," p. 528에 해당 사항을 참
조.

도'가 사회의 모든 위계적 관계에 그대로 적용될 수 있다는 견해를 가지고 있었다. 그리고 효심을 갖고 있다는 것은 가부장적 사회의 가장 중요한 의무를 수행할 수 있다는 데에 대한 증명이요 보증을 드러내는 것이라고 생각했다. 이러한 사실은 국가적인 활동의 영역을 위해서도 어떤 특별한 윤리가 필요하지 않다는 믿음으로 연결되어졌다. 왜냐하면 지식인들의 견해에 의하면 가족, 집 공동체, 사회, 그리고 국가 사이에 어떤 구조적인 차이도 존재하지 않으며, 결과적으로 각기 다른 영역을 위한 행위 원칙 또한 본질적으로 차이가 날 이유가 없기 때문이다. 곧 공적인 영역에서 관료 또는 관리인 및 시민으로서 구체적인 인간에 대해 인간적으로 순종적인 태도를 갖는 이외에 어떤 다른 행위 원칙도 전혀 필요치 않다는 것이다. 무엇보다도 신유교 지식인들에게서는 공공의 영역에서 자연발생적인 인간 유대를 넘어서 있는 사실을 지향하거나 또는 공동체 및 이익 집단의 목적이나 이데를 지향하고 있는 어떤 의무 관념도 찾아볼 수 없다. 신유교 지식인들의 주요 관심사는 어떻게 하면 인간 스스로가 '효심'이 가득한 존재가 될 수 있으며, 또 다른 사람을 어떻게 하면 '효심'이 충일한 인간으로 양육할 수 있는가에 놓여 있었다. 이러한 목적 때문에 그들은 지식인층내에서 정신 운동을 일으켰고, 대중들을 위해서 일종의 의례주의와 조상 제사 공동체 및 이를 바탕으로 하고 있는 씨족 공동체를 발전시켰다. 신유교 지식인들은 물론 '사적 윤리'와 '공공 윤리' 사이의 차이를 인식하지 못했다. 이들은 단지 위에서 언급한 대인간적 주종 관계에 의해서 강하게 지원을 받고 있는 '사적 윤리'밖에 알지 못한다. 여기에서 우리는 막스 베버의 말로 다음과 같이 결론을 내릴 수 있다. 곧 한국 신유교의 의미있는 업적은 서양에서 윤리적인 종교가 이룩했던 것과 정면으로 대립 관계에 있는 성격의 것이다:

　　윤리적 종교, 무엇보다도 프로테스탄트의 윤리적이며 금욕적인 종파들의 위대한 업적은 씨족적 유대를 돌파하고, 혈연 공동체에 대립하여 서 있고, 상당한 정도로 그 자체가 가족에 대립하여 서 있는 탁월한

신앙 공동체 및 윤리적으로 삶을 운용해가는 뛰어난 집합체를 구축했다는 데에 있다.[186]

신유교 윤리는 앞서 말한 인간적인 관계만을――그리고 단지 이것만을――윤리적으로 신성시했다. 그리고 결과적으로 인간 대 인간, 주인과 종, 고위직 관료 대 하위직 관료, 아버지와 아들, 형제들 사이의 관계, 스승과 제자, 친구들 사이 등등의 인간 관계를 통해서 만들어진 대인간적 주종의 의무와는 다른 어떤 사회적 의무도 알지 못했다.[187]

사회의 조화로운 질서에 대한 신유교의 사상에도 불구하고 17세기 이후로 사회는 점점 더 심각한 위기로 빠져들었다. 경제 및 사회적인 변동들은 더 이상 기존의 도덕적인 세계상으로는 이해되거나 해명될 수 없었다. 조선 왕조의 가부장적인 사회 구조는 신분 체계의 변동으로 인해서 곧 신분 질서와 토지법의 문란, 도시의 발전, 대중의 종교적 욕구의 분출 그리고 특히 서구 세계로부터의 서구 사상적 유산의 침투 등을 통해서 동요되었다. 기성의 지식인들은 이와 같이 동요하고 있는 사회적 현실을 진지하게 인식할 수 있는 능력이 없었다.

이와 같은 사회적 현실과 관련해서 18세기 이후로 새로운 종류의 집단이 형성되고 있었다. 곧 이들 집단은 더 이상 혈통 관계에 의해서 규정되지 않는다. 오히려 이들 집단의 성원은 계층과 씨족에 구애됨 없이 충원되고 있다. 1784년 이후로 한국 카톨릭 교회가 조선 정부로부터의 심각한 박해에도 불구하고 상대적으로 빠른 속도로 세력을 확장해갔다.[188] 이에서 한걸음 더 나아가 1860년 이후로 한 토착적인 구원 종교가 대단히 빠른 속도로 발전되었다. 이는 일종의 '파견 예언자'[189]인 최제우(1824~1864)에 의해서 창시되었고, 그에 의해서 서양의 카톨릭 교회에 대립하는 종교라는 뜻으로 '동학'

186) 윗글, p. 523.
187) 윗글, p. 527 참조.
188) 주재용, 『한국 카톨릭사의 옹위』(서울, 1970), p. 48 참조.
189) 예언의 개념에 대해서는 Max Weber, *WG*, pp. 268 ff. 참조.

이라 명명되었다.[190] 19세기말에는 마침내 프로테스탄트 교회가 조선 왕조의 정부로부터 커다란 박해를 받음 없이 한국에서 전도를 시작했다.[191]

이러한 다양한 구원 종교들을 통해서 한국 사회에 최초로 종교적 평신도 공동체 및 평신도 연합체들이 발전했다. 이러한 새로운 종교들의 출현이 한국 사회에 대해서 갖는 사회학적인 중요성을 모든 종류의 종파적 종교 성향의 기본적인 기능에 대한 막스 베버의 논의에서 분명하게 알 수 있을 것이다:

왜냐하면 여기에서 바로 모든 종파가 가지고 있는 특수한 측면이 발달되기 때문이다. 곧 '인격'의 가치와 존엄이 해당 종파에 소속됨으로써 보장되고 정당화된다. 그리고 한 종류의 파당내에서 독특한 자질을 갖춘 동지라는 자기 주장은 혈통·신분 또는 정부 당국이 인정하는 자격증에 의해 보장되는 것이 아니다.[192]

이러한 종교들과 해당 평신도 공동체들은 한국 근대화의 중요한 매개자였다. 이들 종교의 역할을 고려하지 않고서는 오늘의 한국 사회, 한국 근대화의 의미 및 그 한계 등을 이해할 수 없을 것이다. 오히려 오늘날 우리 사회의 중요한 문제와 그 원인들은 이러한 종교들과 해당 종교 지식인들의 사고 구조의 역할이 분석될 때에만 올바로 이해될 수 있을 것이다.

참 고 문 헌

下中邦彦(1959), 『アシア 歷史事典』, 동경.

---

190) 최동희, 「최제우와 동학사상」, 『한국의 민속·종교 사상』, pp. 439~41 참조.
191) L. George Paik, *The History of Protestant Missions in Korea 1832~1910* (Seoul, 1980)(3판), pp. 91~428 참조.
192) Max Weber, "Konfuzianismus und Taoismus," p. 503.

국사편찬위원회(1955ff.), 『조선왕조실록』(태조~세종), 서울.

금장태(1983), 「의리 사상과 선비 정신」, 조명기 외, 『한국 사상의 심층 연구』, 서울(2판).

_____(1991), 『유교 사상의 문제들』, 서울(2판).

김길환(1980), 『조선조 유학 사상 연구』, 서울.

동아대 고전연구실(1965ff.), 『역주 고려사』, 부산.

류승국(1980), 『한국의 유교』, 서울(2판).

_____(1983), 「한국의 유학 사상 개설」, 『한국의 유학 사상』(이상은 외 옮김), 한국사상전집 2, 서울.

류홍렬(1936), 「조선 사묘 발생에 대한 일 고찰」, 『진단학보』 5.

민경배(1982), 『한국기독교회사』, 서울.

민병하(1968), 「조선 서원의 경제 구조」, 『대동문화연구』 5.

민족문화추진위원회(1982), 『고려사 절요』, 서울(3판).

민현구(1968. 12), 「신돈의 집권과 그 정치적 성격(II)」, 『역사학보』 40.

박봉배(1983), 『기독교 윤리와 한국 문화』, 서울.

배종호(1983), 『한국 유학사』, 서울(3판).

변태섭(1961. 7), 「고려조의 문반과 무반」, 『사학연구』 11.

서울대 종교문화연구소(1986), 『전환기의 한국 종교』, 서울.

윤사순(1980), 「조선 말기 주리파 사상의 의의」, 『제2회 동양문화 국제학술회의 논문집: 주자학과 한국 유학』, 서울.

_____(1983), 「한국 성리학의 전개와 그 특징」, 『한국 사상의 심층 연구』.

윤용균(1933), 『尹文學士遺稿』, 서울.

이기백(1983), 「한국 유학의 정착 과정」, 『한국 사상의 심층 연구』.

이기영(1982), 『한국 불교 연구』, 서울.

이병효(1981), 「서원과 붕당」, 『한국사연구입문』(한국사연구회 편), 서울.

이상백(1978), 『이상백 저작집』 I, 서울.

이성무(1983), 「주자학이 14·15세기 한국 교육 및 과거 제도에 미친 영향」, 『한국사학』 4.

이우성(1964. 4), 「고려조의 이에 대하여」, 『역사학보』 23.

이율곡(1983), 「율곡집」, 『한국의 유학 사상』.

이종익(1983), 「조선의 배불 정책과 불교 회통 사상」, 『한국 사상의 심층 연구』.

이태진(1981), 「향청과 향약」, 『한국사연구입문』.

이퇴계(1983), 「퇴계집」, 『한국의 유학 사상』.

정도전(1984), 『국역 삼봉집』 II, 고전국역총서 121, 서울(2판).

_____(1984), 『국역 삼봉집』 I, 고전국역총서 120, 서울(2판).

정만조(1975), 「17~18세기의 서원·사우에 대한 시론」, 『한국사론』 2, 서울.

정순목(1983), 「조선조 시대의 교육 사상의 사회적 기반」, 『교육과 사회』 (기독교 사회문제연구소 편), 서울.

정형우(1970. 6), 「조선 향약의 실시 경위 및 그 내용에 대한 일 고찰」, 『인문과학』 23.

주재용(1970), 『한국 카톨릭사의 옹위』, 서울.

최길성(1986), 「한국의 조상 숭배」, 서울.

최동희(1983), 「최제우와 동학 사상」, 『한국 사상의 심층 연구』.

_____(1983), 「최제우와 동학사상」, 『한국의 민속·종교 사상』, 한국사상 전집 4, 서울.

최완기(1975), 「조선 서원 일고」, 『역사교육』 18.

최재석(1979. 3), 「조선 시대의 족보와 동족 조직」, 『역사학보』 23.

_____(1983), 『한국 가족 연구』, 서울.

한영우(1973), 『정도전 사상의 연구』(한국문화연구총서 15), 서울.

_____(1976), 『조선 전기 사회 사상』, 서울.

한우근(1957), 「여말선초의 불교 정책」, 『서울대학 논문집』 6권(인문·사 회과학편), 서울.

허흥식(1974. 9), 「고려 과거 제도의 검토」, 『한국사연구』 10.

_____(1976. 4), 「고려의 국자감시와 이를 통한 신분 유동」, 『한국사연 구』 12.

현상윤(1982), 『조선 유학사』, 서울.

황경환(1967), 『조선 왕조의 제사』, 서울.

Baker, Donald L.(1983), *Confucians Confront Catholicism in Eigh-teenth-Century Korea*, University of Washington(박사 논문).

Balazs, Etienne(1964), *Chinese Civilization and Bureaucracy. Vari-ations on a Theme*(H. M. Wright 옮김, Arthur F. Wright 편), New Haven.

Bäcker, Jörg(1982), 'Prinzip der Natur' und 'Sein Selbst Vergessen': Theorie und Praxis des Neokonfuzianismus anhand der 'aufgezeichneten Aussprüche des Hsien Lieng-Tso'(1050~1121), Bonn Universität(박사 논문).

Ch'ü T'ung-tsu(1957), "Chinese Class Structure and its Ideology," John K. Fairbank(ed.), Chinese Thought and Institutions, Chicago.

Choi Hyeryung(1983), Die Veränderung der Familienstruktur in Korea unter besonderer Berücksichtigung der alten Menschen: Zur Anwendbarkeit westlicher familiensoziologischer Konzepte für koreanische Wandlungsprozesse, Frankfurt Universität(박사 논문).

Choi Min-hong(1960), Der Einfluß der konfuzianischen Ethik in Korea, München Universität(박사 논문).

Chu Hsi u.a.(1967), Reflections on Things at Hand: The Neo-Confucian Anthology(Wing-tsit Chan 옮김), New York.

Do-Dinh, Pierre(1960), Konfuzius in Selbstzeugnissen und Bilddokumenten, Hamburg.

Eder, M.(1962), Die Großreligionen des Fernen Ostens, Baden-Baden.

Glasenapp, Helmuth von(1963), Die fünf Weltreligionen: Brahmanismus, Buddhismus, Chinesischer Universismus, Christentum und Islam, Düsseldorf.

Graf, Olaf(1970), Tao und Jen: Sein und Sollen im sungchinesischen Monismus, Wiesbaden.

Greel, Herrle G.(1960), Confucius and the Chinese Way, New York.

Han Woo-keun(1981), The History of Korea, Seoul(12판).

Hwang Byung-tai(1979), Confucianism in Modernization: Comparative Study of China, Japan and Korea, University of California (박사 논문).

Jaspers, Karl(1964), "Konfuzius," Die maßgebenden Menschen: Sokrates, Buddha, Konfuzius und Jesus, München.

Mensching, Gustav(1949), Allgemeine Religionsgeschichte, Heildelberg

(2판).

Overmyer, Daniel L.(1986), *Religions of China. The World as a Living System*, New York.

Paik L. George(1980), *The History of Protestant Missions in Korea 1832~1910*, Seoul(3판).

Seoh Roy-munsang(1977), *The Principlist Tradition of Yi Korean Confucianismus and the Case of An Chong-bok(1712~1791)*, University of Washington(박사 논문).

Soothill, W.E.(1973), *The Three Religions of China*, London(3판).

Vos, Frits(1977), *Die Religionen Koreas*, Stuttgart.

Vu Duy-Tu(o. J.), *Der Beginn der christlich-europäischen Einflußnahme in Vietnam*, Hamburg.

Weber, Max(1978), "Einleitung der Wirtschaftsethik der Weltreligionen," *Gesammelte Aufsätze zur Religionssoziologie* I(*GARS* I으로 줄여 씀), Tübingen(7판).

_____(1978), "Konfuzianismus und Taoismus," *GARS* I.

_____(1980), *Wirtschaft und Gesellschaft*, Tübingen(5판).

Wittfogel, Karl A.(1957), *Oriental Despotism. A Comparative Study of Total Power*, New Haven.

Yang, C. K.(1957), "The Functional Relationship between Confucian Thought and Institutions," *Chinese Thought and Institutions* (John K. Fairbank 편), Chicago.

Yim Seong-hi(1961), *Die Grundlage und die Entwicklung der Familie in Korea*, Köln Universität(박사 논문).

제 3 장
초기 한국 카톨릭 교회 공동체의 구조 원리

1. 머 리 말

잘 알려진 바와 같이 구한말(18세기말부터 19세기)에 세 가지 서로 다른 종교 공동체가 형성된다. 카톨릭 교회 공동체의 성립을 필두로, 동학의 종교 공동체, 그리고 개신교의 전래에 의한 교회 공동체가 차례로 한국 사회에 등장했다. 이는 이전의 지배 종교였던 불교나 유교와는 달리 분명한 평신도 공동체 조직을 갖고 있다는 점에서 이들과는 성격을 달리할 뿐만 아니라, 지금까지 한국 사회에서 지배적이었던 성리학적 집단 구성의 원리와는 완전히 다른 새로운 집단 구성의 원리를 적어도 외형적인 형식면에서 분명히 보여주고 있다는 점에서 우리의 주목을 끈다. 만일 이것이 사실이라면, 이는 사회 구조적인 면에서 한국 사회사의 분기점을 이루는 사건임에 틀림없다. 뒤에 논의하겠지만 근대 사회와 이전 전통 사회 사이의 가장 중요한 구분점은 집단 구성의 원리에서 찾을 수 있고, 그것은 한국 사회의 근대화에 관건이 되며, 아울러 거기에서 한국 사회의 근대화에 수반되고 있는 우리 특유의 문제의 원인을 찾을 수 있을 것이다.

불교와 유교는 중요한 세계 종교이지만, 대중적 구원 종교의 3대 주요 구성 요소라고 할 수 있는 예배 의식 *Kultus*, 종교적 지식인 집단 *Priestertum*, 그리고 평신도 공동체 *Laiengemeinschaft* 중에서 하나 또는 둘을 불완전하게만 갖추고 있고, 그로 말미암아 이들 세 가지 요소를 고루 갖춘 종교와는 구별되는 특이성을 보이고 있다. 보기로 불교는 원시 불교 이념의 의미에서 체계화된 평신도 공동체 조직을 발달시키지 못했고,[1] 유교는 독자적인 사제 집단(종교적 지식인 집단)과 독자적인 예배 의식을 발전시키지 못했다.[2] 이와는 대조적으로 카톨릭·동학 그리고 개신교는 종교의 3 주요 요소를 충분히 발전된 형태로 구비하고 있다는 점에서도 전통적인 종교들과는 분명히 구별된다. 그러나 이 글에서 우리는 이러한 주요 종교사회학적인 측면을 상세히 논의할 수 있는 처지에 있지 않다. 또 위에서 말한 세 가지 새로운 종교 공동체 모두를 비교 검토하는 것이 논의의 편의상 좋겠으나, 이 또한 제한된 지면 관계로 다음으로 미루고, 최초의 평신도 공동체 조직을 한국 사회에 드러낸 초기 한국 카톨릭 교회 공동체만을, 공동체 구성의 원리의 측면에서 그것이 한국의 근대화에 대해서 갖는 의의를 부각시켜보려고 한다.

I. 근대 서구 사회의 집단 형성 원리의 특징

근대 서구의 산업 사회와 정치적인 조직의 형태, 곧 서구 민주주의 사회는 '공적인 영역'과 '사적인 영역'의 분리에 기초를 두고 있다. 여기에서 인간의 행동은 특이한 형태를 띤다. 곧 근대 서구 사회에서 인간의 행동은 본질적으로 '사실적'이고 '비인격적'인 것에 지향되어 있다. 베버에 의하면 이러한 공·사 영역의 분리는, 그 시초가 먼 과거의 역사 속에서 찾아질 수 있지만(보기로 카톨릭 교회에서의 교황 무류설[無謬說]), 그러나 이것의 완전한 발전은 근대에 들어와서야 비로소 이룩된 것이다.[3]

---

1) 이와 관련하여 한국 불교 지식인 사고 구조의 사회적 의의에 대해서는 Seong Hwan Cha, *Demokratie ohne öffentliche Ethik? Zur Soziologie der religiösen Denkstruktur der Intellektuellen in Korea*(Tübingen Universität, 1989) (박사 논문), 제 2 장, pp. 38~71 참조.

2) 유교 지식인의 사고 구조의 사회적 의미는 윗글, 제 3 장, pp. 72~134 참조.

3) Max Weber, "Einleitung der Wirtschaftsethik der Weltreligionen," *Gesammelte Aufsätze zur Religionssoziologie* I(Tübingen, 1978)(7 판), p. 268 참조

이러한 분리는 근대 서구 사회에 특이한 종류의 행위 양식이 출현했다는 것을 의미한다. 다른 말로 목적 합리적 행위가 지배적인 영향력을 끼치게 되었고, 자연발생적인 가족과 씨족 집단과는 다른 집단 형성 원리의 바탕에 서 있는 새로운 종류의 '이익 집단 형성'을 자극했다는 것이다. 이러한 새로운 형태의 이익 집단은 자유를 바탕으로 하고 있는 공동 삶의 형태 속에서 그 모습을 드러낸다. 막스 베버는 이러한 서구 사회의 독특한 근대적 특성을 여러 사회적 영역에서 보여주고 있다. 베버에 의하면 사회 속에 존재하는 모든 집단은 지배 구조를 가지고 있다. 그는 이러한 집단 형성의 새로운 원리를 서구 사회의 정치적 지배의 구조 속에서 가장 분명하게 제시하고 있다:

오늘날 우리 사회에서 단체는, 무엇보다도 정치적 단체는 '법적' 지배 유형을 띠고 있다. 다시 말하면, 명령권자의 명령의 정당성은 합리적으로 제정되었거나 약정된 규칙 또는 (선거를 통해서) 승인된 규칙에 바탕을 두고 있다. 그리고 이러한 규칙 제정의 정당성은 다시금 합리적으로 제정된 '헌법' 또는 합리적으로 해석된 헌법에 기초를 두고 있다. 인격적인 권위의 이름에서가 아닌 비인격적인 규범의 이름으로 명령이 내려진다. 그리고 명령 발포는 또한 발포자의 입장에서 보면 다시금 규범에 대한 복종이다. 그 발포는 자의적이거나 은총 또는 특권이 아니다. '관료'는 명령할 수 있는 권한을 가진 사람이다. 그는 결단코 그 자신의 권리에 바탕해서 명령을 내리지 않는다. 그는 비인격적인 '공공의 제도'라는 영지 *Lehn* 안에서만 명령권을 지닌다. 그는 제정된 규칙을 통해서 규범적으로 지배되며, 특정적 또는 비특정적인, 그러나 규칙에 상응하는 특징에 의해서 묘사될 수 있는 인간의 특수한 공동 생활이라는 영지 안에서 그 명령권을 갖는다. 〔그의〕 '권한'은 사실적으로 경계지어진 가능한 명령 대상의 영역에 한정되며, 자신에게 정당한 것으로 허락된 강제권의 영역에 한정된다. 관료가 법정에 '소원'을 요청할 수 있는 '위계 질서'의 제도가 단체의 '구성원' 또는 '시민'

(*GARS* I로 줄여 씀). 베버에 의하면 사회적인 모든 집단은(비정치적인 교회 공동체 조차도) 예외 없이 지배 구조를 갖는다.

에 대하여 서 있다.[4]

이와 같은 집단 구조의 원리에 바탕한 행동 지향은 삶을 합리적이고도 규모 있게 영위하는 것으로서 전적으로 근대적인 형태에 속한다. 여기에서는 인간의 삶을 단순히 외부적인 자극에 대해서 본능적으로 반응하는 것으로 보거나, 명확하게 사실적인 상황에 대한 객관적 판단에서 가능한 목적에 대한 수단을 선택하는 것으로 보는 것도 아니다. 오히려 베버가 전제로 하고 있는 근대적인 인간의 삶은 비교적 통일성을 띠고 있는 가치에 지향하는 가운데 실천적으로 행위를 체계화해가는 것으로서, 개인에 의해서 주체적으로 운용되는 것이라고 본다.[5] 이런 의미에서 삶은 그를 둘러싸고 있는 객관적인 상황에 대한 과학적 연구에 의해서 완벽하게 해명되거나 파악될 수 없다. 베버에 의하면 이러한 근대적 행동 지향은 순전히 주어진 것으로 기정사실화하여 받아들이고 있는 비합리적인 전제에 터를 두고 있다. 다른 말로 위에서 본 근대적 행동 지향은 특별한 윤리 때문에 지탱되고 있으며, 그 윤리에 의해서 정당화되고 있다고 할 수 있다.

이런 근대 서구인들의 행동 지향을 떠받들고 또 정당화하고 있는 윤리를 이 글에서는 '공공' 윤리라고 지칭한다. 물론 이렇게 특수하게 정의되는 공공 윤리는 서구 사회에서 원래는 개신교의 종교적 동기로부터 생겨난 금욕적이고도 도덕적인 삶의 운용에 그 시초를 두고 있다. 베버에 의하면 기독교의 최대 계명인 '이웃 사랑'은 칼빈

---

4) Max Weber, "Einleitung der Wirtschaftsethik der Weltreligionen," GARS I, pp. 267f.(Einleitung 으로 줄여 씀).

5) Max Weber, *Wirtschaft und Gesellschaft*(Tübingen, 1972)(5판), pp. 320~21 참조(*WG*로 줄여 씀). 특히 베버는 인간의 삶 *Leben*을 단순히 주어져 있는 것으로 보면서, 상황 및 환경이 그 삶에 주는 영향 따위를 따지는 것에 동의하지 않는다. 이 때문에 베버는 삶이란 단어 대신 현대인에게는 다소 생소한 단어인 Lebensführung을 즐겨 쓴다. 이는 삶의 운용 또는 삶의 영위라고 번역될 수 있다. 이런 의미에서 Gerth와 Mills가 그들이 편역한 책 *From Max Weber: Essays in Sociology*(New York, 1958)에서 'Lebensführung'을 'conduct of life'가 아닌 'styles of life(생활 양식)'로 번역한 것은 완전한 오류였음을 알 수 있다(특히 p. 300 참조).

주의적 신앙에 의한 개인의 내적인 고립의 압력 아래에서 아주 독특한 양상을 드러낸다. 게다가 칼빈주의적 관점에서 세계는 신의 자기 영광을 위한 장소, 곧 이 세계 안에서 자신의 계명이 집행됨으로써 자신의 위엄을 더하게 되는 터전으로 규정된다. 그렇기 때문에 신은 이 세상에서 기독교인들에게 자신의 계명에 따라서 신앙인의 삶을 사회적으로 만들어가기를 원하고 있는 것이 된다. 그 때문에 인간의 사회적 활동은 신의 목적에 상응하도록 이루어져야 한다. 이렇게 하여 '이웃 사랑'이란 계명의 실천은 오직 신의 위엄에 대한 봉사일 뿐, 결코 피조물을 위한 것이 아닌 것으로 되어버린다. 이웃 사랑은 무엇보다도 자연적으로 주어진 직업적 과제의 수행에서 표현되게 되며, 이때 그것은 인간을 둘러싸고 있는 사회적인 우주를 합리적으로 만들어가는 데에 대한 봉사라고 여겨지게 되어, 완전히 '비인격적인' 성격을 띤다. 여기에서 노동은 신의 영광을 위해서 제공하는 의미를 갖게 되며, 결과적으로 그것은 비인격적인 사회적 유익을 도모하는 데에 지향되며 엄격히 목적 지향적이고, 현실 세계를 합리적으로 만들고 개조해나가는 놀랄 만한 추진력으로 작용하게 된다.[6] 잘 알려진 바와 같이 원래 사랑이란 대상 사이의 지극히 인격적인 관계를 전제로 한다. 이러한 완전한 인격적 행위의 지향은 앞에서 말한 서구의 종교적 합리화 과정에서 완전히 비인격적인 목적에 대한 봉사로 바뀌어버렸다.

이와 같은 이념으로부터 '공무의 영역'과 '사적인 영역'의 분리가 출현되어나왔다. 근대 서구인들의 행동 지향의 가장 이상적인 표현은 사실적이고 비인격적인 '목적'에 대한 봉사와 의무에서 그리고 추상적인 규범에 대한 복종에서 나타난다. 이는 위에서 명명한 바의 윤리에 의해서 강하게 떠받들어지고 있으며, 또 그것에 의해서 정당화되고 있다. 이러한 공공의 윤리가 존재하지 않는다면 오늘날 서구의 사회 제도들은(사회는) 기능할 수 없을 것이다. 또 이러한 윤리적 차원, 곧 서구의 목적 합리적 행위의 비합리적 차원을 고려

---

6) Max Weber, "Die protestantische Ethik und der Geist des Kapitalismus," *GARS* I, pp. 98~101 참조.

함 없이, 단순히 관찰하여 서술할 수 있는 외형적인 사실들을 통해서만 서구인들의 독특한 사회적 행위 또는 사회 제도를 설명 이해하려 할 때, 이는 결코 제대로 완전하게 이해될 수 없을 것이다. 물론 오늘날 그것이 가지고 있던 종교적인 색채가 퇴색되어 있다는 것을 잊어서는 안 된다.

Ⅱ. 문제 제기

현금의 우리 사회는 의심할 여지없이 산업 사회라고 명명할 수 있다. 우리 사회의 독특한 지배 구조 또한 근대 서구의 그것과 외형적으로 대단히 유사하다고 말할 수 있다. 곧 우리의 사회는 서구화되었다는 말이다. 오늘의 근대적 사회 구조의 시초는 말할 것도 없이 우리가 이 글에서 논의하고자 하는 한국 카톨릭 교회 공동체를 필두로 해서 생겨난 것이라고 말해도 전혀 손상됨이 없을 것이다. 근대 서구 사회에 등장했던 새로운 집단 구성의 원리가 외형적으로 카톨릭 교회 공동체의 형성을 통해 최초로 한국 사회에 등장했다는 말이다. 그 이후 잇달은 서구화 과정 때문에 한국 사회에는 서구적인 법적 지배 형태와 서구적인 정치 제도, 정당·의회 그리고 권력 분립 등이 어떻든 존재하게 되었다. 그렇지만 사람들은 시민·관료 그리고 정당인 등등의 사고와 행위 모두에서 '공공'의 영역과 '사적'인 영역의 분리를 쉽게 찾아낼 수 없다. 이는 우리 사회에 이렇게 분리된 두 영역을 지칭하는 말이 없다는 것을 의미하지도, 그런 분리를 이상적인 것으로 삼고 있지 않다는 것을 의미하지도 않는다. 다만 엄밀한 의미에서 대중도 지식인도 공사 영역의 분리를 이해하지 못하고 있다고 할 수 있다. 공공의 영역과 국가적인 영역에서의 사람들의 행동 지향이 근대 서구인들의 그것과는 판이하게 다르기 때문이다. 서구적인 지배 구조와 사회 구조를 갖고 있지만 오늘 우리 사회에서의 사람들의 행동 지향은 막스 베버가 아래와 같이 성격짓고 있는 가부장적 지배 형태에 걸맞는다고 해야 할 것이다:

관료제 이전의 구조 원리 중에서 가장 중요한 것은 가부장적인 지배 구조이다. 본질적으로 이 지배 구조는 사실적이고, 비인격적인 목적에 대한 봉사 의무나 추상적 규범에 대한 복종에 바탕을 두고 있는 것이 아니라, 정반대로 엄격히 대인간적 주종 관계 *Pietätsbeziehung*에 바탕을 두고 있다. 이 지배 구조의 핵심은 가족 공동체내에서의 가장의 권위에 놓여 있다.[7]

현재 우리 사회는 위에서 본 바대로, 정치적 지배 구조와 그것에 대한 사회 성원의 태도 사이의 불일치로부터 정치·경제적 및 그 밖의 영역에서 심각한 문제점들이 발생하고 있다고 볼 수 있다. 이러한 사회의 지배 구조와 시민의 사회적 행동 사이의 갈등으로부터 빚어지는 문제와 모든 산업화된 사회가 공통적으로 안고 있는 문제들과는 분명히 구분되어야 한다. 따라서 이러한 갈등으로부터 오는 우리 사회 특유의 문제에 대한 원인은 근대적인 사회적·정치적 제도의 부재에 있지 않으며, 또 아직 완전히 산업화되지 않은 발전의 과도기적 상태에 있는 것도 아니다. 오히려 그 원인은 앞에서 암시한 바와 같이 근대의 정치적 제도들에 수반되어야 하는 '공공의 윤리'가 충분히 발전되지 못한 데에 있다고 할 수 있다. 사회정치적 제도에 대한 근대적 인간의 태도와 행동 지향은 하나의 특별한 윤리로부터 크게 지원을 받고 있다. 그런데 우리 사회는 이와는 다르다는 데에 문제가 있는 것이다. 그러나 이런 문제 제기는 우리 사회가 완전히 서구화가 되어야 하느냐, 아니면 우리 전통에로 복귀해야 하느냐의 문제와는 또한 구분되어야 한다. 우리가 문제시하는 것은 이미 서구의 제반 제도를 받아들여 갖고 있고, 서구와 비슷한 삶의 방식을 모방하여 살아가고 있는 현재의 이 시점에서 우리가 안고 있는 문제의 근원과 성격이 무엇이며, 동시에 그 해결책이 어떤 수준에서 찾아져야 하는가를 논의하고자 할 뿐이다.

1) 과제의 성격과 방법

문제는 우리 사회에 왜 '공공 윤리'가 만족할 만한 수준에까지 발

---

7) Max Weber, *WG*, p. 580.

전될 수 없었는가 하는 것이다. 이 문제를 다룸에 있어서 대전제는 근대화와 그에 수반하는 문제 자체가 익명의 분화 과정의 파생물도, 책임 소재를 알 수 없는 사회적 구조의 결과도 아닌 인간 행위의 의도적 또는 비의도적 결과라는 것이다. 이로부터 문제를 다음과 같이 정식화할 수 있다. 곧 어떤 독특한 인간 행위가 우리 사회의 근대화와 그에 수반하는 문제에 책임이 있는가 하는 것이다. 이러한 물음에 대답하기 위해서 이 글에서는 지식인들의 사고 구조를 탐구하고자 한다. 먼저 '공공 윤리'의 사회적 매개층의 역할과 의미에 대하여, 그리고 그러한 윤리를 이념 체계와 세계상 속에 뿌리내리게 하는 사회적 매개층에 대해서 얼마간의 논의를 하는 것이 필요하다. 이런 우리의 과제에 막스 베버의 종교사회학적 연구는 중요한 의미를 갖는다.

2) 매개 집단의 의미

서구에서 사회적 단체와 종교의 종파들은 집단 형성 *Vergesell-schaftung*에 있어서 완전히 새로운 원리를 제시해보였고, 종래 집단 형성의 바탕이 되고 있었던 혈통 및 종족적 유대를 해체시키고, 사람들로 하여금 '공공'의 영역에 적합한 사회적 행위를 할 수 있도록 준비시켰다. 텐부룩 F. H. Tenbruck과 루옵 W. A. Ruopp은 서구의 근대화 과정에서 이러한 매개 집단이 갖는 의미를 아래와 같이 분명하게 제시하고 있다:

> 19세기에 일어났던 사회적 변동은 바로 18세기의 '결사체의 존재 양식 *Vereinswesen*' 속에 이미 형성되어 있었다. 그 결사체의 존재 양식은 [……] 본질적으로 이성적으로 구축된 사회를 만들겠다는 요구로부터 자라나왔다. 이 요구는 종교적인 발전으로부터 촉발되었고, 계몽주의를 통해서 밖으로 표현되었다. 이러한 선행 역사가 없었다면 19세기의 세속적 근대화는 아마도 결코 완벽하게 이루어질 수 없었을 것이며, 또한 이러한 '선행 역사'를 가지고 있지 않은 곳에서는 세속적 근대화가 완성되지 못했다.[8]

---

8) Friedrich H. Tenbruck und Wilhelm A. Ruopp, "Modernisierung–Vergesellschaftung–Gruppenbildung–Vereinswesen," Sonderheft zur *KZSS* 25

여기에서 한걸음 더 나아가 베버는 자신의 중요한 연구들에서 공동체 형성의 새로운 형태와 새로운 이익 집단의 형태, 곧 집단 형성의 새 원리가 등장하는 역사적 전환기에 무엇보다도 특정의 종교적 공동체들이 중요한 역할을 했다는 사실을 논증해보이고 있다. 이러한 사실을 텐부룩과 루옵은 다음과 같이 요약 정리하고 있다:

> 그렇게 막스 베버는 개인 구원의 임무를 떠고 있는 공동체가 출현했다는 사실이 어떠한 보편사적인 의미를 가지고 있는가를 보여주고 있다. 이 공동체는 결과적으로 커다란 문화권을 형성하기 위해서 혈통의 종교 *Stammesreligionen*를 근거해서 생긴 집단으로부터 사람들을 이끌어내어 자신의 공동체 성원으로 삼았다. 이 문화권으로부터 오늘날의 세계적인 상황이 출현했다. 이와 비슷하게 후에 종교 개혁적인 임무를 수행하는 과정에서 출현한 종파들은 공동체 및 공동체 연합으로써 혁명적인 역할을 했다.[9]

유럽 사회의 근대화에 대해서 갖는 이러한 매개 집단의 의미는, 우리로 하여금 다음과 같은 질문을 하게 한다. 우리의 역사 속에서 그 어떤 종교적 공동체가 전통적인 공동체의 바탕인 집과 혈통의 유대 관계를 해체시키고, 개인들을 이 공동체로부터 풀어 끄집어내어 개인들 각자의 구원 추구를 목표로 하고 있는 자기들의 공동체의 성원으로 삼음으로써, 공적인 행위에 적합한 새로운 종류의 행동 지향을 창출한 일은 없는가 하는 것이다. 구원을 추구하는 일은 인간의 보편적 활동이라 할 수 있다. 베버는 자신의 종교사회학에서 원초적인 구원 추구의 내용은 지극히 현세적인 욕구 충족의 형태를 떠고 있었으며, 종교가 발전됨에 따라서 이러한 현세적 구원의 내용이 비현세적 및 타계적인 것으로 합리화되었다는 것을 보여주고 있다.[10] 또한 원초적인 구원은 결코 독립된 개인의 문제가 아

(1983): *Gruppensoziologie. Perspektive und Materialen*(F. Neidhardt 편집), p. 72.

9) 윗글, p. 70.

10) Max Weber, "Einleitung," *GARS* I, pp. 252f. 참조.

닌 집단의 문제였다는 것이다. 그 때문에 개인의 구원을 목표로 하는 종교(보기로 개신교)가 출현한 것은 종교의 발달 과정에 신기원을 알리는 중요한 의미를 내포하고 있다는 것이다.[11] 이 바탕 위에서 세속적 근대화가 이루어졌고, 또 그것이 가능했다는 것이다. 이를 단적으로 알리는 구절을 소개하면 다음과 같다:

  윤리적 종교, 무엇보다도 프로테스탄트의 윤리적이며 금욕적인 종파들의 위대한 업적은 씨족적 유대를 돌파하고, 혈연 공동체에 대립하여 서 있고, 상당한 정도로 그 자체가 가족에 대립하여 서 있는 탁월한 신앙 공동체 및 윤리적으로 삶을 운용해가는 뛰어난 집합체를 구축했다는 데에 있다.[12]

19세기 이후로 한국 사회에는 수많은 종교적 평신도 공동체가 출현했다. 다시 말해 19세기말부터 사회적으로 중요한 의미를 갖는 카톨릭·동학·개신교의 평신도 공동체가 발전했다. 이들 공동체는 모두 한국 사회에 완전히 새로운 형태의 집단 형성을 드러내 보여 준 것이다. 또한 이들 공동체의 구성원은 이전의 전통적인 공동체 성원들이 개개인의 구원이 아닌 자신이 속한 공동체의 구원을 추구했던 것과는 달리 개개인 자신의 구원을 자신들의 집단 목표로 삼고 있다. 이러한 새로운 종교의 등장이 한국 사회에 대해서 가지는 사회학적인 중요성은 다음과 같은 온갖 종류의 종파적 종교 성향이 가지는 근본적인 역할에 대한 베버의 설명에서 분명하게 드러난다:

  왜냐하면 여기에서 바로 모든 종파가 가지고 있는 특수한 측면이 발달되기 때문이다. 곧 '인격'의 가치와 존엄이 해당 종파에 소속됨으로써 보장되고 정당화된다. 그리고 한 종류의 파당내에서 독특한 자질을 갖춘 동지라는 자기 주장은 혈통·신분 또는 정부 당국이 인정하는 자격증에 의해 보장되는 것이 아니다.[13]

---

11) Max Weber, *WG*에 있는 '종교사회학편'에 있는 종교의 발전 과정을 살펴보면 이러한 사실을 알 수 있다.
12) Max Weber, "Konfuzianismus und Taoismus," *GARS* I, p. 523.
13) 윗글, p. 503.

그렇지만 이들 새로운 종교로부터 촉발된 수많은 종교 집단과 공동체들이 그것들의 외형상 완전히 새로운 집단 형성의 형식을 가지고 있음에도 불구하고 공공 윤리의 발전에 이렇다 할 영향력을 끼쳤다고 볼 수 없다. 바로 이 점이 분명하게 탐구되지 않으면 안 된다. 이 글은 이의 원인이 해당 종교 지식인들의 특수한 역할과 그리고 무엇보다도 그들의 사고 구조에 달려 있다는 것을 논증하고자 한다.

　잘 아는 바대로 막스 베버는 지식인들이 종교의 발전에 대해서 어떤 의미를 갖는지를 분명하게 제시했다. 특히 종교적 지식인들은 세계를 체계적으로 파악하고 또 설명하고자 하는 욕구가 있다. 바로 이것이 종교를 합리화하고, 해당 종교로부터 주술적 요소를 배제해나가고, 종교를 체계적이고도 윤리적인 구원 종교로 발전시키는 근거였다는 것이다.[14] 이러한 막스 베버의 분석은 우리가 연구하고자 하는 한국 초기 카톨릭 교회 공동체의 사회적 의미와 역할을 추상적인 이념의 수준에서 파악해서는 안 된다는 것을 알 수 있게 한다. 곧, 해당 종교의 교리나 이념 체계를 고립시켜 분석하기보다는, 오히려 해당 종교적 지식인의 사고 구조를 탐구하고 분석하는 일이 더 중요하다는 것을 알 수 있게 한다. 다시 말해서 해당 지식인들이 자신들이 속한 사회적 상황을 고려하면서 거대한 종교적 사상 체계(전통)로부터 어떤 종교적 이념을, 특정의 측면에 따라 선택하고, 강조하고 또 체계화하고 있는가를 분석하는 것이다. 어떤 종교의 경우도 그 종교가 가지고 있는 사상 체계 전체로써 사회에 영향을 끼치지는 않는다. 거대한 사상적 유산의 무더기로부터 해당 종교 지식인에 의해서 선택되고 해석되어 통일성을 이루는 체계로서 사람들에게 제시되어, 추종자들로부터 설득력을 얻게 되는 부분만이 그 역사적 상황에서 특정의 사회적 현상에 대해 영향력을 끼치는 것이다.[15] 보기로 만일 이를 무시할 경우, 우리는 논리적으로 카톨릭과 개신교를 구분할 수 있는 거점을 잊어버리게 된다. 왜냐

---

14) 보기로 Max Weber, "Einleitung," *GARS* I, pp. 251~54 참조.
15) Marlis Krüger, 『지식사회학』(심윤종 옮김)(서울, 1987), pp. 27~33 참조.

하면 개신교에 있는 거의 모든 것을 카톨릭의 가르침 속에서 찾아낼 수 있기 때문이다.

2. 한국 카톨릭 교회 공동체의 생성

조선 사회에 카톨릭 교회 공동체가 등장했다는 사실은 2,000년 동안이나 서구 세계와 별다른 교류 없이 독립적으로 발전해온 배타적인 동양의 문화권에 속하는 유교적인 조선 사회에 완전히 이질적인 서구의 세계관이 자리잡게 되었다는 것을 의미한다. 또 그것은 우리 사회에도 서구의 근대화에 중요한 역할을 했던 매개 집단과 비슷한 종교 집단이 출현했다는 것을 의미한다. 이 공동체를 통해서 성리학적 세계상의 통일성이 깨뜨려졌고, 그 지배적 위치 또한 뒤흔들어놓는 결과를 가져왔다. 그렇게 함으로써 우리 사회의 근대화를 위한 독특한 기초가 마련되었다고 할 수 있다. 그러나 무엇보다도 이 공동체는 근대화에 수반하여 그것을 정당화시켜주고 있던 '공공 윤리'를 동시에 충분한 정도로 발전시킬 수는 없었다. 그 결과로 카톨릭의 추종자들 중에서도 전통적인 사고 방식과 사고 구조 그리고 그것에 걸맞는 전통적 행위 지향은 생동력을 유지하면서 의연히 존재하게 되었다. 이렇게 된 원인이 밝혀져야 한다. 고려말에 지배층 내부에서 신진 사대부층이라 불린 세속 지식인층의 발전이 조선 사회에서 신유교의 지배권 형성에 절대적인 의미를 주었듯이,[16] 조선 후기에 기성의 유교적 지식인층에서의 변동, 곧 지배층 내부에서의 실학파의 등장은 한국 카톨릭의 발전과 운명에 결정적이었다.

I. 실학파의 등장과 서구 사상적 유산

17세기초부터 19세기 중반 사이에 성리학적 교양을 갖춘 지배층

---

16) 차성환, 「고려말 조선초 가치 체계의 변동과 사회 계층」, 『사회학 연구』 제 1 집(1984), pp. 114~37 참조 ; Seong Hwan Cha, 윗글, pp. 82~91.

내부에서 '실학파'라고 불리는 특별한 지식인 집단이 발전되어나왔다.[17] 당시 지식인층 내부의 당파와 관련해서 볼 때 실학파의 성원들 대부분은 남인파 출신이었다. 이 남인파는 1591년도에 동인파로부터 분리되어나왔고, 오랫동안 중앙 정부의 권력으로부터 소외되어 있었다.[18] 따라서 이 새로운 지식인 집단은 기존의 사상 체계에 대해서 비판적일 수 있는 사회적 조건을 이미 가지고 있다고 할 수 있다.

실학파 지식인들은 그 밖의 성리학적 지식인들과 다음과 같은 면에서 분명히 구분되었다. 곧 이들은 성리학에 지향되어 있는 지식인들이 사회적 현실과 유리된 채 사변 일변도인 철학적 관점에서 세계와 인간을 탐구하는 것과는 대립하여,[19] 자신들이 속해 있는 사회의 현실적 문제에 실천적으로 적용 가능한 지식을 추구하고자 했다. 한국 카톨릭의 등장, 카톨릭의 정착 그리고 카톨릭의 독특한 성격 형성에 있어서 실학파 지식인층의 사회적 조건은 결정적인 의미를 갖는다. 잘 알려진 바대로 한국 카톨릭은 처음에 바로 이 실학자층에서 자신의 사회적 기반, 곧 추종자들과 지도자를 얻었다.[20] 이것은 동시에 한국 카톨릭의 운명이 이 지식인 집단의 사고 구조와 그들의 정치적 처지에 의해서 폭넓게 규정되었다는 것을 의미한다. 따라서 이 집단에 대한 이해 없이는 어느 누구도 한국 카톨릭 교회 공동체의 출현에 대해서 설득력 있게 설명할 수 없다. 또한 한국 사회라는 지극히 배타적인 유교 문화가 지배권을 누리고 있던 세계

---

17) 실학파의 발생과 일반적인 사항에 대해서는 윤사순, 「실학의 발흥과 사상적 배경」, 조명기 외, 『한국 사상의 심층 연구』(서울, 1983)(2판), pp. 392~403 참조; 이을호, 「한국의 실학 사상 개설」, 『한국의 실학 사상』(한국의 사상 전집 3)(서울, 1983)(4판), pp. 13~18; Ingeborg Göthel, *Geschichte Koreas. Von 17. Jahrhundert bis zur Gegenwart*(Berlin, 1978), pp. 66f.; 김용덕, 『조선 후기 사상사 연구』(서울, 1983)(3판), pp. 541~616.

18) I. Göthel, 윗글, p. 60 참조.

19) 신유교 지식인들의 사고 구조의 특성은 Seong Hwan Cha, 윗글, pp. 91~134 참조.

20) William E. Henthorn, *A History of Korea*(New York, 1971), pp. 208~10 참조.

에 전혀 이질적인 서구의 종교적 세계상이 선교사의 직접적인 도움 없이 정착될 수 있었던 이유를 설명할 수 없을 것이다.[21]

그러나 실학파의 다양한 줄기와 그것의 독특한 내용을 여기에서 다 논의할 수는 없다. 다만 우리의 문제 제기에 의미있는 한에서 지극히 선별적으로 또 피상적으로 다룰 수밖에 없다는 점을 말해두고자 한다. 실학에 지향된 지식인들은 당시 새로이 대두되고 있는 사회적 현상을 더 이상 기존의 성리학적 세계상을 도구로 하여 파악하려 들지 않았다.[22] 보기를 들어 도시의 발전과 새로운 사회 계층의 분화, 그리고 무엇보다도 삶의 조건이 자연적 과정에 완전히 매여 있는 농민과는 다른 한국적인 '시민 계급'(상인과 수공업자층)의 성장에 대해서 그러했다.[23]

잘 알려진 바와 같이 조선 정부는 신분에 따른 직업적 구분을 엄격히 지키려 했다. 이것은 경제적 근대화를 막는 중요한 장애 요인이 되었다. 이와 관련해서 농업을 사회적 안녕을 유지하는 데 가장 중요한 경제적 기반으로 보아 국가적으로 적극 권장하고 지원해왔다.[24] 그럼에도 불구하고 조선 후기에 들어서 농부의 숫자는 계속 줄어들었고, 이와 반대로 귀족적인 가문에 속한 사람과 유학적 소양으로 교육받은 층은 계속 증가해왔다. 그 결과로 성리학적 지식인층의 많은 수가 일자리 없이 놀게 되었다. 또한 농부들 중의 많은 사람이 부패한 관리와 대지주들에 의해 점점 더 가혹해지는 착취 때문에 자신들의 농토를 떠나야만 했다.[25] 바로 이러한 집단으로부터 '도시민층'이 그들에 대한 사회적 냉대와 국가적인 억압 정책

---

21) 중국의 경우는 Jacques Gernet, *Christus kam bis nach China. Eine erste Begegnung und ihr Scheitern*(München, 1984), pp. 6f. 참조.
22) 이에 대한 학자들의 논의는 무수하다. 여기에서 한 보기로 필자는 다음의 글을 들고자 한다. 강만길, 『조선 후기 상업 자본의 발달』(서울, 1983) (5판), pp. 5~58.
23) 윗글, pp. 14~23 참조.
24) 강만길, 「실학파의 상공업 발전론」, 『한국 사상의 심층 연구』, pp. 365~78 참조.
25) 신용하, 「실학파의 토지 개혁 사상」, 『한국 사상의 심층 연구』, pp. 350~52 참조; 손정목, 『조선 시대 도시 사회 연구』(서울, 1982)(4판), pp. 97~98, 108~09.

에도 불구하고 발달되어나왔다.

인구의 상대적인 급성장과 상업의 성행은 도시의 발달을 가져왔다. 도시가 점점 성장해감에 따라 그 성격 또한 변동되었다. 도시들은 초기의 행정 중심지로부터 상인과 수공업자의 도시로 변동되었다.[26] 이러한 도시의 발달은 막스 베버가 일찍이 관찰했듯이 구원 종교 Erlösungsreligion의 발전을 위한 중요한 토양이 마련되었다는 것을 의미했다.[27]

실학자들의 견해에 따르면 위에서 말한 사회의 새로운 국면들은 더 이상 기존의 성리학적 세계상에 의해서는 의미있게 설명되어질 수 없다.[28] 때문에 이들 지식인이 새로운 이념을 추구하는 것은 필연적이었다. 이런 연유로 우리는 실학자들이 지닌 상이한 관심과 성향에도 불구하고 기성의 지배적 사상 체계인 유교에 대해서 보이는 공통적인 입장을 발견할 수 있다. 곧 이들은 여러 방식에서 신 유교로부터 원시 유교에로 되돌아가려고 시도하고 있었다.[29] 그들은 이러한 새로운 입장으로부터 자신들의 문제적인 사회적 현실을 진지하게 바라보고, 또 이 입장으로부터 당면한 특정의 사회 문제를 찾아 규정하고, 정치적·행정적 체계 및 제도와 생활 질서를 개선하려고 시도했다. 유교적 세계상의 이와 같은 새로운 변종 속에서 실학적 지식인들이 비교적 자율적인 의식을 얻게 되었다는 것은 큰 의의가 있긴 하지만,[30] 이를 통해서 직접적인 대인간적 주종의 관계에 바탕을 두고 있는 사회의 지배 구조를 떠받드는 성리학적 세계

---

26) 손정목, 윗글, pp. 116~17, 129, 134~35, 157~70 참조; 강만길,『조선 후기 상업 자본의 발달』, pp. 24~25, 30, 156~68; I. Göthel, 윗글, pp. 63~64.
27) Max Weber, "Einleitung," GARS I, p. 256 참조. 여기에서 도시란 사람들에게 그들의 삶을 농부들보다 상대적으로 자연적인 과정에 덜 종속적인 상태에서 체계적이고도 합리적으로 운용해갈 수 있는 조건을 제공한다는 점이 중요하다. 도시는 사람들로 하여금 상대적으로 조직적이고 윤리적인 성향이 강한 구원 종교에 접근할 수 있게 하는 물적 조건을 가지고 있다.
28) 윤사순,「실학의 발흥과 사상적 배경」, pp. 399~400 참조.
29) 윗글, pp. 396~97 참조.
30) 박충석,「실학 사상에서의 민본주의」,『한국 사상의 심층 연구』, pp. 339~49 참조.

상의 본질에 대한 질문이 제기된 것은 아니다.[31]

실학파 지식인층의 독특한 사상의 발전은 중국에서의 예수회 선교사들의 활동과 분리해서 이해할 수는 없다는 점이 또한 지적되어야 한다. 왜냐하면 실학파의 사상 발전에 17세기 이래로 예수회 선교사들이 중국에 들여왔던 서구의 사상적 유산, 특히 과학과 신기술이 중요한 역할을 했기 때문이다.[32]

비유교적 문화 세계에 대한 조선 왕조의 대단히 엄격한 고립화 정책에도 불구하고 서구의 사상적 유산은 한국에 유입될 수 있었다. 잘 알려진 바와 같이 조선 왕조는 매년 3회 정도 규칙적으로 200 내지 300명을 동반하는 사절단을 중국에 파견했다. 실학파 지식인들 다수는 이러한 통로를 통해서 중국에 여행할 수 있었고, 거기에서 이들은 무엇보다도 유럽의 서적을 통해서 과학과 기술뿐만 아니라 유럽 민족의 역사와 도덕 등등을 점차로 알아차릴 수 있었다. 이러한 경로로 유럽의 과학적 발명에 의한 기구들과 서적들이 또한 한국에까지 유입되었고, 조선의 지식인들에 의해서 읽히고 연구되었다.[33] 이런 방식에 의한 서구와의 접촉이 약 2세기에 걸쳐 일어난 끝에 카톨릭 교회 공동체가 조선 사회의 지식인층 내부에서 자생적으로 출현하게 되었다.[34] 당시의 서구 사상에 대한 조선 지식인들의 친화성 관계는 다음의 글에서 단적으로 드러난다:

　서학서는 선조 말년에 이미 우리나라에 들어와서 고관이나 학자들 가운데 보지 않은 사람이 없었는데, 그들은 그것을 불교나 도교 관계의 책처럼 여기고 서재에서 즐기기 위해 갖추어두고 있다.[35]

---

31) 조광, 「한국 근대 문화의 실학적 기초」, 『한국사학』(1980. 1), pp. 16～23 참조; 이을호, 윗글, pp. 18～27.
32) I. Göthel, 윗글, pp. 67～68 참조.
33) 이원순, 「한국 근대 문화의 서구적 기초」, 『한국사학』 1(성남, 1980), pp. 21～23 참조.
34) 조광, 『조선 후기 천주교사 연구』(서울, 1988), pp. 1～5 참조.
35) 闢衛編 권1, 天學考; 이원순, 『한국천주교회사연구』(서울, 1986), p. 51에서 다시 따옴.

중국에서 예수회 선교사들은 선교의 방편으로 기독교 서적과 마찬가지로 유럽의 과학적인 문헌들을 중국어로 번역하거나 또는 직접 중국어로 저술하였다.[36] 이러한 새로운 지식의 도움으로 실학파 지식인들은 자신들의 사회적 처지를 실질적으로 판단할 수 있었다. 이는 중국에서 개혁 지향적인 지식인들이 했던 것과 상당히 유사하다.[37] 특히 조선에 유입된 서적과 물건들 중에서 세계 지도와 달력은 지식인층의 커다란 주목을 받았다. 이는 한국 지식인들의 세계 파악, 특히 실학파 지식인들의 세계 이해를 변동시키는 데 일익을 담당했다. 중국이 세계의 중심이라는 지금까지 한번도 의심하여본 적이 없이 당연한 것으로 수긍되어온 세계의 이해는 이를 통해서 뒤흔들리게 되었다. 동시에 이것은 유교의 지위 또한 흔들리게 만들었다.[38] 개혁을 위한 사상을 주어진 성리학의 테두리 안에서가 아닌 원시 유교에서 찾게 되었다.[39] 실학적 지식인층의 이러한 관점의 변동은 한국 카톨릭 실천 운동의 발전에 결정적인 의미를 갖고 있었다. 이는 중국에서의 예수회 선교사들의 사고 구조와 관련지어 살펴볼 때 분명해진다.

Ⅱ. 중국에서 예수회 선교사들의 사고 구조

에릭 한슨Eric O. Hanson이 중국에서의 예수회 선교사를 '유교적 예수회 선교사Confucian Jesuits'라고 성격지어 적절히 강조하고 있는 데서 알 수 있듯이, 예수회 선교사들은 유교 문화 세계에 대해 독특한 태도를 견지하고 있었다.[40] 예수회 선교사들 특히 이들의 대표자인 마테오 리치Matteo Ricci(1552~1610)는 중국 사회에서 처음부터 직접적으로 자기 종교의 포교 활동을 개시한 것이 아니라,

---

36) Jacques Gernet, *China and the Christian Impact. A Conflict of Cultures* (Cambridge, 1985), pp. 57~59 참조.
37) 윗글, p. 23 참조.
38) I. Göthel, 윗글, p. 69 참조.
39) 이원순, 「한국 근대 문화의 서구적 기초」, pp. 47~61.
40) Eric O. Hanson, *Catholic Politics in China and Korea, American Society of Missiology Series,* No. 2(New York, 1980), pp. 15~17.

우선 사회적으로 가장 중요한 의미를 갖는 계층과의 효과적인 접촉을 위한 기반을 만들려고 시도했다.[41] 그래서 이들은 일차적으로 중국의 말과 문자를 공부했다. 여기에서 한걸음 더 나아가 그들은 조심스럽게 중국의 지적인 전통, 특히 유교의 경전들을 연구했다. 이들은 의도적으로 자신들을 중국 사회에서 서구의 선교사도, 아울러 중국의 평민도 아닌, 오히려 문학적으로 교양을 쌓은 유교의 지식인으로 나타내보이려고 했다. 곧 도덕 교사·철학자 및 과학자로서이다.[42]

예수회 선교사들, 특히 마테오 리치는 원시 유교와 신유교 사이의 차이점을 알고 있었고, 그것이 그들의 선교에서 가지는 중요성을 인식하고 있었다. 예수회 선교사들은 중국 유교에서의 신 개념 변동을 감지하고 있었다. 막스 베버가 관찰하고 있듯이, 중국에서 신유교 지식인들은 원시 유교적 문헌 속에 나타나고 있는 원래의 인격적 신의 표상을 비인격적이고, 합법칙적이며, 세계내에 내재하는 신 개념으로서 체계적으로 합리화했다.[43] 예수회 선교사들은 중국 지식인들에게 원시 유교적 문헌 가운데에 있는 몇몇 특정의 어휘들을 들어서 원래의 인격적 신의 개념(기독교의 인격신)이 있었다는 사실을 논증하려고 시도했다. 보기로 샹띠 *Shang-ti*(上帝), 시티엔 *Shi-tian*(侍天), 징- 그리고 와이티엔 *Jing - und Weitian*(하늘을 공경하고 두려워하다) 등을 들었다. 곧, 그들은 중국 민족이 옛날에는 참된 [기독교적] 신에 대한 지식을 가지고 있었다는 것과 이러한 지식이 무신론, 무엇보다도 강력한 신유교의 지배권 아래에서 어둠 속

---

41) Matteo Ricci, *The True Meaning of the Lord of Heaven*(Douglas Lancashire u. a. 편역)(Paris, 1985), 번역자의 머리말, pp. 3~10 참조(한문 원본과 영어 번역문이 같이 실려 있다); Xaver Bürkler, *Die Sonn und Festtagsfeier in der katholischen Chinamission: Eine geschichtlich-pastorale Untersuchung*(Rom, 1942), pp. 6~14

42) Richard J. Cushing, *China in the Sixteenth Century: The Journals of Matthew Ricci: 1583~1610*(Louis J. Gallagher 옮김)(New York, 1953), pp. ix~x 참조; Matthew Ricci, 윗글, pp. 154~59, 166~69, 200~04, 325~32, 394~99, 446~51.

43) Max Weber, "Konfuzianismus und Taoismus," *GARS* I, pp. 299~301 참조.

으로 묻혀버렸다는 것을 주장하려고 했다.[44] 이는 다음과 같은 마테오 리치의 말에서 분명하게 드러난다:

저의 나라에서 천주라 불리는 이가 중국에서는 상제라 불리고 있습니다.[45]

수많은 고대의 글을 두루 살펴보고 나서, 저는 상제와 천주는 단지 이름만이 다를 뿐이라는 확신에 이르게 되었습니다.[46]

결과적으로 그들은 기독교가 공자와 중국 상대 학설의 참된 내용에 지나지 않는다고 중국인들에게 주장한 셈이 된다. 따라서 유교적 사회 질서는 기독교의 가르침을 통해서 전혀 위협받지 않게 된다는 것이다. 다시 말해서 유교의 이상은 유교에 대한 자신들의 새로운 이해를 통해서 실현될 것이라는 말이다.[47] 그러나 예수회 선교사들의 이 같은 보유론적 주장에도 불구하고, 이것은 기존의 신유교 지식인층에게는 도전임에 틀림없었다. 잘 알려진 바와 같이 유교 지식인들은 11, 12세기에 불교와 도교의 영향 아래에서 이전과는 다른 방향에서 전통 유교를 이른바 신유교, 곧 성리학으로 심화 확대하여 체계화한 것이라고 믿고 있었기 때문이다.[48] 이러한 기성의 신유교 지식인층과 예수회 선교사들 사이의 내면적 갈등 관계에도 불구하고 예수회 선교사들은 자신들의 중국 고전에 대한 신뢰와 근대 서구 과학 및 기술의 도움으로 당시의 개혁 지향적인 지식인층 속에서 추종자를 얻을 수 있었다.[49] 왜냐하면 당시 중국 사회는 전반적인 정체 국면에 접어들고 있었고, 유교적 사회 구조의 폐해

---

44) Jacques Gernet, *China and the Christian Impact*, pp. 24~30 참조; Eric O. Hanson, 윗글, p. 16.

45) Matteo Ricci, *The True Meaning of the Lord of Heaven*, p. 121; "吾天主, 卽華言上帝"(윗글, p. 120).

46) 윗글, p. 125; "歷觀古書, 而知上帝與天主特異以名也"(윗글, p. 124).

47) J. Gernet, *China and the Christian Impact*, p. 111 참조.

48) Seong Hwan Cha, 윗글, pp. 75~78 참조.

49) Eric O. Hanson, 윗글, p. 16 참조.

가 가중되고 있었기 때문에, 개혁 지향적 지식인들은 인간과 자연에 대하여 불교와 신유교 지식인들이 하고 있었던 바와 같은 순수 이론적이며 철학적인 탐구 방식을 이기적이며 공리공론에 불과한 것으로 보아 점점 더 불신하고 있었기 때문이다.[50]

유교 전통에 대한 특이한 태도 및 견해와 관련하여 예수회 선교사들은 중국 사회에서 널리 수행되고 있던 유교의 종교 의식에 대해서 다음과 같은 견해를 피력하고 있었다. 곧 당시에 도처에서 관찰되는 대중의 종교 의식(보기로 조상 제사·황제 숭배·공자 숭배 및 장례 의식 등등)은 종교적인 색채를 띠고 있는 미신적 요소를 가지고 있음에 틀림없다. 그러나 그것들의 본래적 형태는 어떤 종교적 의미도 가지고 있지 않은 사회 윤리적인 것이었음에 틀림없다는 것이다. 이러한 견해는 결국 예수회 선교사들이 중국 지식인들의 유교적 의식에 대한 견해를 비판 없이 수용하고 있다는 것을 의미한다. 중국의 유교 지식인들은 위에서 말한 의식의 수행이 사회적 의무, 결국 효 hsiao의 실천으로서 어떠한 종교적 의미도 담고 있지 않은 것으로 이해했다.[51] 그렇기 때문에 예수회 선교사들은 자신들의 추종자들에게 유교적 제의 중 특정 부분, 곧 명백히 미신적 요소로 보이는 것에 참가하는 것만을 선택적으로 금지시켰다. 이렇게 하여 중국의 카톨릭 교회는 강력한 힘을 갖고 있는 지배 종교인 유교와 공존할 수 있었다. 부분적으로 이러한 공존이 가능했던 이유는 유교 지식인들 대부분이 예수회 선교사들의 종교적 가르침에 대해서 진지하게 생각하지 않았다는 데에 있다. 중국 지식인들은 예수회 선교사들의 가르침을 숙고하는 대신, 단순하게 그들이 불교인이나 도교인과는 다르게 자신들의 지적 전통을 받아들이고 있다고 생각했다. 이에서 한걸음 더 나아가 중국 지식인들 중의 얼마는 기독교가 기존의 유교 사회 질서를 위해 유익할 것이라는 견해를 가지고 있었다. 이러한 태도와 관련해서 중국 역사에서 유교 지식인

---

50) J. Gernet, *China and the Christian Impact*, pp. 23~24 참조.

51) George Minamiki, *The Chinese Rites Controversy from its Beginning to Modern Times*(Chicago, 1985), pp. 15~24 참조.

들은 사설이나 사설적 종교들이 기존의 사회 구조와 삶의 질서를 직접적으로 위협하지 않는 한 결코 뿌리를 뽑아버리려고 시도하지 않았다는 점을 첨가할 수 있다.[52]

위에서 언급한 예수회 선교사들의 유교 세계에 대한 신관과 입장은 중국에서 1830년대까지 지속되었다. 중국에서의 예수회 선교는 예수회 선교사들의 중국 문화에 적합한 방법과 전략을 통해서 성공을 거둔 것이라고 결론지어도 무방하리라고 생각된다. 그렇지만 다른 선교 집단들이 중국에 선교사를 파견함에 따라, 곧 중국에 뒤늦게 도착하여 선교를 시작한 도미니칸 선교사와 프란체스코 선교사들은 곧바로 예수회 선교사들과 유교적 의식의 해석에 대한 논쟁에 빠져들었다. 이들 후발 선교사들은 예수회 선교사들의 성과에 상대적인 열등 의식을 가졌을 것이고, 예수회 선교단을 가장 강력한 경쟁 세력으로 보았을 것이다. 결국 이들은 논쟁점들을 교황에게 제소했다. 소위 전례 문제 *Rittenstreit* 라 불리는 제의에 관한 논쟁은 결과적으로 우여곡절 끝에 예수회에 대립하는 결론으로 일단락되었다.[53] 그렇지만 이와 동시에 중국에서의 카톨릭의 운명도 결정되어 버렸다. 곧, 그 후로 카톨릭 교회는 항상 소수 집단으로 머물러 있게 된 것이다. 그렇지만 중국에서의 이와 같은 경과가 한국에도 직접적으로 해당되는 것은 아니었다.

Ⅲ. 카톨릭에 지향된 실학파 지식인층의 출현

유럽의 문헌들은 한국에서 종교적인 것과 과학적인 것이 구분되지 않은 채 '서학'으로서 명명되어 알려졌고,[54] 17세기초 이후로 한국 지식인들에 의해서 연구되었지만, 18세기말까지 어떤 새로운 종

---

52) J. Gernet, *China and the Christian Impact*, pp. 109~12 참조.

53) George Minamiki, 윗글, pp. 25~76 참조.

54) 과학사에서 볼 때 오늘날 상식화되다시피 한 과학과 기독교 사이의 대립은 19세기 진화론의 출현 이후에 시작되었다. 때문에 조선 후기 한국의 지식인들이 과학과 종교를 구분하지 않고 있다는 사실은 조금도 예외적인 것이 아니다. 스티븐 F. 메이슨, 『과학의 역사』 I (박성래 옮김) (서울, 1990)(4판), p. 201 참조.

교적 공동체를 형성하는 데로 이어지지는 않았다.[55] 그 문헌들 중
자연과학에 관련된 것들은 대부분의 지식인들이 환영하여 받아들인
반면, 종교적인 것들은 유교적 바탕에 서 있는 사회 질서를 위협하
는 위험한 이설로 판단되어 보통 배척하였다.[56]

1780년대에 이르러서야 비로소 한국 카톨릭 교회 출현의 역사가
외국인 선교사의 직접적인 종교 전파 활동 없이 불교의 천진암과
주어사에서 개최되었던 '강학회'라 불리는 유교적 학술 모임으로부
터 시작된다.[57] 여기에서 우리는 그것이 어떻게 가능했는가를 분명
히 밝혀내어야만 한다. 많은 경우 1세기 이상에 걸친 지식인들 사
이에서의 '서학서'[58]에 포함된 천주교 교리에 대한 학구적인 연구의
결과로 자연스럽게 카톨릭 교회 공동체가 지식인 속에 생겨났다고
설명하면서, 이를 기적적인 사건이라고 소개하고 있다. 이 경우 우
리는 종교적 신앙이 학문적으로 논증되어 그에 바탕한 종교적 신앙
공동체가 생성된다는 결론을 내리고 있는 것이다. 그러나 이런 결
론은 신앙과 학문 사이의 넘을 수 없는 간격에 대한 일반화된 견해
를 무시하고 있다는 점에서 의심스러울 뿐만 아니라, 초기 카톨릭
지식인들의 사고 구조를 살펴볼 때도, 또한 잘못된 것이라는 사실
을 알게 된다. 이에 대해서는 뒤에 자세히 논의가 전개될 것이다.

---

55) 주재용, 『한국 카톨릭사의 옹위』(서울, 1970), pp. 35~37 참조; Hector
Diaz, *A Korean Theology. Chu-Gyo Yo-Ji: Essentials of the Lord's Teaching
by Yak-jong Agustine*(*1760~1801*)(Fribourg, 1986), pp. 21~29. Hector
Diaz 의 글에 정약종의 『쥬교요지』와 영어 번역문이 부록으로 pp. 272~
435에 첨부되어 있다.
56) 중요한 카톨릭 비판가들로는 유인몽(1559~1623)・이익(1692~1763)・
신후담(1702~1761)・안정복(1712~1791) 등을 들 수 있다.
57) 이 암자와 절은 서울에서 약 25 km 떨어진 앵자산에 있었다고 알려진다.
Andreas Jeong-soo Kim, *Katechese und Inkulturation. Dargestellt am
Beispiel der Geschichte der katholischen Kirche in Korea 1603~1983*,
(Frankfurt a. M., 1987), p. 19, 주 2) 참조; 주재용, 윗글, pp. 33~35.
58) 한역 서학서는 그 내용에서 볼 때 종교・윤리에 관계된 것과 과학・기
술에 관계된 문헌으로 나눌 수 있다. 또한 이들 한문으로 된 서구의 서
적은 중국・한국을 비롯, 일본・월남 등지의 한자 문화권에 속하는 나라
들에 유포되어 해당 나라들의 문화에 커다란 영향력을 끼쳤다. 이원순,
『한국천주교회사연구』, p. 21 참조.

이러한 물음에 대한 대답은 초기 카톨릭 지식인들의 계층적 속성과
이들이 의식하고 있는 사회적 과제가 무엇이었는가와 그 과제를 어
떤 차원에서 어떤 방식으로 해결하려고 했는가가 분명해진다면 자
연스럽게 얻어질 것이며, 또 이해할 만한 것으로 될 것이다.

　문제의 '강학회'는 1779년에[59] 유교 지식인 집단에 의해서 두 곳의
불교 사찰, '천진암'과 '주어사'에서 열렸다. 그러나 여기에서 강학회
라 불리는 유학을 토론하는 학술 모임이, 다른 곳이 아닌 불교의
절에서 개최되었다는 것도 당시의 예외적인 특수한 경우를 나타내
는 것이 아니라는 점이 먼저 지적되어야 한다. 조선 중기 이후 사
림 유학이 성행하면서 유학자들은 같은 계열에 속하는 서원을 중심
으로 학술 모임을 자주 개최하여 학문적 연마와 동지적 유대를 강
화해왔고, 또한 천편일률적인 유학의 마당인 서원보다는 한적한 산
사들이 유학자들의 학술 모임의 장소로 자주 사용되었다는 것이 그
것이다.[60] 이런 면에서 남인계에 속하는 서학에 지향된 젊은 유교
지식인들이 불교의 절에서 강학회를 열었다는 것은 지극히 자연스
러운 것이었다고 볼 수 있을 것이다. 그러나 적어도 이와 같은 집
합적인 모임을 통해서 당시 젊은 지식인들 사이에서 통용되고 있던
사회 개혁의 의지와 방법 및 내용 이외에 전혀 새로운 (종교적 또는
영적인) 차원에서의 개혁이 선행 또는 부가되어야 한다는 새로운
깨달음에 도달했고, 이것이 집합적으로 서로에게 확인되고, 그 실천
의 결의가 최초로 굳혀졌다는 사실은 전혀 새로운 것이라고 단언해
도 좋을 것이다.[61] 물론 이러한 주장은 역사적 자료에 의해서 증명
될 수 있다.

　이 학술 모임은 처음에는 십여 인이 참가했으나, 나중에는 수십
명으로 불어났던 것으로 보인다.[62] 이 모임의 규모와 내용에 대해서

---

59) 강학회 개최 연대에 대해서는 학자들 사이에 이견을 보이고 있다. 그러
　　나 이 글에서는 이러한 역사학적인 관심사(정확한 연대, 절과 암자의 실
　　제 위치 따위)는 전혀 문제 밖의 것이다.
60) 이원순,『한국천주교회사연구』, pp. 84~85 참조.
61) 윗글, pp. 76~77 참조.
62) 최초의 참가자들 중 이름이 밝혀진 이들은 권철신·김원성·정약전·이
　　승훈·이용억·이벽·이윤하·정약용 등등이다. 주재용, 윗글, pp. 41~42;

는 학자들 사이에 의견이 분분하다. 이 학술 모임에서는 특히 위에서 언급한 예수회 선교사들의 손으로 만들어진 중국어로 된 문헌들과 유교 세계에 대한 태도가 결정적 역할을 했던 것으로 보인다.[63] 곧 앞에서 살펴본 실학 지식인들의 관점의 변동과 중국에서의 예수회 선교사의 특이한 태도가 접합되어 기독교와 유교 사이의 일차적인 교량이 마련됐다는 말이다. 이 모임에서 유교·불교·도교 및 기독교의 학설에 대한 비교 연구가 이루어졌다.[64] 이 지식인들은 앞에서 논의한 바와 같이 기성의 성리학적 사상 체계에 대해서 비판적이었다. 이들의 주변적인 사회적 위치 또한 기성의 사회 제도들을 변혁시키는 방향으로 사상을 발전시키게끔 부추겼다. 이들 눈에 비친 사회 현실 그것은 불합리하고 부조리한 것으로 반드시 개혁되어야 마땅한 것이었음에 틀림없다. 현실을 개혁하여 몰락해가는 자신의 사회를 구원해야 한다는 소명 의식이 이들 젊은 지식인층에게 점점 강해졌으리라고 생각하는 것은 어렵지 않다.

이와 같은 상황에서 예수회 선교사들의 유교에 대한 특유의 보유론적 이해 방식은 이들 지식인에게 단순히 유교와 기독교의 연결점을 찾게 하는 것 이상으로 중요한 것을 암시하고 있다고 볼 수 있다. 단순한 원시 유교로의 복귀가 아닌 신유교의 종교성 회복, 다른 말로 당면한 사회적 현실 문제의 해결을 위해서는 제도적 수준에서의 개혁이 아닌 사회의 도덕적 및 종교적 차원에서의 혁신이 선행 조건이 된다는 데로 비약할 수 있는 계기를 만들었다고 볼 수 있다. 이는 종교적 예언자들(보기로 이스라엘의 예언자)의 세계 파악에서 보여지는 일반적인 형식이기도 하다. 종교가 카톨릭 초기 지식인들에 의해서 사회 변혁의 수단으로 채택되고 있다는 사실은 당시 명망 있었던 유학자 이가환의 말에서 단적으로 보여진다:

A. Jeong-soo Kim, 윗글, pp. 19~20.

63) 당시 유교 지식인들이 서학에 대해서 보이는 긍정적 및 부정적 태도 모두에 있어 예수회 선교사들의 역할이 얼마나 중요했는가는 이원순, 『한국천주교회사연구』 중 「명·청래 한역 서학서의 한국 사상적 의의」 「천주실의」 「조선 후기 실학자의 사교 의식」 등을 참조.

64) 주재용, 윗글, p. 42.

이것은 매우 큰 일이다. 저 외국 교리가 이치에 어긋나는 것 같지는 않지만 그래도 우리 유교는 아니다. 벽이 그것으로써 세상을 변혁시키겠다고 하니, 내가 이대로 있을 수는 없다. 그러니 내가 가서 그를 바른 길로 인도하겠다.[65]

여기에서 한걸음 더 나아가 이들 지식인은 사회의 혁신을 위해서는 개혁된 종교로서의 유교를 종교적으로 실천(카톨릭 교회 의례의 실천)하는 것이 필요하다는 인식에 도달했다. 이는 분명히 유교적 세계상의 바탕에서 천주교의 유교적인 이해에 지나지 않는 내용을 가졌지만, 이에 수반하는 종교 의례의 실천 및 그로써 의도한 구원의 내용은 카톨릭의 그것이었다. 이 모든 것은 그 학술 모임의 몇몇 중요한 지식인들에게서 새로운 종교에 대한 신앙 고백적 활동이 출현했다는 보고로부터 그 확실성이 인정될 수 있을 것이다:

즉시로 그들은 새 종교에 대하여 아는 것은 전부 실천하기 시작하여, 매일 아침 저녁으로 엎드려 기도를 드렸다. 7일 중 하루는 하느님 공경에 온전히 바쳐야 한다는 것을 읽은 후로는 매월 7일, 14일, 21일, 28일에는 다른 일은 모두 쉬고 묵상에 전심하였으며, 또 그날에는 육식을 피하였다. 이 모든 것은 아무에게도 말하지 않고, 극히 비밀리에 실천하였다.[66]

이것은 또한 새로 출현한 종교적 지식인 집단의 대표자인 이벽이 이승훈을 북경에 보내면서 당부한 말에서도 알 수 있다. 원래 이벽은 새로운 종교의 실천 방법에 대한 충분한 지식을 얻기 위해서 자신이 북경의 교회를 방문하기를 원했다. 그러나 여러 이유로 그에게는 이것이 가능하지 않았다. 그래서 그는 자기 대신 1783년에 그의 친구인 이승훈을 북경에 보냈다.[67] 그가 승훈에게 부탁한 말 중

---

65) 샤를르 달레, 『한국천주교회사』(상)(안응렬·최석우 옮김)(서울, 1987), pp. 308~09(강조는 필자).
66) 샤를르 달레, 윗글, p. 302.
67) 주재용, 윗글, pp. 43~44 참조; 유홍렬, 『증보 한국천주교회사』(상)(서울, 1989)(6판), pp. 81~82.

에서 다음은 우리의 관심을 끈다:

이 교리만이 성현의 도이며, 만물을 만들어낸 주인인, 오직 하나뿐이
고 모든 일을 다 할 수 있는 천주에게 봉사하는 참된 교이므로 구라파
사람들은 이것을 가장 높이 받든다. 이것을 빼놓으면 우리들은 아무
힘도 없어지고, 아무 일도 할 수 없게 되어, 마음을 가다듬을 수도 없
고, 만물을 연구하고 알아낼 수도 없다. [……] 북경에 가거든 곧 천주
당에 가서 구라파의 교사를 만나고 모든 것을 그들에게 물어서, 교의
의 깊고 참된 뜻을 밝히며, 천주 교리의 실천 방법을 자세히 살피고,
또 필요하고 중요한 교리에 관한 책을 모두 가지고 돌아오게. 인간이
죽느냐 사느냐, 그리고 영원토록 행복하느냐 불행하느냐가 달린 큰 문
제가 자네 손에 매여 있으니, 경솔히 행동하지 말고 몸가짐을 특히
주의하라.[68]

초기 카톨릭 지식인들에게 있어서 가장 중요했던 관심사는 현실
세계의 세속적 개혁이 아닌 인간의 영혼 구원, 곧 '구령'[69]이었다는
보고는 단순히 교회에 관련된 호교적 교회사가들의 판단이라고 속
단할 수 없다. 왜냐하면 뒤에 살펴보겠지만 이들 초기 카톨릭 지식
인이 직접 쓴 글 속에서 그것은 분명하게 입증되고 있기 때문이다.
여기에서 이러한 초기 지식인들의 '종교 성향'의 특징이 우리의 주
요 관심사인 카톨릭에 의해서 주창된 새로운 집단 형성의 원리가
왜 사회 속에 정착될 수 없었는지를 해명하는 주요한 단서가 된다
는 점 또한 지적할 수 있다.

유교적 강학회를 통해서 종교를 통한 사람들의 '영혼'의 구원이
당시 자신들의 사회가 당면한 시급한 문제의 근본적인 해결을 위한
전제 조건이 된다는 집합적 확신에 도달했던, 실학에 지향된 몇몇
지식인들의 특이한 사회 개혁적 의지는 이승훈이 북경에서 영세를
받고 귀국함으로써 결실을 맺게 되었다. 이벽의 권유에 따라서 이

---

68) 유홍렬, 윗글, p. 82; 샤를르 달레, 윗글, p. 304. 이 두 텍스트의 내용이
완전히 일치하지는 않는다. 여기서는 유홍렬의 번역문을 옮겨놓았다.
69) 유홍렬, 윗글, pp. 83, 85; 샤를르 달레, 윗글, pp. 304, 307.

승훈은 북경 교회에서 영세를 받은(1784) 후에 많은 종교적 문서들과 성물들을 가지고 귀국했다.[70] 한층 더 힘을 얻은 이들 새로운 종교의 지식인은 기독교 교리를 양반층과 중인층에 확산시키고 더 많은 추종자들을 얻을 수 있었다. 여기에서 한걸음 더 나아가 이들 지식인 모두는 승훈으로부터 영세를 받았고, 1784년부터는 서울 지금의 명동에 있던 중인 신분이었던 김범우 개인 집을 교회로 삼고 카톨릭 미사를 집행하였다.[71] 보다 효과적인 선교를 위해서 승훈은 자신의 동료들 중 10명을 선발하여 사제로 임명했다.[72] 이러한 방식으로 1786년에 한국 카톨릭 교회 공동체가 출현하였다. 이는 한국에 카톨릭 선교사가 도착하기 전에 바로 하나의 카톨릭 교회가 탄생하였다는 것을 의미한다.

그렇지만 기성 카톨릭 교회의 의미에서 '가성직'이라 불리는 초기 한국 카톨릭 교회의 성직자 조직(사제단)은 1789년에 북경의 카톨릭 주교로부터 교회법에 어긋난 것으로 판명되어 금지 명령이 내려졌다.[73] 이는 한국 카톨릭 교회로 하여금 공인된 사제 파견을 요청하게 했다. 한국 카톨릭 교회 공동체는 1793/94년에 북경의 주교에게 사제의 파견을 요청하는 편지를 보냈다. 그렇지만 1795년에야 비로소 중국인 출신 카톨릭 사제 주문모가 파견 명령을 받고 몰래 한국에 잠입해 들어오게 된다.[74] 이때에 한국 카톨릭 교회는 이미 교인 수 1,000명에 달하고 있었다. 그러나 이때부터 원래 자주적이었던 한국 카톨릭 신자 집단이 영적으로 북경의 카톨릭 교회에 종속된 종교 집단으로 발전되기 시작했다. 완전히 이질적인 신생의 신앙 집단은 18세기말까지는 정부 쪽으로부터 어떤 심각한 반발을 자아내지 않았다.

---

70) 주재용, 윗글, pp. 44~45 참조.
71) 윗글, pp. 45~48 참조.
72) 북경 교회에 보내는 이승훈의 두번째 편지에 이를 알리는 내용이 있다. 윗글, p. 64 참조.
73) 윗글, pp. 60~66 참조; A. Jeong-soo Kim, 윗글, pp. 24~25.
74) A. Jeong-soo Kim, 윗글, p. 25 참조.

3. 초기 카톨릭 교회 공동체의 구조 원리

위에서 보아온 대로 한국 카톨릭 교회 공동체는 비교적 특권을 누리고 있는 계층 내부에서 발전되었다. 이 교회 공동체의 지식인들 대부분은 실학파 출신이었다. 그리고 그들 가문은 정치적으로 남인파에 속해 있었다. 이러한 출신 배경 때문에 이들이 비정치적이고 초사회적인 '영혼 구원'을 통한 사회 개혁을 목표로 하는 종교적 운동을 이끌었음에도 불구하고, 이 운동은 즉각적으로 정치적 의미를 띠게 되었다.

이 새로운 종교적 공동체는 유교적 세계관에 따라서 기독교의 신 및 교리를 이해하여 수용하고 있고, 해당 종교 지식인들이 기존의 유교적 사회 질서를 옹호하는 의식을 갖고 있음에도 불구하고, 기존의 유교적 사회 구조에 대해서 혁명적 의미를 갖고 있었다. 왜냐하면 지금까지 유교적 지식인들의 오백 년 동안에 걸친 의식적 노력에 의해서 특별히 성스러운 가치를 부여받게 된 가족적 유대와 종족적 연대 및 그와 결부된 엄격한 신분 구분이 이 새로운 종교 집단에서는 더 이상 큰 의미를 지니지 않게 되었기 때문이다.[75] 조선 성리학에 지향되어 있던 지식인들은 지금까지 온갖 수단, 곧 국가적 및 사회적 힘을 동원해서 자신들의 성리학적인 집단 구성의 원리(직접적인 대인간적 주종 관계)를 위협하는 의미를 갖는 어떤 종류의 독자성을 띠는 집단의 성장도 강력하게 그리고 또 성공적으로 막아왔다.[76] 같은 구조적 이질성과 특유의 사회적 상황에서 오는 정치적 의미 때문에 기존의 유교적 지식인들은 한국 카톨릭 교회를 남인파의 종교로서 낙인찍으려 했다고 할 수 있다.[77]

---

75) 이에 대한 자세한 논의는 Seong Hwan Cha, 윗글, 제3장.
76) 윗글, pp. 91~99, 107~12 및 여러 곳.
77) Gabriel Lee, *Sociology of Conversion: Sociological Implications of Religious Conversion to Christianity in Korea*(박사 논문), Fordham Univ.(New York, 1961), pp. 23~24.

새로운 집단 형성의 원리가 등장되고 있다는 사실을 이해하기 위해서는 몇몇 보기를 들 필요가 있다. 전통적인 유교적 공동체와는 달리 이 원초적 공동체의 중요한 종교적 지도자들 모두가 양반 출신으로 구성되어 있지 않았다는 점이다. 지도적 인사들 중 몇몇은 중인 또는 양인 신분을 가지고 있었다. 보기로 중인으로는 김범우·최창현과 최필공을, 양인으로는 이존창을 들 수 있다.[78] 이 사실은 벌써 유교적 신분 질서에 대한 도전적인 의미를 갖는 것이고, 유교적인 사회 구조와는 완전히 이질적인 독자적인 집단이라는 것을 드러내는 단적인 증거가 되기에 충분하다. 전통적인 집단 구성의 원리가 적어도 이 공동체 안에서는 통용되지 않고 있다는 사실이 분명해진다.

그리고 공동체의 성원들은 그들이 양반 가문 출신이건, 중인 또는 그 밖의 신분 출신이건 상관없이 원칙적으로 모두 다 똑같이 개인적인 구원을 얻으려는 동기에 의해서 움직이고 있다는 사실 또한 들 수 있다. 이는 또한 종래의 유교와 불교에서 주도적인 구원의 목표가 개인이 아닌 집단이었다는 사실과 비교해볼 때 대조적이며, 따라서 그것은 동시에 종교적 발전의 새로운 단계를 기록하는 것이라는 사실을 말해둘 필요가 있다. 불교의 경우 우리가 잘 아는 바대로 호국 불교였으며, 이는 내용적으로 국가와 해당 가문 및 씨족의 안녕을 확보하는 것이 구원의 일차적인 관심사였다는 것이다.[79] 그리고 유교의 경우 대중을 위해 유일하게 공인한 전형적인 종교적 의식이라 할 수 있는 조상 제사에 개인의 구원을 위한 기도와 개인이 당한 재난(보기로 질병)을 위한 제의가 전적으로 결여되어 있다는 사실만을 기억하는 것으로 족할 것이다.[80]

카톨릭 교회 공동체가 갖는 위와 같은 의미 때문에 성리학적 지식인 및 정부가 교회 공동체를 그렇게 가혹하게 탄압하게 되었다고

---

78) 조광, 「조선 후기 천주교 지도층의 특징」, 『역사학보』 105(1985. 3), pp. 40~41, 56~59 참조; 조광, 『조선 후기 천주교사 연구』, p. 74에 있는 1784~1791년 사이의 지도층의 신분 분포도 참조.
79) Seong Hwan Cha, 윗글, 제2장 여러 곳 참조.
80) 윗글, 제3장 특히 pp. 118~28.

는 말할 수 없다. 초기 카톨릭 교회 공동체의 규모나, 그것의 대사
회적 태도를 고려할 때, 비록 그것이 유교와는 확연히 구분되는 이
설의 집단이라는 것이 분명하다 해도, 유교적 지식인들에 의해 묵
인될 수 있는 여지는 충분히 있었다고 판단된다. 역사에서 보여준
기성의 지식인 집단과 정부의 과민 반응의 원인은 오히려 이러한
잠재성적 위협 요소가 당쟁에서 반대파를 탄압할 수 있는 명분 좋
은 구실로서 이용되었다는 데에 있었다고 할 수 있다. 이러한 추론
은 전거에 의해서 확증될 수 있다. 남인파에 속하여 있는 지식인들
은 자기 파당 일부에서 일고 있는 종교 운동이 가지는 이와 같은
정치적 의미를 의식하고 있었다. 보기를 들면 천주교에 완강히 저
항하던 이가환은 초기 카톨릭의 대표자인 이벽의 설교에 설복되면
서 다음과 같이 자신의 견해를 토로하고 있다:

　　이 교는 참으로 훌륭한 진리이다. 그러나 우리 남인들에게는 당파
　싸움에 이용되어 큰 불행을 가져올 것이니 어쩔 것이냐.[81]

　이 글에서 카톨릭의 박해를 일일이 열거하고 그 시말을 논의할
수는 없고, 또 그것에 목적이 있는 것도 아니다. 일반적으로 네 번
의 대대적인 박해가 1801, 1839, 1846, 1866년에 있었다고 말해진다.[82]
아울러 한국 카톨릭 교회는 후에 보수적인 유교 지식인과 정부에
의해서 서양 제국주의의 세력과 결탁되어 있는 것으로 여겨졌고,
이를 통해서 잔악한 박해가 부분적으로 정당화될 수 있었다는 것이
더해져야 한다.[83]

─────────────

81) 유홍렬, 윗글, pp. 87~88.
82) Eric O. Hanson, 윗글, p. 27. 한국 카톨릭의 박해에 대해서는 이원순, 「천
　　주교 박해의 역사적 배경」, 윗글, pp. 118~40; 유홍렬, 『증보 한국천주
　　교회사』 상권, 여러 곳; 샤를르 달레, 『한국천주교회사』(상), 제1편 초
　　기의 한국 교회; James H. Grayson, *Early Buddhism and Christianity in
　　Korea. A Study in the Emplantation of Religion*(Leiden, 1985), pp. 72~83;
　　민경배, 『한국 기독교회사』(서울, 1982), pp. 66~115 등을 참조.
83) 최석우, 「천주교의 수용과 조선 후기 정치 문화의 변화」, 『국가 권력과
　　기독교』(서울, 1982), pp. 115~16, 121~29 참조.

우리는 이 시기의 한국 카톨릭 교회에서 장래의 한국 카톨릭의 성격과 그의 사회적 역할에 결정적인 의미를 갖게 되는 분명한 구조의 변동을 확인할 수 있다. 정부로부터의 대대적인 박해 이후로, 곧 1801년 이후로 양반층에서 주로 충원되었던 지도층이 중인층에서 충원된다. 그 밖에 1866년부터는 사회에서 비교적 특권을 누리던 양반층과 중인 출신 지식인층의 영향력이 더 이상 이 종교적 공동체에 미치지 못하게 된다.[84] 곧 한국 카톨릭 교회는 지배층 중심의 종교로(지금까지의 신유교와 마찬가지로) 출발하였으나 이제는 외적인 강제 때문에 지배층을 배제해버린 채 불우한 인민 대중의 종교로 자신을 발전시킬 수밖에 없었다는 말이다. 이와 동시에 신분을 구분하지 않고, 따라서 신분의 구분을 희석화하고 종족적 및 가족적인 혈통적 유대를 뛰어넘어 새로운 원리에 따라 집단을 구성하고, 그것에 전혀 새로운 의미와 질을 부여하던 내적인 힘은 이러한 변모 과정에서 크게 손상을 받아 무력하게 되었다는 것을 의미한다. 이러한 내적인 힘은 해당 종교적 지식인들의 지속적인 가치 합리적 활동에 의해서만 생명력을 유지할 수 있는 것이었다. 실학파 지식인들은 한국 역사에서 사회적으로 중요한 사회 계층으로 발전하기보다는, 위에서 언급한 박해 과정에서 자신들의 세력과 영향력을 상실해갔다. 이 과정은 한국 카톨릭 교회가 지배적인 종교 집단으로 발전하지 못하게 만든 중요한 사회적 요인이었다.

다른 말로 한국 카톨릭 교회 공동체는 자신의 지도층을 능력 있는 지식인들로부터 충원받을 수 없었고, 따라서 자신의 사상 체계를 사회적 상황과의 관련성 속에서 체계화시키고 합리화시킬 수 있는 능력을 갖추지 못하게 되었다. 동시에 한국 카톨릭은 대중들의 구원을 희구하는 원색적인 감정을 합리적이고 윤리적인 구원 종교의 종교성에로 승화시킬 수 있는 능력을 상실하게 된 것이다. 따라서 초기의 지도층이 의도했던 사회 개혁적 의미는 더 이상 이러한 카톨릭 교회 공동체에서 찾아볼 수 없게 되었다. 이것은 다시금 한

---

84) 조광, 「조선 후기 천주교 지도층의 특징」, pp. 61~66; 황성모, 「한말의 종교적 상황」, 『상황과 종교』(고범서 편)(서울, 1983), pp. 237~38 참조.

말에 사회 개혁 세력으로 부상되었던 재야 지식인층으로부터도 자신의 지도층을 충원받지 못하게 되는, 카톨릭의 발전에 있어서 중대한 또 다른 손실로 이어지게 된다.[85] 곧 조선 사회에서 카톨릭이 공식적으로 인정되었을 때(1890년대 이후로),[86] 카톨릭 교회 공동체는 사회의 진보적인 지식인층으로부터 어떤 추종자도 얻을 수가 없었다. 한국의 근대화에 의미있는 매개층으로서의 이들 지식인층은[87] 카톨릭 교회가 아닌, 당시의 개신교 선교사들이 타계적 신앙을 견지하고 있었음에도 불구하고 한국인들에게 새로운 근대화의 세력으로서 일반적으로 인식되고 있던 개신교 교회 공동체 속으로 이끌려 들어갔다.[88]

I. 조상 제사와 한국 카톨릭 교회 공동체

한국 카톨릭 교회 공동체에 대한 정부측으로부터의 악랄한 탄압의 직접적인 계기가 된 것은 양반층 출신 카톨릭 신자에 의한 조상 제사 거부였다. 많은 경우 개인 가족내의 문제로 보이는 제사 폐지에 대한 정부의 이러한 처사는 전혀 이해할 수 없는 것으로 생각되거나, 아니면 그것이 왜 그토록 잔악한 박해를 정당화해줄 수 있는 결정적인 단서로 채택될 수 있었는지 의심스럽게 여겨진다. 때문에 이에 대한 얼마간의 논의를 회피할 수 없다. 1870년에 한국 카톨릭 교회는 유교적 조상 제사를 미신으로 규정하여 금지하는 편지를 북경의 카톨릭 주교로부터 받는다. 오늘날의 우리와는 달리 초기 카톨릭 교회 공동체의 성원들은 조상 제사 거부가 당시 사회에서 일으킬 반응을 예감하고 있었다. 조상 숭배와 제사 금지의 서장을 받은 후에 1790년 9월에 이승훈이 북경에 보내는 3번째의 편지에서 이것은 단적으로 드러난다:

---

85) 이러한 해석의 이론적인 근거는 Max Weber, "Einleitung," *GARS* I, p. 241 참조.
86) 최석우, 윗글, pp. 129~33; 민경배, 윗글, pp. 126~33; 최종고, 『국가와 종교』(서울, 1983), pp. 74~77.
87) 이원순, 「한국 근대 문화의 서구적 기초」, pp. 61~65 참조.
88) Seong Hwan Cha, 윗글, 제4장 여러 곳 참조.

〔……〕 보냈던 윤바오로가 북경에서 받아온 회답이 1790년 4월에 도
착되온바, 신자들에게 먼저 기쁨을 주기는 했사오나, 곧이어 가장 큰
슬픔과 태산 같은 근심걱정으로 그들을 몰아넣었삽나이다.[89]

이 편지는 그로 인해 닥칠 위험에도 불구하고 한국 초기 카톨릭
교회의 신자들 중에서 기성의 지배 집단이 중시하는 사람들, 곧 유
교적으로 교육을 받은 양반층 출신의 신자들이 유교의 조상 제사를
거부하게 하는 데 직접적으로 기여했다.[90] 이러한 행위는 정부로 하
여금 카톨릭 교회 공동체를 반국가적이고 반사회적인〔無君無父〕이
설을 퍼뜨리고 신봉하는 집단으로 공공연하게 규정하고 박해를 감
행케 하는 결정적인 단서가 되었다.[91] 이러한 정부의 태도는 오늘날
우리의 상식을 넘는 이해할 수 없는 것으로 보일 수 있다. 그러나
실제로 조상 제사는 유교적 지식인들의 이해에 따르면 유교의 황금
률인 효의 연장선상에 놓인 윤리적 덕목이었다는 사실을 아는 것이
중요하다. 따라서 조상 제사의 거부는 바로 유교적 사회 구조 원리
의 집약적 표현인 효의 거부라는 의미가 된다.[92] 이와 같은 정부의
반응은 무엇보다도 유교적인 사회에서 조상 제사의 거부의 의미에
대한 막스 베버의 해설을 상고할 때 훨씬 이해할 만한 것으로 드러
난다:

〔……〕 조상 제사의 거부는 정치적인 황금률인 효를 위협하는 것을
의미한다. 이 효에 관료적 위계에서의 기강과 신하의 복종이 달려 있
었다. 황제가 지니는 카리스마의 만능적인 힘과 대인간적 지배 복종으
로 이루어지는 영원한 질서에 대한 믿음으로부터 벗어난 종교성은 원
칙적으로 용납될 수 없는 것이었다.[93]

---

89) 주재용, 『한국 카톨릭사의 옹위』(서울, 1970), p. 66.
90) 보기로 문제가 된 조상 제사의 거부는 양반 출신인 윤지충과 권상현에
    의해 이루어졌다.
91) 최석우, 윗글, pp. 108~14; 『순조실록』, 제2권, 순조 1년 1월 丁亥.
92) 조선 사회에서의 효와 조상 제사의 관계 및 그것이 갖는 의미는 Seong
    Hwan Cha, 윗글, pp. 118~28 참조.
93) Max Weber, "Konfuzianismus und Taoismus," *GARS* I, p. 501.

이렇게 볼 때 조상 제사의 거부는 유교에 있어서 주변적이며 하찮은 의식의 거부로 간단히 보아넘길 수 없는 것이었다. 지배층의 특권적 위치를 정당화하고, 대중으로부터 복종을 얻어내는 중심 매체가 되기 때문에 이의 부정은 유교적 지식인층 및 양반 체제의 존립 근거에 대한 정면 도전(체제 부정)의 의미를 갖는 것이었다. 또한 그 거부가 중인 또는 상민에 의해서가 아닌, 양반 가문 사람들에 의해서 이루어졌다는 것은 유교적 지배층으로서는 그대로 보아넘길 수 없는 중대한 문제였다. 이처럼 조상 제사 거부는 체제 부정적인 의미를 갖기 때문에 카톨릭 교회에 대한 유교적 지배층의 어떤 가혹한 탄압도 사람들로부터, 특히 유교적 교양인층으로부터 쉽게 정당성을 얻을 수 있었고, 그만큼 정치적으로 이용 가치가 큰 것이었다고 말할 수 있다.

II. 대중 종교로서의 카톨릭 교회 공동체

정치적이며 사회적인 압력 아래에서 유교적 지식인들, 무엇보다도 위에서 언급한 실학파 지식인층은 공식적으로 교회 공동체를 멀리할 수밖에 없었다.[94] 그렇지만 카톨릭의 추종자들은 유교적 지배 집단으로부터 가해지는 피비린내나는 잔악한 박해에도 불구하고 상인과 수공업자층에서 그리고 무식한 인민 대중들 속에서 계속 확대되었다.[95] 이의 원인이 밝혀져야 한다. 이렇게 된 주된 원인은 무엇보다도 조선 시대를 지배한 신유교의 성격에서 찾아질 수 있다. 앞에서 언급한 대로 신유교적 지배층은 유교적 공동체 이외의 어떤 독자성을 띠는 공동체가 사회 속에 자라나는 것을 효과적으로 막아왔다. 그런데 이러한 막강한 지배력을 행사한 신유교는 인민 대중의 종교적 욕구를 만족시켜줄 수 있는 그 어떤 적절한 배려를 하는 데는 실패했다. 이는 대중을 위한 유일의 공인된 종교 의식이라 볼 수 있는 조상 제사에서 개인적인 '기도'가 빠져 있다는 사실 하나만

---

94) 조광, 「조선 후기 천주교 지도층의 특징」, pp. 56~66.
95) Wiliam E. Biernatzki u. a., *Korean Catholicism in the 1970s. A Christian Community Comes of Age*(New York, 1975), p. 22; Gabriel Lee, 윗글, pp. 76~77, 80~81; A. Jeong-soo Kim, 윗글, p. 27.

보아도 족히 이해할 수 있다. 따라서 억압된 대중의 종교적 욕구가 유교의 대중 통제력이 약화되는 조선 후기에, 그리고 대중이 숭상하던 기존의 주술적 대상의 효능을 의심케 하는 국내외적 혼란 상황에서 체계적으로 발전된 카톨릭의 종교 의식과 접합되어 폭발되고 있다고 보아야 할 것이다. 그러나 그렇다고 해서 카톨릭 교회 공동체가 독자적이며 합리화된 윤리적 종교로 자신을 발전시킬 수 있었다는 것을 의미하지는 않는다. 왜냐하면 이 신앙 공동체는 독립적인 사제 집단의 지원을 받지 못한 채 강력한 탄압을 받는 이적 집단이 되어 지하로 숨어들어갈 수밖에 없었기 때문이다. 또한 이 공동체의 종교적 지식인들은 대부분 순교당했고, 종교적 자질을 갖춘 지식인을 더 이상 충원받을 수 없었기 때문이다. 그 때문에 신도들은 어떤 규칙적인 종교적 교육을 전혀 받지 못한 채, 무식한 대중으로서 몇몇 외국인 선교사들의 미약한 지도에 의존하는 수밖에 없었다. 이와 같은 카톨릭 교회 공동체의 사회적 역할과 의미는 초기 카톨릭 지식인들의 사고 구조를 구체적으로 분석하는 데서 심층적으로 이해될 수 있다.

4. 초기 카톨릭 지식인의 사고 구조

우리는 위에서 언급한 최초의 카톨릭 지식인들에게서 특수한 사고 구조를 발견할 수 있다. 곧 이들은 무엇보다도 예수회 선교사들이 중국어로 썼거나 중국어로 옮겨놓은 기독교적 서적들을 참고로 하여 자신들의 사회에 적합한 방식으로 기독교를 소개하려고 시도했다. 때문에 그들에 의해서 기독교적 세계상은 특수하게 합리화 및 체계화되는 결과를 가져왔다. 이들은 많은 기독교적 서적을 교양인층을 위해서는 한문으로, 하층민들을 위해서는 한글로 펴냈다. 곧 예식서·기도서, 경건과 명상에 관한 책, 교리서 등등을 쓰거나 번역해냈다.[96] 이 지식인들은 예수회 선교사들이 중국에서 했던 것

96) A. Jeong-soo Kim, 윗글, pp. 32~35 참조.

과 같이 자신들의 사회에서 카톨릭적인 신개념 및 기독교적인 세계상이 유교적인 사회 윤리 및 가족 윤리의 본질과 결코 모순 관계에 있지 않다는 것을 사람들에게 확신시키고자 했다.[97] 보기로 이벽은 1784년경에 유교적 교양을 갖춘 사회의 상류층을 위해서 한문으로 『성교요지』라는 책을 썼다.[98] 이 책의 내용 중에서 다음의 것들이 특히 우리의 관심을 끈다. 곧 신을 창조자, 곧 자신의 아들을 구원자로서 세상에 보낸 자비를 베푸는 이로서, 그리고 그렇게 하여 그의 피조물들과 같이 있고, 그 피조물들 안에 존재하는 것으로서 묘사한다.[99] 그러나 이벽은 기독교와 유교적인 세계 사이의 중요한 접촉점을 중국에서 예수회 선교사들이 했던 것과 같이 유교적 전통 속에 나타나고 있는 세계를 초월해 있는 인격적 신의 개념에서 찾은 것이 아니라, 인간인 예수에게서 찾고 있다. 이벽의 사고 구조의 특성은 바로 이 점에서도 드러난다고 할 수 있다. 그렇지만 이 책에서 예수회 선교사들의 일반적인 입장이 모두 긍정적으로 평가되어 수용되고 있다. 이벽은 기존의 유교적 생활 질서 속의 완전한 인간으로 예수를 제시함으로써 기독교 세계와 유교 세계 사이의 모순 대립을 일거에 제거해버린다:

예수는 인간이 되셨고, 육신을 입으셨다. 그는 진정한 구세주이시다. 삼위의 2번째 위인 아들로 태어나신, 그는 5륜을 지키시었다.[100]

여기에서 초대 교회 공동체가 다분히 변증적인 의도로 예수를 유대교 율법의 완성자로 서술하고 있는 것과 형식적인 일치를 보이고 있는 것을 발견할 수 있다. 유대교 율법의 자리에 유교 윤리의 핵심 체계인 오륜이 대치된 것이다. 예수가 오륜을 지키시었다는 것

---

97) 주재용, 윗글, p. 39 참조.
98) 『성교요지』에 대한 내용 및 상세한 분석은 A. Jeong-soo Kim, 윗글, pp. 96~117 참조.
99) 윗글, p. 108 참조.
100) 이벽, 『성교요지』 제 3 장, 2 열에서 3 열; A. Jeong-soo Kim, *Katechese und Inkulturation*, p. 109.

은 그가 유교적 관점으로 보아도 흠 없는 완전한 인간이었다는 것을 의미한다. 곧 예수가 유교의 완성자임을 암시하고 있는 것이다. 잘 알려진 바대로 오륜은 유교적 윤리 체계의 기본이다. 이러한 견해와 관련해서 이 책에서는 한걸음 더 나아가 다음과 같이 계속하고 있다.

> 예수의 교설은 사람들에게 임금을 섬기라고 가르친다. 이 교설은 사람들의 심령을 바르게 하고, 정직하고 신실하게 함으로써 인민을 부하게 한다.[101]

이런 방식으로 이벽은 전체 인민이 그리스도를 따를 것을 요구하고 있다. 그러나 이와 같은 요구가 일종의 '공동체적 종교성'이 신앙인들 속에서 생성되어야 한다는 것을 의미하는 것은 아니었다는 점을 인식하는 것이 중요하다.[102] 왜냐하면 그는 이러한 그의 요구가 의심의 여지없이 기존의 신유교적 사회 구조를 전혀 손상시킴 없이 실천될 수 있는 것으로 이해하고 있기 때문이다. 이벽의 책에는 기존의 사회적 질서에 속하던 사람들이 특별히 은총을 받고 선택되어 성례전을 나누며, 이렇게 선발된 이들이 교회 공동체를 이룬다는 차원의 문제가 선명히 드러나고 있지 않다.[103]

그러므로 이벽에 의해서 제시된 '종교성'은 전통적인 유교에 의해서 유례없이 강조·강화된 의미를 부여받고 있는 한국 사회의 가족적 유대와 씨족적 연대를 해체함에 있어서 대단히 미미한 영향력을 끼치는 데 머무를 수밖에 없었다고 결론지을 수 있다. 마찬가지로 카톨릭 교회 공동체가 외형적으로 기존의 유교적 질서의 원리와는 전혀 다른 구조 원리를 드러내고 있음에도 불구하고, 자신의 새로

---

101) 『성교요지』, 49장; A. Jeong-soo Kim, 윗글, p. 106(번역은 필자).
102) A. Jeong-soo Kim, 윗글, p. 111 참조. 막스 베버에 의하면 '공동체적 종교성'의 가장 급진적인 형태는 다음과 같이 정식화될 수 있다. 곧 "자신의 아비를 미워할 수 없는 자는, 예수의 제자가 될 수 없다." Max Weber, *WG*, p. 350.
103) A. Jeong-soo Kim, 윗글, p. 111 참조.

운 집단 형성 원리를 사회 속에 확고히 정착 발전시키는 데에 필요한 종교적인 내적 기반을 제공할 수 없었다고 말할 수 있다.

초기 카톨릭 지식인의 사고 구조와 종교성을 적절히 파악하려면, 위에서 언급한 이벽의 책과 아울러 정약종이 쓴 『쥬교요지』에 나타난 인간상과 구원의 길을 분석해야 할 것이다. 이 책은 하층민(보기로 상민, 부인과 어린이들)을 위해서 한국말로 1790년에 씌어졌다.[104] 이 『쥬교요지』는 한국 카톨릭 교회에서 깊은 의미를 갖고 있었다. 이는 이 책이 1864년에 프랑스 선교사에 의해서 서울에서 최초로 출판된 후에 1885, 1887, 1897, 1932년에 거듭 중판되고 있다[105]는 사실에 의해서 단적으로 입증된다.

초기 지식인들 책에서(특히 이벽과 정약종) 이원론적 인간론, 영과 육의 분리가 강하게 강조되고 있다는 사실이 우리의 주목을 끈다. 죽은 후에 영은 육과 분리되어 계속 살아 있으며, 반면 육은 파멸에 이른다. 다른 말로 영혼은 불멸이라는 사상이 이들에 의해서 주장되었다. 이를 알리는 구절을 정약종의 『쥬교요지』로부터 소개하면 다음과 같다:

　사람이 죽은 후에 그의 육체는 썩어지지만, 그의 영혼은 죽지 않는다. 〔……〕 인간의 영혼은 육에서 태어나는 것이 아니다. 육체가 태어날 때, 주께서 육체에게 정신적인 영혼을 내시어 부가한다. 그렇기 때문에 인간은 육체의 바깥에 있는 것에서 기쁨과 슬픔을 느낀다.[106]

이러한 사상으로부터 예수 그리스도의 십자가에 못박힘과 구원은 특수한 의미를 갖게 된다. 곧 예수는 인간을 위해서 자신의 육체를 희생한다. 이를 통해서 그는 인간을 구원한다. 그의 죽음 후에 그는 (그의 영혼은) 자신의 아버지의 하늘나라에로 되돌아갔다는 것이다. 예수와 마찬가지 방식으로 인간은 영원한 행복을 기대할 수 있다는

---

104) 윗글, pp. 117~18.
105) Hector Diaz, 윗글, pp. 53~71.
106) 정약종, 『쥬교요지』, pp. 334~35. 한글 원문은 윗글, p. 334.

것이다. 구원은 인간 전체가 아닌 '영혼 구원'을 의미한다. 따라서 구원을 위한 종교적 행위는 사람들의 일상적 삶의 운용에 부정적인 의미를 갖게 된다. 그 밖에 초기 카톨릭 지식인들은 하나님의 천당 또는 지옥으로의 보응을 강조했다. 하나님은 선을 좋은 것으로 상주시고 악을 벌하신다는 것이다:

> 그렇기 때문에 세상 끝날에 심판하실 것이다. 그때에 주로부터 단 하나의 선행도 보상을 받지 않는 일이 없고, 벌받지 않게 되는 어떤 악행도 없을 것이다.[107]

또한 최후의 심판에 대한 성서적 표상이 인상적으로 강조되고 있다. 예수 그리스도는 세상의 끝날에 모든 인간을 심판하기 위하여 다시 지상에 올 것이라는 것이다.[108] 결과적으로 사람들은 자신의 영혼을 구원하기 위해서 서둘러야만 한다. 사람들이 영혼 외적인 세속적인 것들에 집중하게 되면, 이는 헛되이 시간을 낭비하는 것이다. 결국 모든 사람들은 세상의 종말 후에 오게 될 일을 위해서 언제나 예비하고 있어야 한다는 것이다.[109] 인간과 세계에 대한 지식인들의 이해가 위와 같기 때문에 한국 카톨릭 교회의 신자들이 일찍이 그들의 전희망을 미래의 타계적인 존재에 두고 있었다는 보고는 전혀 놀라운 것이 아니다.[110] 이와 같은 종교성 및 그에 상응하는 종교적 활동이 일상의 행위를 윤리적이고 합리적인 방식으로 이끌게 하는 데에 거의 아무런 역할도 하지 못했을 것이라는 사실을 이해하는 것은 어렵지 않다.

신유교적 지식인들이 위에서 언급한 바와 같은 내세 사상을 근거로 해서 한국 카톨릭을 변형된 '정토 불교'의 한 형태로서 이해하여, 불교를 배척했던 것과 똑같은 이유로 카톨릭을 배척했다는 역사적 사실 또한 우연이 아니며, 형편없는 독단에 빠진 유교적 지식

---

107) 정약종, 윗글, pp. 328~29. 한글 원문은 윗글, p. 328.
108) 윗글, 제 39 장, pp. 396~411.
109) 윗글, pp. 396~411.
110) Gabriel Lee, 윗글, pp. 426~27 참조.

인들의 무지를 드러내는 것도 아니다.[111] 물론 한국 카톨릭의 지식인들이 불교·도교 및 민속적인 미신적 요소가 강한 종교 의식의 수행을 정열적으로 비판했다손 치더라도[112] 성리학적 지식인들의 이와 같은 카톨릭에 대한 이해를 변경시킬 수는 없었다.

위에서 언급한 한국 카톨릭의 신과 인간에 대한 표상 및 그것에 상응하는 구원의 길은 신유교적 지식인들에게 있어서는 의심의 여지없이 받아들일 수 있는 것이 아니었다. 이와 같은 내용을 가진 새로운 종교에 대한 유교적 세력에 의한 박해는 또한 이러한 내면적인 의미에서도 피할 수 없는 것이었다.[113] 신유교적 지식인들에게 비친 이와 같은 인상과는 정반대로 인민 대중에게서는 카톨릭의 위와 같은 가르침과 풍부하고 체계화된 다양한 종교적 의식들이 열렬한 호응을 얻을 수 있었다.

5. 카톨릭 의식과 대중의 삶의 영위

위에서 언급한 카톨릭 교리와 수많은 카톨릭 교회의 제의가 인민 대중에게는 전혀 거리낌없이 전통적인 민속 종교적 행사를 대신하는 것으로서, 또는 지금까지의 전통적인 종교 행사에 부가적인 것으로서 가치 있고 효과가 큰 구원의 수단으로 수용될 수 있었다. 대중들은 카톨릭 의식들을 열정적으로 실천하였다. 이러한 현상을 게르네 J. Gernet 는 중국에서 이미 관찰하고 있다:

종교는 그것의 현세적 효력 여부에 따라서 평가되었다. 일반인들은 선교사들이 그들에게 실천하라고 권유한 새로운 제의와 의식들을 거절할 어떤 이유도 없었다. 아마도 이 새로운 것들은 그들에게서 옛 전

---

111) A. Jeong-soo Kim, 윗글, p. 123; Donald L. Baker, *Confucians Confront Catholicism in Eighteenth-Century Korea*(박사 논문)(University of Washington, 1983), p. 88.

112) 정약종, 윗글, pp. 300~29 참조.

113) Donald L. Baker, 윗글, pp. 355~58 참조.

통적인 것들보다 훨씬 더 효과적인 것으로 판명되었을 것이다.[114]

그렇지만 대중 속에서의 이러한 성과가 한국 카톨릭이 지금까지 전해오는 삶의 지향을 변동시키는 데에 의미있는 영향력을 끼쳤다는 것을 의미하지는 않는다. 위에서 언급한 사고 구조에 의해서 규정되는 카톨릭은 종교적인 대중으로 하여금 자신들의 삶을 합리적으로 영위하게끔 하는 데에 어떤 효과적인 역할도 할 수 없었다. 왜냐하면 카톨릭의 제의와 의식들은 이제까지의 서구 전통주의자들에게서와 조금도 다를 바 없이 신앙인 대중에게서도 대단히 강한 주술적인 *magische* 의미를 가지고 있었기 때문이다.

이러한 사실은 또한 한국 카톨릭 교회의 교리 문답서에서 확증될 수 있다. 이를 위해서 우리는 두 가지의 교리 문답서를 검토하려고 한다. 하나는 1864년에 다른 하나는 1934년에 각각 출판되었다.[115] 여기에서 우리가 관심을 두는 바는 특히 교회의 개념과 성례전 *Sakramente*의 의미이다. 이 교리 문답서에 따르면 성례전은 교회가 은총을 분배하는 수단물이다. 그리고 교회는 은총을 현실화시키는 중심점이다. 교회는 크리스천에게 성례전을 제공하고, 신의 이름으로 신앙인을 지도해야만 한다.[116] 결국 인간의 구원은 제도화된 교회에 위탁된 은총을 나눔으로써 또 그 은총에 참여함으로써 일어나는 것이다.

이제 우리의 문제 범위에서 다음의 질문은 결정적으로 중요한 의미를 갖는다. 곧 한국의 카톨릭 교회가 위에서 언급한 성례전을 베

---

114) J. Gernet, *China and the Christian Impact*, p. 83; *Christus kam bis nach China*, pp. 97∼122 참조.

115) 1864년의 『성교 요리문답』은 중국어로 된 것을 우리말로 번역한 것이다. 그 후에 이 문답서는 1883, 1887, 1896, 1907년에 중판된다. 다른 하나는 『천주교 요리문답』으로 1934년에 출판되었다. 이는 한국의 모든 교구에 배포되었으며, 1967년까지 한국 카톨릭의 대표적인 문답책 역할을 해왔다. A. Jeong-soo Kim, pp. 167∼171, 182∼84에 두 교리 문답에 대한 분석이 있다.

116) 『성교 요리문답』(서울, 1864), pp. 9∼10, 15∼17; 『천주교 요리문답』(서울, 1934), 제1조∼제4조; A. Jeong-soo Kim, 윗글, pp. 178∼79, 190∼93 참조.

푸는 조건으로 신자들에게 어떤 의무의 실천을 부과하고 있는가 하는 것이다. 왜냐하면 막스 베버가 정식화하고 있듯이,[117] 한국 카톨릭 교회가 제시하는 이러한 구원의 길이 해당 신앙인들로 하여금 자신의 삶을 보다 합리적으로 영위하게끔 하는 데에 끼치는 영향력은 은총의 매개물(성례전) 자체에 달려 있는 것이 아니라, 전적으로 은총의 선물을 나누는 전제 조건으로 부가시키는 윤리적 의무에 달려 있기 때문이다. 필자는 이러한 질문에 직접적으로 대답하는 대신에, 1864년의 교리 문답에 대한 카톨릭 신학자인 김정수의 논문으로부터 얼마를 소개하고자 한다:

유기적으로 서로 관련지어 고찰해보면, 실제로 성례전과 새로운 삶을 각각 분리시키려 의도하지 않았고, 성례전과 기독교적 삶 사이의 깊은 관계를 보여주고 있지만, 『성교 요리문답』은 기독교적인 삶과의 연관성 없이 개개의 성례전과 그것들의 특성을 서술하고 있다. 그렇기 때문에 일방적인 성례전주의로 빠질 위험성이 있다.[118]

결국 성례전에 참여하는 전제 조건으로 요구하는 윤리적 의무가 분명하게 제시되고 있지 않다는 말이다. 또한 김정수는 같은 글에서 성례전이 일상적 삶에 대하여 갖는 미미한 의미를 다음과 같이 표현하고 있다.

성례전이 은총의 부여일 뿐만 아니라, 새로운 삶과 새로운 행위에 대한 요구이며, 능력의 부여라는 사실이 더 이상 분명하지 않게 되어버렸다.[119]

따라서 한국 카톨릭의 확대는 종교적 대중으로 하여금 자신들의 삶의 지향을 바꾸거나, 삶을 합리적으로 영위하게끔 하는 데 의미 있는 영향력을 줄 수 없었다고 결론지을 수 있다.

---

117) Max Weber, *WG*, pp. 338~39 참조.
118) A. Jeong-soo Kim, 윗글, p. 178(번역은 필자).
119) 윗글.

6. 맺는 말

하층민들 속에서의 카톨릭의 확장은 결국 기존의 가족적인 유대와 씨족적인 결속 관계를 해체하고, 그와 아울러 새로운 공동체적 종교성을 바탕으로 한 전혀 다른 공동체 구성의 원리 또는 이익 집단의 구성 원리가 사회 속에 뿌리내리게 되었다는 것을 의미하지 않는다. 그렇게 발전할 수 있는 종교 내적인 힘을 박해 과정에서 상실했고, 역사적으로 이를 만회할 수 있는 기회가 한국 카톨릭 교회에 주어지지 않았다고 보아야 될 것이다. 이에 비해 전통적인 집단 구성 원리에 바탕을 두고 있는 가족적 및 씨족적 유대는 너무나 강하였다. 분석적 차원에서 카톨릭 교회 공동체의 매개 집단적 역할의 실패 원인과 공공 윤리의 발전에 이렇다 할 기여를 할 수 없었던 이유, 그리고 한국 카톨릭의 종교성이 전통적인 행위의 지향을 근대적인 것으로 변동시키는 데에 무력했던 원칙적인 이유 등등이 카톨릭 지식인의 사고 구조 속에 이미 배태되어 있었다는 것을 확인할 수 있었다. 이에서 한걸음 더 나아가 카톨릭의 확산은 전통적인 세계가 가지고 있던 주술적 의미를 상실하게 만드는 데 거의 아무런 기여도 하지 못했다는 것을 의미한다. 따라서 카톨릭의 등장과 확산에도 불구하고 한국 사회에서의 원초적인 주술적 세계상은 손상됨 없이 계속 존속할 수 있게 되었다.

카톨릭에 지향된 대중이 한국의 정치적이고 사회적인 상황에 더 이상 어떤 관심을 보이지 않았다[120]는 보고들의 내적인 이유를 우리는 이제 이해할 수 있게 되었다. 원칙적으로 이들에게 있어서 자신의 영혼을 구원하는 일과 병행해 있는 세속적인 것들은 어떻게 되든 상관이 없다.

이러한 우리의 연구 결과는 아울러 다음과 같은 몇몇 역사적 사실을 이해하는 데 도움을 줄 수 있을 것이다. 곧 카톨릭 교회 공동

---

120) 민경배, 『한국 기독교회사』, pp. 111~15.

체는 1910년에 한국이 일본에 의해서 강제 합방될 때에 침묵했다.[121] 그 밖에 한국의 근대화에 이렇다 할 어떤 관심도 보이지 않았다. 이에서 한걸음 더 나아가 개신교·천도교·불교 등에 의해서 주도된 1919년의 독립 운동에 한국 카톨릭 교회는 참가하지 않았다.[122] 1930년대에 있었던 일본에 의한 신사 참배 강요에 별다른 저항 없이 순응했다.[123] 1960년대에 이르러서야 비로소 한국 카톨릭 교회의 지식인 일부가 '민중 운동'이라 알려진 정치적 운동에 능동적으로 참여하기 시작했다.[124]

물론 이러한 한국 카톨릭의 사회적 영향 또는 인간 행위에 미친 영향에 대한 이 글의 분석이 여타의 종교 집단과 비교 평가하여 이루어진 것이 아니라는 사실 또한 지적하지 않을 수 없다. 아울러 이 글의 분석과 그에 따른 결과는 카톨릭이 보는 인간 구원의 내용과 방식 등등의 종교 내적인 문제에 대하여 어떤 입장을 취하는 것과는 아무런 관계도 없다는 점을 기록해두고자 한다.

참 고 문 헌

강만길(1983), 「실학파의 상공업 발전론」, 조명기 외, 『한국 사상의 심층 연구』, 서울(2판).

_____(1983), 『조선 후기 상업 자본의 발달』, 서울(5판).

김용덕(1983), 『조선 후기 사상사 연구』, 서울(3판).

달레, 샤를르(1987), 『한국천주교회사』(상)(안응렬·최석우 옮김), 서울.

메이슨, 스티븐 F.(1990), 『과학의 역사』 I(박성래 옮김), 서울(4판).

---

121) Lee Jai-hyung, 윗글, pp. 143~49 참조.
122) 1919년의 독립 운동과 교회의 입장에 대해서는 많은 논의가 있었다. 이에 대한 한 보기로 Kyoo-tae Sohn, *Kirche und Nationalismus: Eine Studie über die Rolle des Nationalismus in der koreanischen Kirchengeschichte unter der japanischen Kolonialzeit*(박사 논문)(Frankfurt/a. M., 1986), pp. 187~216 참조.
123) 윗글, pp. 266~67.
124) A. Jeong-soo Kim, pp. 81~84.

민경배(1982), 『한국 기독교회사』, 서울.

박충석(1983), 「실학 사상에서의 민본주의」, 『한국 사상의 심층 연구』.

손정목(1982), 『조선 시대 도시 사회 연구』, 서울(4판).

신용하(1983), 「실학파의 토지 개혁 사상」, 『한국 사상의 심층 연구』.

유홍렬(1989), 『증보 한국천주교회사』(상), 서울(6판).

윤사순(1983), 「실학의 발흥과 사상적 배경」, 『한국 사상의 심층 연구』.

이원순(1980), 「한국 근대 문화의 서구적 기초」, 『한국사학』 1, 성남.

_____(1986), 『한국천주교회사연구』, 서울.

이을호(1983), 「한국의 실학 사상 개설」, 『한국의 실학 사상』(한국의 사상 전집 3), 서울(4판).

정약종(1986), 『쥬교요지』(한글 및 영어 번역문), Hector Diaz, *A Korean Theology. Chu-Gyo Yo-Ji: Essentials of the Lord's Teaching by Yak-jong Augustine(1760~1801)*, Fribourg.

조 광(1980), 「한국 근대 문화의 실학적 기초」, 『한국사학』 1.

_____(1985. 3), 「조선 후기 천주교 지도층의 특징」, 『역사학보』 105.

_____(1988), 『조선 후기 천주교사 연구』, 서울.

주재용(1970), 『한국 카톨릭사의 옹위』, 서울.

차성환(1984), 「고려말 조선초 가치 체계의 변동과 사회 계층」, 『사회학 연구』 제1집.

최석우(1982), 「천주교의 수용과 조선 후기 정치 문화의 변화」, 『국가 권력과 기독교』, 서울.

최종고(1983), 『국가와 종교』, 서울.

크류거, 말리스(1987), 『지식사회학』(심윤종 옮김), 서울.

한국천주교중앙회(1934), 「천주교 요리문답」, 서울.

황성모(1983), 「한말의 종교적 상황」, 『상황과 종교』(고범서 편), 서울.

Baker, Donald L.(1983), *Confucians Confront Catholicism in Eighteenth-Century Korea*, University of Washington(박사 논문).

Biernatzki, Wiliam E.(1975), *Korean Catholicism in the 1970s. A Christian Community Comes of Age*, New York.

Bürkler, Xaver(1942), *Die Sonn-und Festtagsfeier in der katholischen*

Chinamission: Eine geschichtlich-pastorale Untersuchung, Rom.

Cha Seong Hwan(1989), Demokratie ohne öffentliche Ethik? Zur Soziologie der religiösen Denkstruktur der Intellektuellen in Korea, Tübingen Universität(박사 논문).

Cushing, Richard J.(1953), China in the Sixteenth Century: The Journals of Matthew Ricci; 1583~1610(Louis J. Gallagher 옮김), New York.

Diaz, Hector(1986), A Korean Theology. Chu-Gyo Yo-Ji: Essentials of the Lord's Teaching by Yak-jong Augustine(1760~1801), Fribourg.

Gernet, Jacques(1984), Christus kam bis nach China. Eine erste Begegnung und ihr Scheitern, München.

_____(1985), China and the Christian Impact. A Conflict of Cultures, Cambridge.

Gerth, H. H. and Mills, C. W.(1958), From Max Weber: Essays in Sociology, New York.

Grayson, James H.(1985), Early Buddhism and Christianity in Korea. A Study in the Emplantation of Religion, Leiden.

Göthel, Ingeborg(1978), Geschichte Koreas. Von 17. Jahrhundert bis zur Gegenwart, Berlin.

Hanson, Eric O.(1980), Catholic Politics in China and Korea, American Society of Missiology Series, No. 2, New York.

Henthorn, William E.(1971), A History of Korea, New York.

Kim Andreas Jeong-soo(1987), Katechese und Inkulturation. Dargestellt am Beispiel der Geschichte der katholischen Kirche in Korea 1603~1983, Frankfurt a. M.

Lee, Gabriel(1961), Sociology of Conversion: Sociological Implications of Religious Conversion to Christianity in Korea, Fordham Univ. (박사 논문).

Minamiki, George(1985), The Chinese Rites Controversy from its Be-

ginning to Modern Times, Chicago.

Ricci, Matteo(1985), *The True Meaning of the Lord of Heaven* (Douglas Lancashire u. a. 편역), Paris (한문 원본과 영어 번역문이 같이 실려 있음).

Sohn Kyoo-tae(1986), *Kirche und Nationalismus: Eine Studie über die Rolle des Nationalismus in der koreanischen Kirchengeschichte unter der japanischen Kolonialzeit*, Frankfurt Universität(박사 논문).

Tenbruck, Friedrich H. und Ruopp, Wilhelm A.(1983), "Modernisierung—Vergesellschaftung—Gruppenbildung—Vereinswesen," *Sonderheft zur KZSS 25: Gruppensoziologie. Perspektive und Materialen*(F. Neidhardt 편집).

Weber, Max(1972), *Wirtschaft und Gesellschaft*, Tübingen(5판).

_____(1978), "Einleitung der Wirtschaftsethik der Weltreli-gionen," *Gesammelte Aufsätze zur Religionssoziologie* I, Tübingen(7판) (*GARS* I로 줄여 씀).

_____(1978), "Konfuzianismus und Taoismus," *GARS* I.

_____(1978), "Die protestantische Ethik und der Geist des Kapitalismus," *GARS* I.

제 4 장

한국 근대화와 동학 지식인의 사고 구조
—동학 공동체의 신개념 변형의 사회학적 의미

1. 머 리 말

동학교는 한국 고유의 종교로서 근대화 초창기에 근대적 집단 형성의 새 원리를 주체적으로 드러내고 있다는 점에서 특히 주목해볼 가치가 있다. 잘 알려진 바와 같이 지성사적으로 볼 때 한국의 지식인들, 특히 불교와 유교 출신의 지배권을 누렸던 지성인들은 신과 세계 그리고 인간을 독특한 측면에서 바라보고, 체계적으로 파악하여 특이한 방향으로 합리화해왔다. 이들의 이러한 신념과 행위는 대중의 '삶의 운용'에 장기적인 면에서 큰 영향력을 끼쳐왔다. 이른바 근대화된 우리 사회는 중요한 면에서 여전히 이들의 세계관 및 윤리의 영향권 안에 머물러 있다. 그러나 이것이 창조적 전통으로서 순기능적으로 역할을 하고 있다는 것을 의미하지 않는다.

현대 한국 사회는 유교적 세계관에 바탕을 둔 '사적 윤리'와 서구적 사회정치적 제도들 사이의 모순 대립으로부터 공적 영역의 바탕 자체가 허물어지게 되어 크나큰 위기를 맞고 있다. 우리 사회 속에 살아 움직이는 특유의 사적 윤리는 '대인간적 지배 복종'을 내용으로 하고 있다. 이와 같은 전통적 윤리는 유교적 지식인들의 5세기 이상이나 되는 긴 세월에 걸친 피나는 노력의 결과물이다. 잘 알려진 바와 같이 그것은 조선 사회의 '공적' '사적' 영역을 망라하는 지배 문화의 핵이었다. 그뿐만 아니라 이와 관련된 특유의 '사적 윤리'는 공식적인 재생산 매체를 상실한 개항 이후에도 계속 우리 사

회의 지배적인 전통으로 존재한다.[1)]

유교적 세계와는 달리 서구 산업 사회의 지식인들은 '공적 영역'
과 '사적 영역'을 엄격히 구분했다. 그리고 그들은 이 두 영역에서
통용되는 서로 다른 윤리 체계를 개념화하여 정착시켰다. 이념형적
으로 볼 때, 서구 사회에서 사람들은 공적인 영역에서 '대인간적인
지배 복종'의 원리가 아니라, '공공 윤리' 곧 비인격적인 규범이나
원리에 모두 예외 없이 지배된다. 대인간적인 정에 얽힌 관계는 사
적인 영역에서만 정당성을 획득하게 되었다. 그러나 우리 사회의
근대화와 서구화의 주역들은 서구의 이러한 공공 윤리 차원을 고려
함 없이 서구의 제반 사회 정치 제도만을 받아들여 정착시켰다.

이에 따른 우리다운 공공 윤리 부재의 결과는 현대 사회의 공공
기관이나 사기업에서 관료 체제를 운영하는 이들 사이에 만연되고
있는 비리·부정·부패의 형태로 그 모습을 드러내고 있다. 한국
근대화 과정에서 건전하고 믿을 만한 공공 윤리의 개발과 정착은
우리 민족의 본질적인 과제에 속하는 것이었다.

이러한 과제는 단순히 그 어떤 공공 윤리의 필요성을 역설하는
것에 의해서나, 서구 사회의 제도 및 그 원리에 대한 지식과 정보
를 소개 유포하는 근대 교육의 실현에 의해서 달성될 수 있는 것이
아니다. 보기로 우리의 역사에서 유교적 사적 윤리가 사회적으로
정착되기 위해서는 세계관에서의 변동을 필요로 했다는 것을 알게
한다. 또 이를 위해서 유교적 지식인들은 200년 이상에 걸친 줄기
찬 노력을 기울였어야 했다. 더 나아가서 서구에서도 공사의 영역
을 구분하고 공공의 윤리가 대중 속에서 지배권을 누리게 하기 위
해서 각계각층의 지식인들이 1세기 이상이나 되는 긴 기간 동안 자
신들의 정열을 투여하지 않으면 안 되었다. 하나의 윤리 체계가 사

---

1) 공사 영역의 개념, 공공 윤리, 사적 윤리 및 서구의 법적 지배에 대한 내
   용적인 논의를 필자는 다른 곳에서 했으므로 이곳에서 다시 논의하는 일
   은 피하려 한다. 차성환, 「새로운 집단 형성 원리의 등장 I: 초기 한국
   카톨릭 교회 공동체의 사회학적 의의」, 『연세사회학』 제10, 11호 합본
   (1990), pp. 221~22; Seong Hwan Cha, *Demokratie ohne öffentliche Ethik?
   Zur Soziologie der religiösen Denkstruktur der Intellektuellen in Korea*(박사
   논문)(Tübingen, 1989), "Einleitung" 참조.

회 속에서 지배권을 누리게 되기 위해서는 단순히 편리하고, 상황에 적합한 윤리 체계를 특정 지식인들이 합리적으로 고안해내고, 그것을 대중들에게 계몽 선전하는 것으로 족한 것이 아니다. 그것을 훨씬 넘어서는 본질적인 차원, 해당 사회의 세계관에서의 변혁을 필요로 한다.

이러한 문제 의식에서 볼 때 한국 근대 초기에 있었던 카톨릭·동학·개신교의 종교 공동체 운동은 대단한 의미를 갖는다. 예언자 최제우에 의해서 창건된 초기 동학 종교 운동은 그 전체를 유기적으로 연결지어볼 때, 전통적 세계관인 불교와 신유교에 대립하는 새로운 세계상을 제시하고 있다. 동학 공동체에게는 한국 근대화에 절대로 필요했던 우리다운 공공 윤리 창출의 매개체로서의 역할을 수행할 수 있는 가능성이 열려 있었다. 이 점이 우리의 논의에서 선명히 부각되어야 할 것이다.

오늘날 우리는 인간 집단의 이상적인 상을 여전히 '직접적인 대인간적 주종 관계에 바탕한 화합'에서 찾고 있다. 지식인과 대중 어느 누구도 이것 자체를 문제시하지 않는다. 그래서 이러한 이상의 실현에 걸림돌이라고 생각되는 아집 및 이기심의 불식, 교만의 제거, 겸손·충성·효, 대아의 실현 등등의 장려를 위해서 여러 방면에서 온갖 노력을 경주하고 있다. 특히 우리 사회의 전통에 지향되어 있는 대부분의 지식인들은 서구 사회에서 관료제를 통한 '법적 지배'가 드러내는 비인간적 소외 현상을 자주 들먹인다. 동시에 이들은 거대한 서구적 관료제 지배 아래에 있는 우리 사회의 공적 및 사적 영역에서 올바른 행위, 곧 이상적인 인간 관계가 인격적으로 서로 존중하는 가족내의 애정어린 관계와 조금도 다를 바 없는 것을 제시한다.

분석적으로 볼 때, 이 경우 공공의 영역은 실질적으로 존재하지 않는다. 단지 가족이라는 사적 영역이 확대된 것이 존재할 뿐이다. 외형적으로는 서구의 공공 영역과 비슷할지라도 행위의 유형면에서 볼 때, 이때의 공적인 영역에도 여전히 사적인 행위가 지배하는 것이다. 이러한 윤리적 척도 위에서 행정가와 기업가는 지배적 지위의 안전 및 능률과 생산성을 생각한다. 아울러 사회 비평가들은 같은 척도 위에서 공직자의 비리를, 기업의 부도덕성을, 정치가의 파당적 편협성을 나무란다. 그러나 공사의 영역을 선명히 구분하여보는 관점에서 이를 보면, 그 양상과 내용은 전혀 다른 것으로 나타날 것이다. 그럼에도 불구하고 산업화되고 복잡 다양해진 현대 사회 복합체 속에서 이 가치들이 어떻게 실현될 수 있는지에 대한 지적 반성은 항상 소홀히하면서, 위의 가치들이 실현될 수 있는 진정한 의미의 교육의 부재와 그것에 대한 사회 지도층의 관심의 부족을 오늘날 사회 문제의 핵심으로 볼지언정, 이들 가치 자체가 현대 사회 구조와 어떤 관계에 있는지는 전혀 문제시하지 않고 있다.

위와 같은 현상은 사회 구조와 시민의 행위 지향 사이의 갈등이라고 성격지을 수 있다. 우리 사회의 많은 심각한 문제의 근원은 바로 이 갈등에 놓여 있다고 할 수 있다. 때문에 근원을 무시한 원인 규명 및 처방은 외형적인 정확성과 확실성을 확보할 때조차도 그 실효를 기대하기가 어렵다. 사회 변혁을 주장하고, 대중을 동원하는 데 선봉에 서는 변혁 지향적인 집단들에서조차도 이러한 갈등이 상존하고 있다. 그런 점에서 이들 집단 또한 기성의 집단과 조금도 다를 바 없다. '근대화'란 원초적인 집단인 가족 또는 씨족 공동체로부터의 공적인 영역의 분리 및 그것에 맞는 행위 유형의 창출이라고 말할 수 있다. 사회의 조직이란 면에서 볼 때 전통적인 사회로부터 근대적인 사회로의 이행은 단순히 서구적인 관료제 및 사회 정치 제도를 이식하는 것으로는 이루어지지 않는다. 우리는 거의 한 세기 동안 이른바 제3세계에서 서구의 사회 제도, 무엇보다도 관료제가 독재자 또는 재벌들의 사적인 이익에, 곧 시민에 대한 '직접적인 대인간적 지배'에 얼마나 악랄하게 이용될 수 있는지를 보았다. 이로 말미암는 불의 부정과 비인간적인 결과는 서구에서 관료제를 통한 '법적 지배'에서 오는 비인간화와 서로 상쇄될 수 있는 비슷한 정도의 것이 아니다. 이 점을 정확히 인식하지 않고 동양 전통의 장점을 강조할 경우, 독재적인 각종 집단과 재벌들의 '사적'인 이익을 미화하여 은폐하는 데 일익을 담당하게 될 것이다.

이런 문제 의식에서 볼 때 전통적인 사회 속에 공공의 영역이 출현하는 것은 대단히 중요한 의미를 갖는다. 전통 사회의 국가·정부 또는 왕실은 엄밀한 의미에서 볼 때 근대 서구 사회에서 드러난 '공공의 영역'과 같은 것이라고 볼 수 없다. 특히 유교가 지배적인 위치를 점령하고 있는 사회에서 이념적으로는 물론이고 현실 사회적인 면에서도 그것은 바로 가족적 행위 관계가 지배하는 영역의 확대에 지나지 않는다. 이 때문에 19세기 후반의 한국 사회에 각종 새로운 종교 집단(카톨릭·동학·개신교)들이 차례로 생성되어나왔다는 사실을 주목하지 않을 수 없다. 이들 종교 집단이 외형적으로 전통적인 가족 공동체의 구조 원리와는 전적으로 다른 방식에서 구성되었음은 말할 것도 없다. 다른 말로 하면 이 집단들을 통해서 처음으로 '공적인 영역'이 한국 사회에 생겨났다는 것을 의미한다. 이들 집단에서는 사람들이 가족 공동체 안에서와는 다른 방식으로 행동할 것이 기대된다. 실제로 서구 사회의 근대화는 원초적인 가족 집단 유대를 종교 집단들에 의해서 희석화 내지 해체시킴으로써, 전혀 새로운 단체와 집단을 생성하고 그것어 걸맞는 행동 유형을 창출할 수 있는 동기가 부여되었기 때문에 가능했다. 곧 시민들로 하여금 본격적인 공적 활동을 준비하게끔 했기 때문이다.[2] 특히 동학교는 당시 농업 사회의 대다수 성원에 해당하는 농민층으로부터 추종자를 얻어, 가족 및 씨족 집단과는 분명히 구별되는 새로운 공동체로 규합하고 있다는 데서 그 중요성이 더욱 커진다.

그러나 동학교를 비롯한 각종의 종교 집단들은 자신들의 새로운 집단 구성의 원리를 확고히 발전시켜 전통적인 집단 구조 원리를 대체하여 사회에 정착시키는 데 모두 실패하고 만다. 이 글에서는 동학교가 왜 실패할 수밖에 없었는가를 해명하려고 시도할 것이다. 필자는 동학교의 발전 과정에서 한국 특유의 지식인의 사고 구조를 발견하고 위와 같은 문제 제기 범위 안에서 이것이 가지는 의미를 부각시켜보려고 한다. 지금까지 동학교는 여러 방면에서 다각적으로 연구되어왔다. 그러나 이 글에서는 이것들을 다시 검토하여 낱

---

2) 차성환, 윗글, pp. 226~29 참조.

낱이 비판하거나, 이제까지 알려지지 않은 새로운 사실을 찾아 소개하는 것을 목적으로 하지 않는다. 지금까지의 연구에서는 동학교가 천도교로 내적인 통일성을 유지하는 가운데 자연스럽게 발전해 온 것으로 전제하면서 논의를 전개해왔다. 그러나 이런 묵시적 전제들은 잘못되어 있다. 동학교의 경전과 천도교의 공인 동학사를 조금만 살펴보아도, 그것이 잘못된 것임을 곧바로 알게 될 것이다. 물론 필자의 이런 관찰이 최초라고 주장하는 것은 아니다. 보기로 필자와 같은 주장을 펴고 있는 것은 아니지만, 이세권은 1987년의 『동학사상』이라는 책에서 "개 같은 왜적놈들이 동학의 시천주(侍天主) 사상을 인내천(人乃天)으로 왜곡 변조 오도(誤導)하였음"을 그 특유의 호교론적 입장에서 주장하고 있다.[3]

이 글은 동학 교주인 최제우의 초세계적이며 인격적인 신 개념이 그를 계승했던 동학의 지식인들에 의해서 세계내에 존재하는 비인격적이며 신비적인 존재로 변형되었으며, 이 사실이 위에서 말한 동학교의 실패와 맺고 있는 내적 관련성을 따져보려고 한다. 그럼으로써 한국 근대화에 대해서 동학 공동체가 갖는 의의를 밝히는 데 기여하고자 한다. 아울러 제기된 문제 범위 안에서의 동학교 실패의 주된 원인이 동학 지식인들의 의도적·비의도적 행위의 결과였음을 보여줄 것이다.

2. 동학 공동체 조직 원리의 특징

동학 공동체는 여러 면에서 그 밖의 종교 집단과는 구분된다. 동학교는 우리의 토양에서 구원 종교로 자생했다는 점에서, 외국의 종교였던 불교·유교·카톨릭·개신교와는 달리 우리 민족에게 특별한 의미를 주는 것이다. 그리고 추종자들의 계층적 성격에서 볼 때, 불교·유교의 핵심적 매개층이 사회의 상부 교양인층이었던 것과는 달리, 동학은 사회의 절대 다수를 점하기는 하나 '주술적'인 민

---

3) 이세권, 『동학사상』(서울, 1987), pp. 5~6.

속 신앙에 탐닉하고 있는 농민층을 이끌어내어 합리적으로 발전된
'구원 종교'의 성원으로 삼고 있다. 이 점에서 농업에 바탕을 두고
있던 한국 사회에 대해 동학 공동체는 특별한 의미를 가진다. 또한
한국의 민속 종교 현상과는 달리 동학교는 독자적인 교리 체계와
종교 공동체 조직을 발전시키고 있다. 한걸음 더 나아가 민속 종교
현상에는 종교적 의식이 대단히 빈번하여 어떤 규칙성을 보이는 경
우조차도, 원칙적으로 그것의 원인은 우연적인 계기에 종속되어 있
는 데 반해, 동학교는 내부의 필요에 따라 규칙적인 종교 의식을
집행한다.[4] 한국의 지배적 종교였던 호국 불교나 유교와는 달리, 일
차적인 구원의 목표가 집단이 아닌 개인이라는 점도 발전된 면모
중의 하나이다. 공동체 조직 원리의 면에서 동학교는 전통적인 성
리학적 혈통과 신분에 따른 인격적 차별성에 바탕을 둔 집단의 구
성이 아니다. 이러한 전통적인 척도와는 무관하게 구원을 도모하는
개인들의 자발적인 참여에 바탕하여 공동체를 형성하고 있다. 이
점은 전통 사회에 대해 혁명적인 의미를 지니는 것이다. 앞으로 이
글을 통해서 그것의 '문화적 의미'가 선명히 해명되어야 할 것이다.
더 나아가 동학교는 한국 역사에 길이 기억될 사회적 혁명을 목표
로 했던 1894년의 '동학 농민 전쟁'에 직접·간접으로 관여되어 있
다.[5] 이뿐만 아니라 동학교를 모태로 하고 있는 천도교는(1905년 이
후) 1919년의 독립 운동에 선도적 역할을 했고, 문화 운동을 통한

---

4) 동학교를 민속 신앙적 요소, 도교·불교·유교 등의 혼합물로 보고 이들
　요소로 환원하여 이해하는 방식도 정당한 것일 수 없다. 동학의 교리 체
　계는 이러한 요소들을 독자적인 체계로 통합하고 있고, 통일된 전체로서
　이들 각각의 요소들과 대립하여 독자성을 드러내고 있기 때문이다. 우리
　는 어떤 고도로 발전된 고등 종교에서도 원초적인 종교 현상들에서 보이
　는 요소들을 거의 모두 발견할 수 있다. 그렇다고 해서 이러한 요소들로
　환원하여 고등 종교 체계를 이해하는 것은 정당한 방법이라고 할 수 없
　기 때문이다. 동학교는 1878년부터 정기적인 종교 의식을 집행했다고 한
　다. 벤자민 B. 웜스, 『동학백년사』(홍창식 옮김)(서울, 1975), pp. 45～46.

5) 보기로 Ok-soong Won-Cha, *Der Einfluß der Tonghak-Bewegung auf die
　Ausbildung der Minjung-Theologie in Korea*(박사 논문)(Frankfurt/a. M.,
　1986), pp. 10～43; Sung-soo Kim, *Die Tonghak-Bauernbewegung in Korea:
　Sozioökonomische Hintergründe und ideologischer Wandlungsprozeß*(박사 논
　문)(Frankfurt/a. M., 1980), pp. 109～87 등을 참조.

대중의 계몽과 서구식 학교의 설립, 근대적 단체 설립 등등의 활동을 통해 한국의 근대화 및 서구화에 다대한 공헌을 한 것으로 평가된다. 그럼에도 불구하고 천도교는 여전히 유교 윤리의 기본적인 성향을 물려받아 고수하고 있고, 근대 사회의 제도와 구조에 뒤따라야 할 우리 사회 특유의 '공공 윤리'를 발전시켜 근대화된 사회의 버팀목으로 제공하는 데 실패하고 있다. 바로 이 점에 논의의 요점이 있다.

3. 최제우의 신 개념 및 구원의 길

I. 신 개념

신 개념은 최제우의 계시 체험과 밀접히 관련되어 형성되었다. 때문에 인간 최제우 및 그의 사회적 처지와의 관련성 속에서 논의할 수밖에 없다. 동학교의 원초적인 신 개념 및 세계관은 후기의 동학 지식인들에 의해서 급진적으로 변형된다. 논의의 대상인 동학 공동체의 원초적인 신 개념은 최제우 자신이 집필했다고 하는 동학 경전으로 알려진 『용담유사』와 『동경대전』에서 재구성될 수 있다. 이는 뒤이은 동학 및 천도교 시대의 해당 지식인들에 의해서 씌어졌거나 해석된 문헌들 속에서 드러나는 것과 이념형적으로 구별될 수 있다. 그런데 동학 경전에 포함된 글들이 모두 교주 최제우의 것이냐는 문제가 제기될 수 있다. 이를 위해서는 문헌 비판적인 연구가 요구된다. 오늘날 동학교의 경전으로 알려져 있는 『동경대전』과 『용담유사』는 교주인 최제우가 순교(1864)한 지 약 18년 후에 제2대 교주인 최시형에 의해 수집 간행된 것이다.[6] 그러나 저작자를 알아내기 위한 본격적인 문헌 비판 및 양식사적 연구는 이 글이 의도하는 범위 밖의 것이다. 필자는 다만 초기 동학 공동체가 보유하

---

6) 최동희, 「최제우와 동학 사상」, 『한국의 민속 종교 사상』, 한국사상전집 제4권(서울, 1983)(4판), pp. 445~46; 김의환, 「초기 동학 사상에 관한 연구」, 『우리나라 근대화사 논고』(서울, 1964), pp. 40~43 참조.

고 있던 신 및 인간 개념이 계속 동질성을 유지하는 가운데 체계화 및 합리화되는 방향으로 발전한 것이 아니라, 후기에 전혀 다른 방향으로 발전되어왔다는 점을 주목하면서 이것의 의미를 부각시키고자 한다. 이를 위하여 동학 경전에 나타난 신 개념을 이 글의 문제제기와 관련을 갖는 범위에서 이념형적으로 재구성하려고 한다.

동학교의 창시자 최제우(1824~1864)는 잘 알려진 바와 같이 조선 왕조 해체기의 몰락 양반 가문의 서얼 출신이다. 따라서 그는 사회 제도적으로 그리고 현실적으로 사회적 특권에서 배제되어 있는 주변인으로서의 고난을 경험하지 않을 수 없었다. 이러한 사회적 배경에도 불구하고 그의 종교적 세계상은 그가 속한 계층적 속성에로도, 자신의 지적 배경인 한국 유교의 그것으로도, 불교 및 도교 또는 민속 신앙의 그것으로도 환원될 수 없다.[7] 그는 의심할 여지없이 탁월한 고등 종교의 예언자에 속한다. 일반적으로 새로운 세계관은 성공을 거둔 예언자들의 활동에 의해서 탄생된다.

막스 베버의 이념형적 분류에 따르면 최제우는 '예시 예언자 *exemplarischer Prophet*'가 아니라, 분명히 '파견 예언자 *Sendungsprophet*'에 속한다. 예시 예언자의 경우에는 자신이 구원을 몸소 성취하여 추종자들에게 추종자들이 달성해야 될 모범으로 바로 그 자신을 보이지만(보기로 불교의 부다), 파견 예언자는 보통 자신의 선교적 활동을 통해서 종교적인 교설 또는 신의 명령을 선포한다.[8] 이를 알리는 몇 구절을 소개하면 아래와 같다:

---

7) 동학교의 종지를 유불선 3교의 종합으로 해석하려는 시도는 이미 교주인 최제우의 복권을 위하여 손천문이 1893년에 작성한 상소문에 보이고 있다. 이돈화(편술), 『천도교 창건사』(서울, 1933) 제2편, p. 52: "盖其宗旨 事天如父母 兼儒佛仙三敎統一之理." 이러한 경향은 한국 지식인들의 오랜 사상적 구조로 보여진다. 이런 주장은 이미 오래 전에 많은 불교적 및 유교적 지식인들이 주장했었다. 필자는 이와 같이 동학교를 전통 종교들의 종합으로 이해하는 것은 잘못이라고 본다. 이런 잘못을 최제우를 계승했던 동학 지식인들이 이미 저질렀다는 점 또한 지적해둔다.

8) Max Weber, *Wirtschaft und Gesellschaft*(Tübingen, 1980)(5판), pp. 268f. 참조(*WG*로 줄여 씀).

해읆 없는 이것들아 날로 믿고 그러하냐 나는 도시 믿지 말고 하날
님을 믿었어라 네 몸에 모셨으니 사근취원하단 말가 내 역시 바라기는
하날님만 전혀 믿고.[9)

하날님 하신 말씀 개벽 후 오만 년에 네가 또한 첨이로다. 나도 또
한 개벽 후 노이무공하다 가서 너를 만나 성공하니 나도 성공, 너도
득의 너의 집안 운수로다.[10)

나로부터 이 영부를 받아 사람들을 질병으로부터 구해주고, 나로부
터 주문을 받아 사람들을 가르쳐서 나를 위하게 하여라.[11)

동학교의 교설에서 한국의 다른 종교에서와 비슷한 종교적인 용
어와 구원의 수단들을 찾아낼 수 있지만, 최제우는 예언자로서 기
성 종교 집단의 권위의 이름으로나, 그 밖의 정부에서 공인하고 있
는 권위의 근거에서가 아닌, 자신의 하날님만이 인정하여 그의 인
격에 부여한 카리스마의 권위를 가지고 동학교 전체를 기성의 한국
종교와 대립하여 제시하고 있다.[12) 그는 일반적으로 예언자들이 겪
었던 것처럼, 현실과 인간의 삶의 무의미성 때문에 심각하게 번민
한 후에 신의 계시를 체험한다. 다른 말로 최제우는 오랜 금욕적
구도 행각 끝에 하날님의 계시를 체험하게 되었다. 당시 그는 기존
의 유교적 사회 구조의 붕괴와 관련된 현실 세계의 무의미성 때문

---

9) 『용담유사』, 「교훈가」, p. 123. 이후로 『용담유사』와 『동경대전』은 이세권
   이 편집하고 지은 『동학경전』(서울, 1986)에 실려 있는 것을 인용하며,
   제시된 페이지 수 또한 이 책을 기준으로 한다. 그러나 이 글에서 『동경
   대전』의 번역문을 제시할 경우 『동학경전』에 있는 이세권의 번역문과 반
   드시 일치하는 것은 아니다. 또 『동경대전』의 원문을 제시할 경우 편저자
   가 원본 한문에 달은 한글 토와 보조사는 생략한다.
10) 『용담유사』, 「용담가」, p. 186.
11) 『동경대전』, 「포덕문」, p. 14: "受我此符 濟人疾病 受我呪文 敎人爲我."
12) 『용담유사』, 「용담가」, p. 185(글로 어찌 기록하며 말로 어찌 성언할까 만
    고 없는 무극대도 여몽여각 득도로다); 윗글, 「교훈가」, p. 107에 비슷한
    내용이 반복된다; 윗글, p. 108(유도 불도 누천년에 운이 역시 다했던가).
    이외에 최제우는 하날님만이 인정하여 자신이 선택되었다는 것을 여러
    각도에서 강조한다. 도를 받은 그는 이전의 자신의 불우와 사회적 약점이
    더 이상 문제가 되지 않는다는 것을 거듭거듭 강조한다.

에 심각하게 번민하고 있었다:

　　평생에 하는 근심 효박한 이 세상에 군불군 신불신과 부불부 자불자를 주소간 탄식하니 울울한 그 회포는 흉중에 가득하되 아는 사람 전혀 없어 처자 산업 다버리고 팔도강산 다 밟아서.[13]

　　그에 의하면 자신의 사회가 당면하고 있는 문제는 정치적 또는 사회적 제도 개혁을 통해서는 해결될 수 없다는 것이다.[14] 왜냐하면 그는 문제의 원인을 사회적 삶을 규제하고 있는 체계의 붕괴, 곧 생동력 있는 종교의 부재라고 보았기 때문이다.[15] 그가 생각하기로는 기성의 종교인 불교와 신유교는 이미 오래 전에 생명력을 잃어 버렸다. 그는 이를 "유도 불도 누천년에 운이 역시 다했던가"라고 표현하고 있다.[16] 게다가 문제는 서학, 곧 카톨릭의 확산을 통해서 점점 더 심각해져가고 있다.[17] 최제우는 물론 카톨릭을 서구의 군사력과 동일시하는 데서 알 수 있는 바와 같이, 서구 세계나 카톨릭에 대하여 부정확한 지식에 바탕해서 판단하고 있었다. 이러한 주변 상황과의 관련성 속에서 그는 위기에 처해 있는 한국 사회를 구원해야 한다는 예언자로서의 소명 의식을 강하게 느끼게 되었다. 그는 이러한 구원을 위해서 한국 민속 신앙에서의 하날님과 같은 초세계적인 신의 카리스마(조화)가 절대적으로 필요하다고 확신하고 있었다. 이를 통해서 대중은 다시금 사회적 질서 속으로 되돌아올 수 있게 될 것이고, 사회를 파괴하고 있는 유행병이 퇴치될 수 있을 것이라고 보았다. 최제우는 이와 같은 웅대한 종교적 희망 아래에서, 1859년에 자신의 본래 이름인 '제선(濟宣)'을 우매한 민중을 구원한다는 뜻을 가진 '제우(濟愚)'로 바꾸었다.[18]

---

13) 윗글, 「몽중노소문답가」, p. 202.
14) 윗글, 「몽중노소문답가」, pp. 204~05("이 세상은 요순지치라도 부족시요 공맹지덕이라도 부족언이라").
15) 『동경대전』, 「논학문」, p. 30 참조.
16) 『용담유사』, 「교훈가」, p. 108.
17) 『동경대전』, 「포덕문」, p. 13 참조.
18) 최동희, 「한국 동학 및 천도교사」, 『한국문화사대계』 제 Ⅵ 권(고려대학

동학 경전을 해석하는 데 있어서 무엇보다도 먼저 유의해야 되는 하나의 중요한 사실이 있다. 동학 경전의 전체 서술은 최제우의 결정적인 계시 체험의 빛에서 지적·종교적 전통들을 자유로이 끌어 쓰는 가운데 이루어지고 있다는 점이다. 하날님의 카리스마의 전지 전능에 대한 최제우의 확고 부동한 믿음과, 그러한 하날님의 계시의 능력에 압도된 가운데 흐르는 기쁨이 전편에 흐르고 있다. 이것이 잡다한 사실들에 통일성을 부여하고 있다. 또 최제우는 자신의 계시 체험과 하날님의 분부를 무의식 가운데 구술하거나 서술하지 않고 있다는 점 또한 중요하다. 그는 명확한 의식을 가지고 선교 대상을 적절히 고려하면서 용어와 글의 종류·문체 등등을 취사 선택하고 있다. 그는 계시를 받은 후에 1년여 남짓한 기간을 하날님의 가르침을 반성하면서 조용히 보냈다고 말하고 있다.[19] 또 그가 의도하지 않았던 돌발적인 사건은 예언자로서의 자신을 심각히 반성하는 계기가 되었다. 곧, 선교를 시작하여 뜻하지 않게 갑자기 많은 추종자들을 얻을 수 있었지만, 동시에 비방하는 집단도 생겨났다. 이는 정부로부터 박해를 받게 만들 수 있는 위험성을 내포하고 있었다. 왜냐하면 그를 비방하는 사람들 중에는 그의 선교를 정부가 엄하게 금하고 있는 카톨릭의 한 아류로 보았기 때문이다. 이러한 사정은 다음에서 알 수 있다:

> 요악한 그 인물이 할 말이 바이 없어 서학이라 이름하고 온동내 외는 말이 사망련 저 인물이 서학에나 싸잡힐까.[20]

이 때문에 그는 고향을 떠나 거의 일년 동안 은거할 수밖에 없었다. 이는 오히려 제우로 하여금 자신의 교리와 선교 전략을 반성하고 가다듬게 했다. 이 기간중 동학 경전에 포함된 글 중 많은 것이 씌어졌다.[21]

교 민족문화연구소), p. 717.

19) 『동경대전』, 「논학문」, p. 23 참조.

20) 『용담유사』, 「안심가」, p. 158.

21) 최동희, 『최제우와 동학 사상』, p. 440 참조.

이런 배경에서 그는 자신의 종교가 '서학(카톨릭)'으로 오해되지 않고 확연히 구분되게 하기 위해서 자신의 종교를 '동학'이라고 이름지었다. 그리고 그는 '서학'과의 구분됨을 하날님과의 대면을 보고하는 그의 글 「포덕문」에서 결정적으로 중요한 의미를 띠는 신과의 대화 부분에 삽입하고 있다.[22] 결과적으로 오늘날 존재하는 동학 경전은 사실상 최제우의 신학적 저술이라고 보아도 무방하다고 할 수 있다. 따라서 동학 경전 여기저기에 산재하는 기성의 전통 종교 용어들을 기성의 종교 체계 맥락에서 이해해서는 안 된다. 보기로 최제우는 자신이 제시한 간단한 주문을 외움으로써 하날님을 공경하면 오랜 기간 고전을 통한 공부 없이도 모두가 '도덕 군자'가 될 수 있다고 단언하고 있다.[23] 그러나 이때의 군자(君子)란 유학 체계 속에서의 의미와는 내용이 다른 것이라고 보아야 한다. 곧 동학교의 가르침에 의한 거듭난 자의 '존재 상태'를 유학적 소양을 지닌 층에 대한 변증적 목적에서 유학적 용어를 빌어서 표현하였을 뿐이다.

동학 경전은 최제우의 신학 사상을 담고 있고, 그 안에 담겨진 글을 통해서 그는 초세계적이고 인격적인 신의 개념을 사려깊게 표명하고 있다. 이는 오늘날 경전으로 불리는 두 책을 조금만 살펴보아도 쉽게 알 수 있다. 그는 하층민인 부녀자와 농민들을 위해서 『용담유사』라는 '가사체'의 한글로 자신의 교설을 기록했다. 『용담유사』에서 동학교의 신이 전통적인 민속 신앙의 대상을 가리키는 신 이름에서 유래한 '하날님'이라고 예외 없이 불리고 있다는 점을 주의해서 볼 필요가 있다:

없는 정신 가다듬어 하날님께 아뢰오니 하날님 하신 말씀 너도 역시 사람이라 무엇을 알았으며 억조창생 많은 사람 동귀일체하는 줄을 사십평생 알았더냐[24]

---

22) 『동경대전』, 「포덕문」, p. 14("曰然則西道以敎人乎 曰不然").
23) 『용담유사』, 「교훈가」, pp. 123~24 참조.
24) 윗글, 「교훈가」, pp. 109~10.

최제우에 의하면 한국 민족은 '세계를 다스리는' 인격적이며 전능한 신의 존재를 오래 전부터 믿어왔다.[25] 그러나 그 신의 성격과 의지 등등은 지금까지의 불교 및 유교의 지배 때문에 불분명하게 되어버렸고, 그 신은 비인격적이고 추상적인 개념, 곧 인간과 무관하게 있는 존재로 변형되어버렸다는 것이다.[26] 결과적으로 최제우는 하날님의 계시에 대한 결정적인 체험을 바탕으로 해서, 전통적인 민속 신앙 가운데서 희미해져버린 신 개념을 하나의 초세계적이며 인격적인 것으로 분명하게 체계화하여 동학의 세계상 속에 통합시키려 했다고 볼 수 있다.[27] 이렇게 하여 전지 전능의 하날님이[28] 최제우를 통해서 불쌍하게 되어버린 한국의 민중들을 구원하려 한다는 특별한 의미의 계시를 강조하려고 했다.

교육을 받은 층을 위해서 그는 자신의 하날님에 대한 교설을 '한문'으로 썼다. 이는 후에 『동경대전』이라는 책으로 엮어졌다. 말할 것도 없이 당시 교양인층의 글은 한글 아닌 한문이었다. 여기에서 그의 신은 상제(上帝)라는 이름을 갖고 있다:

나는 깜짝 놀라 일어나서 캐물어보았더니, '상제'께서 대답하시기를

---

25) 『동경대전』, 「포덕문」, pp. 11, 12("이것은 다 천주의 조화의 자취가 온 세상에 분명히 나타난 것이다(是亦天主造化之迹, 昭然干天下也); 그런데 이 근래에는 온 세상 사람들이 각기 딴마음을 품어, 하날님의 진리를 따르지 아니하고 하날님의 말씀을 돌보지 아니하니(又此挽近以來 一世之人 各自爲心 不順天理 不顧天命").

26) 윗글, 「논학문」, p. 30 의 다음의 구절을 참조: "지금 세상 사람들이 왜 천주를 공경하지 않습니까? [……] 옛 성인들이 이른 말씀으로 지금까지 길이 남아 있다. 그러나 그럴 것 같기도 하고, 그렇지 않을 것 같기도 하여 분명히 알 수 없기 때문이다(何不敬天主也? [……] 古之聖人之所謂, 而尙今彌留, 然而, 似然非然之問, 未知詳然之故也)."

27) 최동희, 「동학의 기본 사상」, 『한국사학』 1(1980), pp. 113~42 참조.

28) 이에 대한 몇몇 보기를 들어보면 『용담유사』, 「권학가」, p. 249: "그말 저말 다 던지고 하날님을 공경하면 아동방 삼년 괴질 죽을 염려 있을소냐"; 윗글, 「안심가」, p. 162: "개 같은 왜적놈을 하날님께 조화받아 일야에 멸하고서 전지무궁하여놓고"; 윗글, 「몽중노소문답가」, p. 207: "이 세상 무극대도 전지무궁아닐런가 천의 인심 네가 알까 하날님이 뜻을 두면 금수 같은 세상 사람 얼풋이 알아내네"; 윗글, 「흥비가」, pp. 282~83: "아서라 저 사람은 네가 비록 암사하나 하날님도 모르실까."

"두려워하지 말고 겁내지 말라, 세상 사람들이 나를 '상제'라 하니, 너는 '상제'를 모르느냐."[29]

물론 상제라는 이름은 원시 유교적 문서에서 유래한 것이고, 그 신은 인격적인 성격을 갖고 있다. 이와 아울러 최제우는 자신의 신을 간단히 천주(天主)라고 적기도 한다:

그 이유를 살펴보니 '천주'께 정성을 드리고 또 정성을 드려 지극히 '천주'를 위하는 사람은 번번이 병이 나았고.[30]

이 이름은 이미 한국의 카톨릭 교회가 자신들의 신을 공식적으로 부르고 있던 바이다. 최제우가 위험천만의 천주라는 이름을 마다 않고 굳이 쓰고 있는 이유는 자신이 생생하게 체험한 신의 인격적인 성격을 잘 드러내주는 단어이기 때문이었다.

그는 자신이 빌어쓰는 신을 가리키는 이름이 어느 종교, 어떤 지적 전통에서 왔느냐는 전혀 개의치 않는다. 다만 그가 체험한 초세계적이고 인격적인 신을 선교 대상에게 적절히 전달할 수 있는 말이면 그것으로 만족했다. 교양인층에게 있어서 위의 두 이름은 분명히 초세계적이고 전능한 인격적 지배자를 표상하는 신의 개념을 나타내는 것이었다. 따라서 그것은 불교에서의 '불성' 또는 '일심' 그리고 신유교에서의 '태극' '무극' 또는 '천도'나 '천리' 등등에서 알 수 있는 특유의 비인격적이며 법칙적인 신의 표상과는 분명히 구분되는 것이었다. 유학에서 흔히 쓰이는 비인격적 원리를 가리키는 천(天)에 최제우는 주(主)자를 붙여 천주라 쓰고, 그 '주'자의 뜻을 다음과 같이 풀이하여 신의 인격적인 성격을 강조하고 있다:

'주'자의 뜻은 존칭하여 부모와 같이 공경하여 섬긴다는 것이오.[31]

---

29) 『동경대전』,「포덕문」, pp. 13~14(則曰勿懼勿恐 世人 謂我 上帝 汝不知 上帝耶).
30) 윗글,「포덕문」, p. 15("則誠之又誠 至爲 天主者 每每有中").
31) 윗글,「논학문」, p. 28("主者 稱其尊而與父母同事者也").

172

가사체로 쓰인 『용담유사』에서와는 달리 최제우는 『동경대전』에서 한편으로는 당시 교양인층이 쉽게 납득할 수 있게끔 자신의 신을 유교적 전통 속에 있는 용어를 사용하여 제시했다. 다른 한편으로는 그것을 통해서 당시의 지배층에게 정치문화적으로 위기에 처한 조선 사회에 대한 하날님의 계시의 의미를 명백하게 드러내려고 시도했다. 이 위기는 아시아 제국이 서구 세력의 침입으로 말미암아 공통적으로 당하고 있는 것이었다.[32] 이런 점에서 최제우의 신 개념은 민족주의적이며 정치적인 성격을 강하게 띠고 있다고 볼 수 있다.[33]

한걸음 더 나아가 최제우는 유교적 지식인층에게 특유의 도전을 감행하고 있다. 곧 그는 하날님의 계시의 빛에서 보건대 지금 당면하고 있는 위기가 가장 이상적인 유학적 정치[堯舜之治] 및 덕(德)을 통해서도 더 이상 극복될 수 없을 것이라고 선포했다:

　아서라, 이 세상은 요순지치라도 부족시요 공맹지덕이라도 부족언이라.[34]

그래서 그는 쇠퇴한 유교를 다시 재건함(유교적 지식인들의 현실 돌파 방안)으로써 현실의 문제를 궁극적으로 해결할 수 있다고 보지 않았다. 오히려 오직 하날님 자신의 카리스마의 힘으로(조화를 부림으로) 조만간 지상의 낙원을 이룰 것이라고 선포했다. 그리고 이 선포에 대한 믿음을 추종자들에게 요구했다. 이 부분 또한 전통적인

---

32) 윗글, 「논학문」과 「포덕문」을 참조; 김용덕, 「동학 사상 연구」, 『조선 후기 사상사 연구』(서울, 1983)(3판), pp. 250f.

33) 『동경대전』, 「논학문」, pp. 19~34 참조. 동학교의 민족주의에 대해서는 Kyoo-tae Sohn, *Kirche und Nationalismus. Eine Studie über die Rolle des Nationalismus in der Koreanischen Kirchengeschichte unter der japanischen kolonialzeit*(박사 논문)(Heidelberg, 1986), pp. 36~50 참조. 이와 관련하여 최제우의 종교적 세계상에 내세에 대한 표상이 없다고 하여 민속 종교의 샤머니즘적인 수준에 머물러 있다고 판단하는 것 또한 잘못이다. 왜냐하면 이스라엘의 야훼의 예언자들 또한 무엇보다도 현세적인 정치 문제에 강력한 관심을 보이고 있기 때문이다.

34) 『용담유사』, 「몽중노소문답가」, pp. 204~05.

운수 사상의 연장선상에서 이해되어서는 안 될 것이다. 그 이유는 그의 선포가 전통적 사상이 아닌 전지 전능한 하날님 계시의 체험에 바탕을 두고 있다고 보아야 하기 때문이다. 그러나 이러한 사실이 유교적 지식인층을 대상으로 해서 쓴 『동경대전』에 기록되어 있는 것이 아니라, 무식한 서민 대중을 위해 집필한 『용담유사』에 나타나고 있다는 점에 주의를 요한다.[35] 이는 유교적 지식인층에 대한 간접적인 도전의 의미를, 인민 대중에 대해서는 유토피아적 희망을 제공하는 것이라고 해석될 수 있다.

II. 구원의 길

최제우는 자신의 교설을 가지고 기존의 신유교 및 불교와는 완전히 다른 구원의 길을 개척 제시하고 있다. 그에 의하면 신유교와 불교가 목표로 했던 새로운 인간(최제우는 君子라는 표현을 쓰고 있음)은 유교적 문학 교육을 통해서도 불교적인 명상을 통해서도 획득되는 것이 아니다. 오히려 그것은 '하날님'에 대한 믿음(誠敬으로 위함)을 통해서만 달성될 수 있다는 것이다.[36] 이와 관련되는 구원의 수단은 다음에서 잘 알 수 있다:

내 역시 바라기는 하날님만 전혀 믿고 해몽 못 한 너희들은 서책은 아주 폐코 수도하기 힘쓰기는 그도 또한 도덕이라 문장이고 도덕이고 귀어허사 될가보다 열 세자 지극하면 만권시서 무엇하며 심학이라 하였으니 불망기의 하였어라 현인군자 될 것이니 도성입덕 못 미칠가 이같이 쉬운 도를 자포자기하단 말가.[37]

약간 어찌 수신하면 지벌 보고 가세 보아 주체해서 하는 말이 아무는 지벌도 좋거니와 문필이 유여하니 도덕군자 분명타고 모몰염치 추존하니 우습다 저 사람은 지벌이 무엇이게 군자를 비유하며 문필이 무엇이게 도덕을 의논하노.[38]

---

35) 윗글, 「몽중노소문답가」, pp. 206~07 참조.
36) 최동희, 『최제우와 동학 사상』, p. 443.
37) 『용담유사』, 「교훈가」, pp. 123~24.
38) 윗글, 「도덕가」, pp. 267~68.

또 최제우는 우리 도는 "정성과 공경과 믿음의 세 가지면 그만이다"라고 『동경대전』에 쓰고 있다.[39] 사람은 단지 하날님에 대한 신앙으로만 그의 카리스마를 나누어 가질 수 있으며 그렇게 함으로써 당시의 민중에게 가장 절실하게 요구되고 있던 질병과 동양 제국이 당면하고 있는 외적들의 위협으로부터 안전하게 구원될 수 있다고 주장했다.[40] 이와 같은 독특한 '믿음'의 종교성을 제시함으로써 그는 불교와 신유교의 '지성주의'(보기로 명상과 경전의 공부를 통한 자기 수양)를 극복한다. 불교와 유교의 대중화에 있어서 심각한 걸림돌이었던 지성주의를 동학교에서 극복했다는 것은 사회의 모든 층을 골고루 흡수하는 종교적인 평신도 공동체를 성립 발전시킬 수 있는 여지를 제공한다는 점에서 중요한 의미를 가지는 것이다.[41] 유교와 불교는 엄밀한 의미에서 평신도 공동체를 발전시키는 데 실패했다. 이들 종교는 진정한 종교의 추종자인 지식인층과 종교적 대중이라는 이중 구조를 극복하지 못했다.

이와 아울러 동학교의 창시자인 최제우가 주술적 *magische*인 전통에 빠져 있는 농민층을 윤리적인 종교에 흡수하여 이들의 생활을 합리화시키려고 시도하고 있다는 사실이 중요하다. 실제로 그는 자신의 교를 따르는 신도들에게 전통적인 주술적 민속 신앙의 전형적인 형태에 해당하는 '영부'와 '주문'(특히 주문이란 단어의 사용에서)을 제공하고 있다. 그러나 주문의 내용을 보면 간략한 기도문임을 알 수 있다.[42] 이러한 주술적인 도구들은 예언자들이 자신의 인격적 카리스마를 사람들에게 믿게 하는 수단으로 흔히 등장한다. 종교적 대중은 예언자가 행하는 기적을 통해서 예언자의 교설과 선포의 진리성을 믿게 된다. 잘 알려진 바대로 이러한 주술적인 도구들은 그것의 기적적인 효력 여부에 온전히 그 존재 가치가 달려 있다. 고

---

39) 『동경대전』, 「좌잠」, p. 59("吾道博而約 〔……〕 誠敬信三字").
40) 『용담유사』, 「안심가」 「권학가」와 『동경대전』, 「포덕문」을 참조할 것.
41) 불교와 유교는 특유의 지성주의 및 철학화 경향 때문에 대중화를 위해서 역사적으로 자신의 내적 구조를 심각하게 변동시키면서 주술적·의례적 요소를 도입하지 않으면 안 되었다.
42) 『동학경전』, pp. 56~57 참조.

등 종교 예언자들은 자신의 카리스마가 사람들로부터 인정되기 시작하면서 주술적 의미를 담고 있던 구원 수단물들의 합리화 곧 탈주술화를 시도한다. 최제우도 예외가 아니었다. 그는 주술적 수단들의 사용에 윤리적 의무를 부과하고 있다. 곧 영부와 주문의 기적적 효능은 하날님에 대한 신앙과 경외지심에 전적으로 달려 있다고 해석한다. 다른 말로 영부의 효능 여부는 신앙인의 윤리적 행위에 의존된다고 최제우는 해석하고 있다.[43] 이에서 한걸음 더 나아가 그가 후에 기적적인 구원의 수단 곧 영부 *magischen Heilsmittel*를 하날님에 대한 전적인 헌신의 상징으로서 해석하고 있다는 점은 특히 주목을 요한다.[44] 만일 하나의 종교가 이런 방향으로 계속 합리화되면서 발전되어간다면, 해당 종교를 신봉하는 대중은 자신의 삶을 훨씬 더 윤리적이고도 규모 있게 운용하게 될 것이다. 막스 베버는 이것이 바로 종교가 현실의 삶에 영향을 미치는 중요한 방식 중의 하나라는 것을 보여주었다.[45]

4 추종자 집단의 계층적 성격

동학교는 일반적으로 농민의 구원 종교라고 성격지어진다. 그러나 엄밀하게 말하면 동학의 추종자들은 크게 두 종류의 계층 출신으로 이루어져 있다. 물론 동학교의 종교적 대중은 농민이다. 그러나 동학교의 지도층 곧 종교적 지식인층은 유교적 교양을 갖춘 몰락 양반층으로부터 충원되었다. 추종자들의 이와 같은 계층적 특성은 동학교가 특이한 방향으로 발전하게 된 이유를 해명하는 데에 중요하다.

동학교가 농민의 구원 종교로 발전될 수 있었던 이유는, 위에서 논의한 바 있는 동학교의 반지성적 성격과 최제우의 뛰어난 선교

---

43) 『동경대전』, 「포덕문」, pp. 51~52 참조.
44) 윗글, 「수덕문」, p. 42; 최동희, 『한국 동학 및 천도교사』, pp. 735~37 참조.
45) *WG*, p. 339 참조.

전략 이외에, 농민을 종교적으로 교란시킨 당시의 사회적 상황에서 찾을 수 있다. 지금까지 국교였던 성리학은 자신의 내적 구조를 심각히 변형시키면서까지 대중의 종교적 욕구에 접근해 있던 호국 불교를 억압하여 무력하게 만들었지만, 당시 사회에서 절대 다수를 차지하고 있던 농민층을 종교적으로 적절히 고려하고 있지 않았다. 하나의 보기로 신유교에서 대중을 위한 유일의 공인된 종교 의식이라 할 수 있는 조상 제사에 개인이 당한 재난을 호소할 수 있는 기도가 빠져 있다. 그 밖에 성리학적 지식인들은 민속적 신앙들로부터 하나의 종교적 조직체가 발전하는 것을 효과적으로 방해해왔다. 그렇기 때문에 일반인들은 종교 조직에 소속되지 않은 고립된 개인으로서 주술적인 민속 신앙에 사로잡혀 있을 수밖에 없었다.[46] 이러한 대중의 상태는 사회 구조가 그런대로 기능하는 동안에는 별다른 문제가 없었다. 그러나 사회 구조의 바탕으로서 성리학적 신분 체계는 18세기 이후로 현저하게 생동력을 잃어가고 있었다. 다시 말해 유교적인 지배 구조의 견실성이 위태롭게 되었다.[47] 이는 한편으로 사회의 지배 집단인 신유교적 지식인들이 새로운 종교의 발전을 효과적으로 저지할 수 있는 처지에 있지 못하다는 것을 의미한다. 그렇지만 다른 한편으로 이는 기존 사회 구조의 해체 과정에서 농민의 삶이 사회 내적·외적인 세력에 의해서, 곧 관료 체계의 부패와 서구 자본주의 세력의 침입을 통해서 크게 위협당하게 되었다는 것을 의미한다. 이는 지금까지 아무런 문제 의식 없이 주술적인 신앙으로 만족하고 있던 농민층을 종교적으로 뒤흔들어놓는다는 것을 의미한다. 앞서 말한 바와 같이 행위자들에게서 주술적 종교 활동의 존재 가치는 오직 그것이 약속하고 있는 현실적 이익의 실현이다. 이러한 현실적인 결과가 오지 않게 될 때 지금까지의 주술적 의식 및 그 신앙의 대상은 폐지되거나, 다른 적합한 것으로 대치되

---

46) 대중의 종교성과 유교적 지식인의 태도에 대해서는 Seong Hwan Cha, 윗글, 제 3 장을 참조.
47) 김상기, 『동학과 동학란』(서울, 1975)(2판), pp. 8~17을 참조; 정만조, 「신분제의 동요」, 『한국사연구입문』(한국사연구회 편)(서울, 1981), pp. 369~75.

어야 한다.[48] 이러한 사태의 발전은 몇몇 역사적인 사건을 들어서 상세히 논의되어야 할 필요가 있다.

1811~1812년의 평양 지방의 농민란을 뒤따라 크고 작은 수많은 민란이 전국에 걸쳐서 일어났다.[49] 조선 왕조 정부측으로부터의 심한 박해에도 불구하고 카톨릭 공동체가 특정의 지식인층에서 시작되었고, 결국 특이한 성격의 대중 종교로 발전해갈 수 있었으며, 집단 형성의 새 원리를 드러냄으로써 기존 사회 구조를 위협하고 있었다. 그것이 가지는 의미는 이미 다른 곳에서 논의한 바 있다.[50] 게다가 중국인과 한국인이 세계와 문화의 중심이라고 굳게 믿었던 '중화'국이 서구 세력에 의해서 곧 아편 전쟁(1829~1842)과 북경 점령(1860)을 통해서 짓밟히게 되었다는 사실도 첨부해야 한다.[51] 이것은 한국 사회 역시 조만간 중국과 같은 운명에 처하게 될 것이라는 신호였다.

이러한 내적·외적인 비상 사태는 농민들이 이제까지 의지해온 여러 종류의 주술적인 종교적 술책의 효능을 근본적으로 의문시하게 만들었다. 이러한 근거에서 농부들 중 많은 수가 신흥의 외국 종교이고, 정부가 강력하게 금지하고 있던 종교임에도 불구하고 카톨릭에 귀의하였고, 또한 같은 이유에서 신생의 토착 종교임에도 마다않고 동학 종교에 강하게 이끌리게 되었던 것이다. 다시 말해 이러한 사회적 혼란은 역설적으로 종교 발전을 위해서는 좋은 토양이 된다. 만일 이 상태에서 동학교가 윤리적인 구원 종교로 계속 합리화되어간다면, 한국 농민층의 삶의 운용은 전통적인 방식에서 이탈되어 훨씬 더 합리적으로 될 가능성이 높아지는 것이다. 막스 베버의 농민층에 대한 연구를 보면 이들 농민들의 동학으로의 귀의 동기가 이해 가능해진다:

---

48) 이의 이론적인 근거는 Max Weber, 윗글, p. 261 참조.
49) 김의환, 『우리나라 근대화사 논고』(서울, 1964), pp. 11f.; 한우근, 『동학란 기연에 관한 연구』(서울, 1971) 참조.
50) 차성환, 윗글, pp. 219~44.
51) 김상기, 윗글, pp. 24~38 참조.

농민의 운명은 자연에 강하게 연결되어 있는 만큼, 그에 비례해서 그만큼 더 유기체적인 (자연의) 과정과 자연적 사건에 종속적이다. 그리고 또한 그만큼 경제적으로 합리적 체계화를 겨냥할 수 없다. 그래서 농민은 단지 그가 내적인(국가적 또는 지주적) 또는 외적인(정치적) 세력에 의한 노예화 또는 프롤레타리아화의 위협을 받는 경우에 보통 하나의 종교 성향의 담지자가 되려 한다.[52]

이와 아울러 사회적으로 중요한 지식인층에도 종교 발전에 결정적인 의미를 갖는 변동이 야기되었다. 이는 동학교의 발전과 운명에 결정적인 역할을 했다. 위에서 언급한 유교적 사회 구조의 해체 과정에서 특권을 누리고 있던 유교적 교양을 갖춘 층으로부터 하나의 지식인 집단이 분리되어나왔다. 속한 신분에 의하면 이들은 분명히 특권적 양반층이다. 그러나 이들은 일자리 없이 놀지 않으면 안 되었다. 유교적으로 교육을 받은 층은 보통 중앙 및 지방 정부의 관리로서 또는 교사로 종사하면서 특권을 누렸다. 이들 몰락 양반층에 속하는 지식인들 중 얼마는 생존의 위험 때문에 농업 또는 상업에 종사해야만 했다. 이들은 사회적 신분과 현실적인 지위 사이의 현격한 불일치로 인해 심한 박탈감을 느끼지 않을 수 없었다. 이러한 박탈감은 이들이 여타의 농부들과 마찬가지로 타락한 중앙 및 지방의 관리들로부터 악랄하게 착취당할 때 극에 달하게 되었다. 이 지식인층의 불만이 당시에 전국적으로 일어난 민란과 밀접한 관련을 갖고 있음은 쉽게 알 수 있다. 이러한 맥락에서 볼 때 동학에 속한 지식인들이 대부분 이들 계층 출신이었다는 사실은 결코 우연이 아니다.[53] 최제우는 이를 그의 『동경대전』에서 다음과 같이 적고 있다:

해가 바뀌어 1861년이 되자 각처의 어진 선비들이 찾아와서 이렇게 묻고 대답하였다.[54]

---

52) Max Weber, 윗글, p. 285.
53) 한우근, 「동학의 리더십」, 『백산학보』 8(1970년 6월), pp. 496~500.
54) 『동경대전』, 「논학문」, p. 23("轉至辛酉 四方賢士 進我而問").

최제우는 폭발적으로 귀의해오는 농민들을 위해, 이들 지식인층을 받아들여 빠른 시일내에 동학교의 지도층으로 규합할 수 있었고, 동학 공동체는 이들을 통해서 전국에 지역 공동체를 갖는 명실상부한 교회로 발전될 수 있었다. 지방의 몰락 양반층 출신의 지식인들은 자신들의 역량을 동학교의 지역 공동체에서 발휘하고, 사회적 박탈감을 교인들로부터 어느 정도 보상받을 수 있었을 것이다. 또한 동학교가 특수한 형태의 비정치적인 종교성을 가지고 있었음에도 불구하고, 사회적 혁명을 기도했던 1894년의 농민 전쟁에 빠져들게 되었다는 사실은 이러한 몰락 양반 지식인층 성격과의 관련성 속에서 더 잘 이해될 수 있을 것이다.[55]

그러나 이런 유학적 지식인층이 동학교의 발전에 긍정적인 역할만을 한 것은 아니다. 잘 알려진 바와 같이 막강한 카리스마적 능력의 소유자인 최제우는 이들 지식인층을 자신의 종교 사상에 따라 충분히 교육할 기회를 갖지 못했다. 동학교는 폭발적인 교인 수의 증가에도 불구하고 정부로부터 금지된 사교로서 지하에 숨어 들어갈 수밖에 없었고, 게다가 교주는 제대로 공공연하게 선교 활동도 펴보지 못한 채 1864년에 대구에서 처형되었다. 동학교의 지도층은 이제 더 이상 능력 있는 스승 밑에서 동학교의 교리를 공부하여 심화시킬 수 없게 되었다. 게다가 지하 단체인 동학교의 지도권을 이어받은 제2대 교주인 최시형은 문맹자였다. 이는 창시자의 카리스마를 담고 있는 사상적 전통이 동질성을 유지하면서 재생산되어 전수되는 것을 방해한 중요 조건이 될 수 있었다. 이 때문에 결과적으로 주요 지역 공동체를 이끌어가고 있던 동학교 지식인들의 지적 속성 중의 많은 것은 동학교의 속성으로 대치되지 않은(유학적인) 채로 남아 있을 수밖에 없었다. 그럼에도 불구하고 이들은 지역 공동체에서 생겨나는 많은 문제와 부딪치면서 동학교의 교리를 풀이

55) 정재식, 『종교와 사회 변동』(서울, 1982), pp. 167~71 ; Jong-sun Noh, *Violence and Nonviolence in Minjung's Struggle for Justice in the Tonghak Revolution: Religion and Just Revolution. Third World Perspective*(박사 논문), Union Theological Seminary(New York, 1984), pp. 94~113 ; 황성모, 「한말의 종교적 상황」, 『상황과 종교』(고범서 편)(서울, 1983), pp. 238~46.

하고 해석하지 않으면 안 되었다. 필자가 보기에는 바로 이러한 동학교 지식인층의 지적 속성이 원초적인 동학의 신 개념 및 구원의 길을 특이한 방향으로 변동시키게 작용했던 결정적인 요인이다. 바로 여기에 동학교 창시자인 최제우의 인격적이고 초세계적인 신의 표상이 나중에 비인격적이고 세계에 내재하는 신 개념으로 변동된 근거가 있어 보인다. 물론 이러한 과정에서 우리는 한국의 종교적 지식인들의 전형적인 사고 구조의 한 보기를 발견하게 된다. 그리고 동학교의 창시자가 그렇게도 강력하게 거부하고 비판했음에도 불구하고 왜 유교 윤리의 본질적인 부분이 천도교의 윤리 속에 전수되게 되었는가도 이제 이해할 만한 것이 될 것이다.

5. 신 개념, 인간관 및 구원의 길 변동

동학교의 제2대 교주였던 최시형 때부터 이미 동학교의 원초적인 신 및 인간 개념의 왜곡은 시작되고 있다. 동학교의 세계관이 최시형에 의해서 일정한 방향으로 체계화되고 합리화되었다는 사실은 동학교의 역사를 보면 너무나 당연하다. 교주인 최제우는 단지 2년 정도의 짧은 기간만 포교에 임할 수 있었던 데 반해, 제2대 교주 최시형은 36년 동안이나 지하 종교 집단인 동학교를 지도했다. 최시형은 입도 후 2년 만에 도통을 계승했다고 한다. 그는 비록 문맹자였지만 뛰어난 재주를 가지고 동학 공동체를 하나의 교회로 조직화했고, 동학 경전을 간행했으며, 또 최제우의 교리를 독창적인 방향에서 확대 재해석했다.[56] 그는 남과 다른 종교적 재능을 지닌 특수한 처지에 있는 '지식인'이었지만[57] 동양 사회를 지배하고 있는

---

56) 신일철, 「동학 사상의 전개: 시천주·사인여천을 거쳐 인내천 사상에로」, 『동학사상논총』 제1집(서울, 천도교중앙총부, 1983), pp. 50~62 참조.

57) 이 글에서 지식인은 기성의 제도화된 기구를 통해서 전문 지식을 소유한 부류의 사람들에만 한정되지 않는다. 오히려 사회에서 인정하는 제도권을 통해 지식을 습득했는지에 관계없이 세계를 체계적으로 그리고 합리적으로 파악하는 데에 곧, 세계관의 합리화에 기여한 사람들을 '지식인'이라 부르고 있다.

유교라는 지적 전통으로부터 오는 엄청난 압력을 피할 수는 없었다. 동양의 지식인들은 보통 신을 비인격적이고 법칙적이며 세계내에 존재하는 그 어떤 원리의 형태로 파악해왔다. 무엇보다도 그는 앞에서 언급한 지역 공동체를 지도해가고 있는 몰락 양반층 출신 지식인들의 지적인 경향의 압력과 영향 아래에서 이들에게 동학교 지도자로서의 동질성을 확신시켜주는 한편, 변화된 상황에 대처하기 위해서 독자적으로 최제우의 교리를 해석할 수밖에 없었다. 우리의 관심은 이와 같은 상황에서 그가 이룩한 신 및 인간 개념의 합리화 방향에 있다.[58]

'시천주(侍天主)'는 동학교의 '황금률'에[59] 해당한다. 이의 논의에 앞서 다음의 사실을 먼저 기억할 필요가 있다. 막스 베버가 지적하고 있는 바와 같이, 종교적 사상이나 개념은 그 자체의 논리로부터 고정된 사회적 의미를 연역해낼 수 없다. 다만 특정의 사회적 결과들을 그 개념과 관련지어서 내적 과정을 이해할 수 있을 뿐이다. 최시형은 시천주의 '시(侍)'에 의거해서[60] 최제우와는 다른 방향에서 사람뿐만이 아니라 천지 만물도 천주를 모시고 있다고 주장했다:

대개 天地・鬼神・造化라는 것은 唯一한 至氣로 생긴 것이며 萬物

---

58) 이 글에서 제시하는 신과 인간에 대한 최시형의 사상은 그의 저술들로부터 재구성을 시도해본 것이다. 그러나 엄밀히 따지면 최시형의 지도 기간중의 동학교 지식인들의 사상이라고 보아야 할 것이다. 왜냐하면 실제로 최시형은 자신이 직접 글자를 읽고 쓸 수 없는 문맹자였기 때문이다. 그의 저술들은 모두 그가 구술한 것을 다른 사람이 받아쓰거나, 그의 사상을 다른 사람이 대신 쓴 것이다. 분명한 것은 이때부터 최제우의 교설들이 신유교의 빛에서 이해되기 시작했다는 사실이다. 앞에서 암시한 바와 같이 동학교의 지식인층은 주로 몰락한 양반층으로부터 충원되었다. 그러나 이들에게는 동학교의 지식인으로서 충분한 교육을 받을 기회가 주어질 수 없었다. 동학교에 대한 충분한 교육 없이 동학교의 추종자들을 지도하는 가운데서 이루어진 동학 교리의 합리화는 이들의 사상적 배경인 신유교의 빛에서 이루어졌다고 추측해보는 것이 자연스럽다. 최동희, 『한국 동학 및 천도교사』, pp. 751~54 참조.

59) 이세권은 최제우의 기본 사상의 핵심을 '시천주'와 '위천주'로 보고 있다. 이세권, 윗글, pp. 57~60 참조.

60) 최동희, 『최제우와 동학 사상』, pp. 750f. 참조; 오지영, 『수훈심법 강의』, p. 21; 김의환, 윗글, p. 47에서 다시 따옴.

182

이 또한 至氣의 所使이니 이렇게 보면 何必 사람뿐이 天主를 侍하엿으랴 天地萬物이 侍天主 안임이 없나니 그럼으로 사람이 다른 物件을 먹음은 이곳 以天食天이니라.[61]

이러한 신과 인간에 대한 사상은 한층 더 강력하게 신을 비인격화하고 극단화시키는 방향에서 합리화된다:

내 恒常 말할 때에 物物天이요 事事天이라 하였나니 〔……〕 物物이 다 以天食天 안임이 없을지니.[62]

여기에서 그는 '천주' 아닌 '천'이란 말을 쓰고 있다. 이와는 대조적으로 최제우는 『동경대전』「포덕문」에서 유학자들의 언어와 표현을 빌어쓰면서도, 온 세상에 신 자신이 아닌, '천주' 조화의 자취가 분명하게 드러난다고 하여 유교적인 신의 파악과는 유(類)를 달리하는 신의 초세계성과 인격성을 분명히했었다:

이것은 다 천주의 조화의 자취가 온 세상에 분명히 나타난 것이다.[63]

유학자들이라면 '천주의 조화'를 천의 조화라고 썼을 것이다. 위에서와 같이 최시형은 신을 탈인격화하는 방식을 통해 신의 편재성을 주장하는 가운데 특수한 인간론을 전개했다. 이로부터 그는 또한 독특한 윤리적 계명을 이끌어내고 있다:

한울을 養할 줄을 아는 者라야 한울을 모실 줄을 아나니라 한울이 내 마음속에 잇음이 마치 種子의 生命이 種子 속에 잇음과 같으니 〔……〕 사람의 마음은 道에 依하야 한울을 養하게 되는 것이라.[64]

여기에서도 한울에 님자를 빼어버림으로써 비인격화하고 있다.

---

61) 윗글, 제2편, p. 36.
62) 이돈화, 『천도교 창건사』, 제2부, 「이천식천설」, p. 79.
63) 『동경대전』, 「포덕문」, p. 11("是亦天主造化之迹 昭然于天下也").
64) 이돈화, 윗글, 제2편, 「양천주설」, p. 80.

그리고 불교와 신유교에서 중요한 수양의 대상이었던 '마음'이 부상되고 있음을 주목해야 한다. 모든 인간은 태어날 때에 하날님의 씨(신적인 것)를 배태하여 가지고 있다고 주장하였다. 초세계적 존재는 이제 인간 본성 중의 한 요소로 되어 신비스런 세계내의 존재가 된다. 이 때문에 인간의 가장 중요한 과제 중의 하나는 자신의 내면으로부터 신적인 것을 양육하여내는 일이다.

그러나 이러한 급진적인 사상은 신유교적 전통에서 볼 때 전혀 낯설은 것이 아니다. 이미 한국의 뛰어난 신유교 지식인들은 자신들의 고전에 대한 공부를 통해 포괄적인 문학적 교양을 쌓음으로써 인간의 마음속에 감추어져 있는 '천적인 본성'을 일깨워내는 것을 유학의 지상 목표로 삼았기 때문이다. 이들은 이를 '태극(太極)' 또는 '무극(無極)'에 비유되는 인간의 마음의 극처인 '인극(人極)'에 도달하는 것이란 표현을 쓰고 있다.[65] 우리는 최시형의 이러한 주장과 신유교 지식인의 그것 사이의 정확한 병행을 쉽게 발견할 수 있다.

이로부터 인간을 존중해야 되는 윤리적 계명과 그 당위성을 이끌어내고 있다:

> 마음을 떠나 天主를 생각할 수 없고 사람을 떠나 한울을 생각할 수 없나니 그럼으로 사람 恭敬함을 버리고 한울을 공경하는 것은 꽃을 따 버리고 果實이 생기기를 바람과 같으니라.[66]

최시형은 이에서 한걸음 더 나아가 자신의 사상을 동학교 창시자인 최제우의 입에 넣어 말하게 함으로써 강조하고 있다:

> 先生이 일즉 遺敎 잇어 갈으되 "사람은 한울이니라 그럼으로 사람 섬기기를 한울같이 하라" 하섯도다.[67]

---

65) 이퇴계, 「성학십도」, 『한국의 유학 사상』, 한국사상전집 2(서울, 1983)(4판), pp. 233~64; 이율곡, 「성학집요」, 윗글, pp. 366~74; 현상윤, 『조선유학사』(서울, 1982), pp. 62~65 등을 참조.
66) 이돈화, 윗글, 제 2 편, pp. 63~64.
67) 윗글, 제 2 편, pp. 37~38.

이러한 사상은 인간과 마찬가지로 모든 존재가 신적인 것을 가지고 있다는 데로 확장되었다. 동시에 초세계적인 인격적 신의 존재 및 인간만이 하날님과 맺는 인격적 존재라는 사상의 근거는 이제 사라져버리게 된다. 이러한 윤리 사상은 인간과 생물 및 무생물을 포괄하는 우주적인 경외와 사랑의 실천을 명하는 계명에로 특이하게 확장된다:

接物은 우리 道의 거룩한 教化이니 諸君은 一草一木이라도 無故히 이를 害치 말라 道닦는 次第가 天을 敬할 것이요 人을 敬할 것이요 物을 敬할 것에 잇나니.[68]

여기에서 보이는 윤리적 계명의 논리적 근거는 세계 밖에서 세계 안에 살고 있는 인간에 대하여 지배자로서 절대적인 권위를 가지고 다스리고 명령하는 신의 의지로부터 이끌어내는 것과는 많은 차이점을 보인다.

그렇기 때문에 해당 지식인들의 의도와는 상관없이 동학교의 윤리 속에서는 특별한 방식으로 기존의 사회 구조에 상존하는 이익 집단 형성의 원리로서 대인간적 주종 관계 *Pietätsbeziehung*가 강조된다. 우주론적인 보편적 사랑과 공경의 관계를 강조한다는 것과 근대 사회에서의 법적 지배 아래에서의 인간 평등과는 아무런 내적 관계가 없다. 기존의 전통적인 성리학적 사회의 지배 구조는 이러한 계명 아래에서 의연히 생동력을 유지할 수 있음을 알 수 있다. 우리는 또한 신유교 윤리의 본질적인 부분을 위에서 논의한 동학교의 윤리 속에서 모두 발견할 수 있다.[69] 이러한 사실은 1890년에 제2대 교주 최시형이 전국의 지역 동학공동체에게 배포했던 「내수도문」에서 잘 알 수 있다. 이 중에서 다음의 3가지 조항은 우리의 주목을 끈다:

---

68) 윗글, p. 17.
69) 박용옥, 「동학의 남녀 평등 사상」, 『역사학보』 91(1981. 9), pp. 129~32 참조.

i) 집안 모든 사람을 한울같이 恭敬하라; 며느리를 사랑하라; 奴隷를 子息같이 사랑하라; 牛馬六畜을 虐待하지 말라 만일 그렇지 못하면 한울님이 怒하시나니라.

ii) 一切 모르는 사람을 한울로 認定하라; 손이 오거든 한울님이 오셨다 하고 어린 아해를 때리지 말라 이는 한울님을 치는 것이니라.

iii) 다른 사람을 是非하지 말라 이는 한울을 是非하는 것이라. 무엇이든지 貪하지 말라 다만 勤勉하라.[70]

성리학이 사회의 근간으로 삼고 있던 신분적 · 인격적 차별에 근거한 위계 질서 및 이러한 사회 질서의 이상적 모범으로 제시된 가족적 유대 관계가 앞서 말한 동학교의 윤리와 모순 관계에 있을 하등의 이유를 발견할 수 없다. 유교와 마찬가지로 동학에서도 가족 밖의 공공의 영역을 구분하여 설정하고 있지 않다.

동시에 이는 성리학적 집단 구성의 원리가 담고 있는 한계를 나누어 가진다는 것을 의미한다. 가족 밖의 집단내에서 이익을 둘러싼 갈등을 합리적으로 해결하여 최소한의 결속력을 유지하는 데서조차도 완전히 무력성을 드러낸다는 것이 그 한 보기이다.[71] 오늘날 동학교는 수십 개의 소종파로 분리되어 민속 신앙의 한 형태로 존재할 뿐이다.

1905년에 동학교는 이름을 천도교로 바꾸었다. 교의 이름인 '천도'에서 이미 인격적인 하날님(천주)을 섬기는 것과는 거리가 먼 성리학의 '천리'와 거의 구별될 수 없는 비인격적인 우주의 법칙을 탐구한다는 철학적 냄새를 물씬 풍기고 있다. 신일철이 "최제우의 시천주 신앙(侍天主信仰)과 최시형의 '사인여천(事人如天)'의 범천 사상(汎天思想)은 의암 손병희(義庵 孫秉熙)의 천도교 선포 후 천도교의 종지 '인내천(人乃天)'으로 종합되었다"고 동학교의 변천을 적고 있

---

70) 이돈화, 윗글, 제2부, pp. 40~41.
71) 동학교가 후에 내부적 갈등을 합리적으로 해결하여 통일성 있는 커다란 교회로 발전하지 못하고 수십 개의 작은 신흥 종파 집단으로 분리되어 민속 종교적 현상과 더 이상 구분될 수 없게 되었다는 사실과 무관하지 않다. 난립된 종파에 대해서는 오지영, 『동학사』(서울, 1987)(2판), pp. 239~43에 있는 부록을 참조.

듯이, 지금까지 논의해온 신 및 인간 개념의 변동은 천도교 시대에
이르러 더욱 심화되었다.[72] 천도교를 이끌어간 천도교 지식인층의
대표는 의암 손병희이다. '인내천'이란 표어는 천도교가 믿는 신과
인간의 개념을 집약적으로 표현하는 말이다. 이를 이돈화는 아래와
같이 적고 있다:

天道敎의 宗旨를 人乃天이라 한 것은 義庵 聖師(손병희)의 創言이니
이는 大神師(최제우)의 經傳과 遺詞에 잇는 總精神을 標語로써 發表한
것이엇다.[73]

천도교의 '인내천' 교리를 이해하기 위해서는 '시천주'에 대한 해
석사를 얼마간 살펴볼 필요가 있다. 천도교 시대의 종교적 지식인
들의 작품으로 보이는 「각세진경」에서 다음의 구절은 우리의 관심
을 끈다:

그런데 "사람이 하늘을 모신다(人以侍天)"고 하는 것은 무슨 까닭일
까? 만물이 각기 그 性을 갖추고 있으며 만물이 각기 그 마음을 지니
고 있는데 그 性과 마음이 하늘에서 나왔기 때문에 하늘을 모신다고
말한다.[74]

천의 비인격화는 말할 것도 없고, 완전히 성리학적 세계관 및 인
간론의 테두리 안에서 논의가 이루어지고 있다는 것을 쉽게 알 수
있다. 실제로 논의의 전후 문맥상 '모신다'는 표현은 어울리지 않는
다.[75] 이때 의미하는 하늘·땅·사람에 대한 견해가 최제우의 그것
과는 완전히 다른 것임을 확인할 필요가 있다:

그러므로 하늘과 땅과 사람의 '세 가지 기본 존재(三才)'는 모두 一

---

72) 신일철, 윗글, p. 61.
73) 이돈화, 윗글, 제3편, p. 66. 괄호와 삽입말은 필자에 의함.
74) 『천도교 삼부경전』(천도교중앙총부간, 1973), 「각세진경」, p. 250; 이세
    권, 윗글, p. 237에서 다시 따옴.
75) 이에 대한 자세한 분석은 이세권, 윗글, pp. 238~39.

氣의 조화일 뿐이다.[76]

여기에서 하늘은 더 이상 존경과 공경의 대상일 필요가 전혀 없는 일기의 조화물인 것이다. 어떻든 천도교 초기의 지식인들은 "인간의 본성과 마음을 떠나 따로 하날님(천주)과 같은 어떤 의지적인 신이 존재하지 않는다는 것을 밝히려" 했다고[77] 하는 데서 드러나듯이 성리학의 지적 전통이 동학교의 세계 및 인간 파악을 압도하고 있음을 알 수 있다.

천도교는 1907년경에 『대종정의』를 비롯한 10여 종의 교리서를 내놓고 있는데, 이러한 글들에서 인내천의 교리는 구체화된다. 여기에서는 특히 인간 본성과 마음을 중심으로 논의하는 성리학적 방향에서 인내천의 교리가 다듬어지고 있다. "자기 심을 스스로 깨달으면 그 몸이 곧 천이고 그 심이 곧 천이다"라고 하여 사람의 몸이 천이고, 사람의 마음이 천이라고 하는 논의를 하여 사람이 곧 천이라는 인내천을 주장한다.[78]

동시에 대승 불교 거목인 원효의 '일심(一心)의 이론'을[79] 상기하게끔 하는 "내 마음을 깨달으면 상제가 곧 내 마음이고 천지가 내 마음이다. 삼라만상이 모두 내 마음의 일물이다. 내 마음을 내가 모신다"는 주장을 하여 결국 최제우의 초세계적 전지 전능의 인격적 존재인 하날님을 경외하고 모신다는 것이 "내 마음을 내가 모신다"는 데로 급진적인 비약을 해버린다.[80] 이세권 또한 "원래 천도교의 지도층은 그 소양면에서는 대체로 성리학적이라고 말할 수 있다"라고 적고 있듯이[81] 이들은 '인내천'이라는 교리를 합리화하고 논증하

---

76) 윗글, p. 251.
77) 윗글, p. 242.
78) 윗글, pp. 244~45.
79) 원효, 「대승기신론 소·별기」, 『한국의 불교 사상』, 한국사상전집 1(서울, 1983)(4판), pp. 53~161; Jemin Ri, *Wonhyo und das Christentum, Ilshim als personale Kategorie*(박사 논문)(Frankfurt/a. M., 1987), pp. 32~68; 이기영, 「원효와 불교 사상」, 『한국의 불교 사상』, pp. 38~39 등을 참조.
80) 이세권, 윗글, p. 245.
81) 이세권, 윗글, p. 249.

는 데 성리학적인 이론을 사용했던 것이다.

이러한 신 개념의 변동은 천도교가 원초적인 동학교의 신 개념을 인정하지 않는 데로 이어졌다. 곧 인간의 마음 밖에 존재하는 신적인 대상에 대한 종교적 의식의 집행을 금지시켰다.[82] 이와 같은 최제우의 종교 사상에 대한 왜곡이 천도교에서 공인하고 있는 동학 및 천도교사에서 공공연히 이루어지고 있다. 이를 동학의 핵심되는 내용이 시대의 과제에 더욱 적합한 방향으로 발전되어왔다는 주장 아래에서 수행하고 있다.[83]

이와 아울러 동학교의 중요한 구원의 길 및 수단은 다시금 선불교와 신유교의 그것과 내용적으로 유사하게 되어 지성적이며 신비적인 관조(명상)의 성격을 띠게 되었다.[84] 따라서 이제 주도적인 구원의 길은 농민 대중에게는 접근하기 어려운 지극히 고고한 지성적인 성격의 것으로 드러나거나, 아니면 주술적이고 신비적인 형태의 것이 되어버려 대중의 삶의 합리적인 운영에 아무런 영향을 끼칠 수 없는 민속 신앙의 그것과 다를 바 없이 되었다.

이제 이 글에서 변화된 사회 상황과의 밀접한 관련성 속에서 인내천 교리를 더 정교히 합리화해가는 천도교 지식인층의 다양한 줄기와 노력들을 계속 추적할 필요성은 없다.[85] 신학적으로 인내천이라는 교리는 초기의 낯설고 이색적인 최제우의 신과 세계에 대한 정교한 체계성을 결여한 선포에 비해 훨씬 철학적이고 논리 정연함

---

82) 김용덕, 『동학 사상 연구』, p. 270; 오지영, 윗글, p. 8.
83) 보기로 오지영, 『동학사』, 1984(초판), 1987(2판); 이돈화, 『천도교 창건 사』, 1933; 이종해, 『천도교사』, 1962; 『대종정의』, 1907; 『천도교 삼부 경전』, 1973 등등.
84) 오지영의 견해에 의하면 제2대 교주 최시형은 최제우의 심법을 고스란히 물려받았기 때문에 정통성이 인정될 수 있다는 듯이 서술하고 있다. 오지영, 윗글, pp. 57~62 참조. 제2대 최시형의 양천주설에서 중요한 것은 마음을 수양하는 일로서 이는 불교의 그것과 마찬가지로 신비적인 명상의 성격을 띤다. 이러한 마음의 수양에 대한 강조는 인내천의 설이 지배하던 천도교 시대에 오면 신유교와 다를 바 없이 된다.
85) 인내천의 교리를 서양의 철학을 이용하여 계속 합리화하고 체계화를 시도한 인물은 이돈화이다. 이에 대한 연구로는 황문수, 「夜雷에 있어서의 人乃天思想의 展開」, 『동학사상논총』 제1집, pp. 227~48 참조.

을 갖추게 되었다고 말할 수 있다. 그러나 우리의 문제 제기내에서 볼 때 이러한 동학교 및 천도교 지식인들의 의식적 활동의 결과로서 위에서 살펴본 신 및 인간 개념이 변형됨으로써 그것의 사회학적 의의는 약화되었다고 결론내릴 수밖에 없다. 동학교의 이와 같은 변형된 신관 및 세계관은 성리학적 세계관과 마찬가지로 기존의 주어진 세계 및 인간 사회를 신의 의지에 따라서 재어보고 심판하기보다는, 원칙적으로 세계 및 사회를 가장 선하고 아름답게 주어진 것으로 보아 당연시한다. 이 때문에 주어진 세계의 질서와 조화를 합리적으로 설명하려는 종교적 지식인의 일반적 경향은 이 경우에 세계를 무조건적으로 수용하는 보수성을 드러내게 된다. 신의 본래적인 상태를 논의하는 가운데 현실의 부정과 개혁을 주장하는 경우에도, 그 본래적인 상태는 객관화되기가 대단히 곤란하여 지극히 철학적이거나 신비적인 성격을 면하기 어렵게 된다. 때문에 실제로 이러한 개혁과 부정의 주장은 인간의 능동적인 외부 활동으로 나타나기보다는 내면 세계에서 이루어진다. 어떻든 천도교 역사를 살펴보면서, 우리는 최제우의 신과 인간에 대한 개념이 변형되어 인내천으로 확립되어 교회 공동체 안에서 지배권을 확립하는 것과 아울러 동학교 및 천도교의 반전통주의·반외세·반봉건 등등의 성격은 사라지고, 원칙적으로 사회적 현실의 여건을 주어진 것으로 받아들이면서 근대화·서구화 및 민족 주권의 회복 등을 추구해왔다는 점을 관찰할 수 있다.[86]

---

86) 이의 하나의 보기로 의암 손병희가 3·1 운동으로 일제의 법정에서 증언한 내용을 소개한다:

　　문=피고는 '일한 합방' 때 어떠한 감상을 지니고 있었는가?

　　답=나는 별로 찬성도 불찬성도 나타낸 것이 아니고 중립을 지키고 있었으므로 지방의 교도에 대하여도 이때에 말을 조심하라고 유시했었다.

　　문=그러나 '일한 합방'에 대하여 상당한 의사를 지니고 있었으리라고 생각되는데 어떠한가?

　　답=(……) 그러나 한번은 정부가 전복될 시기가 올 것으로 생각하고 있었으므로 달리 감상은 없었고 나는 중립을 지키고 있었다. 오익제, 「동학 사상 연구의 방향: 문제 제기와 연구의 소재」, 『동학사상논총』 제1집, pp. 25~26.

동학교의 신 개념 및 인간관은 변형을 거듭하여 마침내 천도교 시대에 와서 인간은 신과 같다 또는 인간이 곧 신이라는 견해로 더욱 심화 발전되었다는 것을 보아왔다. 바로 이러한 사상을 통해서 동학교 지식인들은 전래의 성리학적인 위계적이고 신분 차별적인 인간 이해에 대립하는 인간의 절대 평등을 주장했다. 동시에 이는 기독교와는 정반대로 일종의 완벽한 인간의 자기 신격화를 의미했다. 기독교에서는 모든 인간이 신 앞에서 죄인으로서 동등하다는 사상을 발전시킨 데 반해, 동학교 아니 천도교는 독특하게 성리학의 논리를 수용하는 방법을 통해서 모든 인간은 신과 같다는 사실을 가르친 것이라고 볼 수 있다.[87] 따라서 인간은 더할 나위없이 존엄하다는 주장을 했다고 볼 수 있다. 그러나 이러한 주장이 사회적으로 어떤 의미를 가지는지를 캐물을 필요가 있다. 동양의 주된 지적 전통은 모든 인간의 질적인 평등과 존엄성을 주장하면서 역설적으로 위계적 신분 질서에 의한 인격적 지배 복종의 관계를 정당화하고 더 나아가서 그 필요성을 강조해왔다. 때문에 인간이 신과 동등 또는 인간이 곧 신이라고 주장한다고 해서 현실 사회 속에서 인간이 그만큼 더 존중된다거나, 그런 사회가 근대적 민주 사회에 더 가깝다고 볼 수는 전혀 없다.

여기에서 이러한 변동된 신과 인간 개념으로부터 어떤 새로운 집단 구성의 원리가 발전되어나왔는지 여부를 질문하는 것은 대단히 중요하다. 우리는 집단을 구성하지 않고서는 삶을 영위할 수 없는 존재이다. 만일 공동체의 본질 및 사회의 공공 복리, 더 나아가 국가의 본질 등에 대해서 동학교 특히 천도교에 대하여 질문한다면, 이것들에 대한 그다운 어떤 분명한 대답도 이들 종교 집단으로부터 얻을 수 없을 것이다. 오히려 발견되는 것의 대부분은 전통적인 유교적 형태의 것에 지나지 않는다는 것을 알게 될 것이다.

동학교 특히 천도교 지식인들은 일종의 범신론적 세계상을 근거

---

87) 강재언, 「봉건 해체기 갑오 농민 전쟁」, 『한국 근대 민족 운동사』(서울, 1980), p. 284; 박용옥, 윗글, pp. 109~10, 123~24, 136~37; 김상기, 윗글, p. 60 등을 참조.

로 하여 주어진 세계 안에서 초우주적 사랑의 관계를 주장했다. 그러나 이러한 것에 바탕을 두고 있는 동학교의 윤리는 기존의 유교적·사회 윤리적 관계를 배격하지 않는다. 오히려 반대로 동학 지식인들은 기존의 성리학적 윤리에 의해서가 아니라 자신들의 종교의 윤리를 통해서 사회의 유교적 화합이 달성될 수 있다고 주장할 수 있었다. 동학교의 윤리에서 위에서 언급한 평등에 대한 독특한 사상을 찾아낼 수 있다손 치더라도 동학의 윤리는 가족의 테두리를 넘어서 있는 영역, 곧 어떤 공적인 영역도 정확히 규정하고 있지 않았다. 그렇기 때문에 동학의 윤리는 사회에 대한 유교적인 관점과 국가에 대한 견해를 아무런 비판 의식 없이 계승하였다.[88] 이와 같은 사실의 중요한 원인은 지금까지 제시한 바와 같은 신 개념의 왜곡에 있다고 말할 수 있다. 왜냐하면 비인격적이고 세계 안에 내재하는 변형된 신의 개념은 전통적인 생활의 질서에 대립하여 신의 의지 또는 신이 원하는 사회적 질서를 객관적으로 사실화하여 대상화하는 것을 방해하거나 힘들게 만들기 때문이다. 이와 관련하여 이러한 신 개념하에서는 해당 종교적 지식인들이 자신들의 세계상에서 주술적인 요소와 신비적인 색채를 분리하여 제거하기가 특히 어렵게 된다는 것이다. 오늘날 천도교는 주술적인 민속 신앙 집단의 하나로 나타나고 있다.[89] 이 때문에 동학교 자체를 불교·유교·

---

88) 이에 대해서는 Seong Hwan Cha, 윗글, 제3장 참조.

89) 1985년에 실시된 인구 및 주택 센서스 통계에 따르면 전국 인구에서 천도교 신자가 차지하는 비율은 0.07%이다. 그리고 각종 종교 단체들이 제시한 신도 수(1987년 12월 31일)가 같은 해 『통계연감』에 제시된 추산 총인구 수에서 차지하는 비율은 2.5%이다. 문화공보부, 『총무행정자료』(1988. 6), pp. 5, 8; 경제기획원, 『한국통계연감』, pp. 34, 39. 유동식은 "1905년 동학은 제3대 교주 손병희에 의해 천도교라는 교명을 갖게 된다. 1910년대에는 신도 백만에 달하는 전성기를 맞이한다. 그리하여 1919년 천도교는 또다시 일본 식민주의에 항거하는 3·1독립 운동의 주도자로 나섰다. 그 후 일본의 심한 탄압이 있어 쇠퇴의 길을 걷게 되었다. 한편 내부적인 분파들이 성행하여 30년대에는 무려 21개의 동학계 종단들이 형성되었다. 현재는 충청남도를 중심으로 17개의 종단들이 있으나 그 교세는 미약하다. 현저한 것은 천도교뿐이다"라고 적고 있다. 유동식, 「한국의 민속·종교 사상 개설」, 『한국의 민속 종교 사상』, p. 25.

192

도교·무속 등등의 혼합체로서 학자들이 이해하려고 하는 것은 전혀 놀라운 일이 아니다.[90]

6. 맺는 말

동학교의 성과로 유교적인 한국 사회에 독특한 종교적 평신도 공동체가 발전될 수 있었다. 대중이 신흥 종교인 동학의 추종자가 된다는 것은 당시의 신생 카톨릭에 개종하는 것과는 의미가 상당히 다르다. 당시 한국 카톨릭은 이설의 집단으로 몰려 박해 가운데 있었지만, 대중은 이러한 열악한 조건에도 불구하고 그 배후에 버티고 있는 서구의 막강한 세력을 의식할 수 있었기 때문에, 카톨릭은 대중에게서 피난처의 의미를 직접·간접으로 띨 수 있었다. 그렇지만 동학교에서는 사정이 완전히 달랐다. 결과적으로 동학교의 평신도 공동체의 유일한 기반은 교조 최제우의 인격적 카리스마였다고 판단할 수밖에 없다. 파견 예언자로서 최제우의 카리스마는 조선 사회의 해체 과정에서 대중들로부터 커다란 반응을 얻어내었고, 짧은 시간내에 많은 추종자를 얻어 공동체를 형성할 수 있었다. 잘 알려진 바대로 동학교는 3년도 채 못 되는 최제우의 선교로 삼남 지방 전역에 자신의 평신도 공동체를 창설하게 되었다.[91] 20세기 초반까지 동학의 종교 집단은 강력한 사회적 세력 집단이었다고 할 수 있다. 보기로 1892년 이후로 동학교는 정부로부터 금지된 사교였음에도 불구하고 공공연하게 교주의 복권과 종교 자유를 중앙 정부에게 청원했다는 것에서 단적으로 드러난다. 여기에서 한걸음 더 나아가 동학교는 1893년에 조선 정부를 강제할 목적을 가지고 있는 무장 집회를 수만의 교도들이 참여한 가운데 충북 보은에서 개최했

---

90) 한우근, 「동학 사상의 본질」, 『동방학지』 10(1969), pp. 37~72; Sek-Keun O, *Der Volksglaube und das Christentum in Korea*(박사 논문)(Berlin, 1978), pp. 188~95 등을 참조.
91) 최동희, 『최제우와 동학 사상』, pp. 440~41 참조.

다. 또한 1894년에서 1895년의 갑오 농민 전쟁을 동학교의 지식인들이 지도했다.[92] 농민들은 전국에서 동학교의 339개의 지역 공동체 조직을 통해서 전쟁에 동원되었다.[93] 동학의 종교 집단이 이러한 사회 운동에서 성공을 거둔 것은 아니지만 새로운 집단으로서 막강한 대중 동원의 능력을 과시해보인 것은 사실이다.

일본 제국주의 통치 기간에 천도교는 30여 개의 근대적인 학교를 건립하였다.[94] 이들 학교는 한국 근대화의 중요한 매체가 되었다. 아울러 1919년의 독립 운동에 천도교가 물질적 및 이념적으로 주도적인 역할을 했다는 것은 잘 알려져 있다. 이 밖에도 천도교는 1920년대에 민족 의식과 새로운 사회를 건설할 목적으로 새로운 단체를 설립하였다. 이 단체는 3만의 회원을 확보했었고, 전국에 120개의 지부를 가질 정도로 번성하였다. 무엇보다도 천도교가 잡지와 신문을 발행해냈다는 점이 중요하다.[95] 이러한 단체와 신문 잡지는 일제의 강압과 감시 때문에 한계를 지닌 것이긴 했지만 민족의 계몽을 위해서 다대한 역할을 했다. 이와 같은 특유의 공동체 조직 및 활동은 말할 것도 없이 전통적인 유교 사회의 조직 원리에 대해 혁명적인 의미를 갖는다. 왜냐하면 유교적 조직 원리의 바탕이 되고 있던 신분 질서와 사회적 특권을 보장해주던 문학 교육은 원칙적으로 이 공동체 안에서는 의미를 상실하기 때문이다.

또 교주인 최제우는 한국 사회의 근대화에 있어 카톨릭이나 개신교와는 다른 방향에서 길을 제시해보였다고 할 수 있다. 이들 외국의 종교 집단들이 다분히 한국의 지적 및 문화적 전통을 간단히 무시하여 파괴하거나 서구적인 것으로 대치하는 경향을 보인 반면에, 최제우는 한국 전통의 한가운데 서서 하날님 계시의 체험의 빛에서 재해석 또는 창조적으로 재구성하는 방식을 취하고 있기 때문이다.

92) 갑오 농민 전쟁에 대해서는 Sung-soo Kim, 윗글, pp. 109~94 참조.
93) 강재언, 윗글, pp. 299, 301, 328 참조.
94) Wi-jo Kang, *Religion and Politics in Korea under the Japanese Rule* (Lewiston, 1987), pp. 74~79.
95) 벤자민 B. 웹스, 윗글, pp. 163~67; 조용만, 「일제하의 우리나라 신문화 운동」, 『일제하의 문화 운동사』(서울, 1970), pp. 45~49.

이것이 성공적일 경우 근대화 과정에서 파생되는 동질성 및 고유성의 상실과 이와 관련된 시민의 행동 지향과 사회 구조 사이의 갈등과 같은 근원적인 문제를 야기시키지 않게 될 것이라고 상정해볼 수 있다.

위에서 언급했듯이 동학교는 많은 평신도 공동체와 단체를 창설했다. 물론 이들은 외형적으로 지금까지의 전통적인 집단 형성, 무엇보다도 유교적 가족 및 씨족 연대와는 분명히 구분된다. 이들 전통적인 집단에는 직접적인 인격적 주종의 관계가 결정적인 역할을 한다. 근대 서구의 공적 영역에서의 윤리와는 정면으로 대치되는 것이다. 순전히 외형적인 면에서 볼 때 동학교를 통해서 한국 사회에 매개 집단이 탄생되었다고 말할 수 있다. 동학 지식인들은 자신들의 단체를 통해서 인간이 하날님과 같이 대접받는 새로운 사회 곧 지상 낙원을 만들려고 시도했다.[96] 그럼에도 불구하고 이들은 그것을 위해서 회원들에게 전통 유교적인 가족 및 씨족적 유대를 돌파할 수 있을 유일한 무기일지도 모를 그 어떤 형태의 '공동체적 종교 성향'을 요구한 일이 없다.[97] 이들은 새로운 사회를 건설하기 위해서는 하나의 새로운 윤리가 필수적이라는 사상에 만족했다. 그러나 이들 새로운 윤리는 직접적인 대인간적 주종 관계가 중심에 자리잡는 극단화된 유교적 '사적 윤리'라고 성격지을 수 있을 뿐이다.[98] 여기에서 동학 또는 천도교의 평신도 공동체 또는 단체의 비인격적이고 세계 속에 내재하는 신 개념이 해당 종교적 지식인들로 하여금 신의 의지 또는 신이 의도한 삶의 질서를 합리적으로 객관화하

---

96) 벤자민 B. 웹스, 윗글, p. 164.
97) 베버에 의하면 공동체적 종교 성향의 가장 급진적인 형태는 다음의 구절에서 찾아볼 수 있다: "자신의 아비를 미워할 수 없는 사람은 예수의 제자가 될 수 없다." Max Weber, *WG*, p. 350.
98) 사적 윤리는 공공 윤리에 대한 대립 개념이다. 전형적인 사적 윤리의 행위는 어떤 경우에든 대인간적인 주종 관계에 지향되어 있다. 이와 반대로 전형적인 공공 윤리의 행위는 사실적이고 비인격적인 목적을 위한 봉사 의무의 바탕에서 이루어진다. 이는 막스 베버의 지배사회학적 연구에 기대어 필자 자신이 개념화한 것이다. Max Weber, *WG*, pp. 122f. 참조; "Einleitung der Wirtschaftsethik der Weltreligionen," *Gesammelte Aufsätze zur Religionssoziologie* I(Tübingen, 1920)(1978년 7판), pp. 267f.

여 제시하는 것을 방해했다는 사실을 지적할 필요가 있다. 그렇기 때문에 천도교 지식인들은 다시금 전통적인 유교적 윤리의 본질적인 부분, 이와 관련하여 집단 형성의 옛 원리를 계승할 수밖에 없었다. 따라서 동학교와 천도교는 전통적인 신유교적 집단 형성 원리의 정당성을 문제시하지 못했다.

따라서 동학 교회는 뛰어난 조직체를 발전시켰지만[99] 전통적인 유교의 가족 관계와 혈통의 유대를 돌파하고 상당한 정도로 이것들과 대립하여 있는 튼튼한 독립적 신앙의 공동체로서 성장할 수 있는 능력을 상실하게 되었다. 동학과 천도교 공동체의 전국적인 확산 및 이와 관련을 갖고 있는 단체 및 정당의 창설과 발전은 원칙적인 면에서 볼 때 전통적인 공동체의 구조와 전혀 모순 관계에 있지 않았으며, 옛것을 대신한 새 것이라고 보기가 어렵다. 그렇기 때문에 위에서 말한 동학 및 천도교의 계몽 운동과 독자적인 단체의 창설은 세계의 진행 과정을 주술적인 것으로부터 풀어내거나 대중으로 하여금 삶을 합리적으로 운용하게끔 하는 데 그다지 큰 기여를 할 수 없었다.[100] 비록 동학의 지식인들 특히 동학의 창시자와 그의 후계자들이 구원의 수단에 부여된 주술적 요소를 걸러내고 주술에 지향된 대중의 종교적 행위를 합리적이고 윤리적인 행위로 선도하려고 시도했다는 점을 인정한다 해도 그렇다. 어떻든 동학의 지식인들은 이 점에서 성공하지 못했다.

이와 같은 결론을 아래와 같은 몇몇 보기를 들어서 강조하고자 한다. 우리는 동학교 창시자인 최제우에게서 사회에서 사적인 영역과 공적인 영역의 분리를 위한 모태로서 역할을 할 수 있는 시도를 엿볼 수 있다:

해음 없는 이것들아 날로 믿고 그러하냐 나는 도시 믿지 말고 하날님을 믿었어라.[101]

99) 벤자민 B. 웹스, 윗글, p. 77 참조.
100) 이를 위해서는 김용덕, 『동학 사상 연구』, pp. 260~63, 299~302 참조; 강재언, 윗글, pp. 287~88.
101) 『용담유사』, 「교훈가」, p. 123.

그의 인격적 카리스마는 신도들에게 엄청난 위력을 가지고 있는 것이었지만 최제우는 '사적인' 인간 곧 자신에게 이를 돌리지 않고 하날님을 지시하고 있다. 따라서 인간의 일과 하날님의 일은 확연히 구분될 수 있고, 하날님에 대한 봉사와 인간에 대한 봉사는 서로 다른 인간의 행동을 요구하는 데로 발전할 가능성이 대단히 높아진다. 그러나 공적인 영역과 사적인 영역의 분리의 모태가 될 만한 최제우의 사고 구조가 그를 계승한 지식인들의 사상과 행동 속에서 계속 발전되어왔다는 증거를 찾을 수 없다. 위에서 살펴본 신 개념 및 인간 개념의 변형은 이러한 분리를 원천적으로 봉쇄하거나 대단히 어렵게 만들었다. 제2대 교주의 "인간을 하늘처럼 섬기라"는 계명이나, "인간 곧 신"이라는 제3대 교주의 계명으로 요약되는 변형된 개념은 인간 및 사회 생활 속에서 신적인 것 또는 신이 원하는 질서나 뜻을 가려내어 공동 생활의 지침으로 삼으려는 시도를 할 경우, 불가피하게 철학화하거나 신비적인 속성을 띠게 된다. 때문에 그것은 현실적으로 대중들에게 이해될 수 없는 것이거나, 신비적인 것으로 드러난다. 그래서 그것은 대중들의 실천적인 행동에는 거의 아무런 새로운 영향을 끼칠 수 없게 된다. 이와 같은 결과로 동학교 및 천도교에서 보여지는 윤리적 계명이나, 지도자의 자질을 논의하는 곳에서 우리는 극단화된 전통적인 유교의 윤리와 인간상만을 발견할 수 있게 된다.

이는 앞에서 논의한 제2대 교주 최시형의 「내수도문」에서도 알수 있다. 모든 사람과 가축까지도 한울같이 존경되어야 한다는 주장이 성리학적 집단 구성의 원리인 대인간적 지배 복종의 철폐를 전제로 한 것은 아니었다. 가족의 위계 질서, 노예 제도, 가족 밖의 타인이라는 유교적 사회 질서는 조금도 손상받지 않은 채 함께 나타난다. 가족 밖의 공공의 영역이 있다는 사실을 전혀 의식하고 있지 않으며, 이 공공의 영역에서는 모든 인간이 동일한 원칙 아래에서 움직여야 된다는 식의 사상이 자리잡을 여지가 전혀 없다.[102]

102) 이 글의 제5절 참조.

동학교는 1880년대에 6임제라는 특이한 조직을 발전시켰다. 여기에서 보여지는 인간상을 서구에서 관료제를 움직이는 인간형과 비교해볼 필요가 있다. 먼저 동학교의 조직을 움직이는 '관료상'을 보면:

그 중 자질이 알차고 인망이 두터운 사람을 뽑아 교장(敎長)을 삼고 성심으로 수도하여 전수할 수 있는 자를 교수(敎授)로 삼고 감화력이 있고 기강이 밝으며 경계(經界)를 아는 사람을 도집(都執)으로 삼으며 기강을 잡을 수 있는 사람을 집강(執綱)으로 삼으며, 공평하고 신중·중후한 사람을 대정(大正)으로 삼으며, 바른말을 능히 할 수 있는 강직한 사람을 중정(中正)으로 삼는다.[103]

필자는 이와 같은 동학교의 조직을 움직이는 인간상이 바로 오늘날 산업 사회의 관료제를 운영하는 공적 및 사적인 영역에서의 관리상과 별다른 차이가 있음을 발견하지 못한다. 이와 같은 인간상이 근대화된 서구 사회의 공적 영역에서 발견되는 인간형과 얼마나 큰 차이를 보이는가는 막스 베버의 다음과 같은 이념형적인 제시에서 분명히 드러난다:

오늘날 우리 사회에서 단체는, 무엇보다도 정치적 단체는 '법적' 지배 유형을 띠고 있다. 다시 말하면, 명령권자의 명령의 정당성은 합리적으로 제정되었거나 약정된 규칙 또는 (선거를 통해서) 승인된 규칙에 바탕을 두고 있다. 그리고 이러한 규칙 제정의 정당성은 다시금 합리적으로 제정된 '헌법' 또는 합리적으로 해석된 헌법에 기초를 두고 있다. 인격적인 권위의 이름에서가 아닌 비인격적인 규범의 이름으로 명령이 내려진다. 그리고 명령의 발포는 또한 발포자의 입장에서 보면 다시금 규범에 대한 복종이다. 그 발포는 자의적이거나 은총 또는 특권이 아니다. '관료'는 명령할 수 있는 권한을 가진 사람이다. 그는 결단코 그 자신의 권리에 바탕해서 명령을 내리지 않는다. 그는 비인격

103) 『시천교 역사』, 甲申, 12 월조; 김상기, 윗글, p. 79에 번역하여 제시한 것을 다시 따옴; 똑같은 내용의 보고가 『천도교 창건사』, 제 2 편, p. 34 에 국한문 혼용체로 나타난다.

적인 '공공의 제도'라는 영지 *Lehn* 안에서만 명령권을 지닌다. 그는 제정된 규칙을 통해서 규범적으로 지배되며, 특정적 또는 비특정적인, 그러나 규칙에 상응하는 특징에 의해서 묘사될 수 있는 인간의 특수한 공동 생활이라는 영지 안에서 그 명령권을 갖는다. [그의] '권한'은 사실적으로 경계지어진 가능한 명령 대상의 영역에 한정되며, 자신에게 정당한 것으로 허락된 강제권의 영역에 한정된다. 관료가 법정에 '소원'을 요청할 수 있는 '위계 질서'의 제도가 단체의 '구성원' 또는 '시민'에 대하여 서 있다.[104]

여기에서 베버는 근대 서구인들의 가장 이상적인 행동 지향의 이념형적 표현이 사실적이고 비인격적인 목적에 대한 봉사와 의무에서 그리고 추상적인 규범에 대한 복종에서 나타난다는 사실을 극적으로 강조하고 있다. 이와는 대조적으로 동학교의 인간상은 철저히 자신 안에 함양하고 있는 내적 자질의 구비 여부가 문제의 핵심이며, 온전히 자신의 인격적인 권위에 의해서 원만하고 조화롭게 조직을 운영해나간다는 것을 이상으로 하고 있다고 보여진다.

전체적으로 보아 동학의 공동체는 실제로 한국 사회가 근대 서구 사회로 한발짝 더 가까이 가게 하는 데 기여할 수 있었다. 그러나 근대화에 수반되고 있는 공공 윤리를 발전시키는 데에는 공헌할 수 없었다고 결론지을 수 있다.

참 고 문 헌

강재언(1980), 「봉건 해체기 갑오 농민 전쟁」, 『한국 근대 민족 운동사』, 서울.

경제기획원(1985), 『한국통계연감』 34.

김상기(1975), 『동학과 동학란』, 서울(2판).

김의환(1964), 「초기 동학 사상에 관한 연구」, 『우리나라 근대화사 논고』,

---

104) Max Weber, "Einleitung der Wirtschaftsethik der Weltreligionen," pp. 267~68.

부산.

문화공보부(1988), 『종무행정자료』, 서울.

박용옥(1981. 9), 「동학의 남녀 평등 사상」, 『역사학보』 91.

신일철(1983), 「동학 사상의 전개: 시천주·사인여천을 거쳐 인내천 사상
　　　에로」, 천도교중앙총부, 『동학사상논총』 제1집, 서울.

오익제, 「동학 사상 연구의 방향: 문제 제기와 연구의 소재」, 『동학사상논
　　　총』 제1집.

오지영(1987), 『동학사』, 서울(2판).

원　효(1983), 「대승기신론 소·별기」, 『한국의 불교 사상』(한국사상전집
　　　제1권), 서울(4판).

웹스, 벤자민 B.(1975), 『동학백년사』(홍창식 옮김), 서울.

유동식(1983), 「한국의 민속·종교 사상 개설」, 『한국의 민속 종교 사상』
　　　(한국사상전집 4), 서울.

이기영(1983), 「원효와 불교 사상」, 『한국의 불교 사상』(이기영 저), 서울.

이돈화(1933), 『천도교 창건사』, 서울.

이세권(1987), 『동학사상』, 서울.

이율곡(1983), 「성학집요」, 『한국의 유학 사상』(한국사상전집 2), 서울(4
　　　판).

이종해(1962), 『천도교사』, 서울.

이퇴계(1983), 「성학십도」, 『한국의 유학 사상』.

정만조(1981), 「신분제의 동요」, 『한국사연구입문』(한국사연구회 편), 서울.

정재식(1982), 『종교와 사회 변동』, 서울.

조용만(1970), 「일제하의 우리나라 신문화 운동」, 『일제하의 문화 운동사』
　　　(조용만 외 저), 서울.

차성환(1989), 「새로운 집단 형성 원리의 등장 I: 초기 한국 카톨릭 교회
　　　공동체의 사회학적 의의」, 『연세사회학』 제 10·11호 합본.

천도교중앙총부(1973), 『천도교 삼부경전』, 서울.

최동희(1983), 「최제우와 동학 사상」, 『한국의 민속 종교 사상』(한국사상
　　　전집 제4권), 서울(4판).

최제우(1986), 「용담유사」, 『동학 경전』(이세권 편저), 서울.

───(1986), 「동경대전」, 『동학 경전』.

한우근(1969), 「동학 사상의 본질」, 『동방학지』 10.

───(1970. 6), 「동학의 리더십」, 『백산학보』 8.

───(1971), 『동학란 기연에 관한 연구』, 서울.

현상윤(1982), 『조선유학사』, 서울.

황문수(1983), 「夜雷에 있어서의 人乃天思想의 展開」, 『동학사상논총』 제
1집.

황성모(1983), 「한말의 종교적 상황」, 『상황과 종교』(고범서 편), 서울

Cha Seong Hwan(1989), *Demokratie ohne öffentliche Ethik? Zur
Soziologie der religiösen Denkstruktur der Intellektuellen in Ko-
rea*, Tübingen 대학교(박사 논문).

Kang Wi-jo(1987), *Religion and Politics in Korea under the Japanese
Rule*, Lewiston.

Kim Sung-soo(1980), *Die Tonghak-Bauernbewegung in Korea: Sozio-
ökonomische Hintergründe und ideologischer Wandlungsprozeß*,
Frankfurt 대학교(박사 논문).

Noh Jong-sun(1984), *Violence and Nonviolence in Minjung's Struggle
for Justice in the Tonghak Revolution: Religion and Just Re-
volution. Third World Perspective*, Union Theological Seminary
(박사 논문).

O Sek-Keun(1978), *Der Volksglaube und das Christentum in Korea*,
Berlin 대학교(박사 논문).

Ri Jemin(1987), *Wonhyo und das Christentum: Ilshim als personale
Kategorie*, Frankfurt 대학교(박사 논문).

Sohn Kyoo-tae(1986), *Kirche und Nationalismus. Eine Studie über die
Rolle des Nationalismus in der koreanischen Kirchengeschichte
unter der japanischen Kolonialzeit*, Heidelberg 대학교(박사 논
문).

Weber, Max(1978), "Einleitung der Wirtschaftsethik der Welt-
religionen," *Gesammelte Aufsätze zur Religionssoziologie* I,

Tübingen(7판).

───── (1980), *Wirtschaft und Gesellschaft*, Tübingen(5판).

Won-Cha Ok-soong(1986), *Der Einfluß der Tonghak-Bewegung auf die Ausbildung der Minjung-Theologie in Korea*, Frankfurt 대학교 (박사 논문).

제 5 장
초기 개신교 선교사들의 종교 성향과
근대적 삶의 형성
──종교사회학의 고전적 테제 재해석

Ⅰ. 일반적인 문제 상황

한국의 개신교 공동체에 대한 사회학적인 이해를 하려고 할 때, 이의 모체적인 역할을 했던 선교사들의 종교 성향과 그들의 사고 구조를 파악하는 것이 무엇보다도 중요하다고 할 수 있다. 에밀 뒤르켐의 종교사회학적 전제를 전적으로 긍정하여서, 각 종교가 가지는 내용적인 차이와 다양성을 전적으로 도외시하면서, 모든 종교가 공통적으로 가진다고 상정한 사회 통합 기능만을 문제시하지 않는 한, 우리는 각 종교가 가지는 차이점에 주목해야 할 것이다. 더 나아가 하나의 종교 안에서 드러나는 상이한 종류의 종파적 흐름이 갖는 내용적인 차이와 그것의 역사적 측면을 중요시하지 않을 수 없다. 뒤르켐의 연구로부터 시사받은, 방법론적 전략으로 가장 간단하면서 원초적인 종교적 행위의 형식을 드러내는 민속 종교적 현상을 먼저 연구하여야 한다는 그럼직한 주장도, 우리의 종교적 현실에 비추어볼 때 설득력이 없다. 어느 종교 현상 하나를 그 밖의 복잡하게 분화하여 발전한 종교의 원형으로 보고, 이로부터 문제의 사회 현실을 설명하기보다는, 이들 각각이 저마다의 독특성을 유지하면서 같이 번성하고 서로 다른 영향을 끼치고 있는 것으로 보는 것이 보다 설득력 있는 것 같기 때문이다. 우리나라의 다원 종교적 상황은 다양한 형태로 전개된 종교 발전에 대한 진화론적 설명들로 하여금 그 설득력을 잃어버리게 한다. 아울러 계몽주의 종교 비판의 주요 내용 중의 하나인 과학이 발전함에 따라 과학의 계몽적인 역할은 사람들로 하여금 비합리적인 종교의 영향들로부터 해방되게 할 것이고, 상대적으로 종교들은 추종자들을 잃어버려 무력하게 되어버릴 것이라는 예측도,[1] 우리의 종교 현실 앞에서는 호소력을 잃어버린다. 이로써 계몽주의에 직접·간접으로 의존하고 있는 종교관 및 과학 개념 그리고 이와 관련된 인간관에 대한 반성이 강력히 요청되는 것이다. 우리 사회에서 각종 종교의 신봉자들 모두가 현대 과학에 무지하고, 결과적으로 계몽되지 않은 무식한 계층이라고 단정하는 사람이 있다면, 이는 분명코 종교와 인간 삶의 문제성을 심각하게 성찰함 없이 천박하고, 좁고, 기만적인 낙관주의에 빠져 있던 19세기 자연과학 및 인간 개념의 포로가 되어 있음을 스스로 드러내고 있는 것이다. 이러한 부류의 인간관 및 과학관은 분명히 재고되어야 한다. 그래야만 우리의 종교적 현실이 정당하게 고려되고, 과학적으로 설명 이해될 수 있을 것이다.

한걸음 더 나아가 개신교에 대한 사회학적 연구를 시도한다고 할 때, 어느 누구도 막스 베버의 '프로테스탄트 윤리 테제'에 대해서 어떤 입장을 취하지 않고는 자신의 연구를 진행하기 어렵게 되어 있다. 우리의 연구 또한 마찬가지이다. 많은 경우 막스 베버를 '법칙 추구 과학'[2]의 탁월한 선구자라고 전제하며, 개신교 윤리에 대한 그의 테제를 이론으로 보아, 그것을 구체적인 역사적 상황 속에서 다시 검증하려는 쓸데없는 시도를 한다. 이 경우 베버의 옹호자이건 반대자이건간에, 베버에 대한 오해만을 한층 더 크게 할 뿐이다. 이 때문에 베버의 과학과 방법, 종교와 인간 행위에 대한 정당한 이해를 위해서 필수적인 것들에 대한 최소한의 논의를 하는 것 또한 의무로 여겨진다. 그럴 때만이 베버의 문제 제기와 연구 성과를 정당하게 평가하는 가운데 우리나라 개신교의 '문화적 의미'를 캐물을

---

1) 이와 관련하여 전통적인 실증주의의 종교관 및 세속화론의 의미에 대해서는 토마스 루크만, 『보이지 않는 종교 *The Invisible Religion*』(이원규 옮김)(서울, 1982), pp. 25~26 참조.
2) 법칙 추구 과학 및 현실 탐구 과학에 대해서는 프리드리히 텐부룩, 『막스 베버의 사회과학 방법론』(차성환 편역)(서울, 1990)을 참조.

수 있을 것이고, 이를 겨냥하고 있는 이 논문의 의도 또한 쉽게 이해될 수 있을 것이다.

한국의 근대화 또는 서구화의 주도적 역할이 서구의 선교사 및 이들과 관련을 맺고 있던 개신교가 담당했다는 데에 이의를 제기할 사람들은 거의 없을 것이다. 또 60년대 이후 산업화의 급속한 진전의 시기와 개신교 및 일반 종교 추종자 수의 비약적인 확대 현상과의 상관성, 그리고 사회 변동을 위한 다양한 부류의 개신교 지식인들의 활동 등등은, 우리로 하여금 개신교가 현대 한국 사회의 사람들에게 어떤 종류, 어떤 방향에서 '삶을 운용'하게 만들고 있는가라는 질문을 하지 않을 수 없게 한다. 이에 적절히 대답하기 위해서는 한국 개신교의 내용적인 성격을 고려해야 한다. 이를 위해서는 개신교 주요 매개층(종교 운동을 주도한 지식인들)의 '사고 구조'를 고려하는 것이 필수적이다. 한국 개신교의 사고 구조는 이념형적으로 4가지 형태로 나누어서 제시될 수 있다. 그러나 원칙적으로 이들 유형 중 어느 것도 한국 개신교의 특정 교파(장로파·감리파 또는 오순절파 등등)로 모두 환원될 수 없다는 점이 간과되어서는 안된다.[3] 이들 사고 구조는 역사적 발생 시기를 달리하면서 등장하여, 오늘날 한국 개신교의 전체 모습을 규정하고 있다.

1907년경에 일종의 근본주의적인 심령 부흥 운동이 한국 개신교 안에서 정착 발전되었다. 이 운동에서 첫번째 유형의 사고 구조가 드러난다. 이는 오늘날까지도 한국 개신교의 주류를 형성하고 있다. 이러한 사고 구조의 발전을 위해서는 초기 선교사들의 독특한 종교

---

3) 한국 개신교에 존재하는 '교단'들을 곧바로 과학적 분석의 범주로 삼는 데는 많은 문제점이 내포되어 있다. 각 교단들은 자신들이 배타적인 독특성을 가지고 있다고 주장함에도 불구하고, 추종자들 사이에서는 삶의 운용에 있어서 의미있는 차이를 드러내고 있지 않기 때문이다. 필자는 이러한 문제점 때문에 삶의 운용의 방향과 방법에 있어서 차이점을 드러낸 요소의 원인을 드러내기 위하여 매개층의 사고 구조를 이념형적으로 구분하려고 시도해보았다. Seong Hwan Cha, *"Demokratie ohne öffentliche Ethik? Zur Soziologie der religiösen Denkstruktur der Intellektuellen in Korea* (1989, Tübingen 대학교〔박사 논문〕), 사고 구조의 개념에 대해서는 윗글, pp. 15~16, 개신교의 4가지 이념형적인 구분 및 그것의 공공 윤리에 대한 영향의 분석은 윗글, pp. 177~247 참조.

성향이 결정적으로 중요한 역할을 했다.

두번째 유형의 사고 구조는 기독교적인 신비주의 운동이라고 명명될 수 있는 것에서 그 모습을 드러낸다. 이 운동은 1930년대에 발전되었다. 이 사고 구조에 의해서 한국 개신교 추종자들의 기본적인 경건의 모범적 성향이 규정되고 있다.

1970년대 이후에 또 다른 두 가지 유형의 사고 구조가 발전되었다. 그 하나는 오순절 성령 체험 운동이라 이름붙일 수 있는 종교 운동에서 찾아질 수 있다. 다른 하나는 '민중 운동'(민중 신학 운동) 속에서 발견된다. 앞의 운동은 대중 속에서 빠른 속도로 확산되었던 반면에, 뒤의 것은 지식인들의 좁은 범위에서 발전되어나왔다는 특징을 갖고 있다.

이 글에서는 근본주의적 사고 구조의 형성 및 발전, 더 나아가서 한국 개신교의 전체적인 기틀의 형성에 결정적인 역할을 했던 초기 선교사들의 종교 성향에 초점을 맞추려고 한다. 특히 우리나라의 개신교는 서구의 개신교가 일반적으로 가지는 '특유의 합리주의적 성향'과는 판이하게 다른 성격을 보이고 있다. 이의 원인 중 가장 중요한 것은 개신교를 한국에 전파하여 공동체를 형성하는 데 결정적인 역할을 했던 선교사들에게 돌려질 수 있다. 이 때문에 한국 개신교의 추종자들로 하여금 서구의 개신교도들과는 다른 특이한 방향에서 삶을 운용하게 만들었다. 이 점이 분명히 규명되어야 한다.

게다가 한국과 같이 여러 상이한 종교와 종파가 함께 공존하고 있는 사회적 상황 속에서는 이런 종교 및 종파 사이의 차이점을 심각히 고려하고 있지 않은 어떤 사회학적 분석도 자신의 정당성을 주장하여 인정받기가 어렵게 되어 있다는 점 또한 간과할 수 없다. 이런 일반적인 문제 상황은 필자로 하여금 막스 베버의 종교사회학적 관점을 고려하지 않을 수 없게 한다.

II. 19세기 유럽 문화 문제의 성격과 막스 베버의 종교사회학

베버는 모든 세계 종교를 선입견 없이 곧바로 연구의 대상으로 삼았다. 곧 고도의 복잡성을 띠는 세계 종교를 어떤 원초적인 종교 형태의 연구로부터 해명하려 하거나, 계몽주의적인 노선에 서서 종교에 대한 비판을 계속 철저화하려 하지 않는다. 또 종교 연구의 초점이 추상적인 신 관념 또는 종교의 본질 규명에 있지 않으며, 하나의 종교 사학자로서의 태도를 견지하면서 곧바로 세계 종교들 (힌두교·불교·유교·기독교 등)의 종교 공동체 발전의 역사적 측면을 자신의 특유의 사회학적 방법을 통해서 추적하였다.

우리는 베버가 19세기 유럽이 당면했던 현안 문제에 대답하기 위해서 종교 연구에 착수했다는 사실을 간과해서는 안 된다. 당시 유럽의 중심되는 문화 문제의 성격에 대한 얼마간의 논의가 필요하다. 그러나 베버가 제기한 질문과 대답이 바로 우리 자신의 것이 될 수 있느냐는 문제적이다. 프리드리히 텐부룩은 당시의 종교적인 질문이 유럽인들의 생존에 관련된 심각한 문제로서 과학자들이 응당 해답을 추구하지 않으면 안 되었다고 보고, 그 상황의 주요 요소를 다음과 같이 지적하고 있다:

계몽주의의 종교 비판은 교육받은 시민층이 넓어짐과 더불어 확산되었다. 역사학적 연구는 성서의 역사상을 전복시켰다. 합리적인 생활 조직은 종교 공동체를 해이하게 만들었다. 정당과 이데올로기는 자신들의 이익을 내세우기 위해서 시민들을 동원했다. 그리고 국가와 교회의 분리는 도처에서 앞을 다투면서 실현되었다.[4]

우리는 이러한 일반적 사태의 성격 및 그것이 갖는 의미를 바로 막스 베버 자신의 텍스트 안에서 찾아낼 수 있다:

근대적인 형태 곧 이론적이고 실천적이며 동시에 지성적이며 합목적적 성격을 담고 있는 철저히 합리화된 세계상 및 삶의 운용은 다음과 같은 일반적인 결과를 맞이했다. 이러한 특별한 종류의 합리화가 더 넓게 확산되면 될수록, 그에 비례하여 종교는——지성적으로 구성된

---

4) Friedrich H. Tenbruck, "Max Webers Religionssoziologie——damals und heute"(1991, 미출판 논문), p. 1("RS"로 줄여 씀).

세계상의 관점에서 보아——비합리적인 것으로 되어버렸다.[5]

　이렇게 텐부룩이 정리하고 있는 바와 같이, 개인 및 사회적인 차원에서 종교 존립의 정당성 및 그 의미에 대한 근본적인 질문이 끊임없이 제기되어나왔고, 그 질문은 곧바로 종교의 기원과 전도를 역사적으로 질문하는 데로 치달아 나아갔다. 같은 방식으로 사람들은 종교가 무엇 때문에 역사에서 그렇게 의미 심장한 역할을 수행했으며, 또 이와 같은 비합리적인 세력이 앞으로 올 문화적 세계에서 어떤 지위를 차지하게 될 것인가를 알아내고자 했다.[6] 그것은 유럽 근대 문화의 운명을 질문하는 문제가 되었다. 지금까지 종교의 문화적 의미에 대한 해명의 과제를 떠맡았던 신학과 철학은 자신의 특권적 지위를 상실했다. 이제 종교는 점점 더 일반적인 문화 문제로 되었다.

　종교 문제의 핵심에는 언제나 종교가 얼마나 이성적이냐는 계몽주의의 해묵은 질문들이 도사리고 있었다. 이성적인 것을 대표한다고 생각되었던 자연과학의 발전과 더불어 이 문제는 사회에 점점 더 강하게 충격을 가해갔다. 이에 대한 논쟁은 개별 과학들이 발전함과 더불어 종교의 미래에 대한 처참한 논쟁으로 극단화되었다. 과학자들은 과학과 종교 사이에 벌어지는 심각한 전쟁에 대처하지 않으면 안 되었다. 이는 곧바로 인간으로부터 합리성을 찾아내려는 문제와 관련되었다. 이 때문에 이 문제에 대한 대답은 과학이 앞으로 어떤 역할을 할 것이라는 기대, 곧 과학에 대한 신뢰의 문제에 의존하는 사태가 발생했다. 다시 말해 과학이 지식을 축적해감과 아울러, 인간이 직면하게 될 모든 문제에 완벽하게 대답할 수 있게 되어, 인간은 더 이상 비합리적인 종교에 의존할 필요가 없게 되리라고 믿는, 과학에 대한 신앙의 문제로 귀결되었다.[7]

---

5) Max Weber, *Gesammelte Aufsätze zur Religionssoziologie* I(Tübingen, 1978) (7판)(*GARS*로 줄여 씀), "Einleitung der Wirtschaftsethik der Weltreligionen"("Einleitung"으로 줄여 씀), p. 253.

6) F. H. Tenbruck, "RS," pp. 1~2 참조.

7) F. H. Tenbruck, "RS," pp. 8~9 참조. 계몽주의·이성·과학·진보 등등

Ⅲ. 종교 문제에 대한 두 가지 서로 다른 접근

위와 같은 문제에 대한 책임적인 대답이 제시되어야만 했다. 고전 사회학자들 모두는 사회학을 통해서 종교가 문화에서 가지는 의미와 지위에 대하여 분명한 것을 얻고자 했다. 결과적으로 이들은 인간 행위가 얼마나 사실적 및 이성적인 성격을 갖고 있는지에 대해서 분명한 것을 알고자 했다.

이에 대하여 당시 유럽의 학계는 상반되는 두 방향에서 대답을 시도하고 있었다. 하나는 포이에르바하, 마르크스, 뷔히너, 레비-브릴 등에 의해서 대표되는 진영으로, 이들은 계몽주의의 종교 비판을 더욱더 철저화하는 방향에서 추진했다.[8] 이들 뒤에는 다음과 같은 테제가 도사리고 있었다. 종교란 인간의 유아적 논리가 무의식적으로 만들어낸 환상의 산물이라는 것이다. 아울러서 종교는 '진보'를 방해한다고 결론짓는다. 진보 또는 진화의 사상은 많은 지식인들 사이에 널리 퍼져 신봉되고 있던 중심되는 윤리적 가치 척도의 성격을 띠고 있었고, 이들의 이 같은 결론은 종교의 운명에 결정적일 수밖에 없었다. 진보의 보증자인 '과학'이 승리함으로써 종교는 완전히 사라져버리게 될 것이며, 또 그렇게 되어야 한다고 믿고 있었다.[9]

다른 하나의 진영에서는 이와 정반대의 방향에서 대답이 추구되었다. 19세기 후반에 등장했던 종교과학의 발전이 이를 대표한다. 이 학파의 개척자로 뮐러 M. Müller를 들 수 있고, 이 새로운 영역에 강력한 영향력을 끼친 사람으로는 네덜란드인 틸레 C. P. Tiele

---

사이의 관계에 관한 일반적인 사항은 Richard Badham, *The Sociology of Industrial and Post-Industrial Society*, Current Sociology, Vol. 32, Nr. 1(1984, 봄), pp. 8~17을 참조.

8) 이들 진영의 선구자인 프랑스 계몽주의의 종교 비판과 이를 더욱더 철저화한 독일의 종교 비판가들에 대한 간략한 내용과 논점에 대해서는 Joachim Mattes, *Religion und Gesellschaft. Einführung in die Religionssoziologie* I (Hamburg, 1967), pp. 32~73을 참조.

9) Gottfried Küenzlen, *Die Religionssoziologie Max Webers. Eine Darstellung ihrer Entwicklung*(Berlin, 1980), pp. 62~63; F. H. Tenbruck, "RS," p. 2 참조.

와 쿠에넨 A. K. Kuenen이 지목된다. 다음으로는 유명한 민속학자인 타일러 E. B. Tylor의 공을 빼놓을 수 없다.[10] 이들은 종교 속에서 정상적이고, 불가피한 인간의 갈망을 발견하였다. 이러한 요소가 초기에는 조야한 형태를 띠고 등장했으나, 계속 진전되는 문명화와 더불어 점점 더 확고부동한 내용을 갖는 것으로 순화되었다는 것이다. 보기로 이들은 자신들의 과학적 연구를 통해서 기독교 종교에서 무엇이 기독교 초기 단계의 것에 단순히 덧붙여 있는 찌꺼기인가를 보일 수 있다고 믿었다. 기독교 종교가 이와 같은 오물로부터 해방된다면, 기독교의 참된 본질이 작용할 수 있게 되며, 따라서 계속 존속할 수 있을 것이고, 지속적으로 진행되고 있는 진보에 봉사할 수 있을 것이라고 생각했다. 과학이 종교를 완전히 정화할 수 있는 능력이 있고, 그럼으로써 인간을 합리적인 사회로 인도할 수 있다고 믿고 있었다. 종교의 문제는 이 두 극단 사이에서 펼쳐지고 있었다.[11]

Ⅳ. 막스 베버 종교사회학의 테제

베버는 "과학은 거대한 문화 문제의 빛을 뒤쫓는다"는 빈델반트의 과학관에 전적으로 동의하면서, 이론적이고 방법론적인 연구를 뒤로하고, 이런 당시 자신이 속한 사회가 직면하고 있는 심각한 문화 문제를 해명하기 위해서 종교 공동체에 대한 경험적 연구에 착수했다고 볼 수 있다.[12] 베버는 종교의 역사를 범세계적인 맥락에서 비교 검토하고 있던 새로운 종교과학의 특수한 경향으로부터 중심되는 개념과 관점을 빌려오고 있다.[13] 영국·네덜란드 및 독일에 퍼

---

10) G. Künzlen, 윗글, pp. 63~65 참조.
11) F. H. Tenbruck, "RS," p. 2.
12) Max Weber, *Gesammelte Aufsätze zur Wissenschaftslehre*(5판)(Tübingen, 1982), p. 214 참조; Friedrich H. Tenbruck, "Heinrich Rickert in seiner Zeit: Zur europäischen Diskussion über Wissenschaft und Weltanschauung" (1989, 미출판 원고), p. 28; 프리드리히 텐부룩, 『막스 베버의 사회과학 방법론』, p. 177.
13) 베버와 이 새로운 종교과학 학파 사이에는 다음과 같은 전문 어휘들 사이의 형식적 병행 또는 어휘의 유사성이 있음이 밝혀지고 있다. 곧 구원

져 있던 이들 학파에게서 종교는 일종의 세계에 대한 합리적인 해명의 시도로부터 나온 결과물로 나타난다.[14]

베버는 자신의 종교사회학적인 연구 결과를 바탕으로 해서, 자신의 '이해사회학의 개념'을 발전시켰다고 단정할 정도로,[15] 그의 종교사회학은 베버 저작에서 핵심적인 위치를 차지하고 있다. 이 때문에 그의 종교사회학적 연구가 오늘날의 특수 사회학의 한 분야로 좁게 이해되어서는 안 된다. 베버에게서 종교·법 그리고 지배 등등은 밀접하게 뒤엉켜서 나타나고 있다. 그래서 우리는 그의 종교사회학적 연구에서 인간, 사회적 행위, 과학, 그리고 공동체에 대한 값진 사회학적 통찰과 문제 제기를 발견할 수 있고, 바로 이러한 것들로부터 오늘날 우리 사회의 종교 공동체가 가지는 문화적 의미를 우리 방식으로 질문할 수 있는 단서를 얻을 수 있을 것이다. 이 때문에 이에 대한 것을 얼마간 자세히 논의하지 않을 수 없다.

베버는 1904년에 그 유명한 『객관성 논문』에서 19세기 방법론 논쟁에 대한 이론적이며 방법론적인 해결책으로서 '현실 탐구 과학'의 개념을 발전시켜 제시하는 한편,[16] 이와 거의 동시에 위에서 언급한 유럽 사람들을 심히 괴롭히고 있는 문화 문제(종교 문제)를 해명하기 위해 마련한 일련의 경험적인 연구를 위한 그 제1보로서 『프로테스탄트 윤리』 논문에 착수했다.[17] 이 논문은 사람들이 흔히 말하

종교, 자연 종교-윤리적 종교, 세계 종교의 보편주의, 사제와 예언자의 유형론, 사제단과 신 개념의 관계, 종교 발전의 단계와 방향, 종교의 세계 부정, 신정 정치, 금욕과 신비주의 등등이다. 베버는 이 학파를 신뢰하고 있었고, 부분적으로 이들 학파의 연구 결과를 물려받고 있다고 볼 수 있다. 이에 대한 상세한 사항은 G. Küenzlen, 윗글, pp. 65~76 참조.

14) F. H. Tenbruck, "RS," p. 7 참조.
15) F. H. Tenbruck, "RS," p. 7.
16) 프리드리히 텐부룩, 『막스 베버의 사회과학 방법론』을 참조.
17) 막스 베버의 "Die protestantische Ethik und der Geist des Kapitalismus" 는 E. Jaffe가 편집 책임을 맡고 있었던 학술지인 *Archiv für Sozialwissenschaft und Sozialpolitik* XX, XXI(Tübingen, 1904, 1905)에 두 번에 걸쳐 발표되었다. 현재 이 텍스트는 *GARS* I의 작은 부분으로서 pp. 17~206에 실려 있다. 잡지에 발표되었던 텍스트와 현재 우리가 알고 있는 것이 완전히 일치하는 것은 아니다. 우리말 번역은 막스 베버, 『프로테스탄티즘의 윤리와 자본주의 정신』(박종선 옮김)(서울, 1987) 등 여러 가지가 있다.

는 바와 같이 계몽주의 이후의 과학관에 서서 실증주의적인 방법에 따라 '자본주의의 기원'을 역사적으로 규명하는 것을 목표로 삼고 있지 않다. 그것은 '자본주의 정신'으로 표현되고 있는 유럽 문화 전체를 지배하고 있는 특이한 종류의 합리성(형식 합리성 및 목적 합리성: 이를 앞에서는 철저히 합리화된 세계상과 삶의 운용이라고 개념화하고 있다)이 다름아닌 비합리적인 것(종교)을 바탕으로 하여 발전되어나왔다는 것과, 이 지배적 현상이 인간의 삶에 대해서 갖는 문화적 의미를 분명히하는 데에 있었다. 물론 당시의 지배적 다수를 점유하는 과학자들은 이 사회적 현상을 과학과 인간 이성이 승리하게 되어, 인간이 비합리적인 종교의 영향으로부터 해방되어나온 진보적 결과로서 낙관론적으로 설명하고자 했다. 그러나 베버는 그 합리성의 비합리적인 차원을 보고, 그것을 이해 가능한 것으로 제시함으로써, 이들의 피상적인 문화 이해의 허구성을 비판하고 극복했다. 이에서 한걸음 더 나아가 베버는 이러한 자신의 테제를 범 세계적인 종교들에 대한 비교 연구를 통해서 확고히하고자 하는 야심적인 작업에 몰두한다. 곧 자본주의 정신의 연구에서 드러난 이러한 비합리적인 바탕이 그 종류를 달리했을 경우에, 어떤 종류의 합리성이 등장하게 되는가를 알고자 했고, 이를 통해서 서구 문명을 지배하는 합리성의 독특성을 확증하고자 했다.[18] 이것은 베버의 문제 제기와 연구의 방법 및 해답이 당시의 일반화된 견해와 얼마나 현저하게 다른 것인가를 웅변적으로 말하고 있는 것이다. 베버가 노린 문화 문제의 의미 해명이 실증주의적인 방법에 따라 사회적 현실의 물적 측면만을 관찰·비교·서술함으로써 얻어지는 지식의 축적에 의해서 달성될 수 없음은 말할 것도 없다. 이 때문에 우리는 종교·삶의 운용 및 역사에 대한 막스 베버의 관점에 대해서

---

18) 막스 베버가 동양을 서양의 관점에서 보아, 동양 사회에는 비합리적인 것이 지배한다고 주장했다고 그를 이해한다면, 이것은 그를 오해하는 것이다. 동양 사회가 비합리적인 바탕 곧 종교가 다른 성격과 내용을 갖는 방향으로 발전되어왔기 때문에 서구와는 다른 종류의 합리성이 발전했다는 점을 확인함으로써, 자기 사회의 지배적인 합리성의 문화적 바탕에 대한 자신의 주장을 확증하고자 했다고 볼 수 있다.

최소한 얼마의 것을 말하지 않을 수 없다.

V. 종교, 삶의 운용 및 역사

베버에 의하면 종교는 자체의 내적 논리와 압력에 따라서 발전하는 독자성을 띠는 세력이다. 그것은 단순하게 사회적인 원인과 역사적인 상황에 따라 변동하고 발전하는 것이 아니라, 그 자체내의 고유한 압력으로부터 그리고 자체의 고유한 논리에 따라서 발전하도록 되어 있다는 것이다.[19] 이 때문에 사회학은 종교를 독자성을 갖는 사회 세력으로서 고려하지 않으면 안 된다고 베버는 생각하고 있다. 그러나 그는 종교의 본질을 규명하려는 시도를 하지 않는다. 대신 경험적으로 파악 가능한 종교적 공동체를 사회적 행위와 관련지어 문제시한다. 그러나 그는 종교 공동체에서 단순히 '사회적 현상'을 파악해내거나, 인간이 외적인 환경에 반응하여 자의적으로 만들어낸 '사변'을 찾아내지 않는다. 이는 베버가 계몽주의적 인간관이나, 뒤르켐적 인간관 및 사회관을 공유하지 않는다는 것을 의미한다.[20]

─────────────────

19) 이 점은 베버를 널리 인정하고 자신의 방식에서 활용하고 있는 T. Parsons 와 R. Bellha 의 경우와도 구별되는 점이다. 종교를 상징 체계 또는 가치 체계로 보고, 그것의 자율성을 인정하는 것과는 상당한 정도로 차이를 드러낸다. 자율성과 내적 논리의 압력에 따라 발전한다는 점은 막스 베버가 종교적 지식인층의 역할을 자신의 분석에 차용하는 데서 분명히 드러난다. 종교적 지식인은 그가 처한 사회적 상황과 추종자 및 잠재적 추종자를 고려하면서 끊임없이 자신의 종교를 합리화하고 체계화해야만 하는 위치에 있다는 점이다. 이러한 관계에서 내적 논리의 역동성 및 고유의 압력이 드러난다. T. Parsons, *The Structure of Social Action. A Study in Social Theory with Special Reference to a Group of Recent European Writers*(New York, 1949), pp. 533~38 참조. 보다 일반적인 관점은 "Religion and the Problem of Meaning," R. Robertson(엮음), *Sociology of Religion*(New York, 1978)(제 1 판은 1969), pp. 55~60 참조; 로버트 벨라, 『사회 변동의 상징 구조』(박영신 옮김)(서울, 1981), pp. 29~31 참조.

20) 막스 베버의 인간학적인 전제들에 대해서는 F. H. Tenbruck, "Zur Anthropologie des Handelns," *Handlungstheorien-interdisziplinär*(Hans Lenk 엮음), 제 1 권(München, 1978), pp. 89~137 참조. 이와 관련된 보다 일반적인 현대 인간학에 대해서는 Arnold Gehlen, *Der Mensch. Seine Natur und seine Stellung in der Welt*(Wiesbaden, 1986) 참조.

베버에 의하면, 인간의 삶은 매일 반복되는 일상에서 단순히 주어진 환경에 여하히 성공적으로 대처하여 개개 행동을 할 수 있는가에 관련되어 있다기보다는, 인간이 숙명적이고, 정의롭지 못하며, 온갖 고난으로 가득찬 세계라고 느끼게 되는 그러한 세계 현실 가운데에 처해 있는 자기 실존의 의미와 관계되어 있다는 것이다.[21] 그렇기 때문에 인간은 "전체적으로 보아 세계의 짜임새가 그 어떤 점에서 의미있는 우주이거나, 의미있는 우주가 될 수 있고, 또 마땅히 되어야 하지" 않겠느냐는 절실한 요구를 끊임없이 제기하지 않을 수 없다는 것이다.[22] 이러한 인간의 존재 조건 때문에, 종교는 현상 배후에 있는 의미있는 질서를 발견해내기 위해서, "실제 세계에서 특별히 무의미하게 여겨지는 것"을 규정하여 다른 것과 구별하여 구체화시키려는 시도를 하게 된다는 것이다.[23] 해당 종교의 지식인들이 이 일에 성공을 거두는 것에 비례해서, 그 종교의 추종자들은 자기 존재의 무의미성을 회피하기 위해서, 종교가 제시하는 질서에 순응하여 자신의 삶을 운용할 수 있게 된다는 것이다. 베버에 의하면 종교는 인간 삶의 외적인 현실에 관계하기보다는, 인간 행위의 의미와 '삶의 내용'에 관련되어 있다. 그렇기 때문에 종교만이 가지는 고유의 과제를 "세계의 의미와 현 존재가 가지는 특별한 의미를 연계시켜서 파악"하는 것이라고 결론짓는다.[24] 결국 인간이 자신의 삶을 일관성 있고, 의미있게 운용할 수 있게 되는 경우는, 해당 종교적 지식인들이 삶의 실재적 내용을 통일성을 보이는 세계상 안에서 설명하는 데 성공하는 때라고 베버는 파악한다. 계몽주의적 인간관과는 여기에서 완전히 결별한다. '삶의 실재적 내용의 체계적 합리화'는 비합리적인 종교의 영향에서 벗어나는 과학의 계몽적 활동에 의해서 이루어지는 것이 아니라, 이와는 정반대로 종교에 의해서라고 주장한다.[25] 이것이 뜻하는 바는 다음의 구절을 숙고함에

21) F. H. Tenbruck, "RS," p. 5 참조.
22) Max Weber, GARS I, "Einleitung," p. 253.
23) Max Weber, GARS I, 윗글.
24) Max Weber, GARS I, "Zwischenbetrachtung," p. 566.
25) Max Weber, GARS I, 윗글, p. 567.

의해서 알 수 있다:

삶이 지속적으로 절도 있게 합리화되는 방향에서 운용되는 경우, "삶의 운용의 전체적인 방향은 이 합리화가 지향하고 있는 저 최후적인 가치에 의해서 깊은 차원에서 규정된다." 다시 말해, 그 방향은 무엇보다도 "종교적으로 조건지어진 가치 평가와 입장"에 의해서 결정된다.[26]

간단히 말해, 모든 종교는 인간에게 제기되고 있는 중대한 과제에 대답하고 있다. 인간은 끊임없이 세계를 유의미하게 해설하고자 한다. 이런 인간으로 하여금 의미있는 행동을 하게 하고, 그렇게 함으로써 세계에 대해서 일관성 있는 입장을 취할 수 있게 하는 것이 종교가 가지는 의의라는 것이다. 그러나 이러한 주장이 종교적인 가치 또는 이데가 인간의 일상적인 행위 모두를 지배한다는 것을 의미하지는 않는다. 베버가 보고자 하는 바는 장기적이고 거시적인 관점에서 특정 문화의 성격이 그 사회에 군림하고 있는 종교에 의해서 결정된다는 사실이다. 다른 말로 종교가 자신을 확장하여 체계적이고 합리화된 세계상이 되는 경우에, 그것은 역사를 지배하는 힘이 된다는 것이다:

이데 아닌 [물질적 및 이념적] 이해 관계가 직접적으로 인간의 행위를 지배한다. 그러나 이데에 의해서 만들어진 '세계상들은' 선로를 바꾸는 이처럼, 이해 관계의 역동성에 의해서 이리저리로 움직여가는 행위의 궤도를 빈번히 규정했다. 다름아닌 이 세계상에 의해서 인간이 '어디로부터' '어디로' 구원되기를 바라는가와── 잊지 말아야 할 것은── 구원될 수 있는가가 정해진다.[27]

VI. 방법론적인 전략

우리의 연구를 위해서 이러한 베버의 주장 뒤에 숨겨져 있는 중요한 하나의 분석 범주를 찾아내는 것이 무엇보다도 필요하다. 종

---

26) Max Weber, *GARS* I, "Einleitung," p. 259.
27) Max Weber, *GARS* I, 윗글, p. 252.

교가 자신의 내적 논리에 따라 발전하는 독자적인 세력으로서, 역사를 움직이는 힘을 발휘하게 되는 것은 사람들에게 설득력 있는 세계상으로 격상된다는 것을 전제로 한다. 그 성패 여부는 해당 종교적 지식인들의 역량, 곧 역사사회적 상황과 추종자들 및 잠재적 추종자의 성격을 고려하는 가운데 자신의 종교를 체계화하고 합리화해가는 과제를 짊어진 이들의 '사고 구조'에 달려 있다. 종교적 세계상과 사회적 행위 사이의 영향 관계를 따져보는 데에 있어서 세계상의 성격은 사고 구조에 달려 있지만, 사회적 행위와 관련지어 무엇을 보아야 하는가라고 물을 때, 우리는 다시 혼미 가운데 빠진다. 이에 대해서는 베버가 자신의 연구에서 무엇에 중점을 두었는가를 살피는 것이 중요하다:

삶의 운용을 규정짓고 있는 종교적 요소는 경제 윤리를 구성하고 있는 요소들 중의 단 하나에 [……] 속한다. 그렇지만 이러한 종교적 규정 요인은 주어진 지리적·정치적·사회적·국가적 한계 안에서 다시금 경제적이고 정치적인 계기에 의해서 심층적으로 영향을 받고 있다. 만일 누군가가 이와 같은 의존 관계 모두를 샅샅이 드러내고자 한다면, 그 연구는 틀림없이 지향점을 잃어버리게 될 것이다. 그렇기 때문에 이 연구에서는 다만 해당 종교의 실천적 윤리가 가장 강력하게 규정하여 영향을 끼쳤고, 그래서 그것에 독특한 [……] 성향을 부여했던, 사회 계층의 삶의 운용에 그때그때 방향을 부여했던 요소를 말끔히 껍질을 벗겨 드러내는 시도만이 중요한 것일 수 있다.[28]

베버에 의하면 근대 사회를 특징짓고 있는 합리주의의 등장은 인간이 자신의 삶을 실천적–합리적으로 운용하고자 하는 성향과 능력을 가지고 있느냐에 달려 있다. 그의 관찰에 의하면 종교는 '인간의 삶의 운용'에 영향을 주는 세력이었다. 때문에 그의 관심은 무엇이 이 삶의 운용에 방향을 부여하고, 그 구성적 요인으로 작용하고 있는가에 있다. 그는 범세계적 종교 연구에서 바로 이러한 요인을 찾아내고, 그것을 믿을 만하게 이념형적으로 제시함으로써 자신의 테

28) Max Weber, *GARS* I, 윗글, pp. 238~39(강조는 필자).

216

제의 설득력을 높이고자 했다:

왜냐하면 합리적 기술 및 합리적 법과 마찬가지로, 경제적 합리주의
의 등장 또한, 인간이 실천적-합리적으로 삶을 운용하는 특정 부류의
것에 대한 능력 및 성향을 가졌는가에 전적으로 달려 있기 때문이다.
이 능력과 성향이 영적인 종류의 장애로 인하여 분산되는 경우에, 경
제적으로 합리적인 삶의 운용의 발달은 심각한 내적 저항에 봉착하게
되었다. 과거에 주술적 및 종교적 세력들과 그것에 대한 신앙에 근거
를 두고 있는 윤리적 의무 사상은 도처에서 삶의 운용을 형성하고 있
는 가장 중요한 요소에 속한다.[29]

VII. 초기 선교사와 한국의 진보적 지식인층

이들 지식인층은 19세기 후반기에 유교적 소양을 갖춘 양반층으
로부터 발전되어나왔다. 이들은 서구 사상적 유산의 매개층이었다.
이들의 서구 사상에 대한 지식은 중국을 통해서 들어온 서적들에
주로 의존했고, 이들 중 일부는 중국·일본·유럽과 미국을 직접
여행하거나, 그곳에서 공부를 한 사람도 있다. 이들 층은 자신들이
당면한 심각한 사회적 위기를 성리학적으로 사회를 재구조화함에
의해서 해결하려 하기보다는, 서구적 유형의 사회를 본받아 '근대화
(개화)'함으로써 극복하려 했다. 이들 층의 발전과 그들의 초기 개신
교와의 관계는 한국 개신교의 운명에 결정적이었다. 실제로 이들의
영향 때문에 일제로부터 한국이 해방되었을 때, 사람들은 감히 한
국 사회를 조선 왕조로 복귀시키고자 시도하지 않고, 자유민주주의
국가 체계를 수립하고자 하는 방향으로 나아갈 수 있었다.[30]

개신교는 한국의 근대화에 결정적인 역할을 했다. 개신교 지식인
들의 활동, 특히 미국인 선교사들은 한국 사회의 서구화에 직접·

---

29) Max Weber, *GARS* I, "Vorbemerkung," p. 12(번역은 필자). 우리말로 옮
  겨진 텍스트는 막스 베버, 『프로테스탄티즘의 윤리와 자본주의 정신』(박
  종선 옮김), p. 15

30) Kyoo-tae Sohn, *Kirche und Nationalismus: Eine Studie über die Rolle des
  Nationalismus in der koreanischen Kirchengeschichte unter der japanischen
  Kolonialzeit*(박사 논문)(Frankfurt a. M., 1986), pp. 212~16 참조.

간접으로 관련되어 있다. 다시 말하면 집단 형성의 새로운 형태를 발전시키는 것과 무관하지 않다. 원칙적으로 이 새로운 형태의 집단(개신교 공동체)에서는 전통적인 집단 형성 원리의 토대였던 유교적인 혈통적 관계와 가족 및 종족의 유대 관계가 그 의미를 잃어버린다.

또한 개신교의 등장은 적어도 외형적으로 사회에서 신유교의 퇴조로 이어진다. 신유교는 갑오년의 개혁에 의해서 공식적인 국교로서의 위치와 자체를 재생산할 수 있는 공식적 매체(과거 제도, 교육과 사제 집단의 기능)를 상실하게 된다. 그렇지만 이것이——뒤에 논의되겠지만——신유교적인 생활 질서를 완전히 해체하고, 개신교에 의해서 새로운 대안적인 것이 창조되었다는 것을 의미하는 것은 아니다.[31] 개신교와 개신교 공동체로부터는 사람들이 믿을 만한 공공 윤리를 위한 어떤 종교적 '하부 구조'도 발전될 수 없었다. 오히려 개신교는 한국에서 신유교 윤리의 본질적인 부분을 물려받고 있다. 이것이 오늘날 우리 사회의 특이한 문화적 성격을 드러내는 것으로서, 이와 같은 발전의 근거를 캐묻는 것은 특별한 의미가 있다.

지금까지 강력한 세력 집단이었던 유교적 지식인층은 서구 세력과의 충돌 과정에서, 그리고 수많은 외국과의 수호 조약 체결을 통해서 그리고 일본에 의한 한국의 식민지화를 통해서, 자신들의 영향력을 결정적으로 잃어갔다. 이런 과정에서 구한말 한국의 지식인들 사이에 한국 사회가 범세계적인 근대화 과정에서 자신의 낙후 상태를 속히 회복하지 않으면 안 된다는 의식들이 발전되어나왔다. 이러한 민족적 과제에 대해서 대부분의 지식인들은 같은 생각을 가지고 있었다. 그러나 근대화의 전략과 방향에 대해서는 지식인들 사이에 적잖은 불일치와 많은 논쟁을 불러일으켰다.[32] 보수적 지식인들은 서구의 모형에 따른 근대화를 받아들일 수 없었다. 이들에게서는 이러한 종류의 근대화가 인간의 존엄성과 문화의 독자성 및

---

31) Takashi Hatada, *A History of Korea*(Warren W. Smith and Benjamin H. Hazard 옮기고 엮음)(Santa Barbara, California, 1969), p. 102 이하.

32) 구한말 복음 수용의 사상적 배경에 대한 일반적인 것은 송길섭, 『한국 신학 사상사』(서울, 1988)(2판), pp. 13~21 참조.

그와 관련하여 민족의 자주성을 상실하는 것을 의미했기 때문이다.

독자적인 근대화 방안의 모색은 이 지식인들 사이에서 벌어진 이념적 또는 물질적 이해 관계의 갈등에 의해서가 아니라, 서구 세력의 침투, 무엇보다도 일본에 의한 식민지화를 통해서 원천적으로 봉쇄되었다. 보수적 지식인들이 주도한 무력 항쟁인 '의병 운동'이 일본 식민 세력에 의해 완전히 뿌리뽑히게 되었을 때, 일본에 의한 식민지화와 관련을 맺은 서구화 및 그와 상응하는 근대화에 대한 사상만이 계속 존속되고 확산될 수 있었다. 이 때문에 서구적인 사회 진보에 대한 '신앙'은 더 이상 논란되지 않고 지식인들 사이에서 당연한 것이 되었다.[33]

서구 문명의 도입에 대해서 진보적 지식인들 사이에 두 가지 상이한 견해, 곧 '동도서기파(東道西器派)'와 급진적이고 전면적인 서구 문명의 수입을 주장하는 강도를 달리하는 두 가지 사상이 등장했다. 동도서기파는 서양의 과학과 기술은 받아들이되, 종교와 윤리 도덕적 가치 체계는 유교적인 것이 계속 존속되어야 한다고 생각했다. 그래서 이들은 서양 종교의 유입을 보수적 유학자들과 똑같은 이유로 거부했다.[34] 그러나 한말 역사의 과정에서 이들보다는 종교를 포함하여 서구 문명 전체를 받아들여야 한다는 보다 급진적인 지식인들이 득세할 수 있었다. 뒤에 해명되겠지만, 한국 근대화는 결과적으로 동도서기파의 견해가 급진파 및 그와 관련된 개신교에 의해서 성취되는 역설로 귀결되었다.

이 진보적 지식인들은 서구 국가들의 부강이 기독교의 강성과 관련되어 있다고 파악하였다. 이들의 독특한 믿음, 곧 서구 문명과 사회 진보에 대한 신뢰를 바탕으로 해서 프로테스탄트 선교를 한국 근대화 프로그램의 목록에 편입시켰던 것이다.[35] 이 사실은 한국 개

---

33) 세계에서 사회 진보 신앙의 기원, 발전 및 확산에 대해서는 F. H. Ten-bruck, "Der Traum der säkulare Ökumene. Sinn und Grenze der Entwicklungsvision," *Annali di Sociologia, Soziologisches Jahrbuch* I/3(1987), pp. 19~26 참조.

34) 이광린, 「개화파의 개신교관」, 『역사학보』 66(1965. 6), pp. 19~23; 이원순, 「한국 근대 문화의 서구적 기초」, 『한국사학』(1980. 1), pp. 74~79 참조.

35) 박봉배, 『기독교 윤리와 한국 문화』(서울, 1983), p. 254 이하. 진보적 지

신교의 발전에 결정적인 의미를 갖고 있기는 하지만, 동시에 그들의 무지를 드러내는 것이기도 하다. 왜냐하면 한국에 온 초기 선교사들의 종교 성향은 원칙적으로 유럽의 사회 진보 사상과는 무관했기 때문이다. 선교사들은 과학·기술 및 물질적인 발전에 바탕을 둔 사회 진보 사상에 관여하기보다는, 이와 같은 세속적인 것과는 무관한 인간의 도덕적 향상을 의미하는 일반적인 진보에 관심을 가졌기 때문이다. 더 나아가서 이 지식인들은 서구의 프로테스탄티즘 내에 서로 다른 교회와 종파들이 있다는 사실도 전혀 의식하지 못했다. 특히 이 선교사들이 심령 부흥 운동 및 그 운동을 뒷받침하고 있던 신학을 신봉하고 있는 사람들이었다는 사실과 그것이 자신들의 현안 문제인 근대화 과제에 주는 의미를 전혀 인식하지 못했다. 진보적 지식인층과 초기 개신교 선교사들이 접촉점을 형성하게 된 데에는 종교 성향이나 사회 진보에 대하여 같은 인식을 가지고 있었다는 데에 있다기보다는, 오히려 당시의 일반적인 역사적 상황이 결정적인 역할을 했다는 것을 알 수 있다.

19세기 아시아 제국들의 문화적 동질성 및 독립성은 유럽과 미국의 아시아로의 팽창 정책에 직면해서 크게 도전받고 있었다. 중국은 서양 제국의 압력에 굴복하여 1842년에 문호를 개방해야 했고, 마찬가지로 일본도 1854년에 개방했다. 이러한 사정은 조선 또한 예외가 될 수 없었다.

잘 알려진 바와 같이 조선은 19세기 초반까지 유럽 및 미국과 어떤 직접적인 관련도 맺지 않았다. 조선 정부는 지금까지 고수해온 고립 정책을 포기하려 하지 않았다. 이와 관련해서 조선 정부는 또한 제국주의적인 서양과 밀접히 관련되어 있는 기독교의 전파를 허용할 수 없었다. 허용할 경우 지금까지 전통으로 내려오는 유교적 지배권의 정당성이 대중들에 의해서 의문시되는 사태를 빚게 될 것이고, 아울러 조선 민족 문화의 독자성과 동질성이 근본적으로 위

식인들의 이와 같은 태도가 1890년대 이후로 현저하게 드러난다는 점을 구체적으로 지적하고 있는 경우는 이광린,「개화파의 개신교관」, pp. 26～33 참조.

협받게 될 것이라고 믿었기 때문이다. 이 때문에 일찍이 조선 정부는 기독교, 특히 한국 카톨릭에 대해서 피비린내나는 박해를 감행하지 않을 수 없었다.

그러나 한국의 문호는 서방 제국의 세력에 의해서 직접적으로 개방된 것이 아니라, 1876년 세계 자본주의에 일찍이 편입된 일본의 무력적 강압에 의해서였다. 한국이 일본을 통해서 자본주의적인 세계 체계에 강제로 편입되었다는 말이다. 한국이 일본 산업을 위한 원료 보급 기지와 일본 상품 판매 시장으로 되는 것은 피할 수 없었다. 이러한 관계는 1945년의 제2차 세계 대전말까지 변함없이 지속되었다.[36] 이것은 동시에 서구의 사상적 유산이 주로 일본을 매개로 해서 그리고 일본의 통제 아래에서 한국 사회에 퍼져나갈 수 있었다는 것을 의미한다.

서구적인 자본주의와 문화적 유산이 조선에 유입된 것과는 다른 경로를 통해서 개신교가 전파되었다는 단순한 사실은 개신교의 운명을 바꾸어놓는 하나의 중요한 역사적 사건이 되고 말았다. 제국주의 국가들이 신봉하는 개신교는 일본인들의 손을 매개로 해서 한국 사회에 전파되지 않았다. 그것은 서구의 선교사, 특히 미국인들에 의해서 전파되었다.[37] 그렇기 때문에 선교 모국의 의도와는 상관없이 개신교는 한국인들에 의해서, 특히 진보적 지식인들에 의해서 제국주의 세력의 한 부분으로서가 아니라, 일본과의 갈등 관계 속에서 개화(근대화)의 추진력으로서 그리고 민족 독립의 후견 세력으로서 받아들이게 되었다. 이와 같은 관계의 의미 때문에 조선 정부와 유교적 지식인들은 위에서 언급한 기독교에 대한 커다란 우려에도 불구하고, 결국 개신교 선교사들을 묵인하여 받아들이지 않을 수 없었다.

이들 지식인층은 근대 서구적 교육, 새로운 사회 문화적 운동 그리고 개신교를 통해서 인민 대중들이 계몽될 수 있을 것이라는 믿음을 가지고 있었다. 그리고 이것만이 독립되고 자주적인 민족국가

---

36) Takashi Hatada, 윗글, pp. 90~93.
37) 민경배, 『한국 기독교회사』(서울, 1982), pp. 148~56 참조.

를 세우는 유일의 토대가 될 수 있다고 믿었다. 이들에 의하면 근대화가 한국 민족의 독립을 위한 근본적인 전제이며, 지금까지의 신유교는 이제 더 이상 사회의 윤리 및 종교적 바탕이 될 수 없다는 견해를 갖고 있었다. 더 나아가서 이들은 앞으로 근대화될 사회의 종교 윤리적 바탕은, 이미 근대화되었고 산업화된 서구 제국의 종교, 곧 개신교여야 한다고 믿었다.[38] 또한 이 지식인들이 유교적인 종교 개념의 바탕 위에서 개신교를 해석하고 있다는 사실은 이들의 지적 배경에서 볼 때 자연스럽다. 국가와 사회 도덕적 삶은 종교로부터 분리되지 않는 형태로 있다.[39] 서구에서 일찍이 발달된 국가와 종교의 분리를 이들은 알지 못했었다.

개신교와 위에서 언급한 진보적 지식인층과의 밀접한 관련은 개신교를 한국 카톨릭 및 동학과 구분짓는다. 이들 두 종교는 이러한 사회에서 영향력을 가졌던 지식인들과 어떤 관련을 가지는 데 실패했었다. 이 점은 한국 개신교의 발전에 결정적인 의미를 갖는다. 그러나 뒤에 논의되겠지만 개신교와 한국 근대화가 서로 연결될 수 있었던 주요 원인은 결과적으로 보아 한국 개신교의 종교 성향이 지식인들의 근대성 개념과 친화성을 가졌기 때문이 아니라, 정치 및 사회적인 주변 상황에 있었다.[40]

한국에서 개신교는 도시 중심의 시민들의 종교로 발달했다. 이점 또한 개신교를 농민의 종교였던 동학과 구별시킨다. 막스 베버가 관찰하고 있는 바와 같이 역사적으로 도시 및 그곳에 삶의 근거를 두고 있는 '도시민'은 합리화된 구원 종교가 발전될 수 있는 중요한 토양이었다.[41] 이와 관련해서 한국 개신교와 한국의 도시민 사

38) 민경배, 『교회와 민족』(서울, 1981), pp. 86~88 참조.
39) 박영신, 『현대 사회 구조와 이론』(서울, 1978), pp. 119~46 참조.
40) 민경배, 『한국 기독교회사』, p. 148 이하; 『교회와 민족』, pp. 20~24, 86~89 참조.
41) Max Weber, *GARS* I, "Einleitung," p. 256 참조. 역사적으로 도시는 각종 구원 종교들, 탁발 수도승 운동, 신비주의 운동, 성령 운동 등등이 발전하였던 터전이었다. 이것들 모두가 해당 추종자들의 삶을 합리적이고 방법적으로 운용하게 자극했다는 뜻은 전혀 아니다. 다만 발전 단계에서 상당히 진전된 종교들이 발붙일 수 있는 조건을 갖추고 있다는 것을 의미한다.

이의 선택적 친화성을 몇몇 학자들이 주목한 바 있다.[42] 그러나 이러한 친화성을 한국 개신교가 서구의 개신교가 했던 것처럼, 추종자들로 하여금 합리적이고도 방법적으로 삶을 운용하도록 이끌었다는 사실(근대적 자본주의에 적합한 삶의 유형 창출)을 나타내는 것으로 확대 해석해서는 안 된다. 이를 위해서 초기 선교사들의 종교성향 및 개신교 지식인들의 사고 구조에 대한 검토가 절실히 요청된다.

Ⅷ. 초기 선교사들의 종교 성향

논의가 되겠지만 선교사들이 자신들의 특이한 종교 성향에도 불구하고, 한국에서 맨 먼저 한국 근대화에 관련된 일련의 일들을 시작한 이유가 무엇인가를 묻지 않을 수 없다. 이를 위해서는 기독교 및 그 선교가 공식적으로 금지되고 있었기 때문에 선교사들이 자신들의 활동을 사회의 근대화와 관련지어서만 정당화시킬 수 있었다는 역사적 상황을 이해하는 것이 중요하다. 후에 정부에 의한 선교사들의 체류 허락의 공식적 근거는 선교사들의 종교와 종교 성향에 있었다기보다는, 근대화에 대한 그들의 기여에 있었다. 실제로 초기 선교사들은 처음에는 선교사로서가 아니라, 의사 또는 교사로서 일했다. 이런 관계로 한국에서는 근대식 학교 제도, 근대식 병원, 근대적 단체 등등이 선교사들에 의해서 최초로 도입되고 제도로서 발전되었다.[43] 그렇지만 선교사들은 이와 같은 근대화를 위한 일련의 기여를 통해서 한국 개신교 교회 공동체의 설립을 위한 초석을 놓을 수 있었다.[44] 그렇다고 해서 선교사들이 자신들의 세속적 활동을 선교 활동의 통합된 한 부분으로서 이해했다는 뜻은 전혀 아니다.

앞에서 암시했듯이 초기 선교사들은 구라파의 개신교 지식인들과

---

42) 이광린, 「개화기 관서 지방과 개신교」, 『숭전대학 논문집』 5(서울, 1974), pp. 435~47; 민경배, 「한국 근대 문화와 기독교회 형태 및 그 영향 범위」, 『한국사학』 1(1980), pp. 237~50. 한국에서 도시의 발전에 대해서는 손정목, 「조선 시대 도시 사회 연구」(서울, 1982)(4판), pp. 112~200을 참고할 것.

43) 전택부, 『한국 교회 발전사』(서울, 1989)(2판), pp. 114~15 참조.

44) Yong-shin Park, *Protestant Christianity and Social Change in Korea*(박사 논문), University of California(Berkeley, 1975), pp. 34~50 참조.

는 다른 특이한 종교 성향을 가지고 있었다. 한국의 초기 선교사들 대부분은 19세기 후반기 미국 출신이다. 이들은 물론이고, 뒤를 이은 거의 모든 선교사들도 얼마간의 정도 차이야 있겠지만 심령 부흥에 지향된 신학 및 심령 부흥 운동의 영향권 아래 있었다.[45] 한국의 개신교는 미국에서 있었던 제2차 심령 대부흥 운동 추종자들의 선교 활동 결과로 건립되었다.

미국에서의 심령 대부흥 운동은 특이한 성격을 가지고 있었다.[46] 켈러 Charles Roy Keller가 규정하고 있듯이, 제2차 심령 대부흥 운동은 유럽 계몽주의의 사상적 유산이 미국에 유입되는 것에 저항하고 있는 독특한 특징을 지니고 있었다.

제2차 심령 대부흥은 유럽과 미국 사이의 문화 관계 역사에서 중요한 장을 차지하는 것으로서 평가되어야 한다. 앞에서 제시한 바와 같이 이 심령 대부흥 운동의 기원은 부분적으로 유럽에서 있었던 이성이 지배하는 시대와 프랑스 혁명의 특정 측면에 대한 저항에 있다.[47]

이런 의미에서 제2차 심령 대부흥 운동은 유럽에서 있은 특이한 합리주의가 지배하는 종교 개혁에 대한 일종의 '대항 종교 개혁 counter reformation'이라고 성격지을 수 있다.[48] 제2차 부흥 운동은

---

45) 미국의 부흥 운동에 대해서는 Sydney E. Ahlstrom, *A Religious History of the American People*(New Haven, 1972), pp. 280～94, 415～54; W. Glyn Evans, *Profiles of Revival Leaders*(Nashville, 1976); Keith J. Hardman, *The Spiritual Awakeners. American Revivalists from Solomon Stoddard to D. L. Moody*(Chicago, 1983); Charles Roy Keller, *The Second Great Awakening in Connecticut*(Hamden, Conn., 1968); William G. McLoughlin, *Revivals, Awakenings, and Reform. An Essay on Religion and Social Change in America, 1607～1977*(Chicago, 1978) 등을 참조.

46) 미국에서 여러 차례의 심령 부흥 운동이 발발되어 확산되었다. 그러나 우리는 보다 지배적인 주류의 개신교내에서 사회 복음 운동 *Social Gospel Movement*가 강력하게 발전되어나와 외국으로까지 확산되었다는 사실을 기억할 필요가 있다. 이에 대한 중요한 문헌으로는 W. A. Vissert' Hooft, *The Background of the Social Gospel in America*, 1928; R. C. White and C. H. Hopkins, *The Social Gospel*, 1976을 참조.

47) Charles R. Keller, 윗글, p. 54.

48) 윗글, pp. 36～69 참조.

대중의 영적 회심 운동으로서 18세기 중반 이후로 지식인층에서 전개되고 있던 합리주의적 지성 운동에 대립하여 발전되었다는 사회적 배경을 갖고 있다.[49]

영적 부흥 운동을 이끌었던 지식인들은 '자유주의 신학'에 대항하여 정통적 기독교 신앙을 반이성적 방식에서 방어하고자 했다. 이들은 기독교의 진리를 과학적 또는 철학적으로 깊이 반성하는 가운데 고찰 논의하기보다는, 사람들이 오래 전부터 들어 알고 있으나, 진지하게 생각하지 않고 있는 성서에서 그대로 발견할 수 있는 '순박한 복음의 진리 plain gospel truths'만을 아무런 해석을 가함 없이 그대로 선포하고자 했다.[50] 이 운동은 대중들 속에서 커다란 호응을 얻어낼 수 있었다. 이 운동에서 지식인들은 일반적으로 대중들에게 끊임없이 회개를 요구했고, 회개하면 성령의 능력으로 충만될 수 있다는 것을 강조하였다.[51] 유럽에서 금욕적 프로테스탄티즘의 추종자들이 신의 '도구'가 될 것을 열망했던 것과는 달리, 이들은 성령을 담는 '그릇'이 되고자 하고 있다는 사실을 주목할 필요가 있다.[52]

한국 개신교의 최초의 창건자로는 장로교인 알렌 Horace Allen (1858~1932)과 언더우드 Horace G. Underwood (1859~1916) 그리고 감리교인 아펜젤러 Henry G. Appenzeller 등을 들 수 있다.[53] 헌트 Everett Nichols Hunt 가 바르게 관찰하고 있듯이, 한국에 온 선교사들 모두의 가정 및 교육적 배경에 복음주의적 evangelikals 개신교가

---

49) Keith J. Hardman, 윗글, pp. 114~28 참조.
50) Sydney E. Ahlstrom, 윗글, p. 417 참조.
51) W. Glyn Evans, 윗글, p. 9; Keith J. Hardman, 윗글, p. 17 이하 참조. 이는 19세기에 유럽에서 있었던 성령 운동과 비교해볼 수 있다. E. Beyreuther, Art. Erweckung I. "Erweckungsbewegung im 19. Jh.," *Die Re ligionen in Geschichte und Gegenwart*, Bd. 2(Tübingen, 1958)(3판), p. 621 참조.
52) 막스 베버는 경건한 신자들이 신의 도구가 되고자 하는 경우와 신적인 것을 담는 그릇이 되고자 하는가를 구분하여, 그것이 일상적인 행위에 미치는 특징적 영향을 살피고 있다. Max Weber, *GARS* I, "Einleitung," pp. 256~57.
53) 언더우드와 아펜젤러의 간단한 전기와 사상에 대해서는 송길섭, 윗글, pp. 35~65 참조.

버티고 서 있다.[54] 이에서 한걸음 더 나아가 우리는 거의 모든 초창기 한국 선교사들에게서 비슷한 신학적 배경을 찾아낼 수 있다. 보기로 1893년부터 1901년까지 한국에는 북장로교 출신 선교사 40여 명이 활동하고 있었다. 그들 가운데 16명이 프린스턴 신학교 출신이었고, 11명은 매코믹 신학원 출신이었다. 물론 이들의 신학교에는 근본주의가 지배적 역할을 하고 있었다.[55]

물론 이것이 한국에 온 선교사들에게만 해당된다고 주장하는 것은 아니다. 개신교 세계 선교의 출발 자체가 심령 대부흥 운동과 밀접한 관련을 가지고 있기 때문이다. 유명한 교회사가 알스트롬 Sydny E. Ahlstrom 이 지적하고 있는 바와 같이, "미국에서 선교 정신 자체는 대영 제국 및 구라파에서와 마찬가지로 영적 부흥 운동의 열매"였다는 것을 기억하기 때문이다.[56] 미국에서 국내와 외국에 대한 선교적 관심은 제2차 심령 대부흥에 의해서 비로소 촉발되었다.[57] 이와 아울러 선교의 목적 또한 독특하게 규정될 수밖에 없었다는 점 또한 중요하다:

> 선교의 목표는 불변적이었다. 선교의 모태였던 경건주의에 의하면 그 목적은 인격적이며 영적인 전향이란 의미에서 이교도를 개종시키는 것이었다. 개종의 척도는 직접적으로 그리고 명백하게 성서로부터 찾아낼 수 있는 것이었다.[58]

---

54) Everett N. Hunt, *Protestant Pioneers in Korea*, American Society of Missiology Series, No. 1(New York, 1980), pp. 23~35 참조.

55) Yung-jae Kim, *Der Protestantismus in Korea und die calvinistische Tradition: Eine geschichtliche Untersuchung über Entstehung und Entwicklung der Presbyterianischen Kirche in Korea*(Frankfurt a. M., 1981), pp. 68~77: Sung C. Chun, *Schism and Unity in the Protestant Churches of Korea*(Seoul, 1979), p. 89 이하; 주재용, 「한국 교회의 권위주의」, 『한국 교회와 이데올로기』(기독교사상사 편)(서울, 1983), p. 196 참조.

56) Sydny E. Ahlstrom, 윗글, p. 289.

57) Knut B. Westman, *Geschichte der christlichen Mission*(Harald von Sicard 옮김)(München, 1962), p. 86 이하 참조.

58) Gerhard Rosenkranz, *Die christliche Mission. Geschichte und Theologie* (München, 1977), p. 198. 경건주의와 부흥 운동 사이의 관계에 대해서는 Friedrich W. Kantzenbach, "Erweckungsbewegungen am fränkischen

물론 여기에서 인격적이며 영적인 전향이 세계 안에서 인간 삶의 운용 전체를 포괄하는 것이 아니라, 특유의 이원론적 관점에서 삶의 특정 측면에만 배타적으로 역점을 두고 있다는 사실을 간과해서는 안 된다.

선교사들의 이와 같은 배경은 그들의 종교 성향이 한국 근대화에 대해 가지는 의미를 이해하는 데 중요하다. 선교사들은 한국에서의 의료 활동과 근대 교육의 실천을 통해서 조선 정부와 좋은 관계를 맺을 수 있었고, 또 그것을 통해서 선교의 기틀을 다질 수 있었다. 이렇게 그들의 활동은 선교와 한국의 근대화에 중대한 의미를 갖고 있었음에 틀림없었다. 이와 같은 사실에도 불구하고 그들의 삶의 의미가 의사나 교사로서의 활동에 놓여 있지 않았다는 점이 우리의 관심을 끈다. 한국 교회사를 돌아볼 때, 초기 10년 동안 선교사들의 활동의 효과는 교회 공동체를 설립하는 것으로 나타나기보다는, 근대 서구의 교육 제도를 한국 땅에 이식시키는 것에 있었다. 이 기간 동안에 20개의 학교가 선교사들에 의해서 세워졌던 반면에, 단지 530명의 한국인이 기독교로 전향했을 뿐이었다.[59] 헌트 E. H. Hunt가 정확하게 관찰한 바와 같이, 선교사들의 특이한 선교 개념에 의하면 위에서 언급한 선교사들의 활동은 전혀 선교에 속하지 않는다:

그들은 말씀을 선포하기 위해서 왔다. 그들이 받은 모든 훈련은 오직 말씀 선포를 위한 것이었다. 말씀의 선포는 그들 삶의 정열이었다. 그리고 그들은 선포된 말씀이 암흑 가운데 있는 영혼들을 빛을 향하게 할 것이며, 죄인들로 하여금 구세주를 찾게 할 것이라고 확신했다. 많

Hahnenkamm und im Altmühlgrund," D. Meyer(엮음), *Pietismus–Herrn-hutertum–Erweckungsbewegung*(Köln, 1982), pp. 347~61; Wilhelm H. Neuser, "Pietismus und Erweckungsbewegung—der bayerische Erweckungstheologie Christian Kraft(1784~1845)," A. Lindt und K. Deppermann(엮음), *Pietismus und Neuzeit. Jahrbuch zur Geschichte des neueren Protestantismus*(1976)(Bielefeld, 1977), pp. 126~41 등을 참조.

59) Jong-wha Park, *Das Ringen um die Einheit der Kirche in Korea*(Tübingen 대학교[박사 논문], 1985), p. 17 참조.

은 선교사들, 심지어 의사들에게서조차도 복음의 선포만이 진짜 선교 활동이었다.[60]

이러한 사실에 대한 결정적인 것을 우리는 아펜젤러의 "우리의 중요하고 위대한 과제는 영혼을 구제하는 것이다"라는 말에서 찾을 수 있다.[61] 한 한국인이 아펜젤러에게서 세례를 받게 되었을 때, 이 것을 그는 "우리가 한 일의 최초의 열매"라고 말하고 있다.[62] 이들 선교사들에게서 진짜 선교라는 것은 간단하게 말하면 '복음'을 선포 하여 사람들을 개종시키고 교회 공동체를 설립하는 일이다.[63]

우리의 선교사들은 해석학적인 문제에 대해서는 거의 아무것도 아는 바 없었다. 이런 문제에 골몰하는 것 자체가 이들에 의하면 불경한 일이다. 왜냐하면 그들이 믿는 바에 따르면, 그리스도의 사 역 또는 그에 대한 소식은 보편 타당성을 갖고 있으며, 그것의 선 포 자체가 사람들을 설복시킬 수 있는 내재적 능력을 갖추고 있다. 이러한 사실은 다음과 같은 1901년에 쓴 아펜젤러의 글에서 다시 확인된다:

　복음은 어느 민족, 어떤 지역 그리고 어떤 환경을 막론하고 적용된 다. 우리는 그리스도의 복음이 믿는 모든 이들을 구원에 이르게 하는 하나님의 능력이라는 것을 확고히 믿고 있으며, 그래서 이를 가르치고 있는 것이다.[64]

선교사들이 선교·구원 그리고 복음 등을 위에서 본 바대로 특이

---

60) Everett H. Hunt, 윗글, p. 44.
61) Henry Appenzeller 의 1886년 7월 1일의 편지; E. H. Hunt, 윗글, p. 63 에서 다시 따옴.
62) 윗글, p. 67.
63) 여기에서 복음의 선포라 함은 성서 속에 있는 그대로의 사실들을 해석 학적 문제를 고려함 없이 사람들에게 알리는 것이 모두이다. 이들의 견 해에 의하면, 성서의 사건들이 서로 모순되고 이해되기 어려운 것조차도 인간이 해석하고 풀이하려고 애쓸 필요가 없다는 것이다. 하나님의 신비 한 능력이 그것을 통해서도 역사하실 것이기 때문이라는 것이다.
64) E. H. Hunt, 윗글, p. 87에서 다시 따옴. 이의 성서적 근거로서 「로마서」 1: 16과 「고린도전서」 1: 23을 들고 있다.

하게 한정된 영역에서만 주장하게 된 것은, 한국 사람들이 처한 사회경제적인 상황을 잘 몰라서 그들이 자기 중심적으로 사태를 파악한 소치가 아니었다는 점 또한 중요하다. 선교사들은 한국 민족이 처한 사회경제적인 어려움을 비교적 정확하게 파악하고 있었다:

> 도처에 혹심한 가난의 징표들이 널려 있다. 일반인들이 입고, 먹고, 잠자는 처소 등의 상태를 묘사하면 그것은 곧바로 비참의 극치를 드러내는 셈이 된다. [……] 인간적인 눈으로 볼 때, 이 민족의 도덕적 상황은 절망적이다. 그러나 나는 하나님 은총의 손의 뻗침과 구원을 믿는다. 이 민족의 심령에 호소하는 그리스도의 피밖에는 이 민족을 죄로부터 구원할 수 없다.[65]

그러나 이들 선교사의 견해에 의하면, 가장 시급한 과제는 사회의 생활 질서를 합리적으로 장악하는 것이 아니라, 그리스도의 피로 개인의 영혼을 죄로부터 구원하는 일이다. 사람들에게 그들 영혼의 구원이 절대적으로 필요하다는 것을 인식하게 하는 일이 가장 시급한 문제이다.[66] 이들에 의하면 영혼의 구원과 세속적 삶의 합리적인 운용과는 원칙적으로 아무런 직접적인 관련이 없다. 전체적으로 볼 때 선교사들이 사회의 서구화에 많은 기여를 했음에도 불구하고, 그들은 한국에서 오직 영혼 구제를 위해서만 일하고자 했다.

IX. 초기 개신교 집단의 성격과 내적 갈등

그러나 초기 개신교 집단의 성향은 이와 같은 선교사들의 선교 개념 및 행위 지향과 판이하게 다를 수밖에 없었다는 점을 이해하는 것이 중요하다. 당시 중요한 추종자들은 정치적인 강대국에 대해서 자신 및 조선 정부가 무력하다는 것을 뼈저리게 실감하고 있던 부류의 사람들이었다. 이에는 특히 진보적 지식인들이 해당한다. 그러나 또한 개신교에서 일종의 은신처를 찾지 않으면 안 되었던

---

65) H. Appenzeller, *The Gospel in All Lands*, 1885, p. 11; E. H. Hunt, 윗글, p. 91 에서 다시 따옴.

66) E. H. Hunt, 윗글, p. 90 이하 참조.

불우한 일반 대중들도 포함된다.

역사적으로 한국 사람들의 중국 문명, 곧 신유교에 대한 신뢰는 서구 제국주의 세력의 침투 및 서구 기술 도입을 통해 근대화된 일본의 위력(보기로 한반도의 지배권 경쟁을 둘러싼 중일 전쟁[1895]과 러일 전쟁[1905]에서 일본의 승리) 앞에서 뿌리째 흔들려버렸다. 1860년에 프랑스와 영국 군대에 의해 북경이 점령된 사건은 한국인들에게 서구 강대국의 종교가 유교가 아닌 기독교라는 사실을 돋보이게 하였음에 틀림없다.[67]

게다가 일반 시민들의 삶은 사회 내적인 요인에 의해서 근본적으로 위협을 받고 있었다. 실질적인 식민 지배 세력으로서의 일본인에 의한 정치적 압박과 경제적인 착취는 말할 것도 없고, 유교적 사회 구조의 해체 과정에서 고삐 풀린 전통적 관리들에 의한 가혹한 약탈과 부정부패에 무방비 상태로 노출될 수밖에 없었다. 바로 이러한 상황에서 강대국인 미국의 사절단으로서의 개신교는 한국인들에게 피난처 및 도피처로서 비쳐지게 되었다. 적어도 외형적으로 국가와 교회의 분리를 엄격히하고 있던 미국의 (초기 선교사들에 의해서 매개된) 개신교에서는 다른 강대국에서 보여지는 것과 같은 한국을 점령하고자 하는 어떤 분명한 조짐도 발견할 수 없었기 때문이다.[68]

앞에서 논의한 바대로 진보적인 지식인층이 개신교를 수용한 일차적인 이유는 서구의 문명 곧 기독교적인 문명의 도움으로 한국을 근대화시키는 데 있었다. 한국의 국제 사회적 위치, 일반인들의 개종 동기, 서구 문명 및 개신교에 대한 진보적 지식인들의 태도 등등을 고려해볼 때, 초기 개신교 공동체가 근대화와 민족 독립의 확보를 위해 사회 및 정치적인 활동(세속적 활동)으로 지향하는 것은 지극히 자연스러운 귀결이었다. 더욱이 구라파 개신교의 일반적인 경향에 따르면, 기독교의 신앙이 신자들로 하여금 세계 안에서 자

67) L. George Paik, *The History of Protestant Missions in Korea 1832~1910* (Seoul, 1980)(3판), pp. 260~62 참조.
68) 민경배, 『한국 기독교회사』, pp. 218~23 참조. 초기 교인들의 입교 동기에 대해서는 송길섭, 윗글, pp. 78~94 참조.

신들의 삶을 총체적으로 새롭게 장악하게끔 자극한다는 것은 자연스럽다. 그렇지만 선교사들의 입장에서 볼 때, 한국 개신교 공동체의 이러한 경향은 결코 바람직스럽지 못한 것으로 커다란 재난의 징조였다. 첫째로 그것은 한국 교회 공동체의 신앙 본질을 해치는 것이요, 둘째로는 벌써 기성화되어버린 일본 지배에 대한 자신들의 미묘한 관계에 중대한 문제를 가져다줄 것으로 보였기 때문이다.

또한 앞에서 살펴본 선교사들의 종교 성향에 비추어볼 때, 한국 개신교 공동체의 정신적 상태에 대한 그들의 부정적 진단은 전혀 놀라울 것이 없다. 그들에 의하면 한국 개신교 공동체에는 참된 신앙이 결여되어 있다는 것이다. 단적인 증거로 추종자들이 최대 현안 문제인 자신들의 영혼 구원에는 거의 관심을 두지 않은 채, 쓸데없이 세상적인 일들에 마음을 두고 있다는 것이다. 우리는 이러한 사실을 1907년의 결정적인 사건 곧 한국의 '심령 대부흥 운동'을 지도했던 주요 인물 중의 한 사람이었던 블레이어 William N. Blair 가 1910년에 작성한 보고서에서 직접적으로 확인할 수 있다:

우리는 한국 교회가 일본인에 대한 적개심을 회개해야 할 뿐만 아니라, 하나님에 대하여 범한 모든 죄를 보다 더 분명하게 의식할 필요가 있다고 느낀다. 왜냐하면 많은 사람들이 죄에 너무 빠져 마음이 무디어져 있어 자신의 죄를 깨달아 깊이 뉘우치지 않고, 인간적인 의지에 따라서 신실하게 예수를 구주로 믿고, 또 하나님의 뜻을 열렬히 준행하려고 교인이 되었기 때문이다. 우리는 교회 전체가 성결하게 되고, 하나님의 거룩함을 인식할 필요가 있다고 느낀다. 그리고 자신들의 생각을 [비극적인] 국가적 상황으로부터 떠나서 자신이 주와 인격적인 관계를 맺는 데에로 향해야 할 필요성을 절감하는 통회하는 영혼들이 될 필요가 있다고 생각한다.[69]

이 때문에 선교사들은 추종자들에게 순전히 인격적인 믿음의 종교 성향을 제공했다. 이 종교 성향은 추종자들로 하여금 신이 당초

69) 증보된 새판에서 따왔다. William N. Blair/ Bruce F. Hunt, *The Korean Pentecost and the Sufferings which followed*(Edinburgh, 1977), p. 66 이하.

에 의도했던 합리적이고도 외형적으로 드러나는 세계 질서를 찾아내게 하거나, 신이 원하는 바에 따라서 세계를 합리적으로 장악하도록 추종자들에게 어떤 자극을 주는 것과는 아무런 관련성이 없다는 것이 특징이다. 그렇기 때문에 한국 개신교 공동체의 일반 신도들은 서구에서 세속내 금욕주의의 합리주의자들이 했던 것에 버금가는 하나님이 선호하는 세계의 거룩한 질서를 세상 안에서 찾아낼 수 없었다.[70] 곧 세상을 철저히 거부하면서 동시에 특이한 면에서 세상을 강하게 긍정하는 역동적인 삶의 운용이 불가능하였다.

선교사들은 한국에서 선교 활동의 토대가 확립됨에 따라서, 개신교 공동체의 갈등을 자신들의 종교 성향을 관철하는 방향에서 해결하려고 시도했고, 또 성공을 거두었다. 문제의 해결을 위해서 그들은 지금까지의 간접적인 선교 활동(교육과 의료 활동)에 치중했던 데서 이른바 진정한 선교 사업으로 활동의 중점을 바꾸어갔다.[71] 우리는 이러한 중점의 변동을 브라운 Arthur J. Brown 의 기록에서 찾아볼 수 있다:

의료 사업·교육 활동은 복음 전파 활동에 종속적이어야 한다. 이것들은 부차적인 것으로서만 가치가 있다. 그러나 그것이 복음 전파 활동을 압도하도록 내버려두어서는 결단코 안 된다. 영적인 것이 일차적인 것이 되어야 한다.[72]

한걸음 더 나아가서 이들 선교사들은 자신들의 종교 성향을 한국 개신교에 항구적으로 심어주기 위해서, 이것을 한국인 목사를 양성하는 지침으로 못박아두는 대담성을 보여주고 있다:

고도의 영적인 체험을 갈구하게 하라. 무엇보다도 성령의 사람이 되

---

70) Max Weber, *Wirtschaft und Gesellschaft*(Tübingen, 1980)(5판), p. 359 참조(*WG*로 줄여 씀).
71) Kyoo–tae Sohn, 윗글, pp. 151~54 참조.
72) Arthur J. Brown, *Report of a Visitation of the Korean Mission*, p. 24; Sung C. Chun, 윗글, p. 84에서 다시 따옴.

도록 노력하게 하라. 〔……〕 그를 온전히 말씀과 기독교의 기본적인
사실 및 진리에 바탕을 두게 하라. 일반인들보다 너무 뛰어나지 않도
록 그들보다 조금 나은 수준으로 교육시킬 것이다.[73]

이는 한국 개신교의 운명을 결정하는 사건이 되고 말았다. 이러
한 방침이 가져다준 결과의 하나로 1920년대에 벌써 일반(세속의)
지식인들은 교회의 목회자들이 근대 교육을 도외시하고 신구약 성
경이나 몇 번 읽은 무식꾼에 지나지 않는다고 개탄하는 사태가 벌
어지게 된다[74]:

　또 다른 흠점은 배움을 격멸함이다. 학교를 건립한 교회가 도리어
배움을 격멸한다는 말이다. 그래서 이른바 참된 기독교인이라는 이들은
배움을 가장 큰 유혹으로 취급하여, 그것을 '세상 지식'이라고 부르고
있다. 바로 '세상 지식'은 믿음을 약화시키기 때문이라고 주장하면서,
그들은 배움을 악마의 유혹이나 영혼의 적으로 간주하고 있다. 〔……〕
신앙이 무엇보다도 중요하다는 것이다. "그렇게 많은 학식을 갖는 것
이 무슨 쓸모가 있는가?"라는 것은 참된 신앙인이 그의 자녀들에게 주
는 가르침이다. 교회 학교에서는 자연과학·지리 또는 역사에 대해서
거의 어떤 관심도 보이지 않는다. 〔……〕 가장 놀라운 일은 목사나 장
로 같은 교역자들까지도 세상 지식을 반대하고 있다는 사실이다.[75]

X. 개신교의 정화와 삶의 운용: 맺는 말

위에서 언급한 초기 개신교 공동체의 심각한 내적 위기는 한국
개신교 역사에 획을 긋는 결정적인 사건 곧 1907년의 '심령 대부흥
사건'을 계기로 해서 극복되었다.[76] 이는 기성 신자들을 대상으로 일

---

73) W. D. Reynolds,, "The Native Ministry," *The Korean Repository*, Vol. Ⅲ
　　(Mai 1896), p. 201; Sung C. Chun, 윗글, p. 80 이하에서 다시 따옴.
74) L. George Paik, 윗글, pp. 215～18 참조.
75) Yi Kwang-su, "Defects of the Korean Church Today," *The Korean Mission
　　Field*, Vol. 19, No. 12(1918), p. 254; George L. Paik, 윗글, p. 217에 영문
　　으로 있는 내용을 우리말로 옮김; 이광수, 『이광수 전집』 17권(서울,
　　1962), p. 22에 덜 정리된 형태로 텍스트가 있음.
76) 1907년의 성령 운동에 대한 간단한 소개는 송길섭, 윗글, pp. 150～64 참조.

으킨 철저한 회개 운동이라고 성격지을 수 있는 것으로, 실제로 교인 수의 비약적인 증가를 통한 교회의 양적 부흥을 의미하는 것이 아니다. 이 사건을 통해서 한국 개신교 공동체가 영적으로 거듭났다[77]고 평가할 수 있을 정도로, 한국 개신교는 이 부흥 운동을 통해서 항구적인 방향 및 신앙의 형태가 정형화되는 계기를 맞이했다.[78] 선교사들은 위에서 언급한 그들 특유의 선교 목표를 바로 이 회개 운동을 통해서 달성할 수 있었다. 우리가 여기에서 이 운동의 전모를 자세히 논의할 수는 없다. 이 운동이 가지는 의미의 얼마만을 거론하는 것으로 그칠 수밖에 없다.

선교사들은 앞서 말한 바와 같이 특이한 종교 성향 및 성서관을 가지고 있었으며, 문제의 신생 한국 개신교 공동체의 그릇된 신앙을 깊이 우려한 나머지, 이를 교정하고 방향 전환시키기 위해서 여러 공동체의 신자와 지도자들이 연합하여 성경 공부 모임(사경회) 및 기도회를 자주 개최했다. 물론 이때 이미 선교사들로부터 절대적인 영향을 받은 상당수의 한국인 지도자들이 성장하여 활동하고 있었다. 이들은 몇 년 전부터 여기저기에서 신자들의 철저한 죄의 회개와 성령 충만을 받을 필요가 있음을 역설해왔다.[79]

집합적 '성령 체험'은 1907년 평양에서 일주일 동안 계속된 교회 학교 교사들을 위한 연합 사경회에서 시작되었다. 이 모임은 낮 동안의 성경 공부 외에 특별 저녁 기도회로 구성되었다. 저녁 집회에서 선교사들은 철저한 회개와 그리스도인의 삶이 성령의 지배 아래에서 이끌어져야 한다는 것을 특별히 강조했다. 미국에서의 심령대부흥 사건이 한국에서 재현되었다고 할 수 있다. 그때의 상황은 보통 다음과 같이 보고되고 있다. 전체 회중이 크게 감동되었고, 자신들의 죄를 깨닫게 되었다. 이와 동시에 회중 전체는 강한 신적인 힘의 임재를 체험하게 되었고, 모두들 밤새도록 통회하며 자복하는

---

77) L. George Paik, 윗글, p. 374 참조.
78) 민경배, 『한국 기독교회사』, pp. 260~63; G. H. Jones, "The Growth of the Church in the Mission Field," *The International Review of Missions*, Vol. 1 (Edinburgh, 3/1912), p. 416 참조.
79) 민경배, 『한국 기독교회사』, p. 252.

기도를 드렸다고 한다.[80] 이런 상황이 며칠 동안 계속되었다. 이것이 계기가 되어 이와 같은 심령 부흥 운동은 급속도로 인근 지역으로 파급되었고 또한 신학교 및 기독교 학교들에서도 추종자들을 얻었다. 성령의 강한 역사를 체험한 신학생들은 이를 인근 도시에서 시작하여 가까이에 있는 농촌과 지방의 교회들에는 물론이고, 경기지방과 멀리 한국의 최남단 도시인 목포에까지 파급시켰다.[81] 이러한 집합적 체험은 교회 안의 강력한 비판 세력이었던 진보적 지식인들의 대중적 지지 기반을 송두리째 허물어버리고, 절대 다수의 교인들이 선교사들의 가르침에 진리가 있다고 확고부동하게 믿는 계기가 되었다는 의의를 지니고 있다. 이로써 개신교 공동체 안에 상존하던 영혼의 구원과 세속적 영역의 합리적 장악이라는 이중적 과제 사이의 불안한 관계는 청산되었다. 진보적 지식인들은 한국 개신교 공동체에 대한 창조적 비판 세력으로서의 역할을 하는 데 실패한 것으로 귀결되었다. 이들은 교회 공동체의 주요한 자리로부터 배제되어버렸다.[82]

대부흥 운동을 기점으로 하여 대중 운동의 지도권은 선교사들로부터 신흥의 한국인 종교 지식인들에게로 이전되었다. 1910년경 이후로 몇몇 한국 개신교 공동체는 선교사들의 직접적인 지배권으로부터 벗어났고, 한국인 부흥 운동 지도자들은 이 운동을 성경 공부 중심의 '사경회'로부터 '회개 운동'으로 그 중점을 바꾸어 독자적인 것으로 만들어갔다.[83] 이와 같은 부흥 운동은 1930년대까지 계속되

---

80) William N. Blair/B. F. Hunt, 윗글, pp. 71~74; L. George Paik, 윗글, pp. 368~71 참조.

81) William N. Blair/B. F. Hunt, 윗글, p. 75; 민경배, 『한국 기독교회사』, p. 253 등을 참조.

82) L. Georg Paik, 윗글, p. 377 이하 참조. 그렇기 때문에 R. E. Shearer 는 이에 대해서 다음과 같이 지적하고 있다. 1907년의 대부흥은 한국에서 교인 수의 증가에 아무런 영향을 끼치지 못했다. Roy E. Shearer, *Wildfire! Church Growth in Korea*(New York, 1966), p. 56 이하 참조; Kyoo-tae Sohn, 윗글, p. 157.

83) 서광선, 『한국 기독교의 새 인식』(서울, 1985), p. 31; 유동식, 『한국 신학의 광맥』(서울, 1982), p. 124 등을 참조.

었고, 한국 개신교 공동체 안에서 강력한 전통으로 발전되었다.[84] 선교사들의 영향력은 개별 교회 공동체에서의 직접적인 활동을 통해서 계속된 것이 아니라, 사도들의 정신앙이 선교사들을 통해서 온전히 전수되었다고 믿는 특수한 종교적 지식인의 전통으로 계속되었다. 바로 이 전통이 한국 개신교에서 가장 크고 영향력 있는 종파를 형성했음에 틀림없다.[85] 이로부터 한국 개신교 공동체 안에는 하나님의 것과 세상의 것을 각각 구분하는 특유의 이원론적인 태도가 분명한 모습을 드러내게 되었다.[86] 이러한 부흥에 의해서 규정된 신에 대한 인간의 관계는 정열적인 헌신의 관계라고 성격지을 수 있다. 이러한 관계가 신자들의 삶의 운용에 대해서 미치는 영향은 완전히 비합리적이다.[87]

그래서 개신교 공동체는 완전히 타계적인 성향을 갖게 되었다. 모든 세상적인 것들, 이와 관련하여 모든 사회정치적 문제에 대해서 어떤 관련도 맺지 않게 되어버렸다는 말이다.[88] 따라서 개신교에 지향되었던 진보적 지식인들은 그 대신 교육 및 대중 계몽 활동에 전념할 수밖에 없었다.[89] 교회 공동체의 이와 같은 체질 변화와 관련해서, 우리는 한국 개신 교회가 1910년 공식적으로 조선이 일본에 강제적으로 합방되는 한국 민족 역사 단절의 사건에 대해서 침묵을 지킬 수 있었다는 사실을 이해할 수 있을 것이다. 1907년의 심령 대부흥 운동 이후로 한국 개신교 공동체는 적어도 세속적인 차원에서 정치에 거의 무관심해졌다. 오로지 보다 근원적인 영혼 구원이라는 목표에만 전념했다고 할 수 있다.

대부흥과 그것의 영향은 선교사들, 일본인 식민지 지배권 및 한국 사회의 구조에 있어서 커다란 의미를 가지고 있었다. 대부흥을 통해서 교회 공동체는 간접적으로 선교사들의 지배 아래에 계속 머

---

84) 유동식, 윗글, p. 124 이하 참조.
85) 김양선, 『한국 기독교 해방 십년사』(서울, 1956), p. 293 참조.
86) 이광수, 「금일 조선 야소교회의 흠점」, 윗글, p. 22 이하 참조.
87) 이의 이론적인 바탕에 대해서는 Max Weber, WG, p. 345 을 참조.
88) Kyoo-tae Sohn, 윗글, p. 155 이하 참조.
89) 윗글, p. 165 참조.

물러 있을 수 있게 되었다. 이것은 신학적 교육과 전체 교회의 관리에 있어서도 마찬가지였다. 이렇게 하여 선교사들은 교회 공동체를 평신도 지식인층의 공격으로부터 효과적으로 보호·보전할 수 있었다. 교회 공동체 안에서 개인의 영혼 구제는 기독교의 유일하고 중요한 과제로서 일반적으로 받아들여지게 되었다.[90] 이렇게 하여 특유의 보수적인 근본주의가 확산될 수 있었다. 이 근본주의에는 특수한 방식으로 유교의 의례적인 엄격주의가 기독교의 경건을 위한 것으로서 묵시적으로 받아들여지고 있다.

다른 말로 진보적 지식인들은 선교사들과 신생의 개신교 집단들을 이끌어가는 한국인 종교 지도자들에게 어떤 효과적인 비판을 가하는 데에도 성공하지 못했다. 이 때문에 한국 개신 교회에는 비합리적이고, 신비적이며, 탈속적인 종교 성향과 이에 상응하는 구원의 길이 자리잡게 되었다. 개신교 공동체는 해당 지식인들의 독특한 사고 구조 때문에 성리학적 윤리의 본질적인 내용, 특히 성리학적 조직 원리를 거부하거나 그것을 대신할 수 있는 것을 창조할 수 없었다. 세속적인 것에 대한 종교적 지식인들의 원칙적인 무관심은 일반 신도들로 하여금 유교적인 덕목에 대해 비판적인 안목을 가질 수 없게 하였다. 이 때문에 오늘날 우리는 개신교 공동체 안에서 통용되는 윤리적 덕목과 전통 유교적인 그것들 사이에 분명한 차이를 발견하기 어렵게 되어 있다. 이와 같은 종교 성향을 바탕으로 해서 교회 공동체는 일본의 지배 아래에서도 계속적인 성장을 기록할 수 있었다. 왜냐하면 그러한 종교 성향은 식민 세력에 의해서 관용될 수 있었기 때문이다.[91]

결과적으로 한국의 개신교 지식인들은 종교적 구제 수단을 자기 것으로 만드는 과정에서 그것을 계속적으로 체계화하고 합리화하는 데에 성공하지 못했다. 다시 말해 그들은 일상적인 행위 성향과 비일상적인 종교적 태도 사이의 모순 대립을 제거하여 해결할 수 없

---

90) William N. Blair/B. F. Hunt, 윗글, pp. 61~65, 78 이하 참조.
91) 여기에서 W. N. Blair/B. F. Hunt 의 보고를 지적할 수 있다. 윗글, pp. 61~83 참조.

었다. 이는 일상적인 삶을 운용하는 방법을 창출하는 데에 부정적인 의미를 갖는다. 이것은 다음과 같은 보기에서 분명하게 드러난다. 한국 개신교의 역사에서 성서의 권위, 특히 성서의 축자 영감설을 둘러싸고 계파간에 심각한 싸움이 야기됐다. 바로 이러한 싸움으로부터 수많은 크고 작은 개신교 교단들이 발전되어나왔다. 그러나 이러한 싸움은 앞에서 언급한 모순 대립을 제거하여 해결하는 데 아무런 기여도 할 수 없었다. 개신교의 수많은 교단들 중 어느 것도 합리적인 방식으로 일상적인 삶을 운용해나갈 수 있는 방안을 고안해내지 못했다. 원칙적으로 신앙인들에게 있어서 현세적 삶 또는 세속적인 것들은 아무런 역할을 하지 못한다. 이들의 주요 관심사는 일요일 예배와 그들의 영적인 삶을 풍성하게 해주는 그 밖의 종교적 행사들에 있다.

참 고 문 헌

김양선(1956), 『한국 기독교 해방 십년사』, 서울.

루크만, 토마스(1982), 『보이지 않는 종교 *The Invisible Religion*』(이원규 옮김), 서울.

민경배(1980), 「한국 근대 문화와 기독교회 형태 및 그 영향 범위」, 『한국 사학』 1.

민경배(1982), 『한국 기독교회사』, 서울.

박봉배(1983), 「기독교 윤리와 한국 문화」, 서울.

박영신(1978), 「현대 사회 구조와 이론」, 서울.

베버, 막스(1987), 『프로테스탄티즘의 윤리와 자본주의 정신』(박종선 옮김), 서울.

벨라, 로버트(1981), 『사회 변동의 상징 구조』(박영신 옮김), 서울.

손정목(1982), 「조선 시대 도시 사회 연구」, 서울(4판).

송길섭(1988), 『한국 신학 사상사』, 서울(2판).

유동식(1982), 『한국 신학의 광맥』, 서울.

이광린(1965. 5), 「개화파의 개신교관」, 『역사학보』 66.

_____(1974), 「개화기 관서 지방과 개신교」, 『숭전대학 논문집』 5, 서울.

이광수(1962), 『이광수 전집』 17권, 서울.

이원순(1980), 「한국 근대 문화의 서구적 기초」, 『한국사학』 1.

전택부(1989), 『한국 교회 발전사』, 서울(2판).

주재용(1983), 「한국 교회의 권위주의」, 『한국 교회와 이데올로기』(기독교 사상사 편), 서울.

텐부룩, 프리드리히(1990), 『막스 베버의 사회과학 방법론』(차성환 편역), 서울.

Ahlstrom, Sydney E.(1972), *A Religious History of the American People*, New Haven.

Gehlen, Arnold(1986), *Der Mensch. Seine Natur und seine Stellung in der Welt*, Wiesbaden.

Badham, Richard(1984), *The Sociology of Industrial and Post-Industrial Society*, Current Sociology, Vol. 32, Nr. 1.

Beyreuther, E.(1958), Art. Erweckung I. "Erweckungsbewegung im 19. Jh.," *Die Religionen in Geschichte und Gegenwart*, Bd. 2, Tübingen(3판).

Blair, William N./ Hunt, Bruce F.(1977), *The Korean Pentecost and the Sufferings which followed*, Edinburgh.

Cha Seong Hwan(1989), *Demokratie ohne öffentliche Ethik? Zur Soziologie der religiösen Denkstruktur der Intellektuellen in Korea*, Tübingen 대학교(박사 논문).

Chun, Sung C.(1979), *Schism and Unity in the Protestant Churches of Korea*, Seoul.

Evans, W. Glyn(1976), *Profiles of Revival Leaders*, Nashville.

Hardman, Keith J.(1983), *The Spiritual Awakeners. American Revivalists from Solomon Stoddard to D. L. Moody*, Chicago.

Hatada, Takashi(1969), *A History of Korea*(Warren W. Smith and Benjamin H. Hazard 옮기고 엮음), Santa Barbara, California.

Hooft, W. A. Vissert'(1928), *The Background of the Social Gospel in America.*

Hunt, Everett N.(1980), *Protestant Pioneers in Korea,* American Society of Missiology Series, No. 1, New York.

Jones, G. H.(1912), "The Growth of the Church in the Mission Field," *The International Review of Missions,* Vol. 1, Edinburgh.

Kantzenbach, Friedrich W.(1982), "Erweckungsbewegungen am fränkischen Hahnenkamm und im Altmühlgrund," D. Meyer (엮음), *Pietismus–Herrnhutertum–Erweckungsbewegung,* Köln.

Keller, Charles Roy(1968), *The Second Great Awakening in Connecticut,* Hamden, Conn.

Kim Yung-jae(1981), *Der Protestantismus in Korea und die calvinistische Tradition: Eine geschichtliche Untersuchung über Entstehung und Entwicklung der Presbyterianischen Kirche in Korea,* Frankfurt 대학교(박사 논문).

Küenzlen, Gottfried(1980), *Die Religionssoziologie Max Webers. Eine Darstellung ihrer Entwicklung,* Berlin.

Matthes, Joachim(1967), *Religion und Gesellschaft. Einführung in die Religionssoziologie* I, Hamburg.

McLoughlin, William G.(1978), *Revivals, Awakenings, and Reform. An Essay on Religion and Social Change in America, 1607~1977,* Chicago.

Neuser, Wilhelm H.(1977), "Pietismus und Erweckungsbewegung— Der bayerische Erweckungstheologie Christian Kraft(1784~1845)," A. Lindt und K. Deppermann(엮음), *Pietismus und Neuzeit. Jahrbuch zur Geschichte des neueren Protestantismus* (1976), Bielefeld.

Paik, L. George(1980), *The History of Protestant Missions in Korea 1832~1910,* Seoul(3판).

Park Jong-wha(1985), *Das Ringen um die Einheit der Kirche in Korea*, Tübingen 대학교(박사 논문).

Park Yong-shin(1975), *Protestant Christianity and Social Change in Korea*, University of California(박사 논문).

Parsons, T.(1949), *The Structure of Social Action. A Study in Social Theory with Special Reference to a Group of Recent European Writers*, New York.

Reynolds, W. D.(1896. 5), "The Native Ministry," *The Korean Repository*, Vol. Ⅲ.

Robertson, R.(1978), *Sociology of Religion*, New York(2판).

Rosenkranz, Gerhard(1977), *Die christliche Mission. Geschichte und Theologie*, München.

Shearer, Roy E.(1966), *Wildfire! Church Growth in Korea*, New York.

Sohn, Kyoo-tae(1986), *Kirche und Nationalismus: Eine Studie über die Rolle des Nationalismus in der koreanischen Kirchengeschichte unter der japanischen Kolonialzeit*, Frankfurt 대학교(박사 논문).

Tenbruck, F. H.(1978), "Zur Anthropologie des Handelns," Handlungstheorien-interdisziplinär(Hans Lenk 엮음), 제1권, München.

_____(1987), "Der Traum der säkulare Ökumene. Sinn und Grenze der Entwicklungsvision," *Annali di Sociologia, Soziologisches Jahrbuch* I/3.

_____(1991), "Max Webers Religionssoziologie—damals und heute" (미출판 논문).

_____(1989), "Heinrich Rickert in seiner Zeit: Zur europäischen Diskussion über Wissenschaft und Weltanschauung"(미출판 논문).

Weber, Max(1978), "Einleitung der Wirtschaftsethik der Weltreli-

gionen," *Gesammelte Aufsätze zur Religionssoziologie* I, Tübin-
gen(7판).

_____(1980), *Wirtschaft und Gesellschaft*, Tübingen.

_____(1982), *Gesammelte Aufsätze zur Wissenschaftslehre*(5판),
Tübingen.

Westman, Knut B.(1962), *Geschichte der christlichen Mission*(Harald
von Sicard 옮김), München.

White, R. C. and Hopkins, C. H.(1976), *The Social Gospel.*

Yi Kwang-su(1918), "Defects of the Korean Church Today," *The
Korean Mission Field*, Vol. 19, No. 12.

제 6 장

한국적 산업 사회 맥락에서
새로운 가치관의 모색

―― 현대 사회 제도와 행위 사이의 갈등에
대한 사회학적 조명

I. 현대 사회의 구조와 행위 지향 사이의 모순

오늘날 많은 사람들은 우리 사회의 심각한 문제의 원인을 도덕성 상실로 규정하면서, '도덕성 회복'을 위한 여러 다양한 시도들을 하고 있다. 이것이 총체적 난국이라 불리는 우리 사회의 혼란 상태를 적절히 파악하고 규정하는 듯이 보이지만, 현실은 이와 다르다. 이 점을 분명히하는 것은 새로운 가치관의 모색에 있어서 대전제에 속한다. 결론부터 말하면, 현재 우리 사회에는 도덕성이 없거나 약해서 문제가 발생되는 것이 아니다. 산업화된 사회 한가운데서 우리는 서구인들에게서 보이는 '공사(公私) 영역의 엄격한 분리'를 적극적으로 평가하여 권장하거나 미덕으로 보지 않는 전통 윤리에 여전히 지향된 행위를 하고 있다. 그러면서도 우리는 경제적인 발전과 아울러 서구인들이 누려온 자유 및 민주를 열망하고 있다. 이는 한마디로 국민들의 행위와 사회 제도 사이의 모순을 드러내고 있는 것이다. 바로 이 모순을 해명하는 것이 이 글의 목적이다. 이를 통해서 현재 한국 사회의 정치·경제 및 사회적 문제의 해결과 아울러 새로운 가치관의 확립에 기여하고자 한다.

II. 민족 생존을 위한 선택으로서의 산업화 및 서구화

우리나라의 근대화 또는 산업화 및 서구화가 어떤 당위성과 필연성에 의해서 시작되었는가를 인식하는 것은 우리의 과제 해명에 결정적인 의미를 갖는다. 우리나라 산업화의 역사적 과정에 대한 반성은 우리로 하여금 한국의 근대화 및 산업화가 경제적인 측면에서 괄목할 만한 성공을 거두었음에도 불구하고 우리의 '전통 윤리'에 의해서 적극적이고도 긍정적인 뒷받침을 받을 수 없었다는 사실을 알 수 있게 한다. 단순하게 보이는 이러한 통찰은 오늘날 우리 사회의 혼란된 상황을 이해하는 중요한 단서가 될 것이다.

유럽이 팽창한 결과로 세계 속의 각 민족은 서로 긴밀한 관계로 맺어지게 되었다. 이 점에서 모든 문화는 외적인 강제를 받게 된다. 특히 개발도상국들의 경제적 근대화는 외부로부터 오는 적지 않은 생존의 압력으로 말미암은 것이었다. 구한말 한국의 대표적 지식인들이 서구의 팽창에서 오는 한국 민족의 생존 위협에 직면하여 문제의 규정과 해결 방안에 대해서 서로 다른 견해를 표명하면서 대립했다는 사실은 널리 알려져 있다. 조선 사회의 주도적 윤리를 대변하는 사회의 절대 다수를 점하는 유교적 지식인층은 보통 '위정척사파'로 불리고 있다. 이 계층의 사람들은 서구화와 서구를 모델로 삼는 근대화 및 그에 따른 산업화를 철저히 반대했다. 왜냐하면 이들의 사상 및 윤리의 바탕이 되고 있던 성리학의 세계관에 의하면, 이런 방식의 근대화 및 산업화는 사회의 근본을 부정하는 반윤리적인 것으로 용납될 수 없었기 때문이다.[1] 이에 대한 내용적인 논의는 뒤에서 이루어질 것이다. 중요한 것은 이러한 대다수의 성리학적 지식인들이 근대화 및 산업화에 반대했다는 사실이다. 바로 이 점이 중요한데, 그 이유는 우리 사회의 전통 윤리가 근대화 및 산업화를 적극적으로 촉진하거나 지지해줄 수 없었다는 사실을 입증하고 있는 역사적인 사실이 되기 때문이다.

오늘날 우리 사회에서 널리 통용되고 있는 긍정적으로 평가된 산업 사회 및 근대화된 사회에 대한 표상이 확산 정착되기 시작한 것은 19세기 후반에 출현한 진보적 지식인층에 의해서였다. 이들 진

---

1) 정재식, 『종교와 사회 변동』(서울, 1982), pp. 172~219; 홍순창, 『한말의 민족 사상』(서울, 1982), pp. 53~122 참조.

보적 지식인층은 19세기 후반기에 유교적 교양을 갖춘 지배층 내부로부터 발전되어나왔다. 이들은 서구 사상을 한국에 소개 유입한 매개층이었다. 이들의 서구 사상에 대한 지식은 중국을 통해서 들여온 서적에 주로 의존했다. 이들 중 일부는 중국·일본·유럽과 미국을 직접 여행하거나, 그곳에서 공부를 한 사람도 있다. 이들 지식인층은 당시에 직면한 심각한 민족 존립의 문제를 성리학적 세계관에 따라 사회를 재건함에 의해서 해결하기보다는, 서구적 유형의 사회로 근대화함으로써, 곧 전혀 새로운 사회를 건설함에 의해서 해결하려 했다.[2] 이 점이 결정적인 의미를 갖는다.

지금까지 강력한 세력 집단이었던 위정척사파로 불렸던 보수적인 유교적 지식인층은 서구 세력과의 충돌 과정에서, 수많은 외국과의 수호 조약 체결을 통해서, 그리고 결정적으로 일본에 의해 한국이 식민지화되는 과정을 통해서 자신들의 영향력을 잃어갔다. 동시에 이런 과정에서 한국의 지식인들 사이에서 한국 사회가 범세계적인 근대화 과정에서 조속히 낙후 상태를 회복하지 않으면 안 된다는 의식들이 발전되어나왔다. 이러한 과제에 대해서 대부분의 지식인들은 의견의 일치를 보고 있었다. 그러나 근대화의 전략과 방향에 대해서는 지식인들 사이에서 많은 논쟁을 불러일으켰다.

그러나 역사적인 과정에서 보여지는 초기에 왕성했던 독자적인 근대화에 대한 길의 모색은 이들 지식인 사이의 이념적 및 물질적 이해 관계의 갈등을 통해서 심화되고, 발전적으로 계승된 것이 아니라, 서구 세력의 침투, 특히 일본에 의한 식민지화에 의해서 원천적으로 봉쇄되었다. 보수적 지식인들이 주도한 무력 항쟁인 의병 운동이 일본 식민 세력에 의해서 완전히 뿌리뽑히게 되면서, 일본의 식민지화와 관련을 맺은 서구화와 그에 상응하는 근대화에 대한 사상만이 존속하여 확산될 수 있었다.[3]

---

2) 송병기, 「19세기말 근대 의식의 성장」, 『한국사학』 1(1980), pp. 144~47; 김한초, 「일제하 한국 지식인의 문화 수용과 그 인식」, 『한국 사회와 문화』(1985. 5), pp. 39~57; 신용하, 「구한말 지식인의 수구 의식과 개화 의식」, 『한국사학』 1(1986), pp. 3~37 등을 참조.

3) 여기에서 제시된 주요 내용은 Seong Hwan Cha, *Demokratie ohne öffent-*

이는 성리학적인 전통 윤리가 변화된 사회적 조건과 문제에 직면하여 순화되고 체계화될 수 있는 매개층을 완전히 상실한 채, 500년 이상 기울인 지식인들의 노력의 결실로 사회 속에서 당연한 것이 되어버린 민속 전통으로서 그리고 아무런 공식적 의무가 아닌 자발적으로 선택되는 지적 전통으로서만 존재할 수 있었다는 것을 의미한다. 종교로서의 유교는 자체를 독자적인 집단으로 만들어가고, 사상 및 윤리 체계를 심화 발전시키는 주요 원동력이 되는 독자적인 사제 집단이 없었다. 그의 사제 집단은 조선 왕조의 관료 및 관료 예비군들이 대신했다. 이러한 구조적 특수성이 유교 윤리를 가부장적인 사회 구조를 뒷받침하는 특이한 성격을 갖는 데로 발전시키게 했다. 갑오 개혁에 의한 국가 종교의 폐지와 유교적 소양을 묻는 과거제에 의한 관리 임용 제도의 폐지 등등은 유교에게는 치명적인 의미를 갖는 종교적 사제 집단의 상실을 뜻했다. 실제로 유교를 근절하기 위한 이 이상의 어떤 정치적 및 종교적 조치는 불필요했다. 이 때문에 서구 사상과 함께 유입되어 퍼진 사회 진보에 대한 '신앙'은 더 이상 논란됨이 없이 한국의 지식인들 사이에서 당연한 것이 되었다.[4] 바로 이 사회 진보라는 신앙이 근대화 및 산업화의 추구에서 한국 사회의 전통 윤리적 차원을 무시하게 했을 뿐만 아니라, 서구 사회의 제도와 구조에 독특한 방식으로 작용하고 있는 윤리적 차원을 간과하게 만든 중요한 요인이었다.

서구 문명의 도입에 대해서 진보적 지식인들 사이에 두 가지 상이한 견해, 곧 동도서기파와 급진적이며 전면적 수용을 주장했던 파가 서로 대립했다. 동도서기파는 서양의 과학과 기술은 받아들이되, 종교와 윤리는 전통 유교적인 것이 계속 존속하도록 하는 것이 바람직하다고 보고, 서양의 윤리 및 종교를 보수적인 유교적 지식

---

liche Ethik? Zur Soziologie der religiösen Denkstruktur der Intellektuellen in Korea(Tübingen 대학교[박사 논문], 1989)에 크게 의존하고 있다. 특히 pp. 235~41 참조.

4) 사회 진보 사상의 기원과 전세계의 확산 및 근대화에 대해서는 Friedrich H. Tenbruck, Die kulturellen Grundlagen der Gesellschaft(Opladen, 1989), pp. 291~317 참조.

인들과 마찬가지로 거부하려고 시도했다. 그러나 역사에서 이들 동도서기파보다는 종교 윤리를 포함한 서구 문명 전체를 받아들여야 한다는 보다 급진적인 지식인들이 득세할 수 있었다. 이들은 서구 국가들의 부강이 기독교와 관련이 있다고 보았다. 이들의 이러한 이해는 많은 면에서 지극히 피상적이며, 조야한 무지를 드러내는 것이지만, 한국 사회의 근대화에 중요한 의미를 가진다. 이들 지식 인층은 근대 서구적 교육과 새로운 사회 문화적 운동과 아울러 기독교를 통해서 인민 대중이 계몽될 수 있을 것이라는 믿음을 가졌었다. 그리고 이것만이 독립되고 자주적인 민족국가를 수립하는 유일의 토대가 되리라고 생각했다. 이들은 서구적인 사상적 유산을 매개로 하여 대중의 계몽을 보증하기 위해서 단독으로 또는 선교사 및 교회 공동체와 제휴하여 근대 서구적 학교·단체·조직 들을 만들고, 또 수많은 사회 운동을 이끌었다. 이들의 이러한 일련의 활동은 민족 생존의 위협 아래에서 전통 윤리로부터의 어떤 적극적인 지원도 받음 없이, 전통적인 윤리를 극복하거나 발전적으로 계승하려는 어떤 적극적인 노력 없이 이루어졌다는 결론을 내릴 수 있다. 논의가 되겠지만, 이렇게 유입된 서구의 제도들을 뒷받침해줄 수 있는 우리다운 윤리의 창출에 서구 종교의 매개층인 개신교 선교사 및 한국 지식인들 또한 적절한 역할을 하지 못했다. 이 때문에 거시적인 안목에서 볼 때 전면적인 서구화를 주장하던 급진적인 지식인 계층의 의도와는 달리, 한국의 근대화 및 산업화는 '동도서기파'의 방식으로 이루어져왔다고 할 수 있다.[5]

해방 후의 우리 사회의 근대화와 산업화 과정 또한 국제적인 소용돌이 속에서 전통 윤리나 서구 사회의 공공 윤리에 대한 비판적 고려를 할 여유도 없이, 곧 다른 선택의 여지없이 민족 생존을 위한 자구책으로 채택되었다는 점에서 구한말의 그것과 다를 바가 전혀 없다. 이 때문에 서구적 모형에 따른 산업화는 분석적으로 볼

5) Seong Hwan Cha, 윗글 및 차성환의 「한국 초기 개신교 선교사들의 종교성과 근대적 삶의 형성──종교사회학의 고전적 테제 재해석」, 『신학사상』 73 호(1991, 여름), pp. 420~52 참조.

때, 서구 산업 사회의 제반 제도의 바탕에 깔려 있는 윤리적 차원
은 도외시된 채 서구 제도가 수입·정착되었고, 이러한 서구 제도
들은 더 이상 반성의 여지가 없는 민속 및 지적 전통으로 되어버린
유교 윤리를 충실히 따르고 있는 인간들에 의해서 운영되는 구조적
특성을 갖고 있다고 할 수 있다. 이러한 과정은 국제적 및 국내적
조건에 의해 제약을 받기는 하지만, 지식인과 정부의 의도적인 노
력에 의하여 광범위한 사회 변동을 수반하는 가운데에서 이룩되었
다는 점 또한 간과할 수 없다.

Ⅲ. 서구 산업 사회 제도와 윤리적 차원: '공공 윤리'와 민주주의

근대화는 '사적 윤리'와 '공적 윤리'가 분리되는 것을 가능하게 하
는 특별한 윤리에 바탕을 두고 있다. 전형적인 사적 윤리에 지향된
행위는 어떤 경우에든 대인간적 주종 관계 *Pietätsbeziehung*에 지향
되어 있다. 이에 반해서 전형적인 '공공' 윤리적 행위는 사실적이고
비인격적인 목적에 대한 봉사 의무에 지향되어 있다.[6] 이러한 구분
이 사회 속에서 완연한 모습을 드러내게 된 것은 막스 베버가 자신
의 여러 연구들을 통해서 보여주고 있는 바와 같이 유럽 근대 사회
에 들어와서야 비로소 가능했다. 그러나 이것은 오늘날 사람들에
의해서 널리 받아들여져 자명한 것이 되었다.[7] 이러한 분리의 바탕
에서 하나의 특징적인 근대적 정치 조직의 형태로서 민주주의가 출
현하였다. 이런 점에서 볼 때, 순전한 사적 윤리를 극복하고 믿음직
한 공공 윤리를 길러내는 것은 많은 발전 도상의 나라들에서 근본
적으로 중요한 과제에 속하는 것이다.

근대 서구의 산업 사회 및 이 사회의 정치적 조직 형태로서의 민
주주의는 '공적인 영역'이 '사적인 영역'으로부터 분리되는 것에 바

---

6) 사적 윤리와 공공 윤리의 이념형적 구분은 막스 베버의 지배사회학적 논
   의에 기대어서 개념화한 것이다. Max Weber, *Wirtschaft und Gesellschaft*
   (Tübingen, 1980)(5판), pp. 122ff.; "Einleitung der Wirtschaftsethik der
   Weltreligionen"("Einleitung"으로 줄여 씀), *Gesammelte Aufsätze zur Re-
   ligionssoziologie* I(Tübingen, 1978)(7판)(*GARS*로 줄여 씀), pp. 267ff. 등
   을 참조.
7) "Einleitung," *GARS* I, p. 268 참조.

탕을 두고 있다. 서구인들의 행동 지향은 본질적으로 구체적인 인간을 안중에 두지 않는 것으로 사실적이며 비인격적인 것으로 규정된다. 이의 전형적인 형태를 막스 베버는 다음과 같이 이념형적으로 서술하고 있다:

> 만일 관료가 자신의 일을 가장 이상적인 의미에서 국가 권력 체제의 합리적인 규정에 따라서 처리하는 경우에, 관료제적 국가 기구 및 국가에 고용된 합리적인 정치적 인간 *homo politicus*은 경제적 인간 *homo oeconomicus*과 마찬가지로 불의를 처벌하는 것까지를 포함하여 자신의 업무를 '인간을 고려함 없이' 그리고 '증오함이 없음과 마찬가지로 또한 편애함도 없이 *sine ira et studio*' 객관적이고도 사실적으로 수행한다.[8]

이와 같은 공사 영역의 분리는 근대 사회에 독특한 행위 유형이 출현했다는 것을 의미한다. 곧 목적 합리적 및 형식 합리적 행위가 지배적인 영향력을 끼치게 되었으며, 전통적인 혈연 및 신분에 따른 집단의 형성과는 다른 새로운 집단 구성의 유형 곧 이익 집단 및 단체들이 출현하게 되었다는 것을 의미한다. 전통적인 신분과 혈연 등등으로 표현되는 대인간적 유대의 바탕에서 이루어졌던 전통적 생활의 유형으로부터, 원칙적으로 개인의 이익을 추구하려는 자발적인 목적 때문에 집단을 구성하는 새로운 생활의 유형이 나타났다는 말이다. 각종 사회에 존재하는 모든 집단과 단체는 그것이 전적으로 비정치적인 목적에서 이루어진 종교적 신앙 공동체를 포함하여 지배의 구조를 갖고 있다. 정치 체계면에서 서구의 근대 산업 사회를 자유 민주 사회라고 부른다. 또 지배 유형으로 볼 때, 법적 지배 유형이 지배권을 누리고 있는 사회라고 말할 수 있다. 이 법적 지배 유형이 의미하는 바가 정확하게 이해될 필요가 있다. 근대 서구 사회의 법적 지배란 다양한 인간 집단의 지배 구조에 결정적인 특성이었던 '인간에 대한 인간의 지배'(대인간적 지배)가 독특

---

8) "Zwischenbetrachtung," *GARS* I, pp. 546~47.

한 방향으로 합리화되면서 '규범 또는 법률의 지배'가 정당성을 얻게 된 사회에서 두드러지게 나타나는 '지배의 비인격적 성격'을 강조하여 개념화한 말이다. 원칙적인 의미에서 이 사회에서 지배하는 인간은 없다. 오직 규칙 또는 법률에 복종하는 인간만이 존재할 뿐이다:

오늘날 우리 사회에서 단체는, 무엇보다도 정치적 단체는 '법적' 지배 유형을 갖고 있다. 다시 말해, 명령권자의 명령의 정당성은 합리적으로 제정되었거나 약정된 규칙 또는 [선거를 통해서] 승인된 규칙에 바탕을 두고 있다. [……] 인격적인 권위의 이름에서가 아닌 비인격적인 규범의 이름으로 명령이 내려진다. 그리고 명령의 발포 또한 발포자의 입장에서 보면 다시금 규범에 대한 복종이다. [……] '관료'는 명령할 수 있는 권한을 가진 사람이다. 그는 결단코 그 자신의 권리에 바탕해서 명령을 내리지 않는다. [……] 관료가 법정에 '소원'을 요청할 수 있는 '위계적 질서'로 이루어져 있는 제도가 단체의 '구성원' 또는 '시민'에 대하여 서 있다.[9]

여기에서 보여지는 근대적 행위 지향은 삶을 합리적이고도 짜임새 있게 운용하는 것을 의미하는 것으로 전적으로 근대적인 유형에 속한다. 이러한 근대적인 행동 지향은 베버에 의하면 전적으로 인간 이성의 합리적 판단에 근거를 두고 있다기보다는 당연한 것으로 기정 사실화하여 받아들이고 있는 비합리적인 전제에 터를 두고 있다는 것이다.[10] 곧, 이러한 근대적 행위 지향 및 그것에 바탕을 두고 있는 근대적 제반 제도는 특별한 윤리 때문에 지탱되고 기능을 발휘하며, 또 그것에 의해서 정당화되고 있다는 말이다.

앞에서 언급한 바와 같이 이러한 윤리는 공사 영역의 분리를 가능하게 하고, 공적인 영역에서 구체적인 인간을 고려에 두지 않고 엄격히 비인격적인 목적에 지향하는 것을 요구하고 또 그것을 정당

---

9) "Einleitung," *GARS* I, pp. 267~68.
10) 근대 사회에서 종교가 이미 비합리적인 것으로 간주되고 있다는 점을 인식하는 것은 중요하다. 윗글, p. 253 참조.

화하는 성격을 가지고 있기 때문에 '공공 윤리'라고 지칭할 수 있을 것이다. 요약하면, 근대 서구인들의 행동 지향의 가장 이상적인 표현은 객관적이고 비인격적인 목적에 대한 봉사와 의무에서 그리고 추상적인 규범에 대한 복종에서 나타난다. 그러나 이러한 공공 윤리적 차원이 없거나 다른 종류의 것인 사회에서는 서구인들의 행동 지향이 적극적으로 평가되기보다는 '비인간적이고 몰인정한 것'으로 규정되어 배척될 것이라는 사실을 짐작하는 것은 어렵지 않다. 특히 유교적 인정주의와는 정면으로 대립될 것이다.

그러나 이 윤리적 뒷받침이 없다고 가정할 때, 근대 이후의 서구적 사회 제도가 기능적일 것이라고 보기는 어렵다. 이 윤리는 서구에서 사람들이 개신교의 종교적 동기에서 금욕적이며 도덕적인 방식으로 삶을 운용하게 된 데 그 기원을 두고 있다고 할 수 있다.[11] 거의 2000년 동안이나 강력하게 사람들을 전면적으로 지배해온 가장 막강한 사회 세력의 하나였던 기독교가 공사의 엄격한 분리와 그에 따른 서구 특유의 행위 지향을 정당화 및 뒷받침해주고 있다는 말이다. 그러나 이 글에서 우리는 이 방향으로 계속 논의를 진전시킬 수 없다. 우리는 여기에서 발전 도상의 사회들이 근대화를 위해서 서구의 제반 사회 제도들을 받아들인다고 했을 때, 문제점이 어떤 수준에서 발생할 수 있는가를 보다 분명하게 인식하게 된 것으로 만족할 수밖에 없다.

IV. 신유교의 윤리: 내용 합리성과 '사적 윤리'

앞에서 암시한 바와 같이 엄밀한 의미에서 서구의 '공공 윤리'가 지지하고 정당화하고 있는 생활 지침은 일반적으로 우리의 전통 윤리적 관점에서는 결코 긍정적으로 판단되지 않는다. 그것은 오늘날 우리의 사회적 행위가 선조의 지식인들이 500년이 넘는 긴 기간 동

---

11) 서구에서 개신교 지식인들에 의한 가치 합리적 행위가 어떻게 경제적 영역에서의 목적 합리적 행위(행위의 비인격적인 목적에의 지향을 정당화)를 요구하고 정당화했는가를 이해하는 것이 중요하다. 보기로 "Die protestantische Ethik und der Geist des Kapitalismus," *GARS* I, pp. 98~101 참조.

안 합리적으로 발전시켜 물려준 막강한 힘을 가진 전통 윤리에 의해 지지되고 있기 때문이다. 이런 점에서 구한말 위정척사파의 지식인들과 동도서기파의 인물들이 보인 서구 문명에 대한 거부 반응은 우연적인 것도, 패배자의 자포자기적인 배타주의도 아니다. 한국의 지성들은 사회 윤리를 서양 사람들과는 전혀 다른 방향에서 합리화하고 체계화하였다. 서양의 지식인층이 형식 합리성의 방향에서 앞서 말한 '공공 윤리'를 발전시켰다고 한다면, 동양 특히 한국의 지식인들은 내용 합리성의 방향에서 '사적 윤리'로 규정될 수 있는 사회 윤리를 발전시켰다. 조선 시대의 이 윤리는 중요한 점에서 오늘날까지 의식적 또는 무의식적 전통으로 되어 사람들의 행위를 지배하고 있다. 우리 전통의 윤리와 서구의 공공 윤리 모두는 지극히 합리적인 성격을 가지고 있는 것이다.

이제 우리는 현재 우리 속에서 작용하고 있는 전통 윤리의 성격을 보다 분명히 인식할 필요가 있다. 이를 위해서 조선 사회 유교 윤리의 몇몇 특성을 이념형적으로 재구성할 필요가 있다. 조선의 신유교적 지식인층이 사회의 윤리를 내용적 합리성의 방향에서 발전시켰고 대인간적 지배 복종의 관계가 중심 내용이 되었다는 사실을 이해하기 위해서는 조선의 관료층과 신유교의 관계를 이해하는 것이 필수적이다. 왜냐하면 막스 베버가 지적하고 있는 바와 같이 합리적 관료제는 특이한 이해 관계를 견지하고 있기 때문이다:

> 내용적으로 볼 때 합리적인 관료제의 독주가 가능했던 곳 도처에서, 법 규범의 형식적 및 법률학적 완결성의 추구보다는, 확실히 관료제의 내재적인 에토스에 유독히 상응할 수 있었던 법 규범의 내용적인 '정의' 실현에 관심을 두었다. 경제적으로 강력한 자본주의적 이해 관계 또는 사회적으로 보다 유력한 법조인 신분이 관료제를 견제하지 않았던 경우에, 관료제는 법률을 내용적으로 합리화하고 체계화했다. 그렇지만 '정의'의 내용과 별로 관계가 없는 형식적이며 법률학적인 기술은 파기시켰다.[12]

---

12) "Konfuzianismus und Taoismus," *GARS* I, p. 438; 막스 베버, 『유교와 도교』(이상률 옮김)(서울, 1990), p. 222 참조(번역은 필자).

조선 사회에서 신유교가 불교를 대신해서 지배적 종교의 자리로 올라갈 수 있었던 결정적인 사회적 요인은 정부 관료층 내부의 구조적 변동 때문이었다. 고려 왕조 후기에 지배층 내부에 신진 사대부로 불리는 신유교에 지향된 지식인 관료층이 형성되었다. 바로 이들 지식인층과 신흥 무사 집단이 제휴하여 조선이라 불리는 새로운 왕조를 개창하게 되었다는 사실은 잘 알려져 있다. 이들 새로운 왕조의 지배층은 자신들의 혁명을 정당화하고, 자신들의 지배 체계를 항구적으로 만들고자 하는 절대적인 욕구를 가지고 있었다. 이들 관료층의 이와 같은 이데올로기 및 종교적 욕구 충족의 수단으로 신유교가 채택되었다는 역사적 사실은 우리의 논의에서 중요한 의미를 지닌다. 이러한 연유로 신유교는 독자적인 사제 집단을 갖지 않은 고등 종교로 발전될 수밖에 없었다. 일반적으로 사제 집단은 해당 종교 및 종교적 윤리를 합리화하고, 체계화하여 발전시키는 핵심적인 모체의 역할을 한다. 그런데 조선 왕조에서 신유교 사제 집단의 기능은 독자적인 종교의 지식인 집단이 아닌 관료층 및 관료 예비군들에 의해서 수행되었다. 바로 사제 집단의 이러한 계층적 성격이 신유교를 다른 여타의 고등 종교와 구별하게 하는, 특히 독자적인 종교 윤리가 아닌 세속 윤리의 성격을 강하게 갖는 방향으로 발전시킨 사회적 요인이었다.[13] 그러나 사적 윤리 체계로의 발전은 주체적인 신유교적 지식인들의 활동의 결과로서 역사적으로 결정된 것이지 숙명적인 것은 아니었다.

조선 사회에서 신유교에 지향된 관료층은 어떤 이렇다 할 만한 대립 집단 없이 독주할 수 있었다. 이들 관료 계층은 가부장적 사회 구조에 대한 이해 관계에 봉사하는 유교적 조직 원리 곧 대인간적 지배 복종의 원리와 상반되는 어떤 독자적인 종교적 및 사회적 집단이 사회 속에 성장하는 것을 효과적으로 막아왔다. 또한 유교적 세계상에 따라서 농업을 중시하고, 상업 및 공업을 천시했고, 이들 시민 계층의 자유로운 발전을 조선 후기까지 정치사회적 방법을

---

13) 차성환, 「고려말 조선초 가치 체계의 변동과 사회 계층」, 『사회학 연구』 1(1984), pp. 114~37; Seong Hwan Cha, 윗글, pp. 82~134 참조.

동원하여 줄기차게 의도적으로 저지하였다. 때문에 상업과 공업에 종사하는 이들이 성장하여 관료층과 대등적인 지위로 나아갈 수 없었다.[14] 물론 법조인 신분이 독자적인 사회 세력이 된 적도 없다. 따라서 조선의 학자 관료층은 사회의 가부장적 체계를 유지 강화시키려는 강력한 이해 관계와 관련된 '민본주의'라는 복지적 관점에서 유교 윤리를 형식적인 차원은 도외시하면서 내용적으로 부단히 체계화하고 합리화하는 방향으로 발전시킬 것을 모색하였고, 또 이에 성공할 수 있었다. 이들은 이를 세계관으로 확장하였고, 그것이 인민 대중에 의해서 수용되어 당연시되기에 이르렀다는 말이다. 형식적인 차원이 아니라 내용적인 방향에서 합리화시켰다는 사실이 분명히 인식될 필요가 있다.

이러한 사실은 그 기본적인 내용을 변동시킴 없이 시대에 따라 강조점을 달리하는 운동의 형태로 나타나고 있다. 철학적인 방면에서 인성과 우주에 대한 성리(性理) 및 이기론(理氣論)으로, 종교·정치적인 측면에서 효(孝)와 관련된 조상 제사의 문제로, 서원을 중심한 유교적 공동체 운동으로, 일상의 생활 세계에 예(禮)로 표현되는 의식 실천 운동으로 그 모습과 중심 대상층을 달리하면서 나타나고 있다.[15] 이런 다양한 형태들은 신유교적 지식인들이 한 사회를 총체적으로 지배해가는 데 동원된 구체적인 모습들이다. 여기에서 이들 모두를 상세히 논의할 수는 전혀 없다. 이 글에서 우리는 다만 '대인간적 지배 복종의 관계'가 어떤 이데나 사실에 대한 의무의 관계로 체계화되고 합리화되는 것과는 다른 방향으로 항상 변함없이 강조되고 있다는 점을 지적하는 데 머무를 수밖에 없다.

효로 표현되는 인간에 대한 직접적인 복종과 헌신의 관계는 신유교적 사회 조직 원리를 형성하고 있으며, 가부장적 사회 구조의 기초가 되었다. 조상 제사를 중심으로 해서 가족은 제사 공동체로 발전되었다. 이는 다시 가장의 권위가 결정적으로 중요한 역할을 하는 대가족 체계로 확장되었다. 이로부터 같은 조상을 모신 동족 집

---

14) 손정목, 『조선 시대 도시 사회 연구』(서울, 1982), pp. 112~200 참조.
15) Seong Hwan Cha, 윗글 참조.

단이 가장 중요한 사회 집단으로 등장하게 되었다. 이 동족 집단은 곧 전체 사회를 성격짓게 되었다.[16] 따라서 대중들의 삶의 운용은 조상 숭배에 바탕을 둔 가족 중심적인 사고에 의해서 규정되게 되었다. 유교적 지식인들은 효에 대한 위와 같은 사상에 바탕해서 사람들이 국사를 다루는 영역 곧 가족 밖에 놓여 있는 공적인 영역을 위한 어떤 유를 달리하는 윤리를 전혀 필요로 하지 않는다고 믿는 데로 이어졌다. 그들의 견지에 따르면 가족·집 공동체·동족 집단·사회 그리고 국가 사이에는 어떤 구조적인 차이도 존재하지 않기 때문이다. 그래서 이렇게 다양하게 구분되는 여러 영역에서 인간 행동의 원리는 본질적으로 같다는 것이다. 유교적 지식인들은 이와 관련하여 '군사부일체(君師父一體)'를 늘 강조하였다. 상이한 사회의 주요 영역을 대표하는 이들에게 오직 효에 입각한 행위만이 중요하다는 것이다. 곧 공적 윤리와 사적 윤리 사이에 차이가 있을 수 없다는 것이다. 막스 베버가 중국에서 관찰한 바[17]와 같이 사회 윤리 모두는 효로 표현되는 신실한 대인간적 지배 복종 관계를 가족 밖의 사회적 영역에 유기적으로 적용한 것에 지나지 않는 것이었다.

그러나 이렇게 말하는 것이 우리의 신유교 지식인들이 공사 영역의 분리를 전혀 시도하지 않았다거나, 공적인 영역을 위한 어떤 특별한 행위를 규정하고 그것을 사람들에게 요구하지 않았다는 것을 의미하지 않는다. 이들은 서구인들과는 달리 그 분리 및 그에 적합한 행위를 질적 및 내용 합리성의 방향에서 모색하여 합리화하였다는 점을 이 글에서 강조하고자 하였다. 이들 내용 합리성의 전통이 얼마나 강하게 우리를 지배하고 있는가는, 산업 사회를 살고 있는 우리에게 다음과 같은 현대 학자들의 논의가 오늘날 현실에 적합성이 없는 이질적인 것으로 여겨지지 않는다는 사실에서 자연스럽게 입증될 것이다. 윤사순은 '사림파의 선비 정신'을 논하는 데서 유교

---

16) Seong-hi Yim, *Die Grundlage und die Entwicklung der Familie in Korea* (Köln 대학교[박사 논문], 1961), pp. 13~65 참조.
17) "Konfuzianismus und Taoismus," *GARS* I, p. 494.

의 공사 영역 분리와 그에 적합한 행동 원리를 제시하고 있다:

한마디로 해서 利보다 義를 생각(見利思義)하게 되고, 나아가 자신마저 희생(殺身成仁)하기를 주저치 않는다. 여기서 '奉公의 정신'이 곧 선비의 정신이다.[18]

그런 까닭에 조광조는 올바른 정치를 행하기 위해서는 군왕은 항상 義와 利, 公과 私를 분명히 구별할 줄 알아야 한다고 강조하였다. 이를 테면, 私와 利에서 벗어나 義와 公을 위하려는 태도, 또 의와 공의 입장에 서려는 것이 정치에 있어서의 기본적 태도라는 것이 그의 견해이다. 군왕이 취하는 공과 의의 입장은 구체적으로 위민(爲民·愛民·利民)임을 그는 지적한다.[19]

또 다른 보기는 공공의 영역에서의 대표적인 윤리적 덕목을 나타내는 忠의 본래적 의미와 그것의 시대적 변형의 논의에서 들 수 있다:

이처럼 忠의 본뜻은 私가 없는 至公한 것으로서 倫理道德의 근본이 되는 것이었다. 한편 忠의 國家的·政治的 意味는 上記한 바와 같이 無私의 倫理道德에 根本하여 파생되는 것이었다. [……] 이러한 정신은 한편 타락된 事君以忠의 관념으로 발전하였다.[20]

V. 공공 윤리 없는 산업화인가?

앞에서 언급하였듯이, 한국 민족은 서구 세력의 위협적인 팽창 앞에서 자신의 생존을 위하여 근대화 및 산업화를 추진하지 않으면 안 되었다. 이와 같은 역사적 사실은 한국의 산업화가 전통적인 성리학적 윤리에 의해서 적극적으로 지원을 받지 못하는 가운데서 이루어지게 되었다는 것을 의미했다. 유교는 이제 종교가 더 이상 공

---

18) 윤사순, 『한국 유학 사상론』(서울, 1989)(3판), p. 49.
19) 윗글, p. 52.
20) 김길환, 『조선조 유학 사상의 연구』(서울, 1980), p. 491.

식적인 국가적 관심사가 아닌 사적인 문제로 취급되는, 이른바 세속화된 세계에서 적응 능력을 상실한 채 다른 많은 종교 가운데 하나로 존재할 수밖에 없게 되었다는 말이다.

한국 카톨릭과 동학은 물론이고, 한국 사회의 서구화 및 산업화에 남다른 역할을 한 기독교 또한 역설적이게도 전통의 유교적 윤리를 대신 또는 발전적으로 계승하면서 우리 산업 사회에 걸맞는 새로운 공공 윤리를 발전시키는 데 기대한 만큼의 역할을 하지 못했다.[21] 지면 관계로 여기서는 개신교에 대한 결과적인 것들을 몇 가지 언급하는 것으로 만족할 수밖에 없다. 역사적으로 볼 때 한국의 개신교에는 시기를 달리하면서 비합리적이고, 신비적이며, 탈속적인 종교성과 이에 상응하는 구원의 길이 자리잡았다. 이 때문에 성리학적 윤리의 본질적인 내용, 특히 대인간적 지배 복종의 관계를 장려하는 사회 윤리를 대신할 수 있는 것을 창조하거나, 그것을 근본적으로 거부할 수 없었다. 종말론적 근본주의, 신비주의, 오순절 성령 체험주의 및 민중 운동 등으로 한국 개신교의 다양한 줄기를 성격화할 수 있는데, 이들에서 추구된 지고의 구원 상태는 대중의 일상 생활에 영향을 주는 데까지는 못 미치거나, 현실적 세계를 초월해 있는 것이었다. 이들의 종교성은 세속에서의 활동을 종교적으로 대단한 의미를 갖는 것으로 보아 적극적으로 수용하고 있지도 않았고, 일상 생활의 합리적인 영위에서 오는 성과를 구원 여부에 결부시키지도 않았다. 전체적으로 보아 한국 개신교는 거룩한 것과 일상 생활 사이에 전통적으로 놓여 있던 모순을 극복하는 데 성공하지 못했다. 주술과 비일상적인 방식에서의 구원 추구는 한국의 개신교 지식인들에 의해서 서구의 금욕적 프로테스탄티즘에서와는 정반대로 계속 새로운 모양으로 강조되고, 신자들에게 요구했다. 이 때문에 산업 사회 전체를 위한 우리다운 공공 윤리의 발전은 그 어

---

21) 차성환, 「새로운 집단 형성 원리의 등장 I——초기 한국 카톨릭 교회 공동체의 사회학적 의의」, 『연세사회학』 10 · 11(1990) 및 12호(1991); 「한국 근대화와 동학 지식인의 사고 구조——동학 공동체의 신개념 변형의 사회학적 의미」, 『신학사상』 76호(1992, 봄); 「한국 초기 개신교 선교사들의 종교성과 근대적 삶의 형성」, 『신학사상』 73호(1991, 여름) 참조.

떤 경우에도 안중에 들 수 없었다.[22]

다음으로 우리는 근대적 학교 교육에서 어느 정도로 유교적 전통의 윤리를 극복하고 근대화되고 산업화된 사회에 적합한 '공공 윤리'의 확립을 위해 배려하고 있는가를 간단히 살펴볼 필요가 있다. 그러나 이것이 부차적이라는 사실을 지적해둘 필요가 있다. 왜냐하면 한 사회의 사회 윤리의 성격은 그 사회의 세계관(주로 지배적 종교에 의해 표현됨)에 의해서 규정되는 것이지, 지극히 좁은 사회 제도의 한 부분인 학교 교육에 의해서 좌우되는 것이 아니기 때문이다. 우리는 근대식 학교 교육에서 오늘날 우리나라의 유수한 지식인들의 윤리 의식을 알아낼 수 있을 뿐이다.

개항 이후로 사회 윤리 확립의 공식적 책임은 학교 교육에 있다고 일반적으로 믿고 있다. 이를 위해서 필자는 여기에서 합방 전, 합방 후 및 그리고 해방 후의 윤리 교과서를 분석하고 있는 최재석의 연구에서 얼마를 소개하고자 한다. "학교 자체는 서구적 제도이지만 거기에서 교육된 가족의 가치 규범은 전혀 전통적인 것이었고 서구의 근대적인 가족 논리는 조금도 찾아볼 수 없었다"[23]라고 결론짓고 있는 데서, 전통의 유교적 사적 윤리가 학교 교육에서 변함없이 강조되고 있음을 알 수 있다.

더 나아가서 그는 국가의 구성 원리까지도 집의 상하 원리에서 유추하여 설명하고 있다는 점을 지적하고 있다. 집의 상하 원리 중에서도 가장 기본이 되는 효는 집의 외부의 모든 사회 생활에까지 연장되어야 하기 때문에 인간의 제행위의 평가 기준을 효에 두는 결과를 가져온다는 것이다.[24] 공사의 영역 구분과 그에 따른 서로 다른 행위 유형의 설정이 불가능했음을 잘 알려주고 있다. 이는 충의 내용을 설명하는 데에서 명확해진다. 곧 "충효는 타방에 재(在)하여서는 기도(其道)가 상이하나 아방(我方)에 재하여서는 일치무이(一致無二)하여 부모에 효함은 곧 군에 충하는 바니라."[25] 아울러 한

22) Seong Hwan Cha, 윗글, pp. 177~235 참조.
23) 최재석, 『개정 한국 가족 연구』(서울, 1983)(2판), p. 228.
24) 윗글, pp. 234~35 참조.
25) 윗글, p. 236.

일 합방 전의 교과서에서 충군과 애국은 일치하였음을 보여준다. "고로 충군과 애국은 기명(其名)은 상이하나 기실(其實)은 동일한 바니라."[26] 우리가 관심을 두는 바의 문제에 관한 한 일제 시대에도 전혀 변동이 없었다는 것이다.[27] 해방 후 교과서에 민주주의, 남녀 평등, 근대화 등의 용어들이 등장하고 있음에도 불구하고 전통적인 사적 윤리는 변함없이 고수되고, 또 강하게 장려되고 있다는 것을 보여주고 있다. 곧 "집에 있어서의 상하의 종합 원리는 당연히 사회에까지 연장·확대되어야 하는 것으로 알고 있다."[28] 하나의 보기를 들면, "이 순종의 미덕(효도)은 우리 가정을 화목하게 만드는 데 없어서는 아니 될 요소이며 일반 사회에서 공동 생활을 하는 데 있어서도 없어서는 안 될 덕이다."[29] 때문에 가족내에서의 생활과 구분되는 공공 영역에서의 행위 원칙을 따로 규정하고 있지 않다. 보기로 "우리들은 사회 전체의 이익과 목적을 위해서 자기의 사적인 이익과 목적을 양보하는 정신이 있어야만 한다. 그러므로 다 함께 사회내에서 원만한 사회 생활을 하기 위해서는 자기의 이익과 목적을 서로 양보하는 정신이 필요하다."[30] '양보'란 사적 윤리가 지배하는 곳에서 해당 집단이 통합을 달성해야 될 필요성 때문에 빈번히 채용하는 전형적인 말이다.

이러한 일반적인 경향에 있어서 하나의 변동이 1980년대 이후에 중학교『도덕』교과서에 나타나고 있다. 이는 60~70년대에 걸쳐서 일어난 급격한 산업화로 인해 간과할 수 없이 심각해진 전통 윤리와 산업 사회 구조 사이의 모순을 성찰하고자 하는 해당 지식인들의 사고 구조를 드러내는 것으로 해석될 수 있을 것이다.

비교적 설득력 있게 인간 집단을 1차 집단과 2차 집단으로 구분하고, 1차 집단에서의 윤리를 '개인 윤리'로 그리고 2차 집단의 윤

26) 윗글, p. 237.
27) 윗글, pp. 237~46.
28) 윗글, pp. 252~53.
29) 임한영·김준섭·최병칠,『새로운 도의』중 3(1956)(괄호와 표기는 필자); 최재석, 윗글, p. 253에서 재인용.
30) 박일경·권혁소·이종항,『공동 생활』(사회 생활과 중등 공민)(1965), pp. 77~78.

리를 '집단 윤리'로 각각 규정하고 있다. 그리고 이 두 윤리가 갈등 관계에 있게 된다는 것을 보여주면서, 그 둘 사이의 조화가 필요함을 역설하고 있다.[31] 우리가 공공 윤리라고 규정하고 있는 것과 비슷한 2차 집단의 윤리를 규명하는 데는 성공한다. 그러나 당면한 심각한 사회의 위기 극복을 위해서 이를 설득력 있게 제시하고 강조하는 데는 실패하고 있다. 이는 한국교육개발원이 펴낸『중학교 도덕 교사용 지도서 3』에서 "2차적 집단에서도 1차적 집단의 윤리를 조화 있게 지켜나가야 한다. 2차적 집단의 윤리가 지나치게 중시될 때 몰인정하고 기계적이며 비인간적인 관계에 빠질 수 있다" 라고 하는 데서 단적으로 드러난다.[32] 게다가 2차 집단을 자연 발생적인 것으로 전제하여 건실한 사회 집단 형성의 과제를 인식하지 못하였을 뿐만 아니라, 공공 영역에서 곧바로 사적 윤리의 중요성을 강조한다. 그럼으로써 공사 영역의 분리에 기초한 행위 지향을 충분한 정도로 정당화시켜 고양해주지 못할 뿐만 아니라, 이런 행위를 몰인정, 기계적이며 비인간적이라고 규정하여 경계하고 있다. 2차 집단에서 통합의 기초가 1차 집단의 사적 윤리가 아닌, '공공 윤리'라는 사실을 인식하는 데는 완전히 실패하고 있다. 또한 고등학교『국민윤리』에서도 이러한 윤리 사이의 구분과 그 중요성을 충분한 정도로 인식하는 데 실패하고 있을 뿐만 아니라, 전통 윤리 사상이 서구의 개인주의 윤리의 단점을 극복할 수 있는 중요한 자원이라는 점만이 다양한 방식으로 강조되고 있다.[33]

우리는 이로부터 개항 이후에 민족 생존을 의해 근대화 또는 산업화를 추진하기는 했지만 공사의 영역을 형식 합리성에 바탕하여 구분하는 것을 가능하게 하는 새로운 윤리의 모색, 산업 사회에 필요한 최소한의 통합을 가능하게 하는 우리다운 공공 윤리를 발전시

---

31) 한국교육개발원, 중학교『도덕』3(1989)(1982 초판, 1987 수정), pp. 132~48; 한국교육개발원, 중학교『도덕』1(1991)(1989 초판), pp. 93~96.

32) 한국교육개발원, 중학교『도덕』3(중학교 도덕 교사용 지도서)(1988), p. 107.

33) 문교부,『고등학교 국민윤리』(1990년판) 참조. 1990년 이전의 교과서에서보다는 공공 윤리의 필요성을 강조하려는 의지를 엿볼 수는 있다. 윗글, pp. 117~26 참조.

켜야 한다는 필요성조차도 충분하게 인식하고 있지 않다는 결론을 내릴 수 있다. 이 때문에 관료 및 시민 또는 일반인들의 행위에서 위에서 말한 바의 공공 윤리적 지향을 기대할 수 없는 것은 너무나 당연한 사실이 된다.

마지막으로 공공 윤리의 부재 상태에서 유교의 사적 윤리가 한국의 기업 및 정부의 활동에 어떤 양상으로 침투되어 나타나고 있는가를 살펴볼 필요가 있다. 전통 윤리에서 공공 영역에서의 이상적인 행위는 '멸사봉공'의 정신에 충실한 것이다. 해방 이후 국가 관료 및 정부는 민족의 생존과 번영이라는 공적인 목적을 위해서라면 경제와 법, 그리고 사회의 각종 제도 그 어느 것도 거리낌없이 바꾸고, 다시 세우고, 또 폐지하며, 또 이들 영역에 개입하는 것이 윤리적으로 하등 문제시될 이유가 없었다. 가부장적 국가 관료제의 일차적 관심사에 의하면, 원칙적으로 앞서 언급한 것들을 통한 실질적인 정의 및 국민 복지의 실현이 문제이지, 형식적인 법 규범과 원칙 따위는 언제나 부차적인 중요성밖에 지니지 않는다. 한국에서 기업의 성장 및 경제 발전이 대외 원조, 외국 차관, 귀속 재산 불하, 정부 주도의 경제 개발 정책, 저곡가 정책, 저임금 정책, 금융 정책, 세제 혜택, 수출 지원 정책 등등과 '전통 윤리적인 방식'으로 관련되어 있다는 사실을 부인할 사람은 거의 없을 것이다.[34] 그러나 공공 윤리가 지배하는 서구 시민 사회의 의미에서 이것들은 다수 국민들의 정치적 및 경제적 영역에서의 자유와 권리가 '능률과 실질'을 숭상한다는 이름 아래에서 심각히 제한되고 침해받는 결과를 수반하는 것을 의미한다.

국가 관료층의 이와 같은 실질 및 내용 합리성에 따른 경제 정책에 기업 및 시민들이 효과적으로 그리고 성공적으로 저항할 수 없었던 원인을 몇 가지로 생각해볼 수 있다. 첫째로 우리의 역사적인 조건에서 볼 때 국가 관료층에 대항할 만한 시민층이 성숙할 수 없

---

34) 대한상공회의소, 『한국 기업의 성장 전략과 경영 구조』(서울, 1989)(3판), pp. 36~75; 한희영, 『한국 기업 경영의 실태』(하재기 옮김)(서울, 1989), pp. 11~24 참조.

었다는 점을 들 수 있다. 우리나라 산업화는 역사적으로 볼 때 상대적으로 자율적인 상인과 수공업자 중심의 시민 계급을 바탕으로 해서 이룩된 것이 아니었다. 조선 후기에 발전하기 시작한 시민 계급은 한국 근대 산업의 기층으로 자신을 발전시킬 수 없었다. 일본에 의한 식민 지배 및 그 뒤에 잇달은 한국 전쟁은 이른바 시민층의 건전한 발전을 결정적으로 막아버렸기 때문이다. 둘째로 역설적이게도 개항 이후로 서구에서 도입해온 형식 합리성의 바탕에서 체계적이고도 합리적으로 발전된 서구적 법 체계와 제도들을 국가 기구 및 정부가 장악하고 있다는 사실이다. 많은 경우에 자의적이고 강권적인 정부의 정책은 일부 기업들에게 특혜를 부여하는 형식을 갖게 되었고, 이러한 관계가 한국에서 이들 기업이 재벌 기업으로 발전하는 데 결정적인 요인 중의 하나였음을 부인할 수 없다.[35] 공적인 영역에서 사적인 거래 관계가 비공식적으로 형성되어 결정적인 역할을 한다는 말이다. 그러나 이러한 정부의 정책은 이들을 포함한 많은 여타의 기업에 자유 경쟁적 기업 활동과 합리적 경영 및 기술 개발에 명백히 제약을 가하는 성격을 갖고 있었다. 그러나 이러한 제약에 기업들이 저항할 경우, 정부는 이들의 이윤 추구 활동을 합법적으로 서구적 법체계와 제도들을 통해서 효과적으로 규제할 수 있는 위치에 있었기 때문이다. 여기에서 서구의 법 및 제도들이 기업을 강제할 수 있는 좋은 무기로 작용할 수 있는 보기가 발견된다.

이와 같은 정부와 기업 사이의 관계는 제도로서의 국가 관료 기구의 운영에 형식적이며 비인격적인 법 규범보다는 구체적인 인간의 개인적인 '영도력'을 중시하지 않을 수 없게 만들었다. 기업주 및 최고 경영진의 대인 관계는 기업의 성패에 결정적일 수밖에 없었다. 서구적인 의미의 해당 부문의 전문가가 지닌 지식의 문제가 아니라, 폭넓은 인간 관계를 형성하고 있는 구체적인 인간의 포괄적 활동을 기업 경영이라고 일반적으로 이해하는 이유가 여기에 있다. 기업 또한 합리적인 경영과 기술 개발보다도 여하히 정부 및 국가

35) 대한상공회의소, 윗글, pp. 68~75 참조.

관료층과 인간적으로 친밀한 관계를 형성하는가를 더욱더 중요한 것으로 여기게 되었다. 한국 기업의 일반적인 특징으로 널리 알려진 소유와 경영의 미분리 현상, 이는 공적인 영역과 사적인 영역이 미분리된 보다 일반적인 사회적 기반에 바탕을 두고 있는 것이다. 대인간적인 관계가 중요하다고 느끼고 있고, 또 그것에 커다란 신뢰를 보내고 있는 사람들은 비인격적인 법인체를 신뢰할 수 없기 때문이다. 주식회사라는 근대적인 면모를 갖추고 있는 기업들조차도 비인격적인 법인체에 전적인 신뢰를 보이지 않고 있다. 이들은 법인체의 외형을 넘어서 작용하는 믿을 만한 인간들에게 자신들의 안전을 맡기고 싶어한다.[36)]

이는 또한 산업 사회의 주역이라고 볼 수 있는 기업들에게서도 마찬가지였다. 선진국의 대열에 속한다고 하지만, 전통적인 성리학의 윤리에 지배되고 있음을 역력하게 보이는 일군의 징후들이 그들의 경영 조직에서 보인다. 곧 오늘날까지도 거의 모든 기업은 자신의 중요한 경영 이념의 하나로 인화 단결을 들고 있다. 공공 윤리에 의한 산업 사회에 필요한 통합에 대한 가능성을 이해하지 못하기 때문이기도 하지만, 실제로는 공공 윤리에 지향된 행위를 몰인정하고, 기계적인 것으로 규정하여 용인하지 못하는 것에서 보여지는 바와 같은 사적인 윤리에 의해 규정되는 가치에 일반적으로 지향되어 있기 때문이다.[37)]

기업들이 공채에 의해 자신의 성원들을 충원하는 경향이 점차로 확대되고 있다는 사실을 들어서 우리나라 산업이 근대적인 것으로 착실하게 접근하고 있다고 주장할 수도 또한 없다. 공채 형식이 점차로 큰 비중을 차지해가고 있는 것은 사실이다. 그러나 여기에서 우리는 과거 조선 시대에 일종의 공개 채용 시험인 과거제를 통해서 관료층의 많은 수가 충원되었음에도 불구하고 대인간적인 주종 관계가 중심을 이루는 가부장적 관료제를 발전시켰던 사실을 기억

---

36) 대한상공회의소, 윗글, pp. 147~69; 森谷正規, 『일본·중공·한국 산업 기술 비교』(김상영 옮김)(서울, 1980), pp. 31~33 참조.
37) 한희영, 윗글, pp. 40~84; 이학종, 「한국 기업의 문화적 특성」, 이학종 외, 『한국 기업의 구조와 전략』(서울, 1989), pp. 37~72 참조.

할 필요가 있다. 앞에서 언급한 바와 같이 국가 기구든 사기업이든 인간 관계가 결정적인 의미를 갖게 되었다. 때문에 공채라는 형식적 절차 자체가 제 기능을 발휘할 수는 없다. 결과적으로 대인 관계에 의미있는 요인이 되고 있다고 일반적으로 믿고 있는 혈연·지연·학연 등등은 공식적 기준을 넘어서 작용하고 있다.[38] 이 때문에 우리는 어렵지 않게 정당·정부 및 국가 관료, 기업의 경영진, 대학의 교수진 등등에서 중요한 인맥 관계를 구별해낼 수 있다. 많은 경우 우리는 이러한 인맥의 구분을 앞으로의 사태 예측에 있어서 중요한 것으로 고려하게 된다. 이처럼 한국 기업과 국가의 지배 구조는 전통적인 가부장적 구조로 굳어져버리고 말았다. 따라서 현금에 이르는 한국의 경제 발전의 성공이 자유 시장 경제 체제를 바탕으로 한 기업들 자체의 합리적인 노동 조직과 경영에 있었다고 말할 수는 없다.

VI. 맺는 말

지금까지 논의해온 바와 같이 현대 우리 사회에는 근대적 제도와 반성 및 합리화의 주체를 잃어버린 신유교로부터 유래한 강력한 사적 윤리 전통이 나란히 자리잡고 있다. 이 때문에 산업 사회의 제도에 절대적으로 필요했던 우리다운 공공 윤리를 발전시킬 수 없었다. 결과적으로 우리의 행위 지향과 사회 제도는 갈등 관계에 있게 되었다. 바로 이것이 총체적 난국으로 불리는 우리 사회 문제의 심층적 원인이라고 볼 수 있다.

그러나 이 글에서 우리 사회에 꼭 맞는 어떤 새로운 공공 윤리를 만들어 제창할 수는 절대로 없다. 다만 우리는 그 어떤 공공 윤리가 절실히 요청되고 있다는 사실을 널리 인식하도록 도와서, 새로운 믿을 만한 공공 윤리를 확립하기 위해 집합적인 노력을 기울일 수 있는 계기를 제공하는 데 기여하기를 희망할 뿐이다. 필자는 우리의 전통 윤리를 '사적 윤리'라고 규정하였다. 이를 통해서 사적 윤리는 사적 영역에서만 통용되게 해야 하지 않겠느냐는 것을 암시하

---

38) 한희영, 윗글 참조.

고자 했다. 물론 공적인 영역에서는 사적 윤리 아닌, 공공 윤리만이
지배권을 누리게 해야 할 것이다. 공적 영역과 사적 영역이 구체적
인 행위의 상황에서 언제나 공간적으로 확연히 구분되는 것이 아니
라는 사실 때문에, 공적 영역에서 두 윤리의 혼합을 정당화시켜서
는 안 될 것이다. 공적 영역에서의 엄격한 공공 윤리의 고집이 몰
인정하고, 비인간적인 관계를 가져오게 될 것이라는 꽤 일반화된
견해는 사적 윤리에 집착하고 있는 이들의 속단에 지나지 않는다고
여겨진다.

참 고 문 헌

森谷正規(1980), 『일본·중공·한국 산업 기술 비교』(김상영 옮김), 서울.

김길환(1980), 『조선조 유학 사상의 연구』, 서울.

김한초(1985. 5), 「일제하 한국 지식인의 문화 수용과 그 인식」, 『한국 사
   회와 문화』, 성남.

대한상공회의소(1989), 『한국 기업의 성장 전략과 경영 구조』, 서울(3판).

문교부(1990), 『고등학교 국민윤리』(1990년 초판), 서울.

박일경 외(1965), 『공동 생활』(사회 생활과 중등 공민), 서울.

베버, 막스(1990), 『유교와 도교』(이상률 옮김), 서울.

손정목(1982), 『조선 시대 도시 사회 연구』, 서울.

송병기(1980), 「19세기말 근대 의식의 성장」, 『한국사학』 1.

신용하(1986), 「구한말 지식인의 수구 의식과 개화 의식」, 『한국사학』 1.

윤사순(1989), 『한국 유학 사상론』(3판), 서울.

이학종(1989), 「한국 기업의 문화적 특성」, 이학종 외, 『한국 기업의 구조
   와 전략』, 서울.

임한영 외(1956), 『새로운 도의』 중 3, 서울.

정재식(1982), 『종교와 사회 변동』, 서울.

차성환(1984), 「고려말 조선초 가치 체계의 변동과 사회 계층」, 『사회학
   연구』 1.

_____(1989),「새로운 집단 형성 원리의 등장 I——초기 한국 카톨릭 교회 공동체의 사회학적 의의」,『연세사회학』 10・11합본.

_____(1991, 여름),「한국 초기 개신교 선교사들의 종교성과 근대적 삶의 형성——종교사회학의 고전적 테제 재해석」,『신학사상』 73호.

최재석(1983),『개정 한국 가족 연구』(2판), 서울.

한국교육개발원(1988), 중학교『도덕』 3(중학교 도덕 교사용 지도서), 서울.

_____(1989), 중학교『도덕』 3(1982 초판, 1987 수정), 서울.

_____(1991), 중학교『도덕』 1(1989 초판), 서울.

한희영(1989),『한국 기업 경영의 실태』(하재기 옮김), 서울.

홍순창(1982),『한말의 민족 사상』, 서울.

Cha Seong Hwan(1989), *Demokratie ohne öffentliche Ethik? Zur Soziologie der religiösen Denkstruktur der Intellektuellen in Korea*, Tübingen 대학교(박사 논문).

Tenbruck, Friedrich H.(1989), *Die kulturellen Grundlagen der Gesellschaft*, Opladen.

Weber, Max(1978), "Einleitung der Wirtschaftsethik der Weltreligionen," *Gesammelte Aufsätze zur Religionssoziologie* I, Tübingen(7판)(*GARS*로 줄여 씀).

Weber, Max(1978), "Die protestantische Ethik und der Geist des Kapitalismus," *GARS* I.

_____(1978), "Konfuzianismus und Taoismus," *GARS* I.

_____(1978), "Zwischenbetrachtung," *GARS* I.

_____(1980), *Wirtschaft und Gesellschaft*, Tübingen(5판).

Yim Seong-hi(1961), *Die Grundlage und die Entwicklung der Familie in Korea*, Köln 대학교(박사 논문).

제 7 장
베버의 개신교 윤리와 한국 자본주의의 신유교적 가치
── 현대 산업 사회에서 한국 신유교 전통의 사회학적 의의

1. 머 리 말

현재 아시아의 여러 나라들은 서구적 사회 발전 모형에 따라 산
업화를 모색하고 있다. 특히 일본·한국·대만 등의 나라들은 '자본
주의화'에 일단은 성공을 거둔 것으로 평가받고 있다. 이러한 발전
에 자극받은 일군의 학자들은 종래의 많은 사람들이 서구 사회의
발전 경험을 모델로 삼고 거기에 동양 사회를 비교하면서, 이들 나
라들이 서구 사회에 비해 상대적으로 발전이 뒤쳐진 '정체된 사회'
로 규정하였던 일련의 경향에 반기를 들기 시작했다. 지금까지 동·
서양을 비교하는 연구의 대부분은 이 분야에 선구적인 업적을 남긴
막스 베버의 연구에 직접 간접으로 기대고 있다는 특징이 있다. 또
한 이러한 논의들이 얼마나 막스 베버 저작의 의도를 충실히 따르
고 있는가를 규명하려는 시도를 하고 있는 글들이 수없이 많이 있
는 것도 사실이다. 그뿐만 아니라 이에 관련된 거의 모든 논문들은
대부분 막스 베버의 텍스트에 기대어 논의를 전개하고 있다. 그럼
에도 불구하고 이들 논의는 막스 베버의 동양 사회론에 대해 긍정
적으로 또는 부정적으로 각기 상반된 평가를 내리고 있다.[1] 그러나

---

1) 한 보기로 Peter Hamilton(엮음), *Max Weber(1): Critical Assessments*
(London, 1991)의 제 2 권과 3 권에 수집된 논문들과 유석춘(엮음), 『막스 베
버와 동양 사회』(서울, 1992)에 실려 있는 글들을 참고할 수 있을 것이다.

이런 수많은 논란에도 불구하고 베버의 동양 사회론에 대한 통일성 있고 설득력 있는 결론이 도출될 기미가 보이질 않는다. 어떤 한 논문의 결론도 다른 논문들에서 제시하고 있는 베버 텍스트의 내용을 통일성 있게 포섭하고 있지 못하기 때문이다. 그렇지만 필자는 이 글에서 이러한 서로 모순된 주장을 펴고 있는 글들을 비판하여 한쪽을 두둔하거나 비난하는 일에 관여하려 하지 않겠다. 그보다는 오히려 이들이 추구해왔던 것과는 완전히 다른 길을 가려고 한다.

지금까지의 베버에 대한 거의 모든 연구들은 막스 베버가 일생 동안 보통 실증주의라 불리는 '법칙 추구 과학자'로 한결같이 머물러 있었다고 전제해버린다는 공통되는 특징을 지니고 있다.[2] 그러나 베버의 학문적 업적을 면밀히 검토해보면 이것이 잘못된 것임을 알 수 있다. 다시 말해 베버는 1904년과 1905년을 기점으로 하여 '법칙 추구 과학자'로 분류될 수 있는 국민경제학의 역사학자로부터 '현실 탐구 과학자'로 불리는 사회학자로 고뇌에 찬 변신을 한다.[3] 이는 막스 베버의 두 유명한 글 「객관성 논문」[4]과 「프로테스탄트 윤리와 자본주의 정신」[5]을 통해서 알 수 있다. 이것은 베버에

---

2) 이러한 경향의 글들은 무수히 많다. 베버에 대한 천박한 오류를 비판하고 독일의 인간주의적 전통과 관련되어 있는 베버의 문제 의식을 밝혀내는 데 큰 기여를 했음에도 불구하고 이런 입장을 견지하고 있는 글은 Wilhelm Hennis, *Max Webers Fragestellung*(Tübingen, 1987) 참조. 한국에서 최근에 막스 베버 연구사를 개관하고 있는 전성우의 「막스 베버의 근대 사회론」 또한 위와 같은 전제하에서 논의를 전개하고 있다. 유석춘(엮음), 『막스 베버와 동양 사회』(서울, 1992), pp. 17~70.

3) 프리드리히 텐부룩, 『막스 베버의 사회과학 방법론』(차성환 옮기고 엮음)(서울, 1990), pp. 137~45 참조. 텐부룩은 베버 저작을 중심으로 해서 막스 베버의 사상을 세 시기로 나눈다. 제1기는 국민경제학의 역사 학파에 지향되어 있다. 1889~1891 후반의 저작과 질병에 걸려 대학을 떠나게 되는 기간이 여기에 속한다. 제2기는 건강 회복 후에 로셔 논문(1903)과 객관성 논문(1904) 등에 의해서 규정된다. 제3기는 객관성 논문 직후에 발표한 프로테스탄트 윤리와 자본주의 정신(1904/05) 논문에 의해서 정해진다. 윗글, pp. 21~39 참조.

4) Max Weber, "Die 'Objektivität' sozialwissenschaftlicher und sozialpolitischer Erkenntnis," *Gesammelte Aufsätze zur Wissenschaftslehre*(Tübingen, 1982)(5번째 판), pp. 146~214(*WL*로 줄여 씀). 이 논문은 1904년 *Archiv für Sozialwissenschaft und Sozialpolitik*에 발표되었다.

5) Max Weber, "Die protestantische Ethik und der Geist des Kapital-

게 있어서 깊은 의미를 지니고 있을 뿐만 아니라, 이제까지의 일류급 베버 연구가들이 베버를 오해할 수밖에 없었던 이유를 알 수 있게 해주는 결정적인 사실인 것이다. 지금까지 베버 연구가들은 실증주의에 속하는 사회학과는 완전히 다른 막스 베버의 현실 탐구 과학적 연구를 실증주의적 관점에서 검토하면서, 그를 비판하거나 찬성하는 논의를 전개해왔다. 이것이 사실이라면 사회학자들 사이에 상존하고 있는 막스 베버의 동양 사회론에 대한 혼선은 당연한 귀결이라고 결론지을 수 있을 것이다.

베버 자신이 기존의 실증주의적 사회학에 대한 대안 과학으로 제시하고, 자신이 그것을 "현실 탐구 과학 *Wirklichkeitswissenschaft*" 이라고 명명했던 문화과학은 후에 사회학계에서 "이해 사회학"이라 불리게 되었다.[6] 이러한 변신은 과학 개념 자체에 있어서 변동 곧 이론 및 방법론적 측면에서 일대 변혁을 의미하고 있다. 이러한 사실은 베버의 『과학론 *Wissenschaftslehre*』[7)]에 대한 사려 깊은 연구를 통해서 알려지게 되었다.[8] 그뿐만 아니라 베버는 새로운 과학

---

ismus," *Gesammelte Aufsätze zur Religionssoziologie* I(Tübingen, 1978), pp. 17~206(*GARS* I으로 줄여 씀). 이 논문은 2회에 걸쳐서 학술 잡지인 *Archiv für Sozialwissenschaft und Sozialpolitik*, 제20권(1904), 21권(1905)에 발표되었다. 그러나 현재 우리가 가지고 있는 텍스트와 당시 잡지에 발표된 것이 완전히 일치하는 것은 아니다.

6) 그러나 이해 사회학을 일반 사회과학과 마찬가지로 현실로부터 법칙을 찾는 것을 목적으로 하고 있다고 생각한다면 커다란 오류를 범하는 것이다. 과학의 목적이 법칙의 수립이 아닌 문제의 현실이 가지고 있는 문화적 의미의 해명에 있기 때문이다. 그것은 객관적 사실 사이의 인과 관계를 규명하여 법칙을 정립하는 과정을 지칭하는 '설명'에 대비되는 말로서 문제적 현실의 가치적 차원을 이성을 통해서 납득할 수 있는 것으로 만들어 이해하는 것을 목표로 하는 과학임을 뜻한다.

7) 이 글에서 사용된 『과학론』의 원제목은 Max Weber, *Gesammelte Aufsätze zur Wissenschaftslehre*(Tübingen, 1922 초판, 1982 5번째 판)으로 막스 베버 사후에 방법론에 관련된 일련을 논문들을 Johannes Winckelmann이 편집하고 제목을 과학론이라 붙여 펴낸 것이다.

8) 이 방면에서 가장 뛰어난 공적은 텐부룩에게 돌릴 수 있을 것이다. 이와 관련된 그의 대표적인 논문은 F. H. Tenbruck, "Georg Simmel(1858~1918)," *KZSS*, 10. Jg.(1958), pp. 587~614; "Die Genesis der Methodologie Max Webers," *KZSS*, 11. Jg.(1959), pp. 573~630; 「막스 베버 방법론의 기원」, 『막스 베버의 사회과학 방법론』(차성환 옮기고 엮음), pp. 11~116; "Das

개념을 경험적 사회 현실에 몸소 적용하여, 그 진가를 시험하는 연구를 시도했다. 자기가 속한 유럽 사회에서 거대하게 부상하고 있는 문제의 서구 근대 산업 문명이 인간의 삶과 미래에 대해서 지니는 '문화적 의미'를 해명하는 것을 목표[9]로 하는 현실 탐구 과학적 연구에 착수했다. 그 연구는 산업화 또는 근대화를 낙관적으로 보고 그것을 촉진하거나 그것의 발전을 막는 장애물이 무엇인가를 밝히는 것에 중점을 두고 있지 않다. 그 연구의 목표는 근대 서구인들이 현재 어떤 시대적 과제와 처지에 놓여 있는가에 대한 의식을 갖게 하는 데 기여하는 것이었다. 현대 산업 문명을 진화론적 모델 또는 발전론적 시각에서 설명하고 그 방향을 예측하려는 기존 사회학의 목표와는 그 궤를 달리하고 있는 것이다. 이는 우리에게 잘 알려진 「프로테스탄트 윤리와 자본주의 정신」이란 논문을 필두로 해서 「세계 종교의 경제 윤리」[10]라 불리는 일련의 연구들로 이어지게 된다. 그러나 당초에 계획된 기독교에 대한 연구는 베버의 돌연한 사망으로 인해 빛을 보지 못하게 되었다. 이러한 전환에서 모습을 드러내는 베버 특유의 새로운 과학관을 이해하게 되면 지금까지 일류급 베버 연구가들조차도 피하지 못하고 저질렀던 오해를 넘어서, 베버가 의도한 문제 제기의 틀과 그의 사상을 통일성 있게 이해할 수 있다. 그뿐만 아니라 베버의 새로운 과학 개념은 우리가 관심을 두고 있는 "아시아에서 자본주의와 전통적 가치"에 대한

Werk Max Webers," *KZSS*, 27. Jg.(1975), pp. 663~702; "Heinrich Rickert in seiner Zeit: Zur europäischen Diskussion über Wissenschaft und Weltanschauung"(1989); "Max Weber und Eduard Meyer"(1989) 등을 참조.

9) Max Weber, *WL*, p. 214 참조.

10) 세계 종교의 경제 윤리는 Max Weber, *GARS* Ⅰ권(Tübingen, 1920 초판, 1978〔7번째 판〕), Ⅱ권(Tübingen; 1921 초판, 1978〔6번째 판〕), Ⅲ권(Tübingen, 1921 초판, 1983〔7번째 판〕)에 있는 논문 중 제1권에 있는 「프로테스탄트 윤리와 자본주의 정신」 논문과 「프로테스탄트 종파와 자본주의 정신」 논문을 제외한 전체 논문을 총괄하는 제목이라는 것을 밝혀두고자 한다. 우리말 번역에 「세계 종교의 경제 윤리」라는 제목의 글은 단독 논문이 아니라 3권으로 구성되어 있는 전체 논문의 서론이다. 영역판 『중국의 종교』 및 『인도의 종교』 등은 『세계 종교의 경제 윤리』라는 3권으로 된 책의 일부분이다. 결국 단행본으로 된 『중국의 종교』 『인도의 종교』 등은 서론이 없는 책이 되어버린 것이다.

문제를 전혀 새로운 관점에서 바라볼 수 있게 해주고 우리의 시대적 과제가 무엇인가를 이해할 수 있게 한다.

만일 우리들이 막스 베버가 현실 탐구 과학이라고 불렀던 과학 관점에 서게 된다면, 우리는 그의 이해 사회학적 관점에서 서구 문명의 충격과 아울러 가속화된 그 특유의 자본주의가 동아시아 사회에서 발전하는 데에 전통 가치가 어떤 역할을 했는가를 규명할 수 있을 것이다. 곧 특수하게 자본주의화된 동양 사회에서 전통 가치가 지니고 있는 문화적 의미를 이해하고, 새롭게 제기되는 시대적 과제에 대응할 수 있도록 사람들의 판단력을 신장시키는 데 기여할 수 있게 될 것이다. 전통적인 가치에 따라 아시아 여러 국가들에서 자본주의가 어떤 독특성을 가지게 되었으며, 그것이 우리의 삶과 운명에 어떠한 결정적인 문제를 제기하고 있는가를 질문하지 않으면 안 된다. 특히 한국은 세계 자본주의 체계 속에 편입되어 상당한 성공을 거둔 것으로 평가되었던 지금까지의 발전과는 대조적으로, 최근 한국 상품은 세계 시장에서 점점 더 경쟁력을 잃어가고 있다. 첨단 기술 개발이라는 벽에 부딪히고 있는 것이다. 이는 유교적 가치에 의해서 채색된 한국 자본주의에 대한 근본적인 검토를 다시 하지 않을 수 없게 한다. 이와 아울러 사회적인 부조리와 관료들의 부패는 자본주의 사회 구조 자체의 존립을 위협하는 상태로 치닫고 있다. 자본주의의 성장과 함께 각종 사회 집단 및 개인 수준에서의 이해 관계의 대립 양상은 더 복잡해지고 첨예화되고 있다. 그러나 이러한 갈등을 적절히 처리할 수 있는 사회적 메커니즘은 발견되지 못한 상태다. 이 때문에 많은 사람들은 사회의 부와 권력 등이 불공평하게 분배되고 있고, 자신이 부당하게 취급되고 있다고 생각하게 된다. 결국 이들은 심한 박탈감에 시달리지 않을 수 없다. 이러한 문제는 단순히 경제적 차원으로 환원시켜 생산성을 진작시키거나 제도들이 가지고 있는 구조상의 결함을 수정하거나 제도 자체를 개혁하는 것을 통해서 해결될 수 없는 것으로 보인다. 그것은 사람들의 "생활 운용 원리 *Lebensführung*"에 관계된 문화적(종교 및 윤리적) 차원의 문제이기 때문이다. 베버가 근대 서구 문명이 지닌 문제성을 이해하기 위해서 문화 전통의 중추로 작용하고 있던 기독교의 발전을 근대적 사회 제도와 관련지어 검토했다는 것은 우리에게 시사하는 바가 크다.[11] 곧 한국 사회의 자본주의 제도를 떠받들고 있는 주도적 가치, 다시 말해 전통화된 신유교의 가치를 문제의 자본주의 제도와 더불어 고려하지 않을 수 없다는 말이다.

그러나 이러한 문제 제기가 다음과 같은 전제 아래에 있다는 사실을 지적하지 않을 수 없다. 이 글에서 필자는 자본주의화 또는 산업화라 불리는 일련의 사회 변동 자체에 대해서 근본적인 문제를 제기하는 것을 보류하고자 한다. 다시 말해 경제적 영역에서 목적 합리성 및 형식 합리성이 증대되고, 그것이 사회의 지배적 현상으로 등장하게 되며, 이와 동시에 생산성이 높아가는 과정 자체를 근본적으로 문제시하거나 그것을 본질적인 차원에서 거부하는 입장에 서지 않는다는 것이다. 지금까지 아무런 문제성이 없어 보이던 이러한 발전 자체가 현대 문명에 의한 지구 환경 파괴라는 현실에 직면하여 인류는 생존 자체의 위기를 맞게 되었다. 무한정의 생산성 증대가 더 이상 지고의 선한 가치일 수 없다는 명제는 점점 더 설득력이 커지고 있다.[12] 이와 관련해서 자본주의 및 산업 문명의 문화적 의미는 새로운 차원에서 논의될 필요가 있다. 그렇지만 이 글에서는 이러한 차원의 문화적 의미 해명을 과제로 삼고 있는 것은 아니다. 앞서 제기한 우리의 문제를 보다 정확히 규정하기 위해서, 우리는 먼저 막스 베버의 과학관과 그의 연구 주제에 대해 얼마간의 논의를 할 필요가 있다.

2. 서구 문화 전통과 막스 베버의 근대 자본주의 이해

Ⅰ. 법칙 추구 과학의 관점에 선 기존 연구의 한계

막스 베버는 과학의 목표와 방법을 둘러싸고 논쟁을 벌이고 있는

---

11) 유대교와 프로테스탄트에 대한 연구가 이를 알려준다.
12) 지금까지 자본주의 진영과 사회주의 진영 모두가 생산성 증대를 지고의 가치로 신봉해왔다는 사실을 새삼스럽게 논증할 필요는 전혀 없다.

혼탁한 과학 상황[13]을 다음과 같이 이념형적으로 분류·정리함으로써 과학이 현실과 어떤 관계에 있는가를 분명하게 인식할 수 있게 했다. 1903년에 쓴 「로셔와 크니스」라는 논문에서 과학적 인식이 지향하는 목표에 따라서 완전히 서로 다른 두 종류의 과학, 곧 "현실 탐구 과학 *Wirklichkeitswissenschaft*"과 "법칙 추구 과학 *Gesetzeswissenschaft*"으로 구분될 수 있다는 사실을 밝히고 있다.[14] 법칙 추구 과학은 현실의 복잡한 과정을 엄정한 인과 관계의 수학적 등식으로 설명하는 것을 목표로 하고 있다. 때문에 현실의 질적 내용을 가능한 한 양적인 지표로 전환하려는 시도를 하게 된다. 주요 인식 관심이 현실의 합법칙적 측면에 놓이게 된다는 것이다. 이론에 지향된 국민경제학이 이에 대한 보기가 될 것이다. 반면에 현실 탐구 과학은 구체적 현실의 질적 측면을 그 특수성 속에서 남김 없이 파악하려고 한다. 인식 관심은 과학 논리상 법칙 추구 과학의 인식의 망에서 제외될 수밖에 없는 현실의 질적 측면과 특수성에 맞추어진다. 이 과학은 역사 학파의 연구에서 그 전형을 발견할 수 있다. 다양한 현실을 하나의 닫혀진 이론 체계에서 설명할 수 있게 되는 것은 구체적 현상에 대한 모든 연구가 완성된 후에야 비로소 가능하다고 보는 점에서 법칙 추구 과학과 차이를 드러내고 있다. 이 때문에 이 두 과학은 각기 다른 방식으로 연구 목적에 적합한 개념을 구성하고, 그 내용을 서로 다른 것으로 채운다.[15] 이로써 실증주의에 지향된 법칙 추구 과학만이 홀로 과학일 수 있다는 주장이 잘못된 것이라는 사실을 웅변적으로 증명해내었던 것이다. 현실에서 법칙을 추구하는 실증주의적 과학, 곧 법칙 추구 과학은 인간 사회 현실의 전체가 아닌 현실의 지극히 적은 합법칙적 측면에 대한 일면적 인식을 목표로 하고 있는 데 지나지 않는다는 것이다. 때문에 이는 과학적 전능을 주장하는 실증주의에 지향된 모든 과학

---

13) 당시 유럽의 학문적 상황과 방법론 논쟁에 대해서는 차성환, 「19세기 방법론 논쟁과 막스 베버의 현실 탐구 과학론」, 프리드리히 텐부룩, 윗글, pp.163~69 참조.

14) Max Weber, *WL*, p.3.

15) Max Weber, "Roscher und Knies," *WL*, pp.3~6 참조.

적 활동에 대한 심각한 비판을 의미한다. 그러나 여기에서 드러나는 "현실 탐구 과학"이 막스 베버 자신의 과학관과 똑같은 것은 아니다. 이 점에 대한 얼마간의 논의가 필요하다.

Ⅱ. 막스 베버의 현실 탐구 과학

막스 베버는 1904년에 쓴 「객관성」이란 논문에서 자신이 추구하고 있는 과학이 "현실 탐구 과학"에 속한다는 사실을 분명하게 천명하고 있다. "우리가 추구하고자 하는 사회과학은 하나의 현실 탐구 과학이다."[16] 이때의 현실 탐구 과학은 그 기초가 되는 개념을 '실제형 *Real Typus*'이 아닌 현실에 바탕을 두고 있으나 여전히 현실과는 거리가 있는 허구적 성격을 가지는 '이념형 *Ideal Typus*'이라는 사실을 분명히 논증하고 있다. 역사 학파 사람들은 연구 초기에는 개념들이 이념형적 성격을 갖게 되지만, 연구가 진척되어 사실을 확정하게 되면 초기의 이념형적 성격이 개념으로부터 제거되고, 개념은 이념형에서 실제형으로 발전될 수 있다고 보았다. 그러면 현실에 대한 닫힌 이론 체계를 수립할 수 있게 된다고 보고

---

16) Max Weber, "Die 'Objektivität' sozialwisser.schaftlicher und sozial-politischer Erkenntnis," *WL*, p.170. 여기에서 제시되고 있는 "현실 탐구 과학"을 「로셔」 논문에서 이념형적으로 법칙 추구 과학과 대비하여 제시하고 있는 현실 탐구 과학과 동일한 것으로 보아서는 안 된다. 「로셔」 논문에서의 현실 탐구 과학은 여전히 개념과 과학의 목표가 현실에 대한 이론의 수립에 있다. 여기에서 과학적 인식은 두 가지 서로 다른 목표를 지향할 수 있다는 것을 보여줌으로써 기존의 실증주의적 과학이 현실에 대한 일면적 인식에 지나지 않는다는 사실을 논증하는 데 만족하고 있다. 다시 말해 그 자신의 입장은 여기에서 보류되었던 것이다. Max Weber, "Roscher und Knies," 윗글, pp.3~6 참조. 그러나 「객관성」 논문에서는 자신의 입장을 분명하게 내세운다. 이는 우리가 추구하고자 하는 바(wir treiben wollen)라는 문구에서 극명하게 드러난다. 자신의 '현실 탐구 과학'은 「로셔」 논문에서의 분류에 따르면 현실 탐구 과학에 속하지만 내용적으로 똑같은 것은 아니었다. 이때의 현실 탐구 과학은 그 기초가 되는 개념이 '실제형'이 아닌 '이념형'적 성격을 갖고 있음을 분명히 논증하고, 그것을 인식의 도구로 삼고 있는 과학의 목표 또한 구체적 사실들 사이의 인과 관계의 규명과 이를 통한 현실에 대한 닫힌 이론 체계의 수립이 아니라, 문제적 현실의 문화적 의미 해명에 있다는 사실을 전제하고 있다. 그의 현실 탐구 과학은 기존 사회과학에 대한 대안 사회과학이라고 할 수 있다. 차성환, 「19세기 방법론 논쟁과 막스 베버의 현실 탐구 과학론」, 프리드리히 텐부룩, 윗글, pp.169~73, 183~95 참조.

있었다. 그러나 막스 베버는 이러한 관점을 인식론적 이유를 들어서 거부한다. 현실의 질적인 차원을 문제시하는 과학에서 개념은 영원히 이념형적 성격을 띨 수밖에 없다는 것이다. 역사 학파의 과학적 인식 목표는 실제로 실현 불가능하다고 보고 거부한다.[17] 역사 학파의 판단과는 달리 베버는 이념형적 개념이 과학적 인식에서 대단히 중요한 역할을 할 수 있다는 점을 강조한다. 이념형적 개념은 사람들로 하여금 문제가 된 현실의 문화적 의미를 분명하게 의식할 수 있게 하는 도구로서 탁월한 역할을 할 수 있다는 것이다.[18] 이념형적 개념을 인식의 도구로 삼고 있는 막스 베버의 현실 탐구 과학의 목표 또한 구체적 사실들 사이의 인과 관계의 규명과 이를 통한 현실에 대한 닫힌 이론 체계의 수립일 수는 없다. 현실과 거리가 있는 허구적인 사상적 구성물인 이념형으로는 그 개념의 성격상 현실에 대한 닫힌 이론 체계의 수립 자체가 애당초 불가능한 것이다. 그렇기 때문에 막스 베버는 자기의 현실 탐구 과학의 목표가 법칙 추구 과학과는 완전히 다른 문제적 현실의 문화적 의미 해명에 있다고 힘주어 선언한다:

　　다음의 구절보다 더 강조되어 마땅한 것은 아무것도 없다. 곧 〔……〕 개념을 만들고 개념 비판적인 일들을 통해서 구체적인 역사적 관계에 대한 문화적 의미를 인식하는 데 기여하는 것만이(사회과학의) 최후적인 목적이다.[19]

　　베버의 현실 탐구 과학은 기존의 실증주의적 사회과학에 대한 '대안 사회과학'이라고 할 수 있다.[20] 더 나아가서 이런 과학이 대단히 중요한 역할을 할 수 있다는 것을 경험적 연구를 통해서 입증해보이고 싶어했다. 「프로테스탄트 윤리와 자본주의 정신」을 필두

---

17) 차성환, 윗글, pp. 173~77 참조.
18) 막스 베버는 현실 인식에서 개념의 중요성을 이론 국민경제학으로부터 빌려온다. 차성환, 윗글, pp. 178~83 참조.
19) Max Weber, WL, p. 214.
20) 차성환, 윗글, pp. 169~73, 183~95 참조.

로 해서 이룩된 일련의 「세계 종교의 경제 윤리」에 대한 연구는
바로 이러한 목적에서 씌어졌던 것이다.

Ⅲ. 베버 과학에 대한 오해를 넘어서

그러나 베버 연구가들 대부분은 한결같이 이러한 베버 자신의 주
장을 완전히 묵살하고, 베버를 법칙 추구 과학자로 전제해버리는
오랜 전통을 고수하고 있다. 보기로 많은 사람들에게 베버의 저작
과 사상을 알리는 데 큰 기여를 했던 거스와 밀스의 다음과 같은
논의를 들 수 있다:

> 베버는 어떤 경우든 합법칙적인 규칙성에 의해서 지배되는 사회를
> 이해하기 위해서 일반화된 개념들을 사용하는 데 관심을 기울이고 있
> 다. 인과 관계를 규명하기 위해서는 그러한 규칙성이 없어서는 안 되
> 기 때문이다. 규칙적으로 일어나는 사건의 전후 관계를 이해하려면 비
> 교 가능한 조건들을 검토해야만 한다. 그래서 베버는 자신이 수행한 서
> 양 사회에서의 자본주의와 종교 사이의 인과적 분석의 타당성을 확증
> 하기 위한 하나의 시도로 그 밖의 많은 문명들을 검토했던 것이다.[21]

무엇보다도 베버는 사회가 합법칙적인 규칙에 의해서 지배된다고
상정하고 있다. 이에서 한걸음 더 나아가 이러한 사회적 현실로부
터 법칙을 도출해내기 위해서 보편사적인 비교 사회 연구를 수행했
다는 것이다. 이제 우리는 꽤 일반화된 이러한 베버의 해석이 완전
히 잘못된 것이라는 사실을 이해할 수 있게 되었다. 어느 누구도
베버가 「세계 종교의 경제 윤리」라는 논문에서 비교 사회적 방법
을 사용하고 있다는 것을 부정할 수는 없다. 그러나 이 사실을 사
람들이 일반적으로 전제하고 있는 바와 같이 특정의 사회적 관계에
대한 보편적 인과성을 확증하기 위한 것이었다고 해석해서는 안 된
다. 서로 다른 사회의 비교 관찰 및 이론이 과학적 연구에서 전혀

---

21) H. H. Gerth/C. W. Mills, "Introduction: The man and his work," *From
Max Weber: Essays in Sociology*(H. H. Gerth/C. W. Mills 옮기고 엮음)
(New York, 1958), pp. 60∼61.

다른 두 가지 목적에 사용될 수 있다는 사실을 기억할 필요가 있다. 하나는 법칙 추구 과학의 경우에서와 같이 개별적인 특수성을 넘어서 일반적인 법칙을 정립하는 수단으로 이용하는 일이다. 다른 하나는 현실 탐구 과학에서와 같이 구체적이고 역사적인 특수성과 일회성을 강조하는 수단이다. 그럼으로써 해당 현실의 문화적 의미가 이해할 만한 것으로 드러나게 되는 것이다. 이러한 사정은 베버가 자기가 속한 서구 문명의 문화적 의미를 묻기 위해 문제를 제기하는 방식에서도 드러나고 있다:

> 서구의 경제적 및 사회적 특성은 어디에 근거를 두고 있으며, 이러한 특성이 어떻게 해서 발생하였고, 특히 종교 윤리의 발전과는 어떠한 연관을 이루고 있는가.[22]

여기에서 베버가 문제시하는 것은 규칙적 사건의 인과 관계가 아닌 "서구의 경제적 및 사회적 특성"인 것이다. 이러한 특성은 일회적이며 역사적인 성격을 갖는다. 이 때문에 그것은 과학의 논리상 규칙과 반복을 전제로 하는 법칙적 개념(거스와 밀스는 일반화된 개념이라고 말하고 있다)을 통해서는 파악 불가능한 것이다. 여기에서 보여지는 바와 같이 베버는 자신이 속한 사회 현실에 대한 "문화적 의미"의 해명을 위해서 보편사적인 비교 연구에 착수했던 것이다. 따라서 법칙 추구 과학의 관점에 서서 베버의 비교 사회학적 연구를 해석하는 것은 베버 사회학의 근본 전제를 왜곡하는 것이 된다. 이 연구자들은 베버의 연구가 천부적인 통찰을 담고 있음에는 의심의 여지가 없지만 다른 문화권은 물론이고 서구에서 조차도 경험적으로 확고하게 입증되지 않거나 많은 결점을 가지고 있다는 비판을 가하고 있다.[23] 이러한 유에 속하는 대표적 인물로는 파슨스 T.

---

22) Max Weber, "Neuigkeiten(1919)," J. Winckelmann(엮음), *Max Webers hinterlassenes Hauptwerk: Die Wirtschaft und die gesellschaftlichen Ordnungen und Mächte*(Tübingen, 1987), p. 11 ; 박성환, 『막스 베버의 문화 사회학과 인간학』(서울, 1992), p. 20에서 다시 따옴.

23) 서구 사회를 대상으로 검증하고 있는 이러한 유의 연구로는 Gordon Mar-

Parsons,[24] 소로킨 Pitirim Sorokin,[25] 벤딕스 R. Bendix,[26] 알라타스 Syed Hussein Alatas[27] 등등을 거론할 수 있을 것이다. 이것은 베버의 논의를 긍정적으로 평가하고 있는 연구자들의 경우에도 마찬가지이다. 과학의 전제를 베버와는 근본적으로 다르게 해석한 것들을 내용적으로 일일이 검토하는 일은 사실상 무의미한 것이다.

근대 서구 사회, 그것은 서구인들에게 있어 이전의 중세 사회와는 질적으로 전혀 다른 새로운 현실이었다. 새롭게 부상한 현실은 서구인들에게 인간의 삶에 대해 근본적인 문제를 제기하고 있었던 것이다.[28] 막스 베버는 당시의 낙관론자들과는 달리 이러한 새로운 현실이 인류의 미래 운명에 어두운 그림자를 드리우고 있다고 진단했던 것이다. 새롭게 부상한 현실에 직면해서 사람들이 생활의 지향점을 잃어버릴 위기에 처하게 되었다는 말이다. 그러나 이러한 새로운 문명이 지니고 있는 문화적 의미를 사람들에게 설득력 있게 해명하는 데에 있어서 이제까지의 신학은 말할 것도 없고, 철학 또한 무력한 상태에 있었다. 이 과제는 새로이 부상한 사회과학에게 맡겨질 수밖에 없었다. 이 문제에 대해서 서구인들은 자의식을 가지고 책임적이며 창조적으로 결단하지 않으면 안 되었다. 당시에 시대적 과제에 대한 소명 의식을 가지고 있던 사회과학자들은 응당 이러한 인간의 당면 과제에 대답하지 않으면 안 되었다. 이러한 새로운 도전에 직면해서 과학자들은 과학의 본질과 방법에 대한 반성

shall, "The Weber Thesis and the Development of Capitalism in Scotland," Peter Hamilton(엮음), 윗글, 2권, pp.190~222; "The Dark Side of the Weber Thesis: the Case of Scotland," 윗글, 제2권, pp.223~43 을 들 수 있다.

24) Talcott Parsons, *The Structure of Social Action*(Glencoe, Illinois, 1949), p.512 참조.

25) Pitirim Sorokin, *Contemporary Sociological Theory*(New York, 1928), p. 678 참조.

26) R. Bendix, *Max Weber: An Intellectual Portrait*(New York, 1960), p.101 참조.

27) Syed Hussein Alatas, "The Weber Thesis and South East Asia," Peter Hamilton(엮음), 윗글, 제2권, pp.244~58 참조.

28) Friedrich H. Tenbruck, "Max Webers Religionssoziologie——damals und heute"(1991 미출판 논문), p.1 참조; 이 책 pp.206~08 참조.

을 하지 않을 수 없게 되었고, 이러한 움직임은 '방법론 논쟁'이라는 사건으로 세상에 알려지게 되었다. 이러한 과제에 직면해서 막스 베버는 사회과학의 본질과 방법에 대한 성찰을 하지 않을 수 없었던 것이다. 그의 현실 탐구 과학은 이러한 고뇌로부터 출현했던 것이다. 베버는 그 당시의 이러한 시대적 과제를 두고 고민했던 것이다. 그의 학문적 생애는 이를 두고 발전해왔고, 또 변동되어왔던 것이다. 때문에 우리는 그의 다양한 과학적 활동과 업적이 모두 이와 같은 시대적 과제의 해명에 지향되어 있다고 보아도 무방할 것이다.

근대 서구의 산업 문명이 인간의 삶에 대해서 제기하는 의미는 그 성질상 어떤 과학적 법칙에 의해서도 해명될 수 없는 것이었다. 그것은 일회적이며 역사적인 것이었다. 방법론적으로 역사적이며 일회적인 성격을 띠는 사회적 관계의 의미는 보편적 관계를 상정하지 않고서는 해명될 수 없다. 이 때문에 베버는 동양의 사회와 비교 검토하려고 했던 것이다. 여기에 또 하나 염두에 두어야만 하는 중요한 사실이 있다. 막스 베버는 진화론적 사회상 및 기능주의적 사회 개념 등에서 전제로 하고 있는 바와 같이 사회에 대하여 어떠한 고정 개념도 가지고 있지 않다는 것이다. 보통 사회학자들은 사회에 대한 개념으로부터 논의를 시작한다. 이와는 반대로 베버는 자신의 연구 어느 곳에서도 사회에 대한 '개념적 정의'를 하고 있지 않다. 그 대신 그는 다양하게 형성되어 발전하고 소멸되어가는 인간 집단들 *Vergemeinschaftung oder Vergesellschaftung*을 논의하는 데 머무르고 있다.[29] 이것은 베버가 동양 사회를 서구와 비교하고 있지만 서구 사회를 모형으로 놓고 거기에 짜맞추어 발전 또는 저발전, 합리적 또는 비합리적이라고 규정하는 방식을 취한 것이 아님을 알 수 있게 한다. 베버에게는 진화론적인 합리화의 개념도 고정된 역사 발전의 법칙도 없다.

---

29) F. H. Tenbruck, "Gesellschaftsgeschichte oder Weltgeschichte?" *KZSS-Sonderheft*, 30(1989), pp. 417~39 참조; 차성환, 「현대 사회학의 비판적 자기 성찰」, 『사회학 연구』 6(1990), pp. 296~301; 프리드리히 텐부룩, 윗글, pp. 107~08.

이러한 과제가 일체의 가치 관점을 배제하고 인간의 삶의 조건들을 외형적으로 조사 관찰 비교하는 법칙 추구 과학에 의해 달성될 수 없는 것임은 재론의 여지가 없다. 베버가 문제시한 특정 현실의 문화적 의미는 사회적 사실들 사이의 외형적인 인과 관계와는 다르다. 그것은 삶을 외형적으로 조건 짓고 있는 사실들을 단순히 비교·관찰하는 것에 의하여 객관적으로 파악될 수 있는 것이 아니다. 베버는 이를 위해서 무엇보다도 종교적 전통이 수행했던 역할을 고려해야 된다고 생각했던 것이다.[30] 종교와 문화의 세계 그것은 인간 내면의 세계로, 객관적으로 조사·관찰하는 것으로는 완벽하게 설명될 수 없는 주관적 가치의 영역이다. 해당 현실에 대한 의미의 해명은 가치 평가와 관련되어 있기 때문이다. 이러한 발상 자체가 당시의 일반화된 생각들을 뒤집는 혁명적인 의미를 담고 있었다. 당시의 많은 사람들은 과학과 산업 문명을 크게 신뢰하면서, 인간은 더 이상 비합리적인 종교에 의존할 필요가 없다고 믿고 있었기 때문이다. 진보의 보증자인 과학이 승리함으로써 종교는 완전히 사라져버리게 될 것이며, 또 그렇게 되어야 한다고 믿고 있었다.[31] 종교는 이론적이고 실천적 및 지성적이고 합목적적인 근대적 합리성이 사회의 지배적인 현상으로 등장됨과 아울러 비합리적인 것으로 치부되었다.[32] 그러나 막스 베버는 이와 같은 사회의 지배적인 현상 배후에 숨어서 작용하고 있는 문화적 전통, 곧 종교의 역할에 주목하고자 했다.

베버는 이러한 시대적 과제를 담당할 수 있게 사람들을 돕는 길이 해당 현실에 대한 "문화적 의미"를 해명하는 데에 있다고 확신하고 있었다. 문화적 의미는 확고한 가치 관점을 전제로 할 때에만 해명될 수 있다. 그러나 보편적 의미를 보증할 수 있는 객관적 가치 관점은 존재하지 않는다. 그러므로 문화적 의미는 현실에 대한

---

30) 박성환, 윗글, p. 21 참조.
31) 이 책 pp. 208~09; Gottfried Künzlen, *Die Religionssoziologie Max Webers. Eine Darstellung ihrer Entwicklung*(Berlin, 1980), pp. 62~63 참조.
32) Max Weber, "Einleitung der Wirtschaftethik der Weltreligionen," *GARS* I, p. 253 참조("Einleitung"으로 줄여 씀).

법칙적 지식과는 판이하게 다른 것일 수밖에 없다. 그것은 일정한 가치 관점하에서만 그 타당성이 인정되는 '주관적 성격'을 갖는다. 이제 우리는 베버가 서구 사회에서의 자본주의와 종교 사이의 실증주의적 '인과 관계'를 확증하기 위해서 비서구 사회를 비교·검토했다는 꽤 일반화된 주장이 잘못되어 있다는 것을 깨달을 수 있다.

Ⅳ. 프로테스탄트 윤리와 자본주의 정신

'근대 자본주의 정신'과 '프로테스탄트 윤리'라는 두 중추적인 개념은 직접적인 관찰에 의해서 실증적으로 확인될 수 있는 사회적 관계가 아니다. 그것이 다분히 비실재적인 성격을 포함하고 있는 '이념형'이라는 사실을 지적하는 것으로부터 논의를 시작하고자 한다. 많은 사람들은 막스 베버의 이념형 개념을 잘 알고 있음에도 불구하고 '근대 자본주의 정신'을 당시의 역사적 사실들로부터 재구성하려는 쓸데없는 시도를 한다.[33] 그리고 이 이념형의 허구적인 비현실성의 측면을 발견하고는 막스 베버의 명제가 역사적 사실에 의해서 부정되었다고 주장한다. 물론 이념형은 학자들의 머릿속에서 만들어진 단순한 사변적 환상물에 불과한 순수한 개념적 구성물이 아니다. 잘 알려진 바와 같이 구체적인 역사적 현실에 바탕을 두고 있는 논리적인 개념적 구성물이다. 그렇지만 막스 베버에게 있어서 이념형의 진짜 가치는 그것이 역사적 사실에 얼마나 근접하고 있는가에 있기보다는 문화적 의미의 해명, 곧 문제적 현실에 속해 있는 사람들에게 시대적 과제와 자기 위치를 의식시키는 데 얼마만큼 기여할 수 있는가에 달려 있는 것이다.[34]

베버의 논문에서 핵심적인 축을 이루고 있는 '자본주의 정신'은 유럽 문화 전체를 지배하고 있는 특이한 합리성을 이념형적으로 개념화하고 있다. 그에 의하면 근대 서구 자본주의에는 '형식' 및 '목적' 합리성이 주종을 이룬다. 그런데 당시의 일반화된 사상과는 달

---

33) 원칙적인 면에서 볼 때 당시의 역사적 사실들로부터 구성될 수 있는 이념형의 숫자 또한 무한하다.
34) Max Weber, *WL*, pp. 203, 206~09; Wilhelm Hennis, 윗글, pp. 223~30 참조.

리 이러한 근대적 합리성이 다름아닌 비합리적인 것으로 치부되었던 종교, 곧 프로테스탄트 윤리를 바탕으로 삼고 있을 뿐만 아니라, 그 윤리에 의해 정당화되고 있다는 것이다. 곧 서구의 근대적 합리성의 비합리적 차원을 이해할 만한 것으로 드러내려는 시도를 했던 것이다. 물론 막스 베버는 종교의 세계를 비합리적이라고 단순하게 규정하던 당시의 지적 풍토를 무비판적으로 답습하지 않는다.[35] 종교를 자체내의 내적 압력에 의해서 역동적으로 발전해가는 독자적 세력으로 생각했다. 종교의 영역에서는 '가치' 합리성과 '내용' 합리성이 중요하게 여겨지며, 이러한 종류의 합리성을 증대시키려는 노력들이 있다고 보았다. 막스 베버는 이렇게 다양한 합리성을 서열 지을 수 있는 객관적인 척도가 존재한다고 믿지 않았다. 중요한 것은 종교를 비합리적인 영역으로 보아 합리적인 분석을 포기하려 했던 당시의 지적 풍토와는 달리, 이 영역에서 합리성을 존중하는 가운데 과학적 분석을 할 수 있는 길을 열고 있다는 사실이다.

막스 베버는 서구 근대 자본주의를 특징짓고 있는 몇 가지 요소를 묶어서 '자본주의 정신'이란 이름의 이념형을 만들었다. 그 중의 몇몇을 제시하면 다음과 같다. 근대 이전에는 없던 것으로 경제 영역에서 무제한적인 영리 추구 및 이러한 영리 추구 자체를 목적으로 하는 경제 활동이 등장하고 있다는 것이다. 이런 점에서 배금주의와 근대 자본주의 정신은 구분된다. 인간의 행복이란 관점에서 볼 때 이와 같은 경제 행위는 비합리적이라고 판단될 수밖에 없다. 다음으로는 직업적 노동이 의미있는 것이라고 적극적으로 평가될 뿐만 아니라, 영리 추구 활동이 윤리적인 성격을 떠고 있다는 사실이다. 중세 이전까지 노동은 결코 모든 사람이 담당해야 하는 것도 아니었고, 짐스럽고 고통을 주는 것으로 가능하면 피해야 하는 소극적인 성격을 지니고 있었다. 비합리적이거나 비윤리적인 투기나 고리 대금을 통해서 돈을 버는 것이 아니라, 당시 일반인들에 의해서 도덕적으로 승인된 정상적인 방법을 통해서 재산을 축적하는 경

35) Max Weber, "Einleitung," *GARS* I, p. 253 참조.

향이 있었다는 것이다. 기업인들은 합리적인 노동 조직과 경영 합리화를 통해서 영리를 추구하고 계속해서 재투자하여 자본을 축적해나가는 것이다. 근대 자본주의에는 공리주의적인 합리주의로는 이해되지 않는 맹목적이며 숙명적인 추진력의 성격과, 인본주의적인 면에서 볼 때 비합리적이며 인간을 억압하는 금욕적인 면이 혼합되어 있는 특성이 있었다. 결과적으로 근대 자본주의적 문명은 계몽주의적 진보관에 따라서 낙관론적으로 해명될 수 없는 어두운 그림자를 배태하고 있었다는 말이다.[36]

막스 베버는 이러한 근대 자본주의적 특성이 어디에서부터 유래했으며, 한 세대 문명을 총체적으로 규정하는 지배적인 현상으로 부상될 수 있게 되었는가를 해명하고자 했다. 특히 이런 특성의 기원이 어디에 있는지를 이해할 만한 것으로 만들고자 했다. 동시에 그러한 숙명적 힘이 인간의 삶에 대해서 어떤 의미를 가지고 있는지를 사람들에게 알리려 했다. 그는 근대 자본주의에 드리워진 비합리적이며 맹목적인 추진력의 근원을 당시에 이미 사람들에 의해서 비합리적이며 맹목적인 세력으로 치부되고 있던 종교에서 찾았던 것이다.[37]

이것은 결코 우연한 일이 아니다. 그것은 막스 베버의 인간 이해에 관련되어 있는 것이다. 베버에 의하면 인간은 주어진 환경에 성공적으로 적응하는 것만으로는 결코 만족할 수 없는 존재이다. 인간은 여러 가지 이유로 무의미한 세계 가운데 처해 있는 자신을 발견하게 된다는 것이다. 인간은 바로 이러한 '삶의 무의미성'으로부터 구원받기를 열망하고 있는 존재라는 말이다. 종교가 삶의 외적 현실에 관여하기보다는 실존적 삶의 의미에 관련되어 있다는 것이

---

36) 여기에서 제시되고 있는 내용은 막스 베버의 여러 논문에 나와 있는 사실들을 발표된 시간적 순서에 구애받지 않고 내용 이해를 위해 정리한 것임을 밝혀둔다. Max Weber의 *GARS* I, II, III권과 *Wirtschaft und Gesellschaft* (Tübingen, 1980)(*WG*로 줄여 씀)의 종교사회학 부문을 두루 사용하였음.

37) 막스 베버는 근대 자본주의에서뿐만 아니라 근대적 관료제 조직, 근대 과학, 합리성 등등에서 사람들이 당연시하여 전제하고 있을 뿐만 아니라, 이들 근대적 제도들의 바탕으로 작용하고 있는 비합리적 추진력에 주목하고 있다.

다.[38] 인간이 자신의 삶을 어떻게 이끌어가는 종교가 제시하는 세계상 안에서 인간의 삶이 어떤 의미를 가지게 되는가에 달려 있다는 것이다. 물론 사람들이 종교적 세계상을 신뢰하는 경우에 한해서이다. 근대 세계에서 드러나는 "삶의 실질적 내용의 체계적 합리화"는 일반적으로 믿어지고 있는 바와 같이 종교의 영향으로부터 벗어나는 과학의 계몽적 역할에 바탕을 두고 있는 것이 아니라, 특수하게 발전된 종교적 세계상에 터를 두고 있다는 것이다.[39] 이는 "생활을 이끌어가는 전체적인 방향이 깊은 차원에서 이 합리화가 지향하고 있는 최후적인 가치에 의해서 규정된다"고 말하는 데서 알 수 있다. 곧 생활을 이끌어가는 방향이 다른 무엇보다도 "종교적으로 조건지어진 가치 평가와 입장"에 의해서 결정된다고 본 것이다.[40] 막스 베버는 이러한 사정을 다음과 같이 집약적으로 표현하고 있다:

　이데 아닌 〔물질적 및 이념적〕 이해 관계가 인간의 행위를 직접적으로 지배한다. 그러나 이데에 의해서 만들어진 '세계상'들은 (열차) 선로를 바꾸는 사람처럼, 이해 관계의 역동성에 의해서 이리저리로 움직여 가는 행위의 궤도를 빈번히 규정했다. 다름아닌 이 세계상에 의해서 인간이 '어디로부터' '어디로' 구원되기를 바라는가와——잊지 말아야 할 것은——구원될 수 있는가가 정해진다.[41]

　이러한 견지에서 볼 때, 새롭게 지배적인 현상으로 부상되고 있는 문제의 "근대적 생활 운용 유형"을 이해하기 위해서 막스 베버가 서구 사회를 총체적으로 지배해온 기독교적 세계상에서의 변동을 추적하게 되었다는 것은 자연스러운 일이다.

　특히 종교 개혁에 의해서 기독교의 세계상이 어떻게 변동되었는

---

38) Max Weber, "Einleitung," *GARS* I, p. 253 참조; "Zwischenbetrachtung," *GARS* I, p. 566 참조; 이 책 pp. 213~15 참조.
39) Max Weber, "Zwischenbetrachtung," *GARS* I, p. 567.
40) Max Weber, "Einleitung," *GARS* I, p. 259.
41) Max Weber, "Einleitung," *GARS* I, p. 252.

가에 주목했다. 물론 막스 베버는 이를 방법론적인 이유에서 기독교 지식인들의 사상 체계(신학적 저술) 속에서 추적하기보다는 그때그때의 세계상에 영향을 받았던 신자들의 행위 속에 나타난 흔적들을 재구성하는 것을 통해서 파악했던 것이다.[42] 기독교 지식인들은 현실 세계의 변화와 종교적 대중들을 염두에 두면서 끊임없이 자신들의 세계관을 체계화하고 합리화해왔다. 이에 따라서 신과 인간, 세상 타락, 구원, 구원 수단 등등의 내용은 새로운 의미를 갖게 되었다. 보기로 이스라엘 예언자들에 의한 종교 사상 체계의 합리화 작업은 세계 속의 원리가 아닌 세계와 대립해 있는 인격적 지배자로서의 신의 성격을 분명히 드러나게 했으며, 세계를 탈주술화시키는 역할을 했다는 것이다. 종교적 사상 체계의 이러한 방향으로의 합리화는 종교 개혁기의 지식인들에 의해서 극적인 모습을 드러내게 되었다. 이들에 의한 세계상의 합리화를 통해서 신의 전지전능과 인간의 철저한 피조성, 성속의 구별 등이 선명하게 새로운 모습을 드러내게 되었다. 이에 따라 신자들의 최대의 관심사인 구원의 내용과 구원을 얻는 수단이 독특한 모습을 띠게 되었다. 특히 카톨릭에 의해서 제정되어 발전을 보았던 수많은 구원 수단들, 고해 성사, 명상, 예배, 선행, 마리아 및 성상 숭배, 각종의 성례전, 수도원 생활 등등은 구원을 얻는 데 그 어떤 영향력도 행사할 수 없는 무용지물이 되어버렸다. 개신교 지식인들에 의해서 새롭게 체계화된 세계상의 빛에서 볼 때, 그에 대해 반론이 제기될 수 없었던 것이다. 합리화된 고등 종교에서 중심되는 구원 수단은 중세 카톨릭에서 보여지는 바와 같이 일반적으로 비일상적인 성격을 가지고 있었다. 막스 베버는 종교적 합리화를 추구해가는 과정에서 예기치 못한 결과로 종교 개혁기의 개신교에서 이러한 구원 수단의

---

42) 하나의 보기로 막스 베버는 칼빈의 '이중 예정론'을 상당히 중요시하고 그것에 대해서 많은 논의를 전개하고 있지만, 정작 이중 예정론의 원출처인 칼빈의 『기독교 강요』로부터는 단 한 구절도 직접적으로 따오지 않고 있다. 칼빈의 『기독교 강요』는 Calvin, *Institutes of the Christian Religion* 1, 2 (John T. McNeil 엮음)(Philadelphia, 1973) 등 여러 영역본이 있고, 완역된 우리말 판도 있다.

비일상성이 극복되고 있다는 사실을 주목하고 있다:

> 금욕적 프로테스탄티즘만이 주술 *Magie*, 세속 밖에서의 구원 추구와 그러한 구원 추구의 가장 발전된 형태인 지성주의적이며 명상적인 '각성' 등에 대해 정말로 최후의 일격을 가하여 물리칠 수 있었다. 그리고 그것만이 바로 세속의 '직업 *Beruf*'에 전심 전력하는 가운데서 구원을 추구하도록 하는 종교적 동기를 창출할 수 있었다.[43]

기독교 지식인들에 의한 종교적 세계상의 합리화는 드디어 칼빈의 이중 예정론에서와 같이 철저히 인간의 피조성과 타락을 강조하고 하나님의 절대 전지전능을 최상으로 강조하는 완전히 신중심적인 세계상을 탄생시킨다. 인간 비하의 극치를 발견할 수 있다. 종교 개혁은 중세 카톨릭에 의해서 인간에게 부과된 무겁고 번거로운 종교적 의무로부터 인간을 해방하는 사건이 아니다. 이와는 정반대로 모든 사람에게 예외 없이 무거운 종교적 의무를 짓게 하는 것을 내용으로 하고 있다. 다시 말해 종교적 세계상에 의해 삶의 모든 측면이 속속들이 지배되게 하는 것을 목표로 하고 있었다고 말할 수 있다. 이러한 개신교의 세계상에 의하면 카톨릭적인 성과 속의 분리는 불가능하며 기만적인 것으로 드러난다. 이 세계상에 의하면 인간은 전지전능하고 지고로 거룩한 하나님 앞에 그 어느 것도 자신을 방어해주거나 변명할 수 없는 벌거벗은 고독한 죄된 존재로서 있을 수밖에 없다. 인간에게는 오직 속된 이 세상만이 존재한다는 것이다. 인간은 하나님이 자기의 영광을 더하기 위하여 마련된 피조물에 지나지 않는다. 하나님은 창세 전에 인간을 영원한 생명으로 구원받을 자와 그렇지 않은 자로 예정하셨다는 것이다. 이러한 하나님의 결정에 대해 피조물인 인간은 어떤 반론도 제기할 수 없다. 인간의 운명, 곧 구원 여부가 전적으로 전지전능한 하나님의 의지에 달려 있다는 것이다. 이 하나님의 결정에 영향을 끼칠 수 있는 수단은 남아 있지 않다. 칼빈은 구원되기로 정해진 사람들은

---

43) Max Weber, *WG,* pp. 378~79.

하나님에 의해서 어떤 경우에도 예외 없이 반드시 구원받게 된다는 것을 강조했다.

하나님의 피조물인 인간 각자는 이 세상의 직업에 부름을 받았으며, 하나님의 계명을 자신이 소명받은 직업적 활동을 통해서 성취해야만 한다. 결과적으로 오직 이러한 세속적 활동을 통해서만 하나님을 영화롭게 할 수 있다는 것이다. 이는 카톨릭의 수도승들과 마찬가지로 이 세상의 직업 생활 가운데서 모든 사람에게 금욕적으로 생활할 것이 요구되었다는 것을 의미했다. 막스 베버는 이를 세속내 금욕주의라고 명명하고 있다. 신학 논리상 개개인에 대한 하나님의 결정을 알아낼 방법은 전혀 없었다. 또 신자들이 쓸데없이 이를 알려고 노력하는 것은 하나님에 대한 불경건한 태도라는 사실이 강조되었다. 그럼에도 불구하고 칼빈주의를 따르는 신자들에게 있어서 자기 존재의 의미에 결정적인 구원 여부를 알고자 하는 욕구의 분출을 막을 수는 없었다. 이러한 욕구는 예정론이 가르치는 것과는 상관없이 일반 신자들 속에서 세속적 직업 활동이 일종의 구원 수단의 의미를 띠게 만들었다. 곧 보기로 칼빈의 계승자 중의 하나였던 베자 Theodore Beza 이후로 일반 신도들에 대한 목회적 배려에서 세속적 직업에 전력하는 것이 쓸데없는 회의를 억누르는 수단이 될 뿐만 아니라, 직업적 활동에서의 성공이 선택받았음을 알리는 간접적인 증거가 될 수 있다고 해석하지 않을 수 없었다는 사실이 그것이다.[44] 이렇게 왜곡되게 해석된 칼빈주의 교리는 일반인들이 생활을 이끌어가는 데에 결정적인 영향을 끼치게 되었다. 이 경우 직업적 노동은 인간의 삶의 의미와 직접적으로 관련되는 선택을 확신할 수 있는 수단, 곧 종교적인 의미를 갖게 된다. 결국 인간의 행복이나 그 밖의 세속적 및 인간적 필요에 따른 것이라는 노동의 의미[45]가 지고한 권위와 위엄을 가진 신을 움직이기 위한

---

44) Max Weber, "Die protestantische Ethik und der Geist des Kapitalismus," *GARS* I, pp. 102~06 참조; *The Protestant Ethic and the Spirit of Capitalism*(T. Parsons 옮김)(London, 1974), pp. 110~12, 230 참조.

45) 종교 개혁기 이전의 노동과 소유의 의미에 대해서는 Aaron J. Gurjewitsch, *Das Weltbild des mittelalterlichen Menschen*(Gabriele Loßback 이 러시아판

수단으로 전도되고 만다. 그렇지만 이와 관련해서 노동의 질이 획기적으로 순화되는 계기를 초래하였다. 노동에 대한 전통적인 모든 장벽이 허물어지고, 무제한적인 헌신과 합리적일 뿐만 아니라 윤리적으로 정당한 방법으로 자신의 노동을 조직화하고 운용해갈 수밖에 없게 된다. 노동 및 합리적 경영의 결과로 얻은 재화는 향락을 위해서 사용할 수 없다. 이는 신의 영광을 위해서 계속해서 재투자하여 더 많은 이윤을 얻도록 하여야 한다. 이와 같은 금욕적 프로테스탄트로부터 촉발된 종교 윤리가 결과적으로 현대 산업 사회를 이끌어가는 데 적합한 합리적인 생활 운용의 원리를 발전시키고 제도화시키는 데에 모태적인 역할을 했던 것이다. 근대 과학의 발전은 세속화 과정을 가속화시켰다. 아울러 종교적인 생활 운용의 원리로부터 종교적인 색채를 제거시켜버렸다. 이제 우리는 근대 자본주의 정신과 금욕적 프로테스탄티즘으로부터 촉발된 종교적 생활 운용의 원리 사이에 깊은 내적 연관 관계가 있다는 사실을 이해할 수 있다.

V. 자본주의적 생산 양식과 관료 조직에 의한 지배 체제

우리는 먼저 자본주의에 대한 분석에서 뛰어난 업적을 남긴 마르크스와 베버로부터 자본주의의 중심이 되는 특징을 이념형적으로 재구성하여 보고자 한다. 그리고 그것이 한국에서 어떻게 굴절되고 있는가를 살펴봄으로써 한국적 자본주의의 특성과 문제성을 분명하게 이해하고자 한다. 두 사회학의 거장이 다 같이 강조하고 있는 것처럼 자본주의는 단순히 금전을 탐하는 배금주의적 영리 활동 이상의 의미를 가지고 있다. 근대적 자본주의가 작동하기 위해서는 인간이 자신의 삶을 이끌어가는 방법, 인간과 자연, 인간과 인간 사이의 관계 등에서의 심층적인 변동을 필요로 하게 된다는 말이다. 마르크스는 이러한 변동 과정을 자본주의적 노동 과정의 분석에서 "자본에 의한 노동의 예속"으로 규정하여 설명하고 있다.[46]

으로부터 독일어로 옮김)(München, 1986), pp. 247~326 참조.
46) Karl Marx, "The Labor Process and the Valorization Process," Theo

마르크스의 노동 과정에 대한 분석에서 자본주의를 추진시키는, 중심 되는 동력에 대한 이념형을 발견할 수 있다. 노동은 자본주의의 진전에 따라서 "형식적 예속의 단계"를 넘어 "실질적 예속 단계"로 이어진다는 것이다. 이는 노동이 자본에 점점 더 철저히 예속되는 과정을 일컫고 있는 것이다. 자본주의적 생산에 적합한 방식으로 노동력을 조직화시키는 추진력은 자본이 노동력을 통제해야 할 강력한 필요성에 있다는 것이다. 자본주의적 생산 체제하에서 자본가는 무엇보다도 자신에게 돌아오게 되는 잉여 가치의 확대에 관심을 갖게 된다. 이 때문에 자본가는 노동 과정을 될 수 있는 한 철저하게 자신의 통제하에 둘 강력한 필요성을 느낀다는 것이다.

서구의 역사에서 나타난 것처럼 일련의 단계를 거치면서 발전한 자본주의는 내적으로 이와 같은 자본의 이해 관계에 의해서 움직이게 되었다는 말이다. 자본가가 노동 과정을 직접적으로 통제할 필요성은 선대제 가내 수공업을 하나의 작업장에 수공업자들을 모아 두는 공장제 수공업제로 나아가게 했다. 앞서 말한 자본의 이해 관계 때문에 자본가는 여기에서 한걸음 더 나아가 공장제 수공업제가 실현되었음에도 불구하고 여전히 숙련 노동자들의 수중에 남아 있는 작업 과정에 대한 통제력을 박탈하고자 했다. 곧 자본의 통제하에 두기 위하여 숙련 노동자의 노동 과정을 계속 분할하여 단순 작업의 단위로 만들어버린 것이다. 이렇게 산출된 단순 작업은 비숙련 노동자에 의해서도 수행될 수 있게 되며, 비숙련 노동자는 자본에 의해 훨씬 용이하게 통제될 수 있다는 것이다. 생산 과정에 기계를 도입하는 것도 마찬가지로 자본의 노동 과정에 대한 통제의 필요성에 따른 것이라고 설명된다. 자본가들은 기계의 도입과 분업을 통해서 노동자의 수중에 있던 노동 과정에 대한 통제권을 최대한 자신들의 수중으로 옮겨놓는 것이다. 이 과정은 이러한 이유에

Nichols(엮음), *Capital and Labor: Studies in the Capitalist Labor Process* (Glasgow, 1980), pp. 42~65 참조; 칼 마르크스, 「노동 과정과 가치 증식 과정」, 『노동 과정: 자본주의하의 노동 통제』(허석렬 옮기고 엮음)(서울, 1986), pp. 11~35 참조; 파울 톰슨, 『노동사회학: 노동 과정에 관한 제논쟁』(심윤종·김문조 옮김)(서울, 1987), pp. 41~53 참조.

서 탈숙련화 과정이라고 불려진다. 이러한 자본주의적 노동 과정은 탈숙련화, 작업의 단편화, 위계적 조직, 육체 노동과 정신 노동의 분리 및 효과적인 노동 통제 방안 마련을 위한 투쟁 등등으로 모습을 드러내게 된다.[47] 노동 과정을 통제하고자 하는 자본가의 이해 관계가 마르크스의 노동 과정론에서 극적으로 강조되어 제시되고 있다는 사실이 확인될 수 있다.

이에 대해 막스 베버는 자본주의적 산업 사회에서의 관료 조직에 의한 지배 체제의 확산으로 설명하고 있다.

오늘날 직무를 가능한 한 신속하고 정확 명료하며 지속적으로 수행할 것이 요청되는 곳은 무엇보다도 근대 자본주의적 경제 관계를 관장하는 영역에서이다. 거대한 근대 자본주의적 기업들 자체가 보통 전형적으로 꽉 짜여진 관료 조직에 의한 지배 체제와 다를 바 없는 것이다. 기업의 경제 활동은 직무를 점점 더 정확, 엄정, 그리고 무엇보다도 신속하게 처리하는 데에 바탕을 두고 있다. 이는 다시금 근대적인 통신 수단의 특성에 의해서 조건지어진다.[48]

다시 말해 자본주의의 틀 안에서 노동을 철저하고도 효율적으로 조직해내야 하는 곧, 관리적 통제하에 귀속시킬 필요성은 관료 조직에 의한 지배 체제를 도입하지 않을 수 없게 한다는 것이다.[49] 이는 베버의 텍스트에서 직접적으로 확인될 수 있다:

관료 조직에 의한 지배 체제가 확산되어가는 결정적인 근거는 순전히 다른 형태의 조직보다 그것이 가지고 있는 기술적인 탁월성에 있었다. 관료 조직에 따른 지배 체제에 의해 충분히 발전된 메커니즘이 여

---

47) 파울 톰슨, 윗글, p. 57 참조.
48) Max Weber, *WG*, p. 562.
49) Max Weber, *WG*, pp. 128~29; 관료 조직에 의한 지배 체제를 도입하고 있는 기업들에서 나타나는 법적 지배가 드러내는 10가지 전형적인 특징에 대해서는 윗글, pp. 126~27 참조; 근대 관료의 특성에 대해서는 윗글, pp. 551~52 참조. 파울 톰슨, 윗글, pp. 26~27 참조; 스튜어트 클레그, 데이비드 던클리, 「베버. 마르크스. 조직의 합리성」, 『조직 사회학: 조직. 계급. 통제』(김진균 외 옮김)(서울, 1987), pp. 43~80 참조.

290

타의 조직에 대해 갖는 우월성은 기계화된 생산 양식이 기계화되지 않은 생산 양식에 대해 갖는 우월성과 마찬가지이다.[50]

베버에 의하면 정치와 무관한 종교 단체를 포함해서 모든 사회적 단체는 성원들 사이에 지배 복종의 관계를 내용으로 하는 지배 구조를 가지고 있다.[51] 근대 산업 사회에 필수 불가결한 것으로 등장한 관료 조직에 의한 지배 체제에서 베버가 강조하고자 한 바는 그밖의 지배와 구별되는 지배의 비인격적 성격에 있다.[52] 이제까지의 조직에서 지배는 인간에 대한 인간의 지배와 인간에 대한 복종을 내용으로 하고 있었다. 그런데 관료 조직의 지배 체제에서는 이러한 인간에 대한 관계가 지배자와 피지배자 모두 비인격적 목적 또는 규범에 대해 복종하게 됨으로써 종식되게 된다. 관료 조직에 의한 지배 체제에서 지배자는 원칙적으로 인간 아닌 비인격적인 집단의 목적이나 규범이다. 이는 명령을 내리는 자와 그 명령에 복종하는 자, 모두의 행위에서 동일하다. 이것이 경제적인 영역에서 구체적으로 어떤 모습을 떠는가는 다음과 같은 막스 베버의 텍스트에서 알 수 있다:

그러나 무엇보다도 관료 조직에 의한 지배 체제가 수립되면 노동 분업의 원리가 관철되는 가운데 완전히 사실적인 관점에서 행정을 수행할 수 있게 하는 최적의 상태가 제공된다. 이렇게 분할된 일은 전문적인 훈련을 받고 지속적인 훈련을 통해서 계속 스스로 배워가는 기능인에게 배분된다. 이 경우에 '사실적인' 처리는 무엇보다도 그것이 객관적으로 계산 가능한 *berechnenbaren* 규칙에 따라서 '인간을 안중에 두지 않고' 이루어진다는 것을 의미한다. 그러나 '인간을 안중에 두지 않는다' 함은 '시장'에서의 표어이며 아울러 경제적인 이해 관계를 추구하는 모든 경우에서의 격언이기도 하다. 관료 조직에 의한 지배 체

---

50) Max Weber, *WG*, p. 561.
51) Max Weber, "Einleitung," *GARS* I, p. 267 참조.
52) 막스 베버의 관료 조직에 의한 지배 체제에서 비인격성이 차지하는 중요성을 적절히 강조하고 있는 글로는 스튜어트 클레그, 데이비드 던클리, 윗글, p. 86 참조.

제의 철저한 관철은 신분적 '명예'를 평준화시키는 것을 의미한다. 다시 말해 만일 자유 시장의 원칙이 동시에 제한되지 않는다면, 이는 '계급 상황'이 보편적 지배권을 갖는다는 것을 의미한다.[53]

근대 문화의 고유성, 특히 근대 문화의 기술-경제적 하부 구조는 이처럼 객관적으로 계산하여 측정하는 것이 가능한 성과를 요구한다. 막스 베버는 "완전히 발전된 관료 조직에 의한 지배 체제는 특별한 의미에서 '증오함도 편애함도 없이 *sine ira et studio*'라는 원리하에 작동하고 있다"[54]라고 못박고 있다. 서구 자본주의 사회의 지배 구조가 갖고 있는 특수성은 무엇보다도 "지배의 비인격성"에 있다는 것이다. 다시 말해서 관료 조직에 의한 지배 체제하에서 직무의 수행은 사랑, 증오, 모든 인간적인 것, 모든 비합리적인 것 등등, 곧 객관적인 계산을 곤란하게 만드는 일체의 감각적인 요소들을 배제하고 "객관적이고 사실적인 원리"에 따라 이루어지게 된다는 것이다. 뒤에 논의가 되겠지만, 이러한 서구 자본주의 특성은 한국의 신유교적 가치와는 정면적인 대립 관계에 있는 것이다.

앞에서 논의한 바와 같이 베버는 서구에서 이렇게 특이한 성격을 가지고 있는 사회 조직[55] 곧 근대적 관료 조직에 의한 지배 체제가 사회에서 지배적인 현상으로 자리잡게 된 데에는 사회의 영적 차원이 결정적인 역할을 했다는 사실을 논증하고 있는 것이다. 곧 프로테스탄티즘의 윤리와 자본주의 정신을 필두로 한 일련의 종교사회학적 연구는 이와 같은 그의 관심을 반영하고 있다고 할 것이다. 상이한 종교적 전통을 가지고 있는 사회가 어떻게 다른 방식으로 조직되고 있는가를 경제 윤리를 중심으로 살펴보았던 것이다. 이러

---

53) Max Weber, *WG*, p. 562.
54) 윗글, p. 563.
55) 막스 베버의 이러한 논의를 뒷받침하고 있는 다음의 구절을 적어본다. "산업 혁명은 역사상 그때까지 알려지지 않았던 특수한 종류의 노동자를 산출하였다. 〔……〕 이론적으로 보면 노동자는 그의 노동을 누구에게나 제공할 수 있었다. 따라서 사회적 관계는 형식적이고 비인격적인 것이었다. 이렇게 형식적인 사회 관계는 약 150년 전 랑카셔의 면방직 산업에서 처음으로 나타났다." 데이비트 던클리, 윗글, p. 68.

한 관심에서 그는 무엇보다도 해당 사회의 종교가 갖는 특수성에 주목하지 않을 수 없었다.

3. 서구 자본주의와 한국의 신유교적 가치

I. 1894년의 개혁과 신유교의 존재 양태

잘 알려진 바와 같이 한국 유교는 세계에서 몇 안 되는 윤리적 종교 중의 하나이다. 신유교는 한국에서 고도로 합리화된 세속 윤리 체계를 발전시켜 사회에 정착시키는 데에 성공을 거두었다. 사람들로 하여금 자신의 본능적이고 충동적인 성향을 뛰어넘어 합리적으로 자신의 행위를 규제할 수 있는 종교적 동기를 갖게 할 수 있었다는 말이다.[56] 이 때문에 신유교의 역할을 주술적 성향이 강한 일반 민속 신앙들과 동일 선상에 놓고 논의해서는 안 된다. 어떤 경우든 주술적 신앙은 인간의 합리적 활동에 보통 역기능적으로 작용한다. 신유교 윤리에 의해서 영향을 받은 경제적 활동 또한 특유의 합리적 성격을 띠게 된다는 것은 자연스러운 귀결이다. 많은 사람들이 관찰한 바와 같이 한국에서 자본주의가 발전하는 데 신유교는 분명히 중요한 역할을 수행했던 것이다. 그러나 이것을 서구에서 프로테스탄트 윤리가 근대 자본주의 성격 형성에 기여했던 것과 같은 종류의 것으로 해석해서는 안 된다. 한국의 자본주의가 당면하고 있는 문제와 과제 또한 서구의 그것과는 판이하게 다르게 나타날 수밖에 없게 되었다. 이 점이 분명하게 논의될 필요가 있다.

현대 산업 사회, 곧 근대 서구적 자본주의는 특이한 종류의 경제적 합리주의를 내용으로 하고 있다. 서구 자본주의적 경제 활동에서 주도적인 역할을 하는 합리성과 신유교에 의해서 촉발된 합리성

---

56) 한국의 신유교의 발전과 윤리의 성격에 대해서는 다른 곳에서 논의한 바 있기 때문에 여기에서는 필수적인 것만 제시하고자 한다. 이 책 제2장 「신유교와 사적 윤리」, 제6장 「한국적 산업 사회 맥락에서 새로운 가치관의 모색」 참조.

이 내용과 방향 면에서 상당한 차이를 보이고 있다는 사실을 깨닫는 것은 중요하다. 논의가 되겠지만 신유교의 영향 아래에서 발전된 합리적인 경제 행위, 곧 '유교적 자본주의'는 주술적인 성향이 강한 종교나 민속 신앙의 포로가 되어 있는 경우에 비해 상대적으로 높은 생산성을 가져올 수 있었다. 그러나 이 자본주의는 세계 시장에서 서구 자본주의와의 경쟁에서 자신의 한계를 분명하게 노정하고 있다. 이 글에서는 이렇게 된 원인을 신유교의 가치와 관련지어 해명하려고 시도할 것이다.

한국 자본주의 발전에 특유의 영향력을 행사한 신유교의 존재 형태에 대해서 얼마간의 논의가 필요하다. 잘 알려진 바와 같이 한국의 신유교는 구한말 이후로 종교 합리화의 주체인 사제 집단을 상실한 채 남아 있다.[57] 이 때문에 한국의 자본주의에 영향을 끼치고 있는 신유교를 조선 시대의 지배 종교였던 신유교와 동일 선상에 놓고 논의할 수 없다. 이 신유교는 사회적 상황과 과제에 능동적으로 대처하면서 자신을 체계화시키고 합리화시켜나갈 수 있는 능력을 상실한 채 있을 수밖에 없는 특성을 지니고 있다. 이 때문에 원리적인 면에서 상정할 수 있는 종교 윤리의 자율적 조정 능력을 이러한 신유교 가치로부터 기대할 수 없게 된다. 그러나 이는 중요한 민속 및 지적 전통으로 존재하여 아직까지도 막강한 영향력을 행사하고 있는 것이다. 무엇보다도 이 사실이 우리의 논의에서 중요한 것으로 고려되어야 한다.

한국의 신유교는 1894년에 있은 '사회 개혁'을 통해 사회적 지위에서 결정적인 변동을 맞이하게 된다.[58] 이때까지 누리던 각종의

---

57) 종교에서 종교적 지식인 집단, 곧 사제 집단의 역할에 대해서는 Max Weber, "Einleitung," *GARS* I, pp. 251~54 참조.

58) 필자는 1894년의 사회 개혁, 곧 갑오 경장을 둘러싼 학계의 논쟁에 뛰어들고 싶지 않다. 필자는 그것의 의미와 내용이 어떻든 그로 인해 신유교의 운명이 결정적으로 뒤바뀌는 공식적인 전환점을 기록하고 있다는 사실에만 의거해서 논의를 하고자 한다. 1894년의 사회 개혁에 관련된 몇 가지 논의를 들면, 신용하, 「한국 근대의 사회 발전」, 『한국 근대사와 사회 변동』(서울, 1980), pp. 11~41; 백세명, 「갑오 경장과 천도교 사상」, 『사상계』11(1954); 천관우, 「갑오 경장과 근대화」, 『사상계』12(1955); 홍이섭, 「갑오 경장과 기독

특권, 곧 공식적인 국가 사회의 이데올로기, 공식적 교육 이념, 관료 채용 시험의 기준, 국가의 공식적 종교 의례의 기준 등을 인정받지 못하게 되었다. 특히 전통적인 신분 사회에서 대표적인 특권적 지위였던 양반 체계를 사상적 및 사회적으로 지탱시켜주던 과거 시험의 폐지는 '신유교 사제 집단'의 존립 근거를 없애버리는 것이었다. 잘 알려진 바와 같이 신유교는 고등 종교임에도 불구하고 독자적인 사제 집단을 가지고 있지 않았다. 그래서 신유교 사제 집단의 기능은 국가 관료 집단에 의해서 대행되고 있었다. 이는 신유교로 하여금 고등 종교이면서도 현세적 생활을 중시하는 포괄적인 윤리 체계로 자신을 발전시키게 만든 중요한 요소였다. 세습적 신분 사회의 골격을 이루고 있던 문벌 가문 중심의 양반 체제는 바로 비세습적 관리 채용 시험인 '과거 제도'에 의해서 자신의 정당성을 사회 속에서 유지시킬 수 있게 만들고 있었다.[59] 개인의 능력에 따라 관직을 얻게 됨으로써 과거제는 자기 가문의 신분을 상승시킬 수 있는 공식적인 통로로 인정되었다. 이로써 사회 전체의 신분 체계가 정당화될 수 있었던 것이다. 이러한 이유로 조선 후기에 과거 시험은 관료로 진출할 수 있는 자격증의 획득이라는 의미보다는 보다 높은 신분에 속하게 되는 보증서로서의 의미 또는 현재의 가문의 우수성을 입증하는 성격을 띠게 된다. 이는 공직을 담임한다는 것 이상의 의미를 지니고 있었다. 신유교와 일반인 및 양반층을 연결시킨 이러한 이해 관계 때문에 신유교는 종교로서 많은 취약점을 가지고 있었음에도 불구하고 지배 종교로서 조선 사회에 군림할 수 있었던 것이다.

구한말 사회 개혁에서 과거 시험제의 폐지는 바로 이러한 연결

교」, 『사상계』1(1955) ; 원유한, 『갑오 개혁』한국사 17(서울, 1971) ; 유영익, 『갑오 경장 연구』(서울, 1991).

59) 중국에서 기존의 지배층 및 이와 관련하여 지식인층의 신분 유지에 과거 시험 제도가 가지는 의미에 대해서는 Karl A. Wittfogel, *Oriental Despotism. A Comparative Study of Total Power*(New Haven, 1957), pp.347~54 참조. 한국에서 신유교와 관련하여 과거 제도의 역할에 대해서는 이 책 제 2 장 참조.

고리를 끊어버린 사건이었다. 조선 신유교의 운명을 바꾸어놓는 데 있어서 이보다 더 결정적인 것은 없었다. 실제로 500년 이상 국교로 군림해온 신유교는 과거제 폐지라는 사회적인 차원에서의 조치에 의해서 완전히 무력해졌던 것이다. 그것은 세계의 종교사에서 빈번히 보여지는 피를 튀기는 박해를 내용으로 하는 종교 말살 조치가 아니었다. 다시 말해 신유교는 앞서 말한 개혁 이후에도 자신의 포교를 공식적으로 금지당한 적이 없었다는 사실이 이를 입증하고 있는 것이다. 실제로 신유교를 억압하기 위한 그 이상의 조치는 없었고, 또 그럴 필요조차 없었다. 한국의 신유교는 혹심한 종교적 박해를 받지 않았음에도 불구하고 이러한 사회 개혁 조치에 의해서 별수없이 일종의 민속 신앙의 하나로 영락되었다. 그리고 신유교는 오늘날까지 이로부터 자신을 회복할 수 없었던 것이다. 이제 한국은 더 이상 조선 사회와 같은 공식적인 신유교 지배 사회가 아니다. 그럼에도 불구하고 자본주의적으로 산업화된 우리 사회는 여전히 신유교적 세계상 아래에서 작동되고 있는 것이다. 바로 이 점이 분명하게 규명될 필요가 있다.

Ⅱ. 사제 집단 부재의 신유교 윤리

우리의 논의를 위해서 종교에서 사제 집단의 역할을 잠시 살펴볼 필요가 있다. 앞서 말한 사회 개혁은 양반제의 공식적인 폐지를 내포하고 있었다. 이는 양반 출신 유학자 관료군에 의해서 움직였던 정부 관료 조직의 종말을 의미했다. 이는 조선 사회 정부 관료 조직에 있어서 심원한 구조적 변동을 의미할 뿐만 아니라, 신유교에 있어서는 자신들을 이끌어가던 지도층의 사회적 기반 상실을 의미했다. 앞에서 말한 바와 같이 신유교는 독립된 사제 집단을 가지고 있지 않았다. 신유교에 필요했던 사제 집단의 역할은 전적으로 국가의 공식적 관료 집단 및 관료가 되고자 하는 희망에서 유학의 수련에 전념하던 관료 예비군들에 의해서 수행되고 있었다. 관료 및 관료 예비군은 일반 고등 종교에서 보여지는 독자성을 띠는 사제 집단과는 다른 이해 관계를 가지고 있었다. 일반적으로 종교의 사제 집단은 독자적인 집단의 대표자로서 정부를 비롯한 여타의 사회 집단과 경쟁하면서 자기 집단의 이익과 발전을 도모하는 데에 일차적인 관심이 있다. 그리고 이들은 자기 종교의 전통과 변화되는 사회 역사적인 상황을 고려하면서 추종자들로 하여금 생활을 자기 종교의 이상에 따라서 이끌 수 있도록 하기 위해서 온갖 노력, 곧 교리 및 세계상의 합리화 및 체계화, 세계상으로부터 주술적 및 신비적 요소의 배제, 교육, 설득, 불신앙의 해소 등등을 위해 애쓰게 되는 것이다. 이들의 활동이 성공적이지 못할 때 그 종교는 타락되거나 사회에서 퇴조하게 되는 것이다. 이러한 관심에서 이들은 세속의 윤리와 구별되는 특유의 종교 윤리 체계를 발전시키게 된다. 이와는 달리 관료 및 관료 예비군들은 국가 사회의 합리적인 경영을 일차적인 과제로 삼는다. 바로 이들의 영향 때문에 신유교는 한국에서 자기 고유의 종교 윤리가 아닌 현실적인 생활 세계를 포괄적으로 지배하고 규제하는 세속적 윤리 체계를 발전시키게 된 것이다. 이러한 세속적 윤리 체계의 발전은 종교적 사제 집단의 막강한 위력을 방증하는 사실이 되는 것이다. 한국의 유학사를 살펴보면 이러한 관료 및 관료 예비군층은 신유교 윤리 체계를 역사 사회적인 환경의 변화에 적응하면서 적절히 내용과 강조점을 달리하여 끊임없이 합리화시키고 체계화해왔다는 것을 알 수 있다. 물론 여기에서 이러한 활동이 언제나 성공적이었다고 전제하는 것은 아니다.[60]

구한말 이후 한국 사회의 구조는 전과는 비교가 안 될 정도로 내적 및 외적으로 급격히 변동되었다. 신유교 윤리에 있어서 이러한 사실은 변화된 상황에 맞추어 새롭게 창조적으로 재구성하라는 도전임에 틀림없다. 그러나 이러한 상황에서 신유교 윤리는 자신의 사제 집단을 상실한 채 있지 않으면 안 되었다. 곧 능동성을 결여한 신유교로 머물러 있을 수밖에 없었다. 그렇지만 사람들은 신유교가 제시했던 것과는 다른 행위의 지침을 준거 틀로서 받아들일 수 없었다. 구한말 이래로 카톨릭·동학·개신교에 의해 시도되었던 대안적 행위의 지침들은 대중들에 의해서 적절히 이해될 수 없었

60) 이 책 제2장.

다. 다른 말로 새로운 종교 운동들 어느 것도 변화된 상황에 적절히 대처해나갈 수 있는 대안적 행위의 기준을 제시하고, 대중들로부터 호응을 얻게 만드는 데 성공하지 못했던 것이다. 한국의 대충들은 급격히 변화된 사회적 상황 속에서 신유교의 윤리와 다른 적절한 대안을 발견할 수 없는 불행한 처지에 머물러 있을 수밖에 없었다.[61] 결국 이들은 지적 및 민속적 전통과 관습의 형태로 존재하는 신유교 윤리적 행위 규범들을 의식적·무의식적 행위의 준거 틀로 삼을 수밖에 없었다. 구한말 이래로 한국 사회에는 통일성 있는 신유교 윤리가 존재할 수 없었다고 결론지을 수 있다. 존재하는 것은 단편적인 신유교적 가치들이라 할 수 있을 것이다. 이러한 신유교적 가치들, 곧 삼강오륜, 장유의 순서, 효도, 인정적 관계, 가족적 관계, 의리, 충성, 인화, 단결, 인격에 바탕을 둔 위계적 질서, 멸사봉공, 대의명분 등등은 많은 경우 단편적이고 통일성을 결여하고 있을 뿐만 아니라, 실질적인 현실의 문제에 직면할 때 서로 충돌되어 모순되는 결과를 가져오는 경우조차 있는 것이었다. 이러한 신유교적 가치를 신유교 지식인들의 통일성 있는 사상 체계의 부분을 구성하고 있던 요소들과 동일한 것으로 취급해서는 안 된다. 이 점은 한국 산업 사회에서 신유교의 사회적 영향을 문제시하는 우리의 논의에서 중요하다.

III. 가족 집단과 이웃 공동체의 의미

잘 알려진 바와 같이 신유교의 윤리 체계는 부모와 자식 사이의 자연스러운 원초적인 사랑 관계를 기본으로 해서 조상과 국가 사회에까지 확대·적용될 수 있는 이상적인 인간 관계 모형을 도출해내었던 것이다. 특히 부계 중심의 혈연 관계, 곧 부자 관계를 중심으로 한 윤리 체계를 발전시켰고, 이를 전체 사회적 관계에 확대·적용하여 삼강오륜이라 불리는 윤리 체계를 탄생시켰던 것이다. 이때의 혈통은 생물학적 의미보다는 문화적 의미를 그 내용으로 삼고 있는 것이었다. 그러나 각기 다른 덕목으로 분류되어 있는 이러한

---

61) 이 책 제3, 4, 5장 참조.

행위 규범의 내용은 부자 관계 사이의 덕목인 효와 원리적인 면에서 아무런 차이도 없다. 이런 신유교적 윤리 체계에 의한 가족 및 씨족 공동체, 이와 관련한 제사 공동체의 출현은 특유의 폐쇄성을 간직하고 있지만, 같은 지역에 거주하면서 상부상조의 필요성 때문에 형성되었던 이웃 공동체의 지역적 한계를 극복하거나 초월하여 인간을 규합하고 있다는 사회학적 의의를 지니고 있는 것이다.[62] 교통이 발전되지 않았던 시대에 지역적 한계는 극복하기 힘든 문제였다. 이에서 한걸음 더 나아가 신유교적 지식인들은 이러한 사상적 바탕에서 국가 사회 전체를 하나의 민족 공동체로 통합할 수 있는 방안을 모색하지 않을 수 없었다. 각기 다른 수많은 성씨 집단으로 이루어진 한국 민족 전체가 하나의 조상인 단군으로부터 유래했다는 설명이 이를 반증하고 있는 것이다. 이는 신유교적 지식인들의 지속적인 합리화의 노력과 그것이 성공을 거두는 한에서만 통일성을 유지하여 전체 사회를 결속하는 데 기능적 역할을 감당할 수 있는 것이었다. 그러나 신유교적 지식인들의 이와 같은 노력과 신유교의 생활 원리는 씨족 집단 사이의 이해 갈등을 효과적으로 처리하여 국가 사회적 차원으로 통합하는 데에 무력함을 드러내 보이고 있었다. 그리고 역사 또한 신유교 지식인들의 계속적인 노력과 새로운 시도들을 기다려주지 않았다.

구한말 이후로 가족 및 씨족 집단이 신유교라는 사상적 및 종교적 지지를 받을 수는 없었지만, 그래도 일반인들에게 있어서 가장 의미있는 집단일 수밖에 없었다. 역사 사회적인 격동 속에서 공식적인 기구였던 국가 및 관료 집단이 일반 시민들의 안전과 복지를 보증하는 데에 무력하기 짝이 없는 것으로 드러났기 때문이다. 시대와 상황이 바뀌어도 개인들이 그래도 의지하고 안전을 도모했던 유일한 기구는 가족 및 씨족 공동체였다는 역사적 경험들을 가지고 있었다. 앞에서 말한 바와 같이 신유교의 중심되는 사제 집단 역할을 도맡았던 관료 및 관료 예비군층은 구한말의 사회 개혁과 더불어 사라졌다. 그러나 신유교 사제 집단의 역할 중 일부, 곧 제사 공

---

62) 이웃 공동체에 대해서는 Max Weber, *WG*, pp. 215~17 참조.

동체의 장으로서의 역할은 전과 다름없이 가족과 씨족 집단의 우두머리에 의해서 계속 수행되고 있었다. 이는 가족 및 씨족 공동체에서의 행위 원리가 신유교가 퇴조해버린 지 오래 된 현재까지 사회의 모든 수준을 지배하는 행위 원리로서 독보적인 위치를 유지할 수 있게 된 이유를 이해하게 해준다. 그러나 이들 가장 및 씨족의 우두머리에게서 시대와 사회의 변동에 따라 신유교의 윤리를 적절히 합리화하고 체계화시킬 것을 기대할 수 없다는 것은 두말할 필요조차 없는 것이다. 이들은 신유교 사제 집단이 자신들에게 위임했던 의례의 집행과 윤리적 규범의 준수 및 교육 기능을 자기가 속한 가족 및 씨족 집단에서 부분적으로 수행할 수 있었지만, 신유교 종교 집단의 지식인 고유의 역할을 충분히 담당해낼 수 있는 능력은 없었기 때문이다. 그렇지만 신유교 윤리는 통일성을 유지하고 있는 사상 체계로서가 아니라, 유교 윤리의 기본적인 요소들이 가족 및 씨족 집단을 통하여 매개됨으로써 산발적으로 사회에 전승될 수 있게 되었다. 산업화와 더불어 이제까지 지배적인 형태였던 확대 가족 체계는 핵가족화되었다. 그렇지만 시민들의 가족 및 동족 집단 의식은 이러한 변동에도 불구하고 그 동질성을 손상받지 않고 유지될 수 있었다. 이 때문에 이러한 신유교적 전통이 사회 성원들의 행위를 계속 지도해온 것이었다.[63]

Ⅳ. 자본주의 정신에 대립하는 전통주의와 신유교적 가치

우리는 이러한 신유교적 전통이 근대 자본주의 정신과 어떤 관계에 있게 되는지를 검토해야 한다. 막스 베버는 자신이 자본주의 정신이라 명명했던 특이한 종류의 합리적인 경제 행위가 서구에서 정착되기 위해서는 전통주의를 극복하지 않으면 안 되었다는 점을 이미 지적하고 있다. 이는 다음의 구절에서 분명한 모습을 드러내고 있다.

---

63) 가족 및 동족 집단의 성격과 이들에 의한 유교 윤리 전수에 대해서는 최재석, 「집위주 사상」, 『개정 한국 가족 연구』(서울, 1983), pp. 211~22; 최길성, 『한국의 조상 숭배』(서울, 1986), 제 3, 4, 5, 6, 7장 참조.

일종의 '윤리'라는 외형을 갖고 나타날 뿐만 아니라 동시에 규범에 결부되어 특수하게 규정되는 생활 양식이란 의미에서 자본주의 '정신'이 무엇보다도 먼저 혼신을 다해 격투해야 했던 적수는 여전히 전통주의라고 불릴 수 있는 종류의 감각과 태도였던 것이다.[64]

일반적으로 상정하는 결과와는 정반대로 전통주의가 지배하는 경우에 성과급제 및 도급제가 노동자의 노동 의욕을 제고시키고, 노동 생산성을 높이는 데 언제나 기능적인 것은 아니었다는 경험적 사실이 제시되고 있다. 전통주의에 얽매여 있는 사람들은 자신들이 이제까지 누려왔던 생활 상태를 유지할 수 있을 정도의 돈을 벌어들이기를 원하지, 그 이상으로 무제한적으로 벌어들이기 위해서 계속 더 많이 노동하기를 애초부터 원하지는 않았다는 말이다.[65] 근대적 자본주의 정신이 사회 속에 관철되기 위해서는 노동자로부터 자기의 행복을 추구하는 단순한 공리주의적 동기를 넘어서는 강도 높은 집중과 자기 헌신적인 몰입이 요구된다. 이러한 사실은 고부가 가치를 지닌 고품질의 상품 생산과 첨단 과학 기술을 요구하는 산업 분야에서 두드러지고 있다. 이는 단순히 노동 임금을 높이는 것을 통해서 간단히 해결되지 않는다.

근대 자본주의가 인간 노동의 강도를 높임으로써 인간 노동의 '생산성'을 증진시키는 가운데 상품 생산을 시작하는 곳 도처에서, 자본주의는 경제 활동을 이렇게 전(前)자본주의적으로 이끌었던 동기에 의해서 유발된 셀 수 없이 많은 저항에 부딪혔다.[66]

이에서 한걸음 더 나아가 막스 베버는 근대 서구의 자본주의를 문화적 전통이 다른 사회에 받아들여 제도화하려고 할 때, 어떤 수

---

64) Max Weber, "Die protestantische Ethik und der Geist des Kapitalismus," *GARS* I, p. 43(우리말 옮김은 필자) ; 막스 베버, 윗글, p. 53.
65) Max Weber, 윗글, p. 44 참조.
66) 윗글, p. 45 ; 막스 베버, 윗글, p. 54.

준에서 문제가 발생하는지에 대해서 오해의 여지없이 분명하게 다음과 같이 말하고 있다:

오늘날 이들 민족 모두는 바로 서구가 만들어낸 것 중에서 가장 중요한 이러한 '재보'를 〔합리적이며 윤리적인 영리 추구를〕 수입하려하고 있다. 이 경우 그것을 막는 장애물은 지식 또는 의지의 차원에 놓여 있는 것이 아니라, 오히려 그것은 중세 대에 우리에게 존재했던 것과 같이 그들에게 확고하게 주어져 있는 전통에 있는 것이다. 그 경우에 〔……〕 명백한 정치적인 조건이 ('지배'의 내적 구조 형식) 함께 작용하지 않았다면, 그 근거는 무엇보다도 종교 성향 가운데서 찾아야 하는 것이다.[67]

서구 근대 자본주의를 수입하려 할 때 가장 심각한 문제는 근대 자본주의에 대한 지식을 갖고 있느냐, 또는 그런 자본주의를 받아들이고자 하는 의지가 있느냐의 차원에 있는 것이 아니다. 그것은 이들 사회의 사람들이 행위와 삶의 지표로 확고하게 믿어 의심치 않고 있는 전통에 있다. 정치적으로 자본주의를 용납하지 않는 경우가 아니라면, 발전을 가로막는 문제의 심층적 원인은 이들 사회를 지배하고 있는 종교 성향에 뿌리를 두고 있게 될 것이라는 진단이 나온다.

막스 베버의 이러한 주장은 많은 오해를 불러일으켰다. 특히 아시아 제국, 특히 유교 문화권에서 서구 자본주의의 이식과 그것의 성공적인 발전에 고무된 이들에 의해서이다. 그러나 이들은 아시아 제국에서 발전된 자본주의가 직면하고 있는 문제점, 관료 조직의 부패와 그로 인한 노동자의 자기 헌신적 노동 의욕을 깊은 차원에서 말살시키는 구조적 문제가 야기되고 있으며, 이를 제거할 수 있는 방책을 자체의 구조내에서 발견할 수 없다는 사실을 과소 평가하고 있는 것이다. 이러한 문제는 이들 사회들이 특히 핵심 산업 분야에서의 기술 개발과 고부가 가치를 지닌 상품 생산에 있어서

---

67) Max Weber, *WG*, p. 378.

넘을 수 없는 한계에 부딪히고 있다는 사실과 결코 무관한 것이 아
님을 기억해야 할 것이다. 그리고 이때의 자본주의란 세계 자본주
의 체제의 주변에서 맴돌면서 단순 노동에 의한 저가품의 생산을
주종으로 한 단기적인 성과에 대하여 과대 해석하는 오류를 범하고
있는 것이다. 아울러 아시아권 자본주의의 성공에 있어서 예외가
될 수 있는 일본의 문화 전통을 유교적이라고 단정해버리는 셈이
된다. 그리고 막스 베버가 주장하고자 한 바는 자본주의의 발전을
가로막는 심각한 장애물이 흔히 생각하듯이 제도에 대한 지식이나
그것을 받아들이고자 하는 의지나 순수한 경제적 여건에 있다기보
다는 아시아 제국들이 가지고 있는 문화적 전통의 영역에 있을 수
있다는 것이다.

　　이러한 베버의 주장은 독특한 인간학적 전제에 바탕을 두고 있
다.[68] 인간의 사회적 행위는 환경이 주는 자극에 본능적으로 반응
하는 동물과는 다르다. 인간의 본능 체계는 동물에 비해 대단히 취
약한 상태이기 때문이다. 그렇기 때문에 세계와 시간에 대해서 개
방된 채로 있을 수밖에 없다. 인간은 자신의 존재를 보존하고 유지
하기 위하여 매순간 자신의 상황을 정의하고 해석해서 그에 대한
정보와 지식을 얻어 결단하지 않으면 안 된다. 그러나 이런 과제는
언제나 불확실성과 불안전성에 직면하게 된다. 그뿐만 아니라 매순
간 상황을 다시 정의하고 파악한다는 것은 개개인에게 있어서 너무
부담스럽고 무거운 과제이기 때문에 이를 경감하기 위한 방도를 취
하지 않을 수 없다는 것이다. 때문에 이전과 비슷한 상황에서 얻은
자신의 경험, 자기가 소속한 집단의 전통, 그리고 나아가서 문화와
종교적 세계관 등등을 문제의 현실적 상황을 파악하고 해석하기 위
한 준거 틀로 삼을 수밖에 없다는 것이다. 이렇게 되는 근거는 인
간 본능 체계의 약화, 세계 개방성, 시간에 대한 개방성 따위를 고
려하는 인간학적 논의에서 밝혀질 수 있을 것이다.[69] 그러나 우리

68) 막스 베버의 인간학적 전제에 대한 논의는 박성환, 윗글, pp. 166~218 참조.
69) 필자는 이를 위해 F.H. Tenbruck, "Zur Anthropologie des Handelns"를
제시하고자 한다. Friedrich H. Tenbruck, *Die kulturellen Grundlagen der
Gesellschaft: Der Fall der Moderne*(Opladen, 1989), pp. 15~44 참조.

는 이 방향으로 논의를 계속 진전시킬 수 있는 처지에 있지 않다. 어떻든 여기에서 중요한 것은 인간의 행위는 그가 처한 상황을 객관적으로 규명하는 것에 의해서는 완전히 설명될 수 없다는 것이다. 인간은 자신이 처한 상황의 해석에 채용한 믿음 체계를 고려하지 않으면 안 된다. 경제적인 영역에서의 합리주의 또한 해당 인간들을 지배하고 있는 종교적 신앙의 내용에 의해 크게 좌우됨은 말할 것도 없다. 이를 알리는 막스 베버의 관찰을 소개하면 다음과 같다:

> 왜냐하면 합리적 기술 및 합리적 법이 그러했던 것과 마찬가지로, 경제적 합리주의의 등장 또한 실천적이며 합리적인 방식으로 삶을 이끌어갈 수 있는 인간의 능력과 성향에 전적으로 종속되어 있기 때문이다. 이것들이 정신적인 종류의 장애로 인하여 방해를 받는 경우에, 합리적으로 경제 생활을 이끌어가는 원리의 발달은 심각한 내적 저항에 봉착하게 된다. 과거에 주술적 및 종교적인 세력들과 그러한 세력들에 대한 신앙에 바탕을 두고 있던 윤리적 의무 관념은 많은 경우 생활을 이끌어가는 원리를 구축하고 있는 가장 중요한 요소에 해당되었던 것이다.[70]

그렇다면 한국에서 신유교가 사람들의 삶을 어떻게 이끌어가도록 지도했는가를 질문하지 않을 수 없다. 물론 신유교는 한국에서 사람들로 하여금 삶을 합리적으로 이끌어갈 수 있도록 선도적인 역할을 하였다. 사람들로 하여금 동물적이며 비합리적인 충동을 초월하여 신유교적 윤리 이상에 따라 특유의 방식으로 삶과 세계를 장악할 수 있게 하였다. 인간의 경제적 행위 또한 이러한 윤리적 이상에 의해 크게 좌우된다는 것은 재론의 여지가 없다. 신유교가 사농공상(士農工商)중에서 사와 농만을 중시하여 사람들이 공업과 상업 부문에 종사하는 것을 꺼리게 만들었다는 것도 움직일 수 없는 사실이다. 그러나 이러한 역사적 사실이 해방 후 한국의 산업화 과정

---

70) Max Weber, "Vorbemerkung," *GARS* I, p. 12.

에는 적용될 수 없다. 그러한 사회 체계의 유지에 강한 이해 관계를 가지고 있던 양반 제도 및 정부 관료 체계가 더 이상 공식적으로 존재하지 않기 때문이다. 그리고 그러한 윤리 체계를 사회에 심고 그것을 계속 믿음직스럽게 만들었던 신유교 사제층이 자신들의 사회적 지위를 상실한 지 오래 되었기 때문이다. 그렇지만 가족 및 씨족 집단은 계속성을 유지하면서 오늘에 이르렀고, 이들 집단의 장에 의해서 수행되었던 신유교의 기능이 여전히 계속되고 있는 것이다. 따라서 가족 및 씨족 집단에 의해서 매개되어 현재까지 중요한 전통을 이루고 있는 효(孝)라고 알려진 신유교적 생활 원리 및 집단 조직 원리가 일반인들의 생활을 이끌어가는 방식과 행동 지향에 결정적인 의미를 가질 수밖에 없게 되었다는 결론을 내릴 수 있다. 이는 말할 것도 없이 인간 생활을 합리적으로 규제하는 것을 내용으로 한다. 그런 점에서 서구의 자본주의가 이식되어 소기의 성과를 거두는 데 기능적이었다는 것은 자연스러운 귀결이다. 곧 사람들이 자발적으로 산업 노동 현장으로 나와서 산업 현장의 규율에 자신을 복종시키도록 유인하는 내적 동기를 제공할 수 있었다는 말이다. 그러나 이러한 신유교적 전통에 의해서 규정되는 경제 에토스가 서구의 금욕적 프로테스탄티즘에 의해서 유발된 경제 에토스와 동일하다고 해석해서는 안 된다.

이러한 신유교적 전통이 서구 근대 자본주의를 부양하고 있는 종교적 전통과 어떤 관계에 있게 되는지에 대해서 얼마간의 논의를 필요로 한다. 한국 전통 사회에서 신유교의 지식인들은 사회의 안정과 질서를 유지하기 위해서 앞서 말한 효라 불리는 행위 원리를 발전시켰다. 이는 사회 조직 원리 곧 '대인간적 지배 복종의 원리'로서 체계적으로 합리화되었다. 때문에 사회적 행위에서 대인 관계는 결정적인 의미를 가질 뿐만 아니라, 거의 모든 사회적 행위가 곧바로 인간에 지향되게 하는 결과를 가져왔다. 아울러 사회 조직 및 집단에서의 문제는 곧바로 인간에 대한 관계를 올바로 수립하는 데 달려 있다고 단정해버리는 전통이 생겨났다. 한국인들은 인간 행위의 성공에 대한 불확실성에 직면해서 '비인격적인 규범'에 의존하기보다는 특정의 '인간'을 중시 하도록 하는 신유교적 전통의 영향하에 있게 된 것이다. 이러한 신유교적 전통은 막스 베버가 보여주고 있는 바와 같이 근대 서구인들의 행위 지향 및 사회 조직 원리와는 대립 관계에 있는 것이다. 이 사실을 인식하는 것이 무엇보다도 중요하다.

근대 서구 사회는 관료 조직에 의한 지배 체제에 의해 운용되고 있다. 이는 정치 경제적인 영역은 말할 것도 없고, 비영리를 목적으로 한 종교적 영역 및 자원적인 결사체에서도 마찬가지이다. 더구나 이러한 조직이 없는 근대 자본주의는 상상조차 할 수 없는 것이 현실이다. 이러한 관료 조직에 의한 지배 체제는 '지배의 비인격성'에 의해서 그 특성이 규정될 수 있다. 곧 근대 조직에 속해 있는 사람들은 인격과 직책을 엄격히 구분할 뿐만 아니라, 이들의 행위는 비인격적인 집단의 이상, 규범 또는 목적에 지향되어 있다. 인간에 대한 인간의 지배 또는 카리스마적 인간에 의한 지배 대신에 집단 성원 모두가 구체적인 인간을 넘어서 있는 규범·이상·원리 및 원칙, 집단의 목적 등에 복종하는 것을 통해서 조직화된다는 말이다. 서구의 근대적 제도들은 이와 같은 지배의 비인격성이 전제가 되지 않고서는 기능할 수 없다. 이러한 비인격성이 사람들에 의해서 받아들여지고, 정당화되게 한 것은 서구의 종교 전통이었다. 이러한 사회 조직에서 드러나는 인간 관계는 신유교의 영향권 아래에 있는 윤리 및 이상적인 인간 관계라는 관점에서 볼 때 결코 적극적으로 평가될 수 없다.

이렇게 서로 다른 행위 지향 및 조직 원리 모두가 해당 사회 지식인들의 장구한 노력의 결과로 사회 전통으로 등장한 것이라는 사실을 잊어서는 안 된다. 서구에서 해당 지식인들은 사회적 행위에서 객관적인 계산을 불가능하게 하는 정적이고 인정적인 내용을 가능한 한 최대로 배제시키려고 노력했다. 이는 결국 행위의 내용보다는 형식적인 차원에서의 합리화를 모색하는 방향으로 나아가게 했다. 그 결과 물적인 관계 및 비인격적 관계가 부상되었다. 그러나 이와는 정반대로 신유교의 지식인들은 사회적 행위에서 형식적인 차원을 배제하고 질과 내용적인 면에서 부단히 순화하고 승화시키려고 시도했다. 그럼으로써 서로를 믿고 존중할 수 있는 확실한 인간 관계를 만들고자 했던 것이다. 특히 공적인 영역에서 수준 높은 인간 관계를 유지하기 위해서 사리사욕(私利私慾)을 억제하고 대의명분(大義名分) 또는 멸사봉공(滅私奉公)을 지향하는 심적 상태를 길러내려고 시도했다.[71] 이러한 심적 상태를 객관적으로 계산하여 평가하려면 큰 어려움을 겪을 수밖에 없게 된다.

이러한 관계로 서구 사람들은 자신들 행위의 안전을 도모하기 위해서 조직의 비인격적 특성, 곧 객관적인 법에 의존해왔던 반면에 신유교의 영향권 아래에 있는 한국인들에게는 그것이 전혀 믿을 만한 것이 못 되었다. 한국인들에게서 신뢰하고 인정할 수 있는 것은 어디까지나 인간적인 관계였던 것이다. 한국의 산업 조직에서 드러나는 거대한 관료 조직은 그 형식면으로는 서구의 관료 조직에 의한 지배 체제와 다를 바 없어 보인다. 그러나 이 조직에 대한 인간들의 태도, 기업인과 노동자의 태도는 서구인의 그것과는 완전히 다르다는 말이다. 바로 여기에 이러한 측면의 신유교적 전통이 결정적인 의미를 가지고 있으며, 한국의 자본주의를 논의하는 데 있어서 반드시 고려해야만 하는 이유가 있는 것이다.

4. 한국 자본주의의 신유교적 전통

I. 정부 관료 조직의 독주

정부 관료층의 역할은 한국의 자본주의를 특수하게 발전하도록 만든 가장 중요한 요소 중의 하나라고 할 수 있다. 한국에는 정부 관료층이 독주할 수밖에 없었던 역사적 조건이 있었다. 조선 사회에서 정부 관료층과 맞설 수 있는 유일의 합법적인 사회 단체는 신유교적 공동체였다. 그러나 신유교는 국가 관료층으로부터 자신을

---

71) 필자는 다른 곳에서 이에 대한 상세한 논의를 한 바 있다. 때문에 이곳에서는 필수적인 것만을 제시하는 데 머무르고자 한다. 이 책 제2장과 제6장 참조.

완전히 분리하여 독립된 집단으로 성장할 수 없었던 구조적 조건을 가지고 있었다. 일본 식민 통치에 의한 조선 정부 관료층의 패망은 동시에 신유교 공동체의 몰락을 의미했다. 또한 해방 후에 한국에서 산업화를 선도해나갈 수 있는 시민층이 발달할 수 없었다. 구한말에 등장하기 시작했던 상인과 수공업자층은 일본 식민 통치와 한국 전쟁 등으로 인해서 자율적인 기업 집단으로 발전할 수 없었다. 한국은 일제 식민 통치 기간 동안에 세계 자본주의 체제 속에 편입되었다. 그렇지만 일본 식민 통치하에서 합리적인 기업가층이 성장할 수 있었던 것은 아니다. 통치 기간 동안어 대부분의 기업은 일본인의 수하에 있었을 뿐만 아니라, 이들 기업이 국가의 관료 집단을 견제할 수 있을 정도의 자율성을 지닌 조직체로서 성장할 수 있는 여지는 전혀 없었다. 식민 통치 조직의 이해 관계는 기업들이 시장 경제의 원리에 따라 합리적인 경영을 통해서 발전을 도모하는 것을 근본적으로 방해했다.[72]

잘 알려진 바와 같이 독립을 위한 한국인들의 줄기찬 투쟁이 있었음을 인정한다 해도, 한국에서의 일본에 의한 식민 통치의 종식은 한국인들 자체의 힘에 의한 것이라기보다는 국제 연합군의 힘에 의한 것이었다. 이러한 사실은 또한 해방과 더불어 한국의 자본가층이 한국 정부의 보호 아래에서 독자적으로 활동해서 자신의 역량을 키워갈 수 있는 환경을 맞지 못했다는 것을 의미했다. 일제하에서 왜곡된 형태이긴 하지만 근대 자본주의는 발전되고 있었다. 그렇지만 기업가층의 자본 및 경영 기술이 해방 후에 계속성을 유지하면서 발전될 수 없었다. 물론 일제 통치 기간 동안에 이룩된 철도·항만·도로 등의 기간 산업은 해방 후 한국의 자본주의 발전에

---

72) 구한말로부터 해방되기까지의 한국의 산업 발전 및 성격에 대해서는 조기준, 「한국 자본주의 전사: 18세기~1945」, 『한국 경제의 역사적 조명』(구본호 엮음)(서울, 1991), pp.11~110 참조; Kim Kwang Suk and Michael Roemer, *Growth and structural transformation: the republick of korea 1945~1975*(Havard Council on East Asian Studies, Cambridge, 1979), 제1장 참조. 김광석, 『한국 공업화 패턴과 그 요인』(서울, 1984), p.23에서 다시 따옴.

일정한 역할을 했음을 인정해야 할 것이다.[73] 그러나 자본주의의 발전은 이러한 물리적 조건에 온전히 의존되는 것이 아니라, 인간 생활을 이끌어가는 방법에 관련된 에토스의 문제란 사실을 기억하는 것이 중요하다. 해방 후 한국 사회에 유일하고 합법적이며 강력한 힘을 발휘할 수 있는 조직은 정부의 관료 조직밖에 없었다.[74] '미 군정'[75]의 후견하에서 한국은 해방 후에 조선 왕조를 회복하기보다는 근대 국가로서 자신을 재건할 것을 목표로 하게 되었다. 서구 자본주의 모델에 따라 산업화된 민주 사회를 구축하는 것을 지상의 과제로 삼았다. 그렇지만 이런 사회를 만들어갈 수 있는 역량있는 사회 조직들이 일제의 탄압하에서는 발전될 수 없었고, 이제 신생의 국가 조직만이 유일하고 가장 강한 것일 수밖에 없었다.[76] 이는 조선 왕조 이래로 정부 관료 조직만이 사회에서 어떠한 견제 세력 없이 독주해왔다는 것을 의미한다. 이러한 사실은 자본주의 발전에 중대한 의미를 가지고 있는 것이다. 이에 대해서는 막스 베버의 다음과 같은 관찰에서 중요한 시사점을 얻을 수 있다:

---

73) 그러나 일제 시대에 있은 이러한 발전을 일본의 식민 지배의 공과로 단순하게 처리해버릴 수 있는 성질의 것은 전혀 아니다. 결코 과대 평가되어서는 안되지만, 우리는 한국이 일제의 강점 이전인 구한말부터 서구 문물의 영향과 자체의 내적 압력에 따라서 자기 특유의 방식으로 문제에 대응하면서 발전을 모색했으며, 또 그것을 실행에 옮기기 시작하였다는 많은 증거를 갖고 있기 때문이다. 보기로 조기준, 윗글, pp. 11~55 참조. 일본 식민 통치 기간중에 이룩된 발전은 오히려 우리에게 적합하고 정상적인 발전의 모델과 방향을 왜곡된 형태로 드러내고 있는 데 지나지 않는 것이라고 판단하는 것이 온당할 듯하다. 정운형, 「한국 경제 개발 계획의 체제적 성격」, 『한국 사회 변동 연구 (1)』(한국 기독교 사회 문제 연구소 엮음)(서울, 1984), pp. 13~27 참조.
74) 해방 후 제1공화국 관료 기구의 특수한 성격 형성을 일본의 식민 지배 유산과 미 군정의 역할을 중심으로 논의하고 있는 글은 김경순, 「관료 기구의 형성과 정치적 역할」, 『한국 현대 정치론 I』(한배호 엮음)(서울, 1990), pp. 219~51 참조.
75) 미 군정의 역할과 위상에 대해서는 김용욱, 「미 군정과 중간 노선의 위상과 역할」, 한배호(엮음), 윗글, pp. 118~42 ; 정운형, 「한국 경제 개발 계획의 체제적 성격」, 한국 기독교 사회 문제 연구원(엮음), 윗글, pp. 29~34 참조.
76) 이후에 계속 정부 관료 집단이 비대해지고 독주할 수밖에 없었던 일반적인 상황에 대해서는 한정일, 『한국 정치 발전론』(서울, 1989), pp. 15~26 참조.

내용적으로 볼 때 합리적인 관료 조직에 의한 지배 체제가 독주하는 것이 가능했던 곳 도처에서, 법 규범의 형식적 및 법률학적 완결성의 추구보다는, 확실히 관료 조직에 의한 지배 체제의 내재적인 에토스에 특별히 상응할 수 있었던 법적 규범의 내용적인 '정의' 실현에 관심을 두었다. 경제적으로 강력한 자본주의적 이해 관계 또는 사회적으로 보다 유력한 법조인 신분이 관료 조직에 의한 지배 체제를 견제하지 않았던 경우에, 관료층은 법률을 내용적인 면에서 합리화하고 체계화했다. 그렇지만 '정의'의 내용과 별로 관계가 없는 형식적이며 법률학적인 기술은 파기시켰던 것이다.[77]

경제적인 영역에서 관료층이 법 규범을 내용적으로 합리화하고 체계화시킨다는 것의 중요성은 기업의 합리적인 경영 및 자유 경쟁을 통한 자율적인 영리 추구 활동을 보증하고 장려한다는 것과는 상당한 정도로 거리가 있을 수 있다는 데에 있다. 국민 전체의 발전 및 복지의 실현이라는 미명하에 기업 활동을 강권적으로 규제 또는 장악하거나, 특정인 또는 특정 기업에게 특혜를 베푸는 것이 정당한 것으로 합리화된다는 것을 의미할 수 있다.

이는 해방 후 정부 관료층의 행동에서 곧바로 확인될 수 있다. 해방 후에 기업들은 정상적이며 합리적인 기업 활동을 통해서 발전에 필요한 자본을 축적할 수 없었다. 잘 알려진 바와 같이 산업 발전에 필요했던 자본의 대부분은 일본인들이 소유했던 적산 자산과 미국과 유엔의 전쟁 구호 및 부흥 원조물에 의해서 충당되었다. 사회에서 유일하게 힘있는 조직체인 정부 관료층은 시민 세력 및 그 밖의 사회 집단으로부터 이렇다 할 견제를 받지 않았다. 이들은 자신의 이해 관계에 따라서 적산 자산과 원조물을 개인 또는 기업인들에게 배분하였다.[78] 이들 중의 일부가 한국 자본주의를 중요하게 성격 짓고 있는 재벌로 성장했던 것이다. 여기에 오늘날까지 논란

---

77) Max Weber, "Konfuzianismus und Taoismus," *GARS* I, p. 438.
78) 이에 대한 논의는 무수하다. 보기로 박희, 「한국 대기업 조직 관리와 노사 관계에 관한 연구——가족주의의 영향을 중심으로」(연세대 대학원 박사학위 논문, 1992), pp. 73~77 참조.

이 되고 있는 '정경 유착'의 뿌리가 있는 것이다. 이 과정이 법적 형식에 따라서 정당하게 이루어졌다고 평가되지는 않는다. 물론 민주 국가를 표방하고 있는 이상, 외형적으로 기업 및 시민과 정부 관료층 사이의 관계는 공개적이며 합리적인 근대의 '법적 지배 형식'을 가질 수밖에 없었다. 그러나 내용적으로 이 양자 사이의 관계는 유교적인 유산인 '의리와 충정'이 중시되는 가부장적인 '사적 관계'의 성격을 갖고 있었다. 이때의 정책은 무엇보다도 신유교적 전통에 따라서 구체적인 인물들을 안중에 둔 가운데서 이루어진 것이었다고 판단될 수 있다. 정부 관료층은 이러한 과정을 통해서 신유교적인 가부장적 지배를 기업인들 사이에서 정당화시키고 자신의 허약한 세력 기반을 굳히고 확장시키는 데 관심을 두고 있었다고 판단된다.[79] 물론 이러한 과정이 국가 사회의 재건과 발전이라는 국민 복리적 목표하에 추진되었다고 판단했을 것임에는 틀림없다. 이들 관료 집단이 가지고 있는 국가상은 서구의 근대 국가관이라기보다는 신유교의 가부장적 복지 국가관과 다를 바 없는 것이라고 판단되기 때문이다. 이런 정부 관료 집단은 합법적이고도 형식적인 법적 절차를 보장하고 존중하는 것을 통해 사회의 각종 집단의 자율성과 성장을 도모함으로써 자신의 존재 가치와 지배를 정당화시킬 필요성을 느끼지 않는다. 이러한 정부 관료층의 활동이 시급한 민생 문제의 해결이라는 사회적 정의를 실현시키는 데 기여했을 것이라는 점을 인정한다 해도, 한국 자본주의의 건전한 성장을 위해서는 장애물로 작용한 것으로 판단된다. 기업가들은 자유 시장 경제의 원칙에 따라 합리적인 노동 조직과 경영의 합리화를 도모함으로써 자신을 발전시키기보다는 정부 관료층으로부터의 특혜를 얻는 데 더 많은 관심을 갖게 되기 때문이다. 이 경우 관료 조직에 의한 지배 체제를 채택하고 있는 자본주의가 가지고 있었던 전통과 신분 등을 돌파해내는 힘은 상실되게 되며,[80] 기업가들은 신유교의 조직

---

79) 배무기, 「한국의 노동 시장 구조」, 『한국의 노동 경제』(임종철·배무기 엮음)(서울, 1987), p.65 참조.
80) Max Weber, *WG*, p.129 참조.

원리 및 신유교적인 행동 양식과 타협하고, 기업 활동에 따르는 모험을 인간 관계를 통해서 해결하려고 시도하게 될 가능성이 높아지는 것이다. 이러한 사실은 60, 70년대 한국의 산업화를 주도해온 관료층을 살펴보면 분명하게 나타난다.

Ⅱ. 경제 개발과 정부 관료층의 역할

한국의 정부 관료층은 5·16 군사 혁명이라 불렸던 군부 쿠데타를 통해 자신의 가부장적 지배 구조를 더욱더 강화시키는 결과를 맞이하게 되었다. 이는 결코 우연이 아니었다. 왜냐하면 이후로 정부 관료층의 많은 부분이 군 출신으로 충원되었을 뿐만 아니라, 실질적으로 중요한 정부 관료층의 활동 및 국가의 정책 또한 군부의 영향권 아래에 있었기 때문이다. 한국에서 군인 집단이야말로 다른 어떤 집단보다도 먼저 근대 서구식 관료 조직에 의한 지배 체제를 도입하지 않으면 안 되었다. 그러나 그것을 전통 유교적 조직 원리였던 '대인간적 지배 복종의 원리' 아래에서 왜곡되게 운용하는 선례를 만들었던 것이다.[81] 군대내에서 황금률로 강조하고 있는 국가에 대한 충성과 상관의 명령에 대한 절대 복종은 서구 관료 조직에서의 행위 지향이었던 '비인격적인 규범과 목표 또는 집단의 이상'과는 판이하게 다른 의미를 가지고 있었다. 곧 구체적인 인간에 대한 인간적 존경과 헌신이라는 의미가 주된 내용이 되었던 것이다. 이는 한국의 정부 관료층이 사회 집단들로부터 견제를 받으면서 이제까지 견지해왔던 유교적 지배 조직과 운용 원리가 내포하고 있는 한계를 점차로 극복해갈 수 있는 기회를 상실하고 있다는 것을 의미했다. 일반적으로 사회가 발전됨에 따라 각 사회 집단 사이의 이해 갈등은 복잡해지고 그 강도가 세어지는 경향이 있다. 그런데 이런 정부 관료 집단의 갈등 처리 능력은 상대적으로 감소되어버린다. 사회의 각 부문으로부터 유능한 인재들이 관료층으로 충원되는

---

81) 한국 군대의 창설 과정에 대한 비교적 상세한 논의는 한용원, 「군부의 제도적 성장과 정치적 행동주의」, 한배호(엮음), 윗글, pp. 253~75 참조. 한국의 문화적 전통의 고려 없이 한국의 군대는 서구의 군사 제도를 그대로 수입했던 것이다. 그것이 어떤 결과를 가져오는지를 알 수 있게 한다.

것이 저해받기 때문이다.[82] 결과적으로 정부 관료 집단은 자신의 가부장적 성격을 점차로 강화해나가는 수밖에 없게 된다.[83]

이러한 경향은 1970년대에 있은 유신 체제의 등장으로 구체화된다. 이는 한상진이 바르게 지적하고 있는 바와 같이 "70년대의 정치·경제·사회를 국가가 조직하고 이끌어가는 포괄적인 정책"을 그 내용으로 하고 있는 것으로써 "체제 운영의 새로운 방식"이라고 규정지을 수 있는 것이다.[84] 60년대에 추진된 산업화와 더불어 공장 노동 인구의 증가와 급격한 도시화가 이룩되었다. 이와 함께 사회 각 집단은 그만큼 자율성과 자기 몫의 이익을 더 강하게 주장하게 되었다.[85] 이에 정부 관료층은 일련의 법 개정과 긴급 조치 등등의 규제 조치를 통해서 자신의 가부장적 권위 체제를 강화하는 방식으로 대응했던 것이다. 여기에서 관료 집단이 형식을 도외시하면서 추구하고자 하는 내용 합리성이 어떤 모습으로 나타나는지를 알 수 있다.

한국의 자본주의, 곧 산업화는 경제 활동의 주체인 기업들의 자율적 활동에 의해서 이룩되지 않았다. 한국의 산업화는 서구에서 일반적으로 경제 외적 요인으로 치부되었던 국가 주도하에 이룩되었다. 그렇지만 이것이 현대 마르크스주의가 말하는 국가 독점 자본주의와 궤를 같이하는 것이라고는 전혀 말할 수 없다. 자본이 지금까지의 잉여 가치의 착취를 계속적으로 보증하기 위해서 경제 외적 요인인 국가를 경제 영역에 끌어들인 것이라고 볼 수 없기 때문이다. 이와는 정반대로 기업 아닌 정부 관료층이 경제 발전의 주체

---

82) 군대에 의한 지배가 불안정할 수밖에 없는 이유에 대해서는 앤터니 기든스, 『현대 사회학』(김미숙 외 옮김)(서울, 1993), pp. 325~26 참조.

83) 필자와 같이 한국 사회를 지배하고 있는 사회 조직 원리의 성격과 그로부터 야기되는 문제의 '문화적 의미'를 해명하려고 시도하는 것은 아니지만 관료 조직에 의한 지배 체제가 지닌 권위주의라는 문제 의식 아래에서 군부의 영향, 특히 유신 체제를 사례로 들어 한국 사회의 관료적 권위주의를 논하고 있는 글로는 한상진, 『한국 사회와 관료적 권위주의』(서울, 1989), 특히 제2장 참조.

84) 한상진, 「유신 체제의 정치경제적 성격」, 윗글, pp. 129~30.

85) 윗글, pp. 132~34 참조.

로 나섰던 것이다. 한국의 가부장적인 성격을 지닌 정부 관료층은 자본주의가 시민 계층의 주도하에 발전될 수 있도록 법적 질서의 유지와 대외적 위협으로부터 자국 산업을 보호하는 방파제로서의 역할에 머무르는 것으로는 결코 만족할 수 없었다.[86) 정부 관료층은 1950년대 후반에서부터 1960년대초까지 이제까지 외국의 수입에 의존해온 소비재 물자를 국내에서 직접 생산하려는 방향에서 산업을 발전시키고자 했다. 수입 대체 산업 분야를 육성함으로써 자립 경제를 달성하려 했던 것이다.[87) 그리고 이는 이후의 수출 지향적 산업화의 기반 구축의 역할을 했을 뿐만 아니라 우리가 문제시하는 한국 특유의 자본주의 성격 형성에 중요한 몫을 담당했던 것으로 평가된다.[88) 곧 "미국 원조에의 의존, 이와 관련된 농업의 파괴, 그리고 정치 권력의 비호를 받은 소수 재벌의 형성 등"과 같은 한국 자본주의를 기형적으로 발전하게 만든 계기가 되었던 것이다.[89) 1962년부터 여러 단계로 시행된 '경제 개발 5개년 계획'은 한국의 산업화, 곧 자본주의가 한국 땅에 뿌리내리게 된 결정적인 계기가 되었다. 그러나 이러한 경제 개발 계획의 입안과 시행의 주체는 정부 관료층이었다. 이 점은 한국의 자본주의가 서구와는 다른 경로를 통해서 발전되었다는 것과 아울러 한국 자본주의의 특수성을 말해주는 중요한 지표가 된다.

한국 자본주의는 1962년을 기점으로 하여 정부 관료층의 주도 면밀한 계획하에 특유의 발전을 기록하게 된다. 1962~1966년을

---

86) 이러한 한국 자본주의의 특성을 '권위주의'라는 개념을 통해서 이론적 해명을 시도하고 있는 글은 김태일, 「권위주의 체제 등장 원인에 관한 사례 연구」, 『한국 자본주의와 국가』(최장집 엮음)(서울, 1985), pp. 27~90 참조. 이는 한국 자본주의의 역사적 특수성이 지니는 문화적 의미를 해명하는 데 목적을 두고 있는 필자의 과학적 관점과는 많은 차이를 드러내고 있는 것이다.

87) 박종철, 「원조와 수입 대체 산업의 정치 구조」, 한배호(엮음), 윗글, pp. 397~418 참조.

88) 김대환, 「한국 경제의 전개: 역사——구조적 시각」, 『한국 경제의 인식과 도전』(한성신 엮음)(서울, 1991), p. 28; 김태일, 윗글, pp. 45~47 참조.

89) 김대환, 「한국의 자본주의와 경제 발전: 한국 경제의 역사적 연구를 위한 과제——구본호·이규억 편, 『한국 경제의 역사적 조명』에 대한 논평」, 『사회과학 논평』11호(1993), p. 18.

기간으로 한 제1차 경제 개발 5개년 계획은 "자립 경제 달성을 위한 기반 구축"에 두었다.[90] 아울러 1967～1971년의 제2차 경제 개발 5개년 계획은 "산업 구조의 근대화와 자립 경제의 확립을 촉진"시키고자 한 것이었다.[91] 정부 관료층은 일정한 계획하에 산업을 의도적인 방향으로 성장, 발전시키려고 시도했다. 제1차 경제 개발 계획 기간중에는 외국 차관과 저임금 노동에 바탕한 대외 수출 지향적인 산업의 발전을 도모했다는 것이 두드러진다. 이때의 주요 의의는 총량 성장 위주의 수출 주도적 성격에 있다. 이전 시기의 수입 대체와는 개발 전략 면에서 완전히 그 성격을 달리한다.

이를 뒷받침하기 위한 정부 관료층의 정책적 배려는 실로 다양하고 초법적이며 자의적인 가부장적 성격을 여실히 드러내고 있다. 기업의 수출을 촉진시키기 위해서 세제·관세·융자·우대 및 연계 조치 등등을 통하여 각종 혜택과 제재를 기업에게 제공하였다. 이에서 한걸음 더 나아가 경제기획원이라는 독립 부서를 정부 조직내에 창설하였을 뿐만 아니라 특별 수출 금융 규정과 수출 공업 단지 조성법을 제정하기까지 하였다. 또한 산업 발전에 필요한 외국 자본의 도입과 관련하여 국내 각계 각층으로부터의 거센 반발이 있었음에도 불구하고 한일 사이의 국교 정상화 협정을 타결시켰을(1965) 뿐만 아니라, 엄청난 인원의 희생을 치러야 했던 월남 파병(1965)을 감행하였다.[92] 이와 같은 정부 관료층의 활동은 의도적으로 국가 사회의 자원을 수출 부문에 집중되게 하는 데 기여하였고, 다양

---

90) 김달현(엮음), 『5개년 경제 계획의 해설』(서울, 1962), p.19.

91) 경제기획원, 『제2차 경제 개발 5개년 계획』(서울, 1967), pp.10～15 참조.

92) 정운형, 「경제 성장과 독점 자본」, 『한국 독점 자본과 재벌』(조용범 외 공저)(서울, 1984), pp.62～65; 전철환, 「한일 회담과 대외 지향적 개발의 정착──외연적 자본 운동의 전개」, 『한국 경제론』(박현채 외 엮음)(서울, 1987), pp.139～74; 隅谷三喜男, 『한국의 경제』(한울 편집부 옮김)(서울, 1983), pp.91～103 참조; 경제 발전에 대한 정부 관료 및 국가의 역할에 대한 일반 이론적 논의는 사공일, 「경제 개발과 정부의 역할」, 『한국 개발 연구』(1981년 봄), pp.2～23 참조; 제1차 및 제2차 경제 개발 계획 기간중에 정부 관료층이 기업들을 지원하기 위한 각종 시책에 대해서는 조순, 「압축 성장의 시발과 개발 전략의 정착: 1960년대」, 『한국 경제의 역사적 조명』(구본호 엮음)(서울, 1991), pp.175～82 참조.

한 중소 기업이 자유 시장 경제 원칙에 따라서 성장하는 것을 방해하고, 일부 기업이 특혜를 받아 재벌로 성장하게 만들었다는 평가를 받게 되었다.[93]

이는 한국의 기업으로 하여금 합리적인 경영과 체계적인 노동 조직 및 기술 개발을 통한 정상적인 이윤 추구를 뒷전으로 밀어놓게 만든 결정적인 원인이 되었다. 이러한 사정과 관련하여 기업들의 최대 관심사 및 기업의 성패 여부는 정부 관료들과 여하히 친밀한 관계를 형성하느냐에 달려 있었다고 할 수 있을 것이다. 여기에서 드러나는 바와 같이 서구를 본받은 한국 자본주의는 이러한 정부 관료층이 주도해온 산업화 과정에서 자신의 내적 구조를 심각히 변동시키지 않으면 안 되었다. 이는 한국형 또는 '유교적' 자본주의라 불릴 수 있을지도 모른다. 그럼에도 불구하고 이 기간 동안에 한국 경제는 외형적으로 괄목할 만한 성장을 이룩하였다. 곧 제1차 경제 개발 5개년 계획 기간중 평균 경제 성장률은 8.5%였고, 제2차 경제 개발 5개년 계획의 기간중 성장률은 11.4%였다. 이는 당초에 정부가 상정했던 목표를 상회하는 것이었다.[94] 이러한 외형적인 경제 성장을 한국에서 서구식 근대 자본주의가 정착 발전한 것을 나타내는 지표라고 해석해서는 안 된다. 이러한 한국 자본주의의 내적 과정과 추진 동력이 서구의 것과는 그 성격을 달리하고 있다고 판단되기 때문이다.

한국 자본주의의 주체로 나선 관료층은 1970년에 국제적 상황의 변동과 국내의 사회 경제적 여건을 고려하면서 산업 구조를 개편해나갔다. 그 결과 1973년도에 이르러 한국의 산업 구조는 선진국형으로 바뀌게 되었다고 평가받게 되었다. 자본주의의 세계 분업 체계에 적응하기 위하여 중화학 공업을 중점적으로 발전시켰던 것이다. 그 결과 한국 산업은 1979년도에 이르러서 중화학 공업

---

93) 김대환, 윗글, 『사회과학 논평』 11호(1993), p.19 참조; 원조 물자와 관련된 특혜 재벌, 외자 도입과 관련된 신흥 재벌의 발전에 대해서는 木神原芳雄, 「한국의 재벌」, 조용범·정윤형 외, 윗글, pp.171~75 참조.

94) 1961년부터 1971년까지 경제 성장을 알리는 연평균 성장률과 1인당 GNP는 국회입법조사국, 『역대 예산 관계 자료(1961~1977)』(1977), 참조.

이 중심을 이루는 구조로 변모되었다.[95] 이 기간 또한 외국 자본에 바탕한 기업의 수출을 통해서 고도 성장을 달성했다고 평가된다. 한국의 기업이 크게 성장하게 되었지만, 그것은 종합 상사의 출현과 발전, 재벌이라 불리는 대기업의 비대를 그 내용으로 하고 있었다.[96] 이러한 특성이 정부 관료층의 활동과 영향에 의한 것임은 두말할 필요조차 없다. 우리는 이제 한국의 정부 관료층이 경제 발전이라는 목적하에서 일체의 법 절차와 형식을 도외시하면서 얼마나 가부장적으로 활동해왔는가를 위해서 이 이상으로 계속 추적할 필요를 느끼지 않는다.

III. 저임금 구조와 자본주의

짧은 시간내에 한국에서 자본주의가 성공적으로 정착, 발전할 수 있었던 중요한 이유 중의 하나는 저임금 구조의 노동 시장이 존재했기 때문이라고 말한다. 이것이 앞서 말한 정부 관료층의 의도적인 노력의 결과로 형성된 것임을 기억하는 것은 중요하다. 정부 관료층은 취약한 도시 산업을 부양하기 위해서 저임금 구조의 노동 시장을 확보하지 않으면 안 되었다. 아울러 이를 위해서 방대한 잉여 인구층을 만들어내지 않으면 안 되었다. 그리고 이런 면에서 정부 관료층의 활동은 성공적이었다. 그렇지만 잉여 노동력의 존재와 이와 관련된 저임금 구조의 노동 시장의 존재가 자본주의 발전에 어떤 의미를 가지고 있는지를 다시 한번 질문해볼 필요가 있다. 이러한 문제에 대해 막스 베버의 관찰은 우리에게 시사하는 바가 많다:

　　잘 알려진 바와 같이 자본주의가 발전하려면 사람들이 노동 시장에 자신의 노동력을 싼값으로 내놓을 수 있게 하는 잉여 인구층의 존재가 필요하다. 실제로 과도한 '산업 예비군'의 존재가 자본주의의 양적인 확장을 돕는 경우가 있다. 그렇지만 그것은 자본주의의 질적인 발전,

---

95) 한성신, 「구조적 변화와 고도 성장: 1970년대」, 구본호(엮음), 윗글, pp. 222~30; 중화학 공업의 발전을 위해서 정부가 취한 다양한 정책들에 대해서는 박회, 윗글, pp. 80~84 참조.
96) 한희영, 『한국 기업 경영의 실태』(하재기 옮김)(서울, 1989), pp. 16~18 참조.

곧 강도 높은 노동을 철저히 이용하는 경영의 형태로 이행해가는 것을 방해한다. 낮은 임금은 결코 값싼 노동과 동일시될 수 없다.[97]

우리는 산업 예비군 창출을 위한 정부 관료층의 의도적인 행위가 한국 자본주의의 양적인 확장에 기여한 것에 불과했는지, 아니면 자본주의의 질적인 발전을 가져오게 하는 더 결정적이었는지를 묻지 않을 수 없다.

잘 알려진 바와 같이 아시아 지역에서 산업화는 저임금 노동을 바탕으로 한 수출 주도형 공업을 발전시키는 것을 통해서 이룩되었다.[98] 이들 나라 상품의 국제 경쟁력이 확보된 것은 그 품질의 우수성에 의해서라기보다는 상품이 선진국 제품에 비해 값이 월등히 싸다는 데 이유가 있었다. 이들 나라에는 물론 고질의 상품을 생산할 수 있는 기술도 설비도 고질의 노동력도 존재하지 않았었다. 값싼 제품을 생산할 수 있는 가장 손쉬운 길은 저임금 수준을 유지하는 일이었다. 단위 제품으로 얻을 수 있는 이윤은 작았지만, 값싼 노동을 통해서 값싼 제품을 다량으로 생산해내는 것이 최선의 길이었다는 말이다. 여기에서의 당면 과제는 값싼 노동력을 산업 노동 시장에 공급하는 문제와 저임금에도 불구하고 산업 노동자들이 노동력을 재생산할 수 있게 만드는 것이었다. 이를 위해서는 노동자들의 생계비를 낮출 수 있는 방안을 강구하는 것이 필수적이었다. 이는 저임금 구조와 아울러 저곡가 정책의 실시를 통해서 구현되었다.[99] 산업 노동자나 도시 산업 예비군들의 주식비를 낮추었던 것이다. 한국에서 이러한 정부 관료층의 의도적인 활동을 입증하는 것은 어렵지 않다. 60년대 한국 경제의 고도 성장은 식량을 대외에

---

97) Max Weber, "Die protestantische Ethik und der Geist des Kapitalismus," *GARS* I, pp. 45~46(우리말 옮김은 필자); 막스 베버, 『프로테스탄티즘의 윤리와 자본주의 정신』(박종선 옮김)(서울, 1987), pp. 54~55.

98) 개발 도상 국가들에서 저임금에 관한 일반적인 사항에 대해서는 隅谷三喜男, 윗글, pp. 45~89 참조.

99) 백산서당(옮기고 엮음),「아시아 농촌의 현실」,『아시아의 농촌과 공업화 현실』(서울, 1983), p. 19 참조. 저임금 산업 노동자를 유지할 수 있도록 도운 또 다른 요인은 식량 원조이다. 윗글, pp. 19~20 참조.

종속시키는 희생, 곧 농업의 생산을 위축시키는 것을 통해서 가능했다[100]고 평가될 정도로 인플레이션에 의한 도시 노동자의 생계 위협을 농촌에 전가시켰던 것이다.[101] 정부 관료층은 의도적으로 공업 부문의 저임금 구조를 유지시키는 한편 도시 노동자의 생계를 보장하기 위해서 지속적인 저곡가 정책을 견지해왔다. 이러한 목표를 계속 실현하는 가운데 저곡가 정책이 농업에 미치는 악영향을 다소 완화하기 위해서 막대한 국고의 손실을 감수하면서 취한 방안이 바로 이중 곡가제의 도입(1970년대 이후)이었던 것이다.[102]

잘 알려진 바와 같이 산업 부문에 필요했던 산업 예비군은 농업 부문으로부터 충당되었다. 한국은 60년대까지만 해도 전통적인 농업 국가였다. 그러나 농업 부문은 산업화의 진전 및 이와 관련된 경제 성장과 더불어 급격히 축소되는 과정을 밟게 되었다. 이러한 현상은 노동력의 측면에서 보면 분명하게 나타난다. 농가 인구가 전체 인구에서 차지하는 비중은 제 1 차 경제 개발 계획의 시행 연도인 1962년만 해도 57%로 절반을 상회하고 있다. 그러나 이는 산업화의 진전과 더불어 계속 감소하여 1969년에는 50%의 수준으로 떨어졌다. 60년대에 이어 계속된 70년대의 산업화 결과 1981년에 전체 인구에서 차지하는 비율이 25% 수준으로 급격히 하향되었다. 불과 20년 동안에 32%나 감소되었다는 것을 알 수 있다. 이것은 농업 종사자의 숫자가 줄었다는 것을 넘어서 국민 총생산에서 농림 어업이 차지하는 비중 자체가 급격히 낮아졌다는 것을 의미했다.[103]

100) 김종덕, 「식량 종속의 정치경제학」, 『현대 한국의 농업 문제와 노동 운동』, 한국사회사연구회 논문집 제21집(1990), p. 25 참조.
101) E.S. 메이슨 외, 『한국 경제·사회의 근대화』(서울, 1985), pp. 251~52 참조.
102) 황연수, 「독점 자본과 농산물 가격 문제」, 『한국 농업·농민 문제 연구 I』(한국 농어촌 사회 연구소 엮음)(서울, 1988), pp. 374~76 참조. 이러한 정부의 이해 관계는 1960년대말에 있은 '고미가 정책'과 아울러 실시된 '이중 곡가제'에서 극명하게 드러난다. 김정렴, 『한국 경제 정책 30년사』(서울, 1993), pp. 184~87 참조; 정영일, 「한국 농업의 현황과 당면 과제」, 박현채 외, 『한국 농업 문제의 새로운 인식』(서울, 1984), p. 51 참조.
103) 경제기획원, 『한국 통계 연감』, 1976; 1960년대 중반까지 37%, 70년의 27%, 80년의 14%로 계속 낮아지고 있다. 정영일, 「한국 농업의 현황과 당면 과

같은 기간 동안에 한국의 전체 인구의 성장률은 1960년의 3.0%에서 1966년에는 2.6%로 둔화되었다. 반면 같은 기간중 농촌 인구의 성장률은 2.1%에서 1.3%로 급격히 낮아지고 있다. 이러한 추세는 1970년대에도 계속되고 있다. 곧 총인구의 성장률이 1970년에 1.9%였던 것이 1975년에 2.0%로 다소 증가되고 있는 반면에 농촌 인구의 성장률은 -1.2%에서 -0.6%로 여전히 감소 추세를 유지하고 있다. 이러한 사실은 도시 인구가 계속 성장하는 주된 원인이 농촌 인구의 감소에 의존하고 있다는 것을 의미한다. 곧 순수 도시 인구 성장률을 보면 1960년에서 1966년에 66.8%였고, 1966년에서 1970년에는 139.3%, 1970년에서 1975년이 118.1%으로 급격히 증가하고 있다. 이와는 반대로 농촌의 순수 증가 인구는 같은 기간인 1960~1966년은 1,396,000명, 1966~1970년이 -882,000명, 1970~1975년이 -592,000명으로 나타나고 있다.[104] 농가의 절대 인구는 60년대 중반까지 꾸준히 증가하다가·1967년을 기점으로 하여 감소 추세로 바뀌었다. 이러한 사실은 60, 70년대의 공업화 정책과 아울러 인구 및 노동력이 농업 부문으로부터 도시의 산업 부문으로 이동했음을 알려주는 지표가 된다.[105] 이러한 과정 속에서 이농 또한 산업의 성격 변동에 따라 내용을 달리하고 있다. 한국의 산업은 60년대에는 면방직과 같은 경공업이 주종을 이루었다. 이는 해외 수출을 위한 생산이었다는 특징을 갖고 있다. 70년대에도 해외 수출을 목표로 하고 있었다는 점에서는 60년대와 맥을 같이하고 있지만, 산업의 중심이 중화학 공업으로 바뀌었다는 점에서 이전의 10년 동안과는 대조를 이루고 있다. 이와 결

제」, 박현채 외, 윗글, pp. 36~37 참조.

104) R. 레페토 외, 『한국의 경제 개발과 인구 정책』(서울, 1983), pp. 70~72의 〈표 3-7〉〈표 3-8〉 참조. 이는 경제기획원의 『한국 통계 연감』, 1976, 1977, 1978 내무부의 『한국 도시 연감』, 1976, 1977 등을 기초로 하고 행정 구역상의 시지정과 승격, 시 주변 지역의 시로 편입 조정, 도시 순이입 인구, 도시의 자연 증가 등등을 고려하여 정밀하게 계산하여 작성되었고, 도시 지역은 인구 5만 이상의 행정 구역상의 시를 지칭하고 있음.

105) 이정용, 「농가 인구와 이농」, 『한국 농업 문제의 이해』(한국 농어촌 사회 연구소 엮음)(서울, 1990), pp. 220~21 참조.

맞게 1960년대의 이농은 주로 영세 소농을 중심으로 한 전가구원 이주가 중심을 이루었다. 이에 반해 1970년대 이후에는 근대적 중등 교육 이상을 받은 청장년층이 이농 인구의 70% 이상을 차지하고 있다. 전가구 이농이 아닌 가구 중에서 일부 젊은 층이 농촌을 떠나 도시의 산업 전선에 투입되고 있는 것이다.[106] 이러한 이농은 교육 기회의 확대와도 관련이 있다. 비농업 부문에 종사하고 있는 인구의 평균 학력이 1960~1975년 사이에 7년에서 9년으로 높아지고 있다. 노동력의 평균 학력 수준이 높아짐에 따라 1976년까지 비농업 부문의 고용 증대에 필요한 숙련 노동력의 제공에 심각한 문제가 야기되지 않았다.[107] 이것은 한국의 자본주의를 양적으로 확장시키는 데에 결정적인 역할을 한 것으로 평가될 수 있다.

이렇게 60, 70년대에 도시 산업 부문에 방대하게 존재했던 산업 예비군은 농어촌 부문으로부터 이주해온 인구층으로부터 대부분 충당되었다. 그렇지만 이것이 특히 농업 부문에 '잠재 실업' 형태로 존재하던 노동력을 생산적인 도시의 공업 부문으로 흡수했다는 사실을 의미한다고 단순하게 해석할 수는 없다. 이 점은 중요하다. 저개발국 경제 발전을 연구하고 있는 많은 사람들은 논농사를 중심으로 한 농촌 사회에는 과잉 인구가 형성되어 '잠재 실업군'이 형성되는 경향이 있다고 가정한다. 이 잠재 실업군이 근대적 산업화 곧 공업 발전을 위한 노동 시장에 공급되고 있는 것으로 해석한다. 이 때문에 그것은 농촌 부문의 발전에도 다대한 기여를 하는 사건으로 평가된다. 그러나 아시아 지역, 특히 한국의 경우는 이와 달랐다.[108] 60, 70년대의 산업화, 곧 자본주의의 발달에 절대적으로 필요했던 이농을 통한 노동력의 공급은 정부 관료층의 의도적인 정책에 의해서 이루어졌음은 말할 것도 없고, 농업 부문의 희생을 통해서 도시 산업 부문의 발전을 도모한 것으로 귀결되고 말았던 것이다.[109]

---

106) 이정용, 윗글, p. 223 참조.
107) 김광석 외, 『한국 경제의 고도 성장 요인』(서울, 1984), pp. 27~28 참조.
108) 오내언, 「노동 시장」, 『한국 농업 문제의 이해』(한국 농어촌 사회 연구소 엮음)(서울, 1990), pp. 87~88 참조.
109) 한국의 농업 부문에서 노동이 계절에 따라서 낮은 고용 상태를 나타내고 있다

이와 관련하여 이러한 노동력 이동은 고용 기회와 임금 수준에 있어서 도시 산업 부문이 농업 부문에 비해 상대적으로 높기 때문에 일어났고, 이 현상은 노동자들의 생활을 향상시키는 실질 임금 수준이 높아진 것을 의미한다고 해석될 수 없다. 산업화가 진전됨에 따라서 그에 비례하여 노동자의 명목 임금 또한 계속 상승되었다. 그렇지만 그것이 노동자의 실질 임금 상승을 의미하는 것은 아니었다. 결국 한국에서 산업화의 진전과 그에 따른 경제 성장은 노동자의 생활 수준이 그만큼 향상되었다는 식으로 단순하게 이해될 수 없다는 것을 의미한다.[110]

위에서 보아온 대로 정부 관료층의 체계적인 활동의 결과로 한국 자본주의는 양적인 성장에 성공할 수 있었다. 그러나 이러한 방식으로 자본주의가 자체를 확장시키는 것은 1970년대 중반에 접어들면서 한계에 부딪히게 된다. 값싼 노동력의 '무한 공급'이 더 이상 가능하지 않게 되는 전환점을 통과하게 되었기 때문이다.[111] 노동자의 실질 임금 상승률이 노동 생산성의 상승을 앞질러가기 시작하였기 때문이다. 한 보기로 제조업 부문에서 노동 생산성은 1965년부터 1976년 사이에 연 평균 8%씩 증가한 것으로 나타난다. 같은 부문에서 노동자의 명목 임금은 연 평균 25%씩 상승되었다. 아울

고 (그러나 농번기에는 심한 노동력 부족 현상을 빚고 있다) 말할 수 있지만, 그것이 농업 부문에 잉여 노동력이 존재한다는 것을 의미하지 않는다는 사실을 믿을 만하게 논증하고 있는 논문으로는 박광서, 「한국 농촌의 저수준 고용에 관한 연구」, 『노동 경제 논집』 33권(1979. 9), pp. 125~43 참조.

110) 하나의 보기로 노동자의 임금은 1963년을 100으로 할 때 1969년에 308.8로 증가하여 기간 중 208.8% 증가한 것으로 나타난다. 그러나 소비자 물가 지수는 동기간 중 223.5% 증가한다. 실질 임금 지수는 동 기간에 137.8로서 물가만을 고려한 실질 임금은 동기간 중 5.7%씩 증가한 셈이 된다. 여기에 동 기간 동안에 노동 지출도(노동 시간 및 노동 강도)의 증감분을 계산에 넣어야 한다. 그런데 노동 시간의 경우 1963년에 평균 50시간으로부터 1969년에 56.3시간으로 늘어난다. 게다가 노동자 가계의 생계비 지수, 곧 1963년을 100으로 할 때 1970년에 374.2로 연평균 23.4%씩 증가한 셈이 된다는 것을 고려하면, 노동자의 실질 임금 수준, 곧 생활 수준은 점점 더 악화되었다고 해석될 수 있을 것이다. 박찬일, 「60년대의 공업화와 실질 임금 수준」, 『한국 노동 문제의 구조』(서울, 1980), pp. 287~308 참조.

111) 배무기, 「한국 노동 경제 구조 전환」, 『경제논집』 21권 4호(1982); 김대환, 윗글 p. 20에서 다시 따옴.

러 서울 지역의 생계비 지수는 연 평균 13.4%씩 상승한 것으로 나타나고 있다. 결국 제조업 노동자의 실질 임금은 연 평균 9.9%씩 상승한 셈이 된다. 1965년부터 1976년 사이에 제조업 부문 노동자의 실질 임금 상승률이 노동 생산성 증가율을 약간 상회하고 있다는 것을 알 수 있다.[112] 60년대 이래로 산업의 주종을 이룬 제조업 부문 노동자의 임금이 저임금 구조를 유지하고 있었고, 이를 바탕으로 한국 기업은 세계 시장에서 그런대로 경쟁력을 유지하고 있었다고 할 수 있을 것이다.

정리하면 전통 신유교적 조직 원리에 따라서 정부 관료 및 기업이 산업을 선도하고 경영했을 뿐만 아니라, 생산에 필요한 값싼 노동력을 인위적으로 동원함으로써만 양적 확대를 기할 수 있었던 한국 자본주의가 한계점에 직면하게 되었다는 것이다. 한국의 경제 성장에서 값싸고 질 좋은 노동력의 존재가 한몫을 하였다고 일반적으로 말해지고 있다. 특히 섬유·전자 산업과 같은 노동 집약적 산업 부문에서 노동은 세분화된 단순 반복 작업을 그 내용으로 하고 있다. 때문에 특별히 노동자의 고도 집중과 헌신을 내용으로 하는 순도 높은 노동이 꼭 필요한 것은 아니었다. 기업가의 적정 이윤은 저임금 장시간 노동에 의해서 확보될 수 있었다. 사람들이 일반적으로 말하는 값싸고 질 좋은 노동력이 바로 이와 같은 것에 지나지 않는 것임을 분명히 인식할 필요가 있다. 그러나 한국 기업은 1970년대 중반에 이르러 세계 시장에서 더 이상 경쟁력을 유지할 수 없게 되었다. 그 동안 노동 운동이 발달되고 노동자 계급 의식이 성장됨에 따라 저임금 장시간이라는 노동의 강요를 통해서는 더 이상 노동 생산성을 높일 수 없다.[113] 현재 한국 자본주의의 근본적인 문제는 단순히 노동자의 임금을 높이는 것을 통해서 필요한 만큼의 노동 생산성을 높일 수 없다는 데에 있다. 이는 노동자와 기업가의

---

112) 김광석 외, 윗글, pp. 28~29 참조.
113) 1993년 11월 12일자 동아일보 2면에 한국 생산성 본부가 OECD의 자료를 바탕으로 해서 분석 발표한 「생산성 국제 비교」는 우리에게 시사하는 바가 크다. 곧 1990년도의 우리나라 제조업 부문의 노동 생산성은 미국의 41%, 일본의 55%, 프랑스의 59%로 나타나고 있다.

경제 활동 에토스에 관련된 문제이기 때문이다.

Ⅳ. 재벌 중심의 자본주의

앞에서 논의한 바와 같이 정부 관료층의 의도적인 노력과 아울러 일반 사람들 사이에 만연된 근대화 및 산업화가 가지고 있는 신화적 성격은 도시 주변에 과도한 산업 예비군층을 형성시켰다. 기업은 단지 공사립의 초·중·고등 및 대학 교육 기관에서 배출되는 인적 자원을 선발하여 쓰기만 하면 되었다. 한국의 고등 및 대학 교육은 전공 분야별로 졸업생을 배출하고 있음에도 불구하고, 내용적으로 전문인을 배출하기보다는 일반 교양인을 양성하고 있다고 할 수 있다. 뒤에 논의가 되겠지만 이것은 기업들이 자신들의 인적 자원을 충원하는 과정을 보면 알 수 있다. 이는 한국 기업으로 하여금 자본주의를 질적으로 향상시키는 방향으로 나아갈 필요성을 느끼지 못하게 한 요인으로 작용했다. 값싼 노동력을 이용하여 자본주의를 양적으로 확장시킴으로써 별다른 문제 없이 적정 이윤을 확보할 수 있었기 때문이었다. 기업 자신이 질 높은 노동력을 확보하기 위하여 특별한 교육과 투자를 하려고 애쓸 이유가 없었다.

잘 알려진 바와 같이 한국 자본주의는 일련의 가족주의적 재벌군들의 지배적인 역할에 의해서 규정되고 있다.[114] 오늘날 일반화된 재벌 주도형 구조는 1960~1980년 사이에 형성되었다고 볼 수 있다.[115] 한국 경제에서 재벌 그룹이 차지하는 비중은 막강하다.

---

114) 재벌에 대한 고정된 개념이 존재하는 것은 아니다. 종업원 수 500인 이상을 재벌계 기업이라고 규정하고 있는 경우로는 木神原芳雄, 윗글, pp. 182~83; 반면에 기업 구조에 따라서 관련이 없는 여러 산업 분야에 걸쳐서 사업을 영위하는 기업 그룹이라고 규정하기도 한다. 정구현, 「한국에서의 정부와 기업간의 관계」, 이학종 외, 『한국 기업의 구조와 전략』(서울, 1989), p. 171; 어떻든 기업의 규모가 큰 것이 사실이지만 여러 분야를 망라하는 사업체를 함께 가지고 있는 기업군을 재벌이라고 보는 것이 바람직하다고 생각된다. 재벌을 특별한 조직 형태로서 규정하고자 하는 노력은 김재성·한찬기, 「한국 재벌 기업의 조직적 실체에 관한 고찰」, 이학종 외, 윗글, pp. 211~32 참조.

115) 대한상공회의소, 『한국 기업의 성장 전략과 경영 구조』(서울, 1989), pp. 20, 55~75 참조.

곧 50대 재벌 그룹의 생산 규모가 국민 총생산의 20%를 넘어서고 있고, 제조업 부문에서 창출되는 부가 가치의 40%에 달하고 있다는 것만 보아도 알 수 있다. 또한 수출 지향적인 한국 산업에서 이들 기업이 대외 수출에 중추적인 역할을 담당하고 있음은 두말할 필요조차 없다.[116) 그러나 필자가 재벌 중심적인 한국 자본주의에서 논의하고자 하는 바는 재벌에 관한 일반적이고 전반적인 사항에 대한 것이 아니다. 이 글에서 중요시되는 바는 이러한 한국 자본주의의 특징이 신유교적 가치에 의해서 채색된 정부 관료층의 역할과 신유교적 전통 가치를 이어받고 있는 기업가들의 경영 전략이 합작하여 만들어낸 작품이라는 사실에 있다.[117)

앞에서 논의한 바와 같이 한국의 기업들은 시장에서 상품의 품질을 둘러싼 경쟁을 통해서 성장한 것이 아니라, 가격 경쟁을 통해서 이익을 취해왔다. 전체적으로 한국에서 재벌 기업의 출현은 기업들 사이의 자유 경쟁을 통해서가 아니라 정부 관료층으로부터 특정 기업이 특혜를 받는 것을 통해서였다는 특징을 가지고 있다. 정부 관료층의 가부장적인 경제 개발 계획하에서 모든 기업들이 자금·자원·인재·기술 등의 경영 자원을 균등하게 혜택받은 것이 전혀 아니었기 때문이다.[118) 특혜 쟁취에 성공한 기업만이 재벌로 성장할 수 있었던 것이다. 이러한 사실을 이해할 수 있게 하는 하나의 보기를 다음에서 발견할 수 있다:

각 재벌 그룹은 정부 프로젝트 중 자회사에 적절하다고 판단되는 프로젝트를 선정하여 구체적 사업 계획안을 작성하고 그것을 가지고 정부 관계 부서 담당관과 협의에 들어간다. 〔……〕 계획 확정과 동시에 필요 자금을 확보하는 조치로서 외자 도입 신청 혹은 정부 지원을 받기 위한 사업 계획을 정부에 제출한다. 정부는 각 재벌 그룹의 개발

---

116) 김재성·한찬기, 「한국 재벌 기업의 조직적 실체에 관한 고찰」, 이학종 외, 윗글, p. 211 참조.
117) 정구현, 윗글, p. 171 참조.
118) 이학종, 『한국의 기업 문화』(서울, 1993), pp. 150, 153 참조; 木神原 芳雄, 윗글, pp. 178~79 참조.

계획을 총괄, 정리하여 차관의 승인, 금융 지원의 규모를 결정하여 통보한다. 그 결정을 기초로 하여 각 그룹은 구체적인 공장 건설 혹은 증설로 들어가게 되는 것이다. 〔……〕 재벌 그룹은 산업 구조의 고도화, 다양화에 힘입어 확대 노선을 달렸지만 거기에는 재벌 그룹에 대한 설비 및 운영 자금의 우선 대출, 차관에 있어서 은행 보증, 중요 기업 인수, 특히 부실 기업을 불하할 때의 특혜 융자 등 정부의 지원책도 크게 작용하였다.[119]

여기에서 드러나는 정부 관료층과 재벌 기업 사이의 관계가 신유교적 전통에 입각한 인정주의에 의해서 규정되고 있다는 사실을 기억하는 것이 중요하다. 이것은 공적 영역에서 '사적 관계'가 성립되었다는 것을 의미하고, 각종 부정, 부패, 비리가 개입될 여지를 많이 내포하고 있는 것이다. 한국 기업은 한 부문에서 기술을 축적하고 경영을 합리화해서 자신을 경쟁력 있는 세계적인 전문 회사로 성장하는 데 중점을 두기보다는 각종 특혜를 받을 수 있도록 경영의 규모와 사업의 종류를 늘리는 것(문어발식 경영체)을 통해서 필요한 이윤을 추구하는 데 머물러버렸다.

이 경우 서구 근대 자본주의에서 보이는 시장 원리에 따른 공개 경쟁이 심각히 손상받게 됨은 말할 것도 없다. 결국 이러한 관계에서 기업의 경영 능력 및 기업에 종사하고 있는 개개 인물의 업무 수행 능력은 해당 분야에 대한 전문 지식에 온전히 의존되는 것이 아니었다. 그것은 오히려 정부 관료층과 밀접한 관계를 형성할 수 있는 개인, 또는 기업의 조건에 의해 좌우되었던 것이다. 그렇기 때문에 이들 재벌 기업의 경영에는 해당 업종의 전문 지식을 가진 인사보다는 정부 관료층과 친밀하고 믿을 만한 거래를 해낼 수 있는 원만한 인격과 조건 및 지도력을 가진 인물이 무엇보다도 중요하게 되었다. 이러한 상황에서 서구 근대 자본주의에서 지배적으로 나타나고 있는 소유와 경영의 분리라는 원칙이 전통적인 유교 조직 원리를 신봉하고 있는 한국의 기업가들 속에서 기업의 건전한 발전

---

119) 木神原 芳雄, 윗글, p. 179.

을 보장하는 믿을 만한 것으로 여겨지지 않음은 두말할 필요조차 없다.[120] 공적 영역에서 '비밀스런 사적 관계'가 형성되었을 뿐만 아니라 그것이 기업의 성패에 결정적인 의미를 갖게 되었다는 말이다.[121] 또 전문 지식의 소유자보다는 재벌 총수에게 충성을 보장할 수 있는 친인척 관계 및 이와 유사한 인간 관계를 유지할 수 있는 인사들에 의해 기업이 경영될 수밖에 없게 된 것이다.[122]

재벌 기업의 대부분은 창업자가 형제, 자식 또는 사위, 조카 등 가까운 친족을 그룹 기업 운영의 중추로 두고 있다. 이러한 가족 지배 체제를 벗어난 경우는 재벌 회장을 중심으로 한 학벌 체제가 두드러진다. 이외에도 기업 전반이 지연으로 맺어지는 경우도 있다.[123] 이는 한국 자본주의에 신유교적 가치가 지배적 역할을 하고 있다는 사실을 분명하게 입증해주고 있는 것이다. 때문에 우리는 각 재벌 기업과 역대 정부 사이의 관계에서 신유교가 중시해온 인맥 관계, 곧 혈연·지연·학연 등의 요소를 쉽게 확인할 수 있는 것이다. 그러므로 이러한 인맥 관계가 기업과 정부 관료 집단이 서구에서와 같이 공개 채용 시험을 통해서 자신의 성원을 충원하더라도 전혀 약화되지 않는 것이다. 곧 기업에서 단순한 공채 제도의 확대가 서구적 의미의 전문 경영 인력에 의한 기업 지배권의 확대로 이어지지 않을 수 있다는 말이다.[124]

한국에서는 정부 관료층과 기업 사이의 관계가 외형적으로는 공적인 법적 지배 관계였지만, 실제로는 신유교적 사적 거래 관계를 내용으로 할 수밖에 없었다. 자연히 그 관계는 공개할 수 없는 비밀스런 것으로 그 비밀의 유지가 기업 경영의 성패에 결정적일 수밖에 없게 되는 것은 당연한 귀결이다. 나아가서 기업의 이윤을 보

---

120) 한희영, 윗글, pp. 46∼53 참조.
121) 윗글, p. 48 참조.
122) 윗글, pp. 53∼66 참조.
123) 木神原芳雄, 윗글, pp. 187, 193; 이학종, 윗글, pp. 162∼63; 대한상공회의소, 『한국 기업의 성장 전략과 경영 구조』, pp. 24, 126∼27 참조.
124) 공채 제도의 확대를 서구식 소유와 경영이 분리된 전문 경영 체계가 확립되게 되어 선진화 과정을 밟게 되리라는 소박한 기대를 하고 있는 글로는 이학종, 윗글, p. 161 참조.

장하는 것도 비인격적인 규범이나 계약에 의한 것이 아니라, 언제나 구체적인 인간의 인격에 달려 있다고 믿는 경향이 생겨났다. 이러한 과제 앞에서 재벌의 총수 및 기업이 의지할 수 있는 것은 비인격적인 법률이나 계약이 아니라, 신뢰할 수 있는 특수한 관계의 인간이었다. 신유교적 전통에 의하면 단순히 해당 분야에 대한 전문 지식을 갖추고 있다는 이유로 그 인간에게 기업의 운명을 건다는 것은 위험 천만한 일이 아닐 수 없다. 오히려 기업의 이윤이 적더라도 배반할 수 없는 관계에 있는 인간에 의존하게끔 유도된다는 말이다. 이러한 신유교적 전통이 불식되지 않는 한 인맥 중심의 기업 경영 풍토는 사라지지 않을 것이다.

급성장을 기록하고 있는 재벌 기업들에서 나타나는 또 다른 특징은 비관련 분야로 업종을 다양화함으로써 양적 성장을 모색하는 경향이 있다는 점이다.[125] 이는 다음에서 집약적으로 표현되고 있다:

1974년의 자료가 가용한 86개 그룹 중에서 65%인 56개가 1974～84년의 기간 중 더 다각화하는 전략을 추진하였으며, 나머지 중 27개는 10년 전과 같은 유형을, 3개 회사만이 전문화의 전략을 택하였다. 기업 규모별 다각화 유형을 보면 대기업 그룹일수록 고도 다각화의 경향이 강하며, 소규모 기업일수록 전문화의 경향이 강하다. 〔……〕 미국, 일본 등 6개 선진국 기업의 다각화 유형과 비교했을 때 한국의 기업 그룹은 비관련 다각화형의 비중이 뚜렷하게 높은 것으로 나타났다.[126]

매출액을 기준으로 했을 때 기업들이 상호 관련된 분야에서 전문화를 추구하는 것이 비관련 분야로 기업을 확장하는 것보다 기업의 수익성에서 유리하였다는 분석이 나온다. 그럼에도 불구하고 한국

---

125) 이학종, 윗글, pp. 150～53 참조.
126) 대한상공회의소, 윗글, p. 22. 108대 그룹 기업을 대상으로 분석한 결과에서도 비슷한 결론을 얻을 수 있다. 전업형은 1974년에 57%였던 것이 1989년에는 7%로 급격히 낮아졌고, 같은 기간중에 비관련형은 11%에서 30%로 높아지고 있다. 이학종, 윗글, p. 153 참조.

의 기업들은 수익성에서 열등한 비관련 부문으로 업종을 다각화함으로써 자신들을 성장시켜왔던 것이다.[127] 기업들이 노하우가 거의 없는 비관련 분야로 업종을 다각화하는 것이 가능했던 이유는 사업에 필요한 기술과 자본을 정부 관료층의 특별 배려하에서 외국으로부터 쉽게·도입해올 수 있었고, 정부는 물가 상승률에도 못 미치는 낮은 금리로 기업에게 자금을 제공했기 때문이다.[128] 이것은 기업에 있어서 상품 판매를 통한 수익보다 더 중요한 수입원이 되었던 것이다. 각 기업들이 업종 다각화를 통한 사업 규모의 확장을 최우선적인 경영 목표로 삼고 있는 데는 상당한 이유가 있었다. 이러한 이유 중 중요한 일부를 알려주는 다음의 구절을 인용하고자 한다:

생산비를 절약하는 노력을 기울이기보다 오히려 당시의 정권과 결탁하여 돈을 빌려내는 것이 더욱 손쉽게 수익을 올리는 길이었다. 여기에 바로 생산 비용 삭감을 통한 수익성 보장을 중시하는 기업가 본래의 행동 패턴이 희박하게 된 원인이 있다. 또한 일반적인 차입에 있어서도 타인 자본이 80%라는 기업의 재무 상황은 저리의 은행 차입이 가능한가 그렇지 않은가에 기업의 존망이 걸려 있었다는 것을 말해준다.[129]

이는 일본과 서구의 기업들이 자사 제품의 고부가 가치화와 기술 개발을 통해서 당면한 과제를 해결하려 하는 것과는 커다란 대조를 보이는 점이다.[130] 그러나 한국의 기업들이 이런 방향으로 발전하게 된 원인을 가부장적인 정부 관료 집단 주도의 경제 개발 환경에만 돌리는 것은 피상적인 관찰이 아닐 수 없다. 오히려 그 원인은 정부 관료층과 기업이 동일한 유교적 조직 및 지배 원리에 따라서 움직일 수밖에 없었다는 사실과 신유교의 행위 원리에 의해서 인도되고 있는 '값싼 노동력'이 지니고 있는 노동의 질적 한계에서 찾아

---

127) 대한상공회의소, 윗글, pp. 22~23 참조.
128) 윗글, p. 21 참조.
129) 木神原 芳雄, 윗글, p. 199.
130) 이학종, 윗글, pp. 155~56 참조.

져야 할 것이다. 한국의 노동자 또한 노동의 강도를 강하게 높이는 방식으로는 조직화되기 어려운 행위 지향을 가지고 있다는 말이다:

우리나라 근로자의 90% 이상이 직장을 '제 2 의 가정'으로 인식하고 있고 78%가 과업 지향적 리더보다는 인간 관계 지향적 리더를 선호하며, 친구와의 관계에서 능력보다는 정을 더 중요시하는 것으로 나타났다.[131]

한국 노동자들의 행위 또한 과제 또는 업무에 지향되어 있다기보다는 인간에 지향되어 있는 경향이 훨씬 강하다. 이는 물론 신유교적 전통에 의해서 형성된 우리의 기업 풍토에서 연유되고 있음은 두말할 필요조차 없다. 이를 단적으로 알려주는 사실은 종업원의 비정착성, 곧 노동자의 이동률이다. 한국 기업에서 종업원의 비정착성은 세계 기업에서 손꼽힐 정도로 강하다:

한국 기업에서는 적어도 60~70년대의 과거 20년 동안에 종업원의 이동(전직)은 극단적일 정도로 많았다. 또한 그 이동도 분야를 초월해서 이뤄지는 경우가 많아서 예컨대 금융계에서 제조업으로, 산업계에서 관계로, 또는 그 반대일 때도 있다.[132]

노동자가 자신의 적성과 직무에 대한 관심에서 또 보다 나은 임금을 추구하고, 이와 관련해서 노동 생산성이 향상되는 결과를 가져온다면, 전직 자체를 크게 문제시할 필요는 없다고 생각된다. 그러나 노동자들 사이에서 빈번한 이직의 이유는 다른 데에 있다. 앞에서 암시한 바와 같이 기업의 노동 조직은 공식적 관계를 넘어서

---

131) 대한상공회의소, 「한국 기업 근로자의 의식 구조」(한국경제연구센터, 1991), pp. 35~42, 64~71; 이학종, 윗글, pp. 168~69에서 다시 따름.

132) 한희영, 윗글, p. 73. 1976년에 공업 노동자(1,115명)에 대한 조사에서 전직을 경험한 비율은 54.1%로 나타나고 있다. 이는 기업 규모가 작을수록 현저하고, 기업 규모가 큰 경우에도 48.5%로 나타난다. 이러한 현상은 1985년도에 조사한 것에 의하면 27%로 줄어들고 있다. 그러나 전체적으로는 여전히 높다고 할 수 있다. 한희영, 윗글, pp. 74~75.

작용하는 혈연·지연·학연 등의 연줄에 의해서 움직여지고 있다. 때문에 연줄이 없거나 약한 계층은 보다 강력한 연줄을 찾아서 이동하지 않을 수 없게 되어 있는 것이다.[133] 이러한 사실을 단적으로 보여주는 다음의 구절을 소개하고자 한다:

한국 기업의 종업원은 대체로 회사(기업)라는 조직(집단)에 대한 충성심보다는 개인에 대한 충성심이 강하다. 즉 그것은 직속 상사나 경영자 개인에 대한 충성심으로, 만일 그 충성심이 보답을 받지 못한다고 깨달았을 때에는 서슴없이 전직하는 것이다. 또 만약에 개인에 대한 충성심이 보상을 받았다고 생각하면 상사가 전직할 때 자신도 미련 없이 함께 전직한다.[134]

노동자의 이러한 신유교적 행위 지향이 고도 자본주의에 필요한 방식으로 노동을 합리적으로 조직화하고, 노동력을 전문화하는 것을 막는 결정적인 요인이 된다는 것은 두말할 필요조차 없다.

V. 한국 기업 관료 조직체의 특성

한국의 자본주의가 소규모의 중소 기업들로 이루어진 것이 아니라 거대한 규모를 자랑하는 재벌 중심이라는 사실은 앞에서 논의한 바 있다. 또 한국의 자본주의는 60~70년대에 근대 서구의 기술과 자본을 도입함으로써만 성립, 발전될 수 있었다. 앞서 말한 바와 같이 한국의 산업화, 곧 자본주의화는 일본과 구미 제국으로부터 자본과 생산 기술을 도입하지 않고서는 불가능한 것이었다. 전통적인 산업 부문과는 달리 거대하고 복잡화된 근대적 부문을 경영하기 위해서 기업들은 서구적 유형의 관료 조직에 의한 지배 체제를 도입하지 않을 수 없었다. 각종 기업들의 직무 구조는 피라미드식의 계층으로 짜여졌다. 그렇지만 자본주의와 더불어 유입된 관료 조직에 의한 지배 체제 또한 전통적 유교적 윤리의 영향하에서 변형된

---

133) 윗글, p. 77.
134) 윗글, p. 78.

채로 정착될 수밖에 없었다. 자본과 생산 기술은 문화와 사회적 관계의 차이를 넘어서는 일반적인 성격을 가지고 있다고 할 수 있을 것이다. 그러나 이와 밀접한 관련을 가지고 발전된 근대 서구의 관료 조직에 의한 지배 체제는 자본과 생산 기술을 운용하는 노동자 및 기업가의 생활 지향, 곧 이들의 사회 윤리적 성격에 의해서 규정될 수밖에 없었다.[135]

이 때문에 한국 기업에서 외형적으로는 근대 서구의 관료 조직에 의한 지배 체제와 비슷한 조직체가 쉽게 발견된다. 앞에서 논의한 바와 같이 서구에서 근대기에 일반화된 조직 형태인 '관료 조직에 의한 지배 체제'는 인격과 직책의 분리, 공적인 영역과 사적인 영역의 엄격한 구분, 인격이 아닌 비인격적인 규범 또는 목적을 지향하는 사람들의 행위 등등과 같은 근대 서구의 문화적 바탕 위에서만 기능할 수 있었다. 이 경우 원리상 인간에 의한 인간의 지배가 배제되는 조직체가 생겨나는 것이다. 이 조직체는 다른 여타의 조직과 마찬가지로 구성원들의 권리와 의무가 차별적인 위계에 따라서 구성된다. 그러나 이 위계는 직무상의 기능적 차이를 의미할 뿐 그를 담당하는 인간의 인격성에서의 우열을 의미하지 않는다는 특성이 있다. 직무상의 기능적 차이 또한 공적인 영역에서의 한정된 일과 시간에만 적용된다.

그러나 한국 사회의 조직 및 거대 기업의 조직은 이와는 다른 문화적 바탕에 놓여 있다. 이 점이 분명하게 인식될 필요가 있다. 한국 기업 조직체가 가진 특성을 잘 지적하고 있는 구절을 소개하면 다음과 같다:

한국 사회는 전통적으로 혈연 사회인 유교의 가르침을 지켜왔기 때문에 한국 기업 자체도 지금까지 혈연주의 덩어리라고 할 수 있을 정도의 특성을 지켜온 셈이다. 그래서 한국 기업에서는 혈연 이외에도 그것과 비슷한 지연이나 학연과 같은 인간 관계적인 교제조차도 큰 역

---

135) 이효수,「한국 노동 시장의 구조적 특질」,『노동 시장 구조론』(서울, 1984), pp. 152～53 참조.

할을 하게 된다. 〔……〕 한국 기업만이 아니라 한국 사회의 조직 자체에는 이러한 '벌'이 그 근간을 구성하고 있어서 모두가 개인적인 인간 관계의 유대 강도에 의해서 결정되는 경향이 짙다.[136]

한국 사회 및 한국 기업들은 서구의 자본주의 제도와 더불어 서구의 근대적인 관료 조직에 의한 지배 체제를 그대로 받아들여 정착시킬 수 없었다. 왜냐하면 우리 사회의 행위자의 동기를 무시한 사회 제도는 기능할 수 없기 때문이다. 진정한 의미의 지배 관계는 피지배자 쪽에서 순종하고자 하는 최소한의 의지가 있다는 것이 전제된다.[137] 막스 베버가 사회의 제도적인 차원에서 지배의 유형을 나누지 않고, 피지배자와 지배자가 모두 정당한 것으로 인정하여 받아들이는 복종의 동기에 따라서 지배 유형을 분류한 것은 시사하는 바가 크다.[138] 기업에 도입된 관료 조직에 의한 지배 체제는 합리적인 방식으로 이윤의 극대화를 달성하기 위해서 각기 다른 직무들이 위계적으로 짜여지는 것을 그 내용으로 하고 있다. 그러나 한국 기업에 도입된 관료 조직체는 해당 직무를 담당하는 사람의 인간에 대한 통솔력을 바탕으로 해서 위계적으로 짜여진다는 특징을 지니고 있다. 직무를 수행할 수 있는 지식과 능력보다는 그 직무를 담당하는 인간의 신분을 더 중요시한다는 말이다. 직무의 성공적 수행 여부가 대외 및 대내적인 인간 관계를 여하히 유지할 수 있는가에 크게 의존되기 때문이다.[139] 한국 기업의 관료 조직체의 일원이 자신의 직무를 수행하는 것과 서구의 관료 조직에 의한 지배 체제 안에서의 직무 수행이 얼마나 다른가는 다음의 구절에서 분명하

---

136) 한희영, 윗글, pp. 76~77. 여기에서 벌(閥)은 연(緣), 곧 연줄과 같은 의미로 쓰고 있다.

137) Max Weber, WG, p. 122 참조.

138) 막스 베버의 지배의 유형에 대해서는 윗글, pp. 122~76 참조.

139) 신유교의 세계상과 윤리적 이상의 영향 아래에서 사람들은 인간과 인간 사이의 관계만이 문제시되었지, 이를 넘어서는 이상 또는 집단의 목적, 규범 등과 같은 비인격적인 물적인 것에 대한 헌신 관계를 적극적으로 평가하지 못하게 되었다. 이는 기업 및 기업 경영에서 그대로 나타나고 있다고 생각된다. 이에 대한 자세한 논의는 이 책 제 2 장과 제 6 장을 참조.

게 알 수 있다:

> 직무를 엄정하게 수행해야 된다는 관념의 압력 아래에서 증오도 열
> 정도 배제하는 *sine ira et studio*, 그렇기 때문에 '사랑'과 '열광'도 배
> 제하는 형식주의적인 비인격성이 지배하게 된다. 이상적인 관료는 '인
> 간을 안중에 둠 없이' 다시 말해 '모든 사람에 대해서,' 곧 실질적으로
> 똑같은 입장에 처해 있는 모든 관련자들에 대해서 형식적으로 동등하
> 게 대우하는 가운데 자신의 업무를 처리한다.[140]

우리나라의 경우 기업은 대부분이 연공서열형 임금 체계를 가지
고 있다. 기업의 경영은 비공식적일 뿐만 아니라 이윤 획득의 수단
또한 경제적 원리가 아니고 비경제적 원리에 의존하는 바가 크다.
따라서 기업은 노동자들에게 직무와 경영에 필요한 전문 지식을 요
구하는 것을 넘어서 기업에 대한 충성심과 비밀의 엄수 등을 요구
한다는 특징을 가지고 있다.[141] 이렇게 변형된 관료 조직에 의한
지배 체제는 전통적인 지배 구조의 핵심적 요소를 거의 그대로 보
존하고 있다고 말할 수 있을 것이다. 이는 근대 서구 자본주의의
원리, 곧 산업 노동 조직과 경영의 합리화를 통한 무제한적인 이윤
추구라는 점에서 볼 때에, 많은 한계를 지니고 있는 것이다. 다시
말하면 노동의 합리적인 조직 및 효과적인 통제, 노동 생산성의 극
대화 및 효율적이고 합리적인 기업 경영 등등에서 분명한 한계에
부딪히게 될 가능성을 내포하고 있는 것이다.

앞에서 논의된 바와 같이 한국 사회에는 유교적 대인간적 주종
관계가 일반화되어 사회 조직 원리로서 버티고 있었고, 기능이나
특수한 기술 교육이라기보다는 일반 교육을 받은 다양한 수준의 노
동자들이 상대적인 과잉 상태를 이루고 있었다. 이러한 사항은 막
스 베버가 예견하고 있는 바와 같이 근대적 자본주의 원리가 사회
에 관철되는 것을 방해하는 요인으로 작용했다. 곧 서구의 근대 관
료제에서 기본적인 특성인 인격과 직책의 분리 원칙이 관철되지 못

---

140) Max Weber, *WG*, p. 129.
141) 배무기, 「한국의 노동 시장 구조」, 임종철·배무기(역음), 윗글, p. 73 참조.

했다는 말이다. 이러한 사실을 이효수는 자신의 연구에서 "직무 구조가 통솔의 크기와 범위에 따른 신분적 직급에 의하여 구조화되었다. 즉 말하자면 직무 구조가 기능 서열에 따른 것이 아니라 사람 중심의 직급 체제에 따라 편성되었다"라고 특유의 방식으로 서술하고 있다.[142] 기업 활동의 조직 및 관리 체계에서 지배의 비인격성이 원리로 작용하는 것이 아니라 신유교의 대인간적 지배 복종을 내용으로 하는 장유(長幼)의 질서 원리가 지배적인 역할을 하고 있다. 이것이 서구 근대 자본주의 정신과 충돌할 수밖에 없다는 것은 재론의 여지가 없다. 그러나 이러한 원리적 차원에서의 대립 모순이 서구와 문화적 전통을 달리하는 아시아 지역에서 서구의 자본주의를 받아들여 그 특유의 자본주의를 발전시키는 것 자체를 불가능하게 만든 요인이라고 결론지어서는 안 된다.

이 원리 또한 인간의 사회적 행위를 합리적으로 통제하기 위해서 장구한 세월 동안 발전시킨 전통 위에 서 있기 때문이다: 아시아 지역 특히 일본 사회에서 서구의 근대적 자본주의는 유명한 '경영 가족주의(經營家族主義)'를 통해서 큰 성공을 거둔 것으로 평가되고 있다.[143] 그런데 이 경영 가족주의는 다름아닌 인정주의를 내용으로 하는 대인간적 지배 복종의 원리에 바탕을 두고 있는 것이다. 그러나 한국의 경우와는 달리 그것이 신유교적 전통에 의해서 강력하게 정당화되고 합리화된 것은 아니다.[144] 이러한 일본식 자본주의가 성공을 거둘 수 있었던 이유는 장유의 질서 원리가 권위주의적으로 사람들을 억압하는 방향에서가 아닌 온정주의적 공동체 관계를 수립하는 방향으로 작용하게 되었다는 데에 있다고 할 수 있

---

142) 이효수, 윗글, p. 154.

143) 隅谷三喜男, 『勞使關係の 國際比較』(東京大學校出版會, 1978), pp. 17~18 참조; 이효수, 윗글, p. 156에서 다시 따옴.

144) 공사의 영역을 구분하고 있지만, 공적인 영역이란 멸사봉공의 심적 상태를 의미하고 있다. 이것은 서구적 의미의 형식적이며 객관적인 법적 차원에서의 분리와는 상당한 차이가 있는 것이다. 森谷正規, 『일본·중공·한국 산업 기술 비교: 비교 기술론에서의 접근』(김상영 옮김)(서울, 1980), pp. 33~37 참조; 한국·중국·일본의 가족 성격에 대한 개괄적인 비교 논의는 최재석, 윗글, pp. 520~40 참조.

다. 물론 여기에는 번(藩)이라 불리는 일본 특유의 전통이 큰 몫을 한 것으로 평가된다.[145] 이 때문에 이 원리가 함축하고 있는 인간 속박의 의미에도 불구하고 사회 성원들에 의해서 수용되었을 뿐만 아니라, 성원들로부터 해당 집단에 대한 자발적인 충성과 헌신을 얻어낼 수 있었던 것이다. 그러나 이 경우에도 시민들 개개인의 서구적 의미의 개성과 자율성이 상당한 정도로 손상받지 않을 수 없다는 것은 물론이고, 기업주의 경영 활동 또한 자의적인 성격을 강하게 띤다는 사실을 기억할 필요가 있다. 시민들이 근대 서구적 의미의 자유와 권리를 수용하여 내면화하는 경우 문화적 갈등으로 인해 일본식 자본주의는 다시금 장애에 부딪힐 가능성을 내포하고 있음을 알 수 있다.[146]

그러나 한국에서는 앞서 말한 대인간적 지배 복종의 원리가 일본과는 다른 방향에서 특유의 발전을 해왔다. 그 이유는 한국에서 신유교는 일본과는 비교가 되지 않을 정도로 강한 영향력을 끼쳤을 뿐만 아니라, 근대기 이후에도 이를 상쇄할 만한 다른 윤리 및 사상적 전통의 도전을 받지 않은 채 민속적 및 지적 전통으로 확립되어 현재에 이르고 있기 때문이다. 그리고 한국 기업은 산업화 과정에서 앞서 말한 풍부하고 값싼 노동력을 제공하는 노동 시장을 가지고 있었을 뿐만 아니라, 정부 관료 주도하의 산업화 과정에서 기업의 성패가 기술 혁신과 경영 합리화를 통한 경쟁력 제고에 달려 있었다기보다는 정부 관료 집단과의 관계에 달려 있었다는 사실 또한 중요한 몫을 했다고 볼 수 있을 것이다.[147] 그러나 우리는 이런

---

145) 일본에는 번(藩)이라 불리는 지방 분권 체제가 전국적으로 확산되어 있었다는 것이 그것이다. 이는 혈연 집단의 폐쇄성을 넘어서는 공동체를 형성하는 데 역할을 했던 것으로 평가된다. 森谷正規, 윗글, pp. 33~34 참조. 노조의 저항력을 들고 있는 논의가 있지만, 이 경우 현재까지도 일본 자본의 노동 착취율은 결코 낮지 않을 뿐만 아니라, 지극히 미약한 상태로 여전히 머물러 있는 노조에 대한 근거를 제시하지 않는 한 설득력이 없는 것으로 보인다.
146) 한국의 경우 근로자의 의식이 벌써 상당히 서구적인 문화의 영향권 아래에 있다는 증거들이 포착되고 있다. 대한상공회의소, 『한국 기업 근로자의 의식 구조』(서울, 1991), pp. 52~55 참조.
147) 한국 기업 문화의 형성에 영향을 준 일반적인 사항에 대한 논의는 이학종, 윗글, pp. 65~66, 105~34 참조.

모든 요소를 종합적으로 논의할 필요성을 느끼지 않는다.

근대의 서구 관료제에서처럼 한국 기업에서도 노동자 및 경영 관료들은 관리 규칙 또는 법률에 의해서 해당 직무에서의 권한과 의무를 규정하는 원리에 따라서 조직화되어 있다.[148] 그러나 이것은 외형적인 구조에서의 유사성에 지나지 않는다는 점을 인식하는 것이 중요하다. 서구에서 직무 또는 직책과 인격이 분명하게 구별되어 있는 데 반해, 한국에서는 내용적으로 선명히 구별되지 않는다는 특징을 지니고 있다. 때문에 서구에서 관료 조직의 구조는 개인 인격적 역량이 배제되는 가운데 객관적인 직무의 범위나 난이도를 기준으로 위계적으로 세분되어 짜여지는 경향이 있다.[149] 반면 한국의 경우는 수직적인 계층과 직위를 세분하고 있는 위계적 조직을 이루고 있지만, 그것이 해당 담당자의 권한과 책임을 객관적으로 분명하게 구분하여 기능할 수 있게 되어 있는 것이 아니다.[150] 이와 관련해서 아래의 직위를 가지고 있는 사람은 자기보다 위에 있는 직위자로부터 명령을 받아 업무를 수행하거나 보좌할 뿐, 자기의 업무에 대해서 독자적인 권한과 책임을 지는 경우가 많지 않은 것이 특징이다. 결과적으로 상급 직위자는 하위 직급자에 대한 해당 업무와 그의 인격적인 모든 것에 대한 책임을 지지 않으면 안 된다. 직위나 직무는 이와 같은 통솔 관리상에 있어서의 포괄적인 권한과 책임을 의미하게 된다.[151] 이러한 이유로 한국에서 직급과 직무는 서구에서 보다 덜 분화되었다. 물론 이에 따른 임금 체계 또한 직무의 난이도와 범위에 따라 달라지기보다는 직급에 따라 균등히 지급하는 등에서 나타나는 바와 같이 훨씬 덜 분화될 수밖에 없었다.[152] 이는 노동 시장에서 인력을 수급하는 과정에서도 그대

---

148) 해당되는 근대적 서구 관료 조직에 의한 지배 체제의 특징에 대해서는 Max Weber, *WG*, p. 551 참조.
149) 미국 기업의 직무 구조에서 나타나는 이에 대한 실증적인 자료는 이효수, 윗글, pp. 159~63 참조.
150) 최종태, 『현대 인사 관리론』(서울, 1981), p. 524 참조.
151) 이효수, 윗글, p. 158 참조.
152) 윗글, pp. 159~63 참조.

로 드러난다. 직무의 난이도와 동일 직무를 중심으로 한 직무별 내지 노동자의 기능과 구체적인 기술과 업무 자질을 중심으로 해서 선발 채용하기보다는 포괄적인 인격적 능력을 단위로 하는 대졸·고졸·관리직·생산직 등의 분류가 채용의 기준이 된다. 이 때문에 인사 충원에서 공개적인 채용 시험제가 한국의 기업들에서 상당히 일반화되어 도입되고 있다는 사실을 서구적 관료 조직에 의한 지배 체제가 한국 사회에 정착되고 있는 것으로 해석해서는 안 된다.

이러한 사실은 우리나라의 사회 전반에서 지배적인 위치를 차지하게 된 관료 조직에 의한 지배 체제가 가지는 사회적 의미가 서구에서와는 커다란 대조를 이루고 있다는 것을 알 수 있게 한다. 특히 전문가적인 자질을 갖추고 있는 이들이 다른 조건에 영향받지 않고 각종 단체의 성원으로 충원되는 경향으로 인해 사회의 평등화가 진행되리라는 것을 전혀 기대할 수 없게 만든다.[153] 이처럼 한국의 각종 집단 및 기업에 자리잡고 있는 관료 조직에 의한 지배 체제의 신유교적 바탕을 이해하는 것은 우리가 안고 있는 문제의 핵심을 이해하는 지름길이 될 것이다. 이러한 것을 이해하지 못할 때, 우리는 서구 관료 조직체가 가지고 있는 비인간화와 인간 소외 현상을 내용이 전혀 다른 한국의 관료 조직체에 적용하는 오류를 범하게 된다. 아울러 우리 모두가 그렇게 혐오하고 일소하기를 갈망하는 공적 영역에서 관리 및 시민들의 행위가 부정 부패로 연결되는 심각한 사회적 역기능을 가져올 수밖에 없는 구조적 취약성을 지니고 있다는 사실을 이해할 수 없게 만든다. 결과적으로 우리는 문제의 원인이 되고 있는 신유교적 '인정주의'를 강화하려는 쓸데없는 시도를 하게 되고, 그것에 대한 집착을 포기하지 못하게 만드는 결과를 낳게 되는 것이다.

---

153) Max Weber, *WG*, p.129 참조.

5. 맺는 말

위에서 보아온 대로 막스 베버의 근대 서구 자본주의에 대한 연구에서 특이할 만한 것은 자본주의가 순전히 경제적인 문제로만 규정될 수 없다는 사실을 밝혀낸 데 있다고 할 수 있다. 그가 규정하고 있는 자본주의 정신은 근대 서구인들의 생활을 이끌어가는 방식을 총체적으로 표현하는 원리 가운데서 구현되고 있다. 이렇게 생활을 근대 합리성에 따라서 이끌어가는 원리는 서구 특유의 문화적 전통, 곧 개신교에 의해서 촉발된 윤리에 의해서 정당화되고 있다. 결과적으로 현대 서구인들의 생활을 포괄적으로 지배하고 있는 사회 제도들, 곧 민주주의, 관료 조직에 의한 지배 체제, 정당 정치, 권력 분립, 자본주의 등등은 서구 사회에서 묵시적 또는 명시적으로 인정하여 당연시하고 있는 이 윤리에 의해서 정당화되고 있음을 알 수 있다. 이 윤리가 없다면 서구의 사회 제도들은 기능할 수 없는 것이다. 이러한 점에서 막스 베버는 근대 서구의 사회 제도, 특히 자본주의를 문화적 바탕을 달리하고 있는 여타의 민족이 수입하여 제도화하려 할 때 어떤 차원에서 문제가 발생될 수 있는가를 제시했던 것이다. 곧 문제가 되는 것은 제도 자체에 대한 지식이나, 사람들이 그것을 받아들이고자 하는 의지의 차원에 있는 것이 아니라, 이들 사회의 문화적 유산으로 확고하게 버티고 있는 전통으로부터 근본적인 문제가 발생될 수 있다는 것이다.

앞서 말한 바대로 근대 서구의 자본주의는 단순한 지식 체계가 아니라 서구 특유의 문화적 전통에 바탕을 두고 있다. 그리고 서구의 문화적 전통에서 발전한 근대적 제도들은 인간에 대한 인간의 지배를 원리적인 측면에서 극복하고 있을 뿐만 아니라, 이러한 원리가 사회의 저변에까지 확대되어 일반화되고 있다. 이를 베버가 법적 지배 유형, 지배의 비인격적 성격이라고 이념형적으로 정식화하고 있음을 이 글에서 강조한 바 있다. 그런데 제3세계의 문화적 전통은 서구와는 다른 방식으로 독특성과 독자성을 유지하면서 발전해왔기 때문에 서구의 그것과 같을 수도 없고, 또한 그것이 서구식으로 단기간에 대치될 수 있는 성질의 것도 아니라는 데에 중대한 문제가 놓여 있는 것이다. 제3세계의 동질성은 이 문화적 전통을 도외시하는 경우 심각한 위기에 빠져들 가능성이 높다. 특히 문화의 중핵을 이루는 종교가 서구와는 전혀 다른 방향과 내용에 강조점을 두면서 고도의 합리적인 수준에까지 발전을 해왔고, 이렇게 하여 지금까지 기나긴 세월 동안 사람들에게 삶의 의미를 제공해온 것이다. 이러한 사실은 서구 문화의 우월성 논의와는 아무런 상관이 없음을 다시 한번 강조할 필요가 있다. 그런데 아시아의 문화권, 특히 유교 문화권은 서구에서와는 달리 인간에 대한 인간의 지배를 부정하여 극복하는 방향과는 정반대로 인간에 의한 인간의 지배를 불가피한 것으로 긍정하여 받아들인다. 그러면서 서구와는 다른 방향에서 인간 사회 조직체가 지닌 문제를 지배자의 인격을 순화함으로써 곧, 지배자가 지닌 카리스마적 자질을 높임으로써,.다른 말로 덕치주의를 달성함으로써 해결하려고 시도했던 것이다. 제3세계에서 이런 전통은 서구화 및 근대화에도 불구하고 조금도 손상되지 않고 계속되고 있다. 특히 한국에서는 신유교가 공식적인 지배 이데올로기나 국가의 종교가 아님에도 불구하고 이러한 신유교적 유산이 현재까지 가장 강력한 민속 및 지적 전통으로 자리잡고 있는 것이다. 서구의 종교, 특히 기독교가 한국 사회 속에서 성공적으로 전파되었다는 사실도 이러한 강력한 전통의 변동과는 무관하다는 결론을 내릴 수밖에 없다. 이 때문에 우리 사회의 사람들은 전통적인 지배 유형에 대한 중요한 대안인 서구의 법적 지배 유형을 제대로 이해할 수조차 없다는 표현이 더 정확할 것이다.

그러므로 근대 서구의 자본주의 정신과 그것을 운용하는 데 절대적으로 필요했던 관료 조직에 의한 지배 체제 등의 이상이 결코 긍정적으로 평가될 수 없었다. 다양한 사회 조직의 여러 대안 중에서 그러한 것들은 일반인 및 기업인들에 의해서 가장 의미있는 것으로 수용될 수 없었다. 이러한 사실은 한국 자본주의의 성립과 전개 과정 도처에서 극명하게 그 모습을 드러내고 있다.

한국의 경우 서구의 자본주의 제도와 관료 조직에 의한 지배 체제 및 정치 제도에 대한 지식은 결코 부족하지 않았다고 단언해도 좋을 것이다. 이를 학습할 수 있는 고등 교육 기관이 해방 후에 충분히 발전되었고, 이들 교육 기관이 근대화와 자본주의적 경제 제도를 움직이는 데 필요한 인력을 배출해왔기 때문이다. 그리고 서구의 유수한 대학 교육 기관에서 수학한 뒤 석사 및 박사학위를 받고 귀국하여 경제 개발을 전담하는 정부 부서 및 민간 연구 기관과 교육 기관에 종사하는 고급 인력 또한 충분히 확보되어 있다는 것이 이를 입증한다.

이는 서구의 자본주의를 받아들이고자 하는 의지의 면에 있어서도 마찬가지이다. 정부 기구내에 경제기획원이라는 독립 부서를 두었을 뿐만 아니라, 그 위치 또한 막강한 것이었다는 것만 보아도 충분하다. 이에서 한걸음 더 나아가 한국에서 자본주의를 제도화시키고 발전시킨 주체가 기업가 집단이 아닌 정부 관료층이었다고 결론지을 수밖에 없다. 이는 서구의 자본주의를 한국에 정착시키겠다는 정부 관료층의 의지가 얼마나 강했는가를 웅변적으로 말해주는 것이다. 이러한 의지는 일반 사람들에게서도 마찬가지였다고 볼 수 있다. 일반 사람들이 정부 관료층의 산업화 정책을 통한 간접적인 압력과 이들이 조장한 근대화에 대한 신화의 강력한 영향을 결코 피할 수 없었다는 점도 충분히 인정될 수 있을 것이다. 어떻든 일반 사람들의 근대화에 대한 열망도 결코 작지 않았다. 한국의 근대화는 산업 및 공업 부문에서의 자본주의화를 의미했다. 이는 1960년대에 전체 인구의 50%를 넘던 비공업 분야의 종사자들이 1990년대에 이르러, 곧 불과 30여 년 동안에 10% 남짓한 비율로 낮아졌다는 사실에 의해서 입증되는 것이다. 외적인 면에서 볼 때, 이들 비공업 분야에서 유출된 사람들 대부분은 자발적으로 산업 자본주의를 위한 노동 시장에 자신의 노동력을 상품으로 내놓았고, 이를 통해서 자본주의 사회에서 보다 높은 수준의 생활을 영위할 수 있기를 희망했던 것이다.

그러나 아시아의 여러 국가들에서 서구의 자본주의는 내적인 구조를 심각히 변동시키고서만 정착될 수 있었다. 이는 앞서 말한 열망과 지식만을 가지고는 서구의 자본주의를 제3세계에 고스란히 정착시킬 수 없다는 것을 증명하는 사실인 것이다. 이렇게 된 가장 중요한 이유는 물론 이들 국가들을 지배하고 있는 문화적 가치가 서구의 사회 제도, 특히 자본주의를 지지해주는 중심적 가치와 근본적으로 다르다는 데에 있음은 두말할 필요조차 없다. 동아시아 지역에서 자본주의가 성공적이었다고 평가되는 것이 서구 근대의 자본주의가 그대로 이식되어 발화한 것을 의미한다고 해석해서는 안 된다. 이 점을 인식하는 것은 대단히 중요하다. 이는 서구 자본주의가 안고 있는 문제점 곧, 구조적 실업, 관료 조직에 의한 지배 체제로 인한 비인간화, 환경 오염, 노사 갈등, 새로운 경영과 기술 개발 등등의 문제들과 아시아 지역에서의 자본주의가 지니고 있는 문제가 외형은 비슷하지만 내용면에서 근본적으로 다르다는 것을 함축하고 있기 때문이다. 때문에 형식적으로는 비슷한 문제일지라도 그것을 해결해내는 방식이 서구의 것과 달라야 하는 것은 자명해진다. 이에서 한걸음 더 나아가 자본주의화에 성공한 아시아의 여러 사회들이 근본적으로 갖게 되는 한계가 있으며, 따라서 이들 국가들이 자본주의적 서구 사회와는 달리 그 고유성으로 인해 특별히 감수하지 않으면 안 되는 문제 또한 생긴다는 사실이다.

한국 사회에서 정부 관료층이 독주할 수밖에 없었던 데에는 충분한 역사적 이유가 있었다. 그 이유에는 신유교적 세계관이 결정적이었다는 점을 지적해두고자 한다. 정부 관료층의 활동으로 대표되는 한국 경제 개발에서의 국가 역할은 신유교적인 가부장적 성격의 복지 국가관이 사회 속에 심어져 있지 않았다면 결코 국민들과 기업들에 의해서 수용되지 않았을 것이다. 그리고 산업 발전을 위해서 국민 절대 다수에게 희생을 강요했던 저임금 구조의 유지 정책 또한 신유교적 국가관에 의존해서만 정당화될 수 있는 것이었다. 서구 근대 자본주의 경제의 근간이 되고 있는 자유 경쟁의 원칙을 심각히 왜곡시키는 것을 불사하면서도 재벌 중심의 자본주의를 성장시킨 것도 신유교적 전통의 영향 아래에서만 가능한 것이었다.

이러한 신유교 전통에 바탕을 둔 정부 관료층의 초법적이고 가부장적인 활동 및 그와 손을 잡은 기업들에 의한 특이한 경영 활동을 통해서 한국의 자본주의가 정착, 발전되었다는 것은 움직일 수 없는 사실이다. 서구 자본주의의 발전 경로와 과정과는 그 궤를 달리하고 있다는 말이다. 곧 한국의 기업은 이러한 정부의 역할 때문에 자본주의적 원리 아래에서 자신을 능동적으로 성장시킬 수 있는 충분한 힘을 함양할 수 없었던 것이다. 곧 자본주의 시장에서 경쟁력 확보에 뒤질 수밖에 없는 구조적 취약점을 가지게 된 것이다. 이런 기업의 취약점에도 불구하고 재벌 기업이 중심이 되어 한국의 경제가 성장할 수 있었던 이유는 정부 관료층이 베푸는 각종 특혜에 의해서 기업이 적정 이윤을 확보할 수 있었다는 데에 있었다. 이것이 한국 사회의 총체적 위기, 또는 한국 병이라고 불리는 현상을 가져오게 한 결정적인 원인으로 작용했던 것이다. 이는 한국 기업이 어느 개인이나 단체의 소유가 아닌 한국 사회의 공적 자산이라는 사회적 차원을 전혀 의식하지 못하게 만든 원인이 되었다. 결과적으로 우리 사회가 지향해야 되는 현대 복지 사회의 구현에 치명적인 결과를 초래해버린 또 다른 원인으로 작용하게 되었던 것이다. 이런 문제는 현재 한국 사회가 신유교적 가치를 공식 이데올로기나 공식적인 종교로 하고 있지 않기 때문에 유교적 가치로의 복귀는 문제를 더욱더 어렵게 만들 가능성이 높다. 게다가 유교적 가치와는 근본적으로 방향을 달리하고 있는 서구 사회의 문화적 가치가 현대적 교육과 매체를 통해서 전국민에게 확산되고 있다. 이로 인해 대다수의 많은 사람들은 신유교의 가부장적 지배 체제를 긍정하지 않으려는 지향성을 가지고 있다. 이 때문에 노사 갈등은 점점 더 심각해지는 경향을 보일 수밖에 없다. 그러나 이를 해결할 수 있는 공통의 가치가 존재하지 않는다는 데에 문제의 심각성이 더해지는 것이다. 이 때문에 좋은 의미든 나쁜 의미든 한국 사회를 지배하고 있는 자본주의는 한국적 자본주의라 불려 마땅한 것이다.

자본주의는 말할 것도 없이 그 특유의 생산 양식에 의해서 규정될 수 있다. 자본주의적 생산 양식이 지배하는 거대 기업들은 자체의 거대한 장비, 시설 및 노동 등등을 조직화하고 통제하고 관리하기 위해서 불가피하게 서구 근대 사회 제도의 꽃에 해당하는 관료 조직에 의한 지배 체제를 도입할 수밖에 없다. 그러나 한국 기업에 도입된 관료 조직에 의한 지배 체제는 서구의 그것과는 그 내용을 완전히 달리하고 있다. 한국 기업에 채택된 관료 조직에 의한 지배 체제는 인격과 직무를 원칙적으로 구분하고 직무에 의한 위계적 지배 체제로 구성되어 있다고 볼 수 없다. 그보다는 인격과 직무가 내용적으로 통합되어 있어서 인격적 자질의 차이에 따른 위계적 통솔 체계라는 성격을 지니고 있다. 서구 관료 조직에 의한 지배 체제를 특징짓는 비인격적인 원리에 의한 지배가 아닌 인간에 의한 인간의 지배가 서구 조직의 이름 아래에서 이루어지고 있다는 말이다. 여기에서 우리는 신유교적 전통이 얼마나 철저하게 자본주의 및 서구의 제도를 변질시킬 수 있는가를 극명하게 보여주는 대표적인 보기를 발견할 수 있다. 이러한 사실이 지니는 문화적 의미를 분명히 할 필요가 있다.

이와 같은 지배 체제를 가지고 있는 기업 집단이 통합을 유지하기 위하여 신유교 전통인 '장유의 위계〔長幼有序〕'와 '인화'를 사훈의 중요한 요소로 내세우는 것은 자연스럽다. 어떻든 이러한 기업 집단에서 지배자의 위치에 있는 사람의 경우 서구 기업에서와는 달리 인간과 일을 동시에 장악하고 통솔해야 한다. 이러한 과제가 서구에서는 원칙적으로 해당 일에 대한 전문 지식과 경험으로 충분히 완수될 수 있을 뿐만 아니라, 상당한 정도로 지배와 복종에 필요한 조건과 원칙을 객관화함으로써 지배자와 피지배자 사이에 분쟁의 소지를 줄일 수 있는 가능성이 높다. 그러나 한국 기업 조직에서 지배자의 위치에 있는 사람은 서구의 같은 처지에 있는 사람과는 비교도 안 될 정도로 무겁고 감당하기 어려운 짐을 지지 않으면 안된다. 인간을 통제한다는 것은 다른 어떤 경우보다 복잡하고, 그에 대한 객관적인 규칙과 원칙이 적용되기 힘들다. 통제와 지배에는 남다른 카리스마적 자질이 필요하다고 볼 수 있다. 그런데 이 카리스마는 원칙적으로 배우거나 학습될 수 없는 성격을 지니고 있다.

344

이 때문에 기업체에 근무하는 사람들은 자신이 담당해야 되는 일 자체가 어려워서 힘들기보다는 인간을 통제하는 것에 대한 자신의 무능 때문에 곤란을 겪는 사태가 빈번히 생긴다. 중점은 언제나 일이 아닌 인간에 두어지기 때문에 기업 본래의 과제인 생산성 향상에 역행하는 결과를 가져오기 쉬운 취약점을 지닐 수 있다는 것이다.

이는 기업에서 피지배의 위치에 있는 사람의 경우에도 마찬가지이다. 직무와 인격이 통합되어 있기 때문에 직장 밖에서도 상사는 여전히 상사로서 군림하게 된다. 이는 현대 서구 교육에 의해서 일깨워진 '인간은 원칙적으로 동등하다'는 의식과 내적으로 충돌을 일으킬 수밖에 없다. 그리고 많은 경우 상사가 인격적으로 자신보다 높은 카리스마적 자질을 가지고 있다고 인정하지 않는다. 그럼에도 불구하고 기업에서의 위계상 자신은 인간적으로 지배를 받을 수밖에 없게 되어 있는 현실 때문에 심한 좌절감을 덤으로 감수하지 않으면 안 된다. 그러므로 자신이 담당해야 되는 일의 어려움과는 비교가 안 될 정도로 심한 부담감을 안고 살지 않으면 안 되는 처지에 놓여 있는 것이다. 이것은 사원들 전체가 인사 문제에 과도하게 집착하게 만드는 데에로 귀결되고, 기업 본래의 이해 관계인 생산성의 향상은 뒷전으로 밀려나는 치명적인 결과를 낳게 된다. 이러한 역학 관계가 기업의 새로운 성원 충원에 결정적인 척도로 작용하게 됨은 두말할 필요조차 없다. 기업에 존재하는 내적 구조 때문에 객관적으로 물적 인적 자원이 풍부하게 존재함에도 불구하고 기업의 생산성과 품질의 향상은 상대적으로 뒤쳐지는 결과를 낳을 수밖에 없다. 고학력과 고도의 기술을 가진 인재들이 남아돌아감에도 불구하고 기업에는 이들을 자질에 따라 선발하여 쓸 수 없는 구조적 문제가 내재되어 있는 것이다.

이제 지금까지와 같이 기업이 정부의 특혜에 의존해서 생존할 수 있는 가능성은 크게 약화될 수밖에 없는 국내외적 여건이 조성되고 있다. 기업이 가지고 있는 이러한 내적 구조를 근본적으로 개선하지 않는 한 세계 자본주의 체제에서 경쟁력을 지닌 기업으로 살아남을 수 있는 가능성은 희박하다고 결론지을 수 있을 것이다. 그

개선을 위해서는 신유교적 전통을 심각하게 반성하는 것을 전제로
해야만 할 것이다.

참 고 문 헌

경제기획원(1967), 『제 2 차 경제 개발 5개년 계획』, 서울.
_____(1976), 『한국 통계 연감』, 서울.
국회입법조사국(1977), 『역대 예산 관계 자료(1961~1977)』.
기든스, 앤터니(1993), 『현대 사회학』(김미숙 외 옮김), 서울.
김경순(1990), 「관료 기구의 형성과 정치적 역할」, 『한국 현대 정치론 I』
　　　(한배호 엮음), 서울.
김광석(1984), 『한국 공업화 패턴과 그 요인』, 서울.
_____ 외(1984), 『한국 경제의 고도 성장 요인』, 서울.
김달현(1962)(엮음), 『5개년 경제 계획의 해설』, 서울.
김대환(1991), 「한국 경제의 전개: 역사——구조적 시각」, 『한국 경제
　　　의 인식과 도전』(한성신 엮음), 서울.
_____(1993), 「한국의 자본주의와 경제 발전: 한국 경제의 역사적 연
　　　구를 위한 과제——구본호·이규억 편 『한국 경제의 역사적 조
　　　명』에 대한 논평」, 『사회과학 논평』 11호.
김용욱(1990), 「미 군정과 중간 노선의 위상과 역할」, 한배호(엮음),
　　　『한국 현대 정치론 I』, 서울.
김재성·한찬기(1989), 「한국 재벌 기업의 조직적 실체에 관한 고찰」,
　　　이학종 외, 『한국 기업의 구조와 전략』, 서울.
김정렴(1993), 『한국 경제 정책 30년사』, 서울.
김종덕(1990), 「식량 종속의 정치경제학」, 『현대 한국의 농업 문제와
　　　노동 운동』(한국사회사연구회 논문집 제21집).
김태일(1985), 「권위주의 체제 등장 원인에 관한 사례 연구」, 『한국 자
　　　본주의와 국가』(최장집 엮음), 서울.
대한상공회의소(1991), 『한국 기업 근로자의 의식 구조』, 서울.

레페토, R. 외(1983), 『한국의 경제 개발과 인구 정책』, 서울.

마르크스, 칼(1986), 「노동 과정과 가치 증식 과정」, 『노동 과정: 자본
　　　주의하의 노동 통제』(허석렬 옮기고 엮음), 서울.

메이슨, E. S. 외(1985), 『한국 경제 사회의 근대화』, 서울.

박광서(1979/9), 「한국 농촌의 저수준 고용에 관한 연구」, 『노동 경제
　　　논집』 33권.

박성환(1992), 『막스 베버의 문화사회학과 인간학』, 서울.

박종철(1990), 「원조와 수입 대체 산업의 정치 구조」, 한배호(엮음), 윗글.

박찬일(1980), 「60년대의 공업화와 실질 임금 수준」, 『한국 노동 문제
　　　의 구조』, 서울.

박 희(1992), 「한국 대기업 조직 관리와 노사 관계에 관한 연구——가
　　　족주의의 영향을 중심으로」, 연세대 대학원(박사학위 논문).

배무기(1982), 「한국 노동 경제 구조 전환」, 『경제 논집』 21권 4호.

　　　　(1987), 「한국의 노동 시장 구조」, 『한국의 노동 경제』(임종철·
　　　배무기 엮음), 서울.

백산서당(옮기고 엮음)(1983), 「아시아 농촌의 현실」, 『아시아의 농촌
　　　과 공업화 현실』, 서울.

백세명(1954), 「갑오경장과 천도교 사상」, 『사상계』 11.

베버, 막스(1987), 『프로테스탄티즘의 윤리와 자본주의 정신』(박종선
　　　옮김), 서울.

사공일(1981/봄), 「경제 개발과 정부의 역할」, 『한국 개발 연구』.

신용하(1980), 「한국 근대의 사회 발전」, 『한국 근대사와 사회 변동』,
　　　서울.

오내언(1990), 「노동 시장」, 『한국 농업 문제의 이해』(한국 농어촌 사
　　　회 연구소 엮음), 서울.

원유한(1971), 『갑오 개혁』(한국사 17), 서울.

유석춘(엮음)(1992), 『막스 베버와 동양 사회』, 서울.

유영익(1991), 『갑오 경장 연구』, 서울.

이정용(1990), 「농가 인구와 이농」, 『한국 농업 문제의 이해』(한국 농
　　　어촌 사회 연구소 엮음), 서울.

이학종(1993),『한국의 기업 문화』, 서울.

이효수(1984),「한국 노동 시장의 구조적 특질」,『노동 시장 구조론』, 서울.

전성우(1992),「막스 베버의 근대 사회론」, 유석춘(엮음), 윗글.

전철환(1987),「한일 회담과 대외 지향적 개발의 정착—— 외연적 자본 운동의 전개」,『한국 경제론』(박현채 외 엮음), 서울.

정구현(1989),「한국에서의 정부와 기업간의 관계」, 이학종 외,『한국 기업의 구조와 전략』, 서울.

정영일(1984),「한국 농업의 현황과 당면 과제」, 박현채 외,『한국 농업 문제의 새로운 인식』, 서울.

정윤형(1984),「경제 성장과 독점 자본」, 조용범 외,『한국 독점 자본과 재벌』, 서울.

_____(1984),「한국 경제 개발 계획의 체제적 성격」,『한국 사회 변동 연구(1)』(한국 기독교 사회 문제 연구소 엮음), 서울.

조기준(1991),「한국 자본주의 전사: 18세기~1945」,『한국 경제의 역 사적 조명』(구본호 엮음), 서울.

조 순(1991),「압축 성장의 시발과 개발 전략의 정착: 1960년대」, 『한국 경제의 역사적 조명』(구본호 엮음), 서울.

조용범·정윤형(1984),『한국 독점 자본과 재벌』, 서울.

차성환(1990),「19세기 방법론 논쟁과 막스 베버의 현실 탐구 과학론」, 프리드리히 텐부룩,『막스 베버의 사회과학 방법론』(차성환 옮기 고 엮음), 서울.

_____(1990),「현대 사회학의 비판적 자기 성찰」,『사회학 연구』6호.

천관우(1955/12),「갑오 경장과 근대화」,『사상계』.

최길성(1986),『한국의 조상 숭배』, 서울.

최재석(1983),「집위주 사상」,『개정 한국 가족 연구』, 서울.

최종태(1981),『현대 인사 관리론』, 서울.

클레그, 스튜어트와 던클리, 데이비드(1987),「베버·마르크스·조직의 합리성」,『조직 사회학: 조직·계급·통제』(김진균 외 옮김), 서울.

텐부룩, 프리드리히(1990),「막스 베버 방법론의 기원」,『막스 베버의 사회과학 방법론』(차성환 옮기고 엮음), 서울.

톰슨, 파울(1987), 『노동사회학: 노동 과정에 관한 제논쟁』(심윤종·김문조 옮김), 서울.

한상진(1989), 『한국 사회와 관료적 권위주의』, 서울.

한용원(1990), 「군부의 제도적 성장과 정치적 행동주의」, 한배호(엮음), 윗글.

한정일(1989), 『한국 정치 발전론』, 서울.

한희영(1989), 『한국 기업 경영의 실태』(하재기 옮김), 서울.

홍이섭(1955/1), 「갑오 경장과 기독교」, 『사상계』.

황연수(1988), 「독점 자본과 농산물 가격 문제」, 『한국 농업·농민 문제 연구 I』(한국 농어촌 사회 연구소 엮음), 서울.

木神原 芳 雄(1984), 「한국의 재벌」, 조용범·정윤형 외, 윗글.

森谷正規(1980), 『일본·중공·한국 산업 기술 비교: 비교 기술론에서의 접근』(김상영 옮김), 서울.

隅谷三喜男(1983), 『한국의 경제』(한울 편집부 옮김), 서울.

Alatas, Syed Hussein(1991), "The Weber Thesis and South East Asia," Peter Hamilton(엮음), *Max Weber(1): Critical Assessments*, 제 2 권, London.

Bendix, R.(1960), Max Weber: An Intellectual Portrait, New York.

Gerth, H. H./Mills, C. W.(1958), "Introduction: The man and his work," *From Max Weber: Essays in Sociology*(H. H.Gerth\ C. W. Mills 옮기고 엮음), New York.

Gurjewitsch, Aaron J.(1986), *Das Weltbild des mittelalterlichen Menschen*(Gabriele Loßack이 러시아판으로부터 독일어로 옮김), München.

Hamilton, Peter(엮음)(1991), *Max Weber(1):* Critical Assessments, London.

Hennis, Wilhelm(1987), *Max Webers Fragestellung*, Tübingen.

Künzlen, Gottfried(1980), *Die Religionssoziologie Max Webers. Eine Darstellung ihrer Entwicklung*, Berlin.

Marshall, Gordon(1991), "The Dark Side of the Weber Thesis: the Case of Scotland," P. Hamiltion(엮음), 위글.

Marshall, Gordon(1991), "The Weber Thesis and the Development of Capitalism in Scotland," Peter Hamilton(엮음), 윗글.

Marx, Karl(1980), "The Labor Process and the Valorization Process," Theo Nichols(엮음), *Capital and Labor: Studies in the Capitalist Labor Process*, Glasgow.

Parsons, Talcott(1949), *The Structure of Social Action*, Glencoe, Illinois.

Sorokin, Pitirim(1928), *Contemporary Sociological Theory*, New York.

Tenbruck, F. H.(1975), "Das Werk Max Webers," *KZSS* 27. Jg.

_____(1958), "Georg Simmel(1858~1918)," *KZSS*, 10. Jg.

_____(1989), "Max Weber und Eduard Meyer"(미 출판 논문).

_____(1959), "Die Genesis der Methodologie Max Webers," *KZSS* 11. Jg.

_____(1989), "Gesellschaftsgeschichte oder Weltgeschichte?," *KZSS-Sonderheft*, 30.

_____(1989), "Heinrich Rickert in seiner Zeit: Zur europäischen Diskussion über Wissenschaft und Weltanschauung."

_____(1991), "Max Webers Religionssoziologie——damals und heute,"(미 출판 논문).

_____(1989), *Die kulturellen Grundlagen der Gesellschaft: Der Fall der Moderne*, Opladen.

Weber, Max(1982), "Die 'Objektivität' sozialwissenschaftlicher und sozialpolitischer Erkenntnis," *Gesammelte Aufsätze zur Wissenschaftslehre*, Tübingen(*WL*).

_____(1978, 1978, 1983), "Die protestantische Ethik und der

350

Geist des Kapitalismus," *Gesammelte Aufsätze zur Religionssoziologie* I, II, III, Tübingen(*GARS*).

_____(1978), "Einleitung der Wirtschaftethik der Weltreligionen," *GARS* I.

_____(1982), "Roscher und Knies," *WL*.

_____(1978), "Zwischenbetrachtung," *GARS* I.

_____(1974), *The Protestant Ethic and the Spirit of Capitalism*(T. Parsons 옮김), London.

_____(1980), *Wirtschaft und Gesellschaft*, Tübingen.

_____(1978), "Konfuzianismus und Taoismus," *GARS* I.

_____(1978), "Vorbemerkung," *GARS* I.

Wittfogel, Karl A.(1957), *Oriental Despotism. A Comparative Study of Total Power*, New Haven.

제 8 장

1920~1930년대 기독교 신비주의 운동의 사회학적 의의
── 이용도의 대중 종교 운동을 중심으로

1. 머 리 말

1920~1930년대에 한국 민중의 생활에 방향과 의미를 부여하여 이끈 사회 운동은 몇 가지 유형으로 구분될 수 있을 것이다. 이때 의 한국 민족은 이미 20여 년간 다른 민족의 지배하에서 고통을 받아왔고, 이를 극복하려는 많은 노력들이 좌절에 좌절을 거듭하고 있었다. 구한말 신유교 지향적이었던 위정척사파의 운동과 이러한 사람들 중심으로 산발적으로 조직되었던, 무력 저항을 내용으로 하고 있는 의병 운동(1896, 1905~1914)은 일제의 조직적인 탄압에 의해서 뿌리가 뽑히게 되었다. 이러한 운동과는 성격을 달리하면서 전민족 대중을 동원하는 데 성공했던 3·1 독립 운동(1919) 또한 실패로 끝나버리고 말았다. 3·1 독립 운동이 민족 계몽과 자주 독립을 지향한 민족주의자들과 종교 지도자들이 중심이 되었던 것은 두말할 나위조차 없다. 이 글은 3·1 운동의 성과와 사회적 의의를 평가할 수 있는 처지에 있지 않다. 그래서 필자는 다만 평화적이고 비폭력적으로 일제의 식민 지배에 저항함으로써 민족의 독립을 쟁취하려 했던 3·1 운동이 무력적이고 강압적인 탄압 아래에서도 전국 모든 계층의 사람들에게 지지받았음을 지적하며, 이 사실은 한국 민족이 독립 운동에 건 희망이 얼마나 컸는가를 알려주는 중요한

지표가 된다고 여긴다. 따라서 이 운동의 실패로 인해서 한국민과 여러 층의 지식인이 느낀 상실감과 좌절감은 그에 비례하여 상당히 컸으리라는 것을 지적해두고자 한다. 1919년의 독립 만세 운동이[1] 실패로 끝난 것으로 판명되었을 때 한국 민족의 비극적 상황은 더욱더 심해졌고, 1930년대에 최고도에 달하게 되었다는 사실에 주목할 필요가 있다. 이것은 한국 사람들 속에 패배주의적이고도 도피적인 정서를 출현시키는 쪽으로 이어졌다.[2] 실제로 3·1 독립 운동 후에 각종 사회 운동들이 강조점과 전략적 방법을 수정하거나 달리하였으며, 새로운 종교 및 사회 운동들도 성장해나왔다.

　1920년대 이전까지 개신교 공동체를 주도적으로 이끌었던 선교사와 한국인 개신교 종교 지식인들은 "민족 비극의 국가 사회적 상황"[3]에 대해 특이한 방식으로 대응해왔다. 이미 민족의 주권은 사실상 상실되어가고 있었고, 이러한 국가 사회 문화적 상황에 대한 대응책을 둘러싸고 심각한 내적 갈등에 처해 있던 개신교 공동체는 "근본주의적, 영적 심령 대부흥 운동"(1905~1907)을 통해서 자기 정체성을 확립할 수 있었다. 물론 이 때문에 사회 개혁 및 민족 독립 운동을 지향했던 능력 있는 인사들이 교회 공동체를 떠나버리는 엄청난 대가를 치르지 않을 수 없었다.[4] 그러나 이 운동을 통해서 일반 민중은 새로운 차원에서 삶의 의미와 용기를 획득할 수 있었다.[5]

---

1) 개신교의 독립 운동에 대한 태도에 대해서는 Kyoo-tae Sohn, "Kirche und Nationalismus: Eine Studie über die Rolle des Nationalismus in der koreanischen Kirchengeschichte unter der japanischen Kolonialzeit," (Frankfurt 대학교 박사학위 논문, 1986), pp. 187~200; 민경배, 『한국 기독교회사』(서울, 1982), pp. 304~25; 이만열, 『한국 기독교와 역사 의식』(서울, 1981), pp. 62~73 참조.

2) Kyoo-tae Sohn, 윗글, p. 244 참조.

3) 한국 민족의 극심한 좌절의 상황을 알리는 하나의 보기는 W. C. Candler의 "A Broken Hearted Nation Turning to Christ"를 들 수 있을 것이다. 민경배, 윗글, pp. 254~55에 위의 보고서 일부를 우리말로 옮겨놓고 있다.

4) 기독교에 지향된 일반 지식인들의 민족주의 운동에 대해서는 Kyoo-tae Sohn, 윗글, pp. 235~59 참조.

5) 개신교의 근본주의적 심령 부흥 운동에 대해서 필자는 다른 곳에서 상세한 논의를 한 바 있다. 때문에 여기에서 이에 대한 논의를 반복하지 않으려 한다.

그렇지만 이러한 개신교의 운동은 1920~1930년대에 접어들면서 교회 공동체와 민중의 삶에 생동감을 불어넣을 수 있는 힘을 점차 잃어가고 있었다. 이때에 개신교 교회 공동체는 또 다른 위기에 빠져들고 있었다. 일반 지식인층이 교회 공동체의 무기력과 기성 교회 지도자들에 대해 비판하기 시작한 것이 이러한 사실을 반증하고 있다. 교회가 근대화와 현대의 과학적 지식 및 일상적 삶을 등한시하며, 타계적이고 영적인 삶만을 추구하는 것에 대한 비판이 바로 그것이다.

일반 지식인들은 기성의 조직화된 교회 공동체가 사람들로 하여금 마땅히 정치 사회적인 영역을 포함하는 인간 세계를 포괄적으로 지배하고 장악할 수 있어야만 한다고 확신하고 있었다. 필자는 여기에서 한 예로 당시 유명했던 작가 이광수가 1917년에 교회에 대해 가했던 비판의 일부를 소개하고자 한다.

원래 하나님의 일과 세상 일의 구별이 있을 리가 없을 것이오. 인류에 복리를 주는 사업은 다 '하나님의 일'일 것이다. 목사, 전도사만이 하나님의 일을 하는 것이 아니라, 제반 하나님의 일을 각각 분담하는 것이니 목사, 전도사도 기실은 하나님의 일의 일부를 담임함이요, 상공업자나 학자나 기술가도 다 일부를 담당함이외다. 오인은 결코 일요일에 회당에 가서 찬송하고 기도하는 것만이 하나님께 봉사함이 아니라 타 6일간에 인류의 복리를 위하야 하는 사업이 온통 하나님께 봉사하는 것이외다. 차라리 6일간 봉사하다가 일요일에는 안식한다 함이 지당할 것이외다. 농상공업 어느 것이 하나님의 일이 아니리까.[6]

그러나 교회에 대한 이와 같은 일반 지식인들의 비판을 훨씬 뛰어넘는 또 다른 도전 세력이 한국 사회에 등장하고 있다는 사실 역시 중요하다. 1920년대부터 사회주의 및 공산주의 사상을 지향하

이 책 제5장, 특히 pp. 223~38 참조.
6) 이광수, 『이광수 전집』 제17권(서울, 1962), p. 23; 이광수의 「금일 야소 교회의 흠점」이라는 제목으로 윗글 pp. 20~29에 광범위한 비판의 내용들이 있음. Kyoo-tae Sohn, 윗글, p. 229 참조; 민경배, 윗글, pp. 326~32에 이와 관련된 적지 않은 정보가 제공되고 있음.

는 운동이 태동되기 시작했다. 그 동안 한국 민족은 서구 문물과 자본주의라는 낯선 세계관에 많은 어려움을 겪으면서 적응해가고 있었는데, 이와는 또 다른 세계관이 등장한 것이다. 이러한 새 세계관의 등장은 현실의 상황을 전혀 다른 각도에서 바라볼 수 있는 가능성을 열어주었다. 이 새로운 사회주의적 운동은 일제의 엄한 감시와 탄압에도 불구하고 지식인층과 민중 속으로 급속도로 확산되기 시작했다.[7] 이 운동은 기존의 기독교에게 심각한 도전으로 다가왔다. 이러한 사정을 권진관은 다음과 같이 요약하고 있다:

교회에 대한 신망은 3·1 운동 이후 교회가 보수화되고 내향화되면서 더욱 급속히 떨어졌다. 그러한 결과로 많은 젊은이들이 교회를 떠나게 되었다. 1920년대말에 와서는 한국 교회의 청년 운동이 거의 모두 사라졌다. 〔……〕 "정치적 경제적인 희망이 무기한 지연되는 상황 속에서, 사고는 점점 더 사회주의 쪽으로 편향되어 갔다." 교회에 대한 비판은 날로 심해졌다. 젊은 사회주의자들은 교회가 "특권층의 편에 서고," 또 "가난한 사람들에게 희망을 안겨주지 못하고 있다"라고 공격하였다. 이들은 교회를 '자본주의의 하수인 *agents*'이라고까지 혹평했다.[8]

초기 선교사들과 한국의 종교 지식인이 중심이 되어 이끌었던 교회 공동체의 생활은 어디까지나 그 중점이 세상과 구별되는 영적 차원에 있었다. 물론 그들은 한국 민중의 여망에 부응하여 사회를 근대화시키기 위한 교육과 계몽 운동을 비롯한 사회 개혁 운동에 능동적으로 참여했지만 이를 기독교 복음 전파와 구별하였다. 그리고 계속해서 그것은, 비본질적이고 부차적인 의미밖에는 없다는 사

---

7) 한국의 사회주의 운동의 기원과 전개에 대해서는 스칼라피노, 이정식, 『한국 공산주의 운동사 1: 식민지 시대편』(한홍구 옮김)(서울, 1986); 한창수(엮음), 『한국 공산주의 운동사』(서울, 1984); 서대숙, 『한국 공산주의 운동사 연구』(현대사 연구회 옮김)(서울, 1985); 김준협·김창순, 『한국 공산주의 운동사』 제 2 권(서울, 1989) 등을 참조.

8) 권진관, 「1920~30년대 급진주의 시대에 있어서의 민중과 교회」, 김흥수(엮음), 『일제하 한국 기독교와 사회주의』(서울, 1992), pp. 13~14(따온 문장 속에 있는 각주는 생략함).

실을 강조했던 것이다.[9] 그런데 이 사회주의 운동은 기독교의 이러한 지향과는 정반대로 민중을 동원하여 세속적 사회 구조를 혁명적으로 개혁함으로써 현실적인 생활에서의 복지를 보증하려 할 뿐만 아니라, 기독교의 존립 근거를 부정하는 경향을 강하게 나타낸다.[10] 게다가 개신교 공동체내에서 이전과는 달리, 1920년대에 선교사와 한국인 유급 교역자의 숫자가 계속 증가하였던 것과는 대조적으로, 빠른 성장이 둔화되는 사태가 벌어지고 있었다.[11] 이는 해당 종교 지식인들로 하여금 위기 의식을 불러일으키는 중요한 지표가 되는 것이다. 한국의 개신교 공동체는 이에 맞서서 어떤 형태로든 믿음 직한 대답을 제시하지 않으면 안 되었던 것이다.

이러한 사회와 교회 공동체의 위기적 사태에 대응하여 나타난 하나의 운동이 '사회 복음 운동 social gospel movement'이었다.[12] 이는 다분히 일반 민중과는 거리가 있는 엘리트적 성향을 띠고 있었고, 결국 일반 신앙 대중이 기성 교회 공동체의 삶에 대한 의미있는 대안으로 받아들이게 하는 데에는 성공을 거둘 수 없었다.[13] 결과적으로, 이 운동이 한국에서 거둔 성과를 결코 과소 평가해서는 안 된다고 하더라도, 한국 기독교 공동체의 주류를 이루는 대응 형

---

9) 차성환, 「초기 개신교 선교사들의 종교 성향과 근대적 삶의 형성——종교사회학의 고전적 테제 재해석」, 『신학 사상』 제73집(1991년 여름), pp. 433~52 참조.
10) 강원돈, 「일제하 사회주의 운동과 한국 기독교」, 김흥수(엮음), 윗글, pp. 28~41 참조.
11) Harry A. Rhodes, "A Now Year's Meditation: Why are We Standing Still?" *Korea Mission Field*, The Federal Council of Evangelical Missions in Korea(Jan., 1929), p. 2; 권진관, 윗글, pp. 15~16에서 다시 따옴.
12) 미국에서도 심령 부흥 운동과 종파 운동을 통해서 미 대륙을 하나의 신앙과 근면한 기독인의 나라로 다시금 회복시킬 수 없는 것으로 판명되었을 때, 이에 대응해서 여전히 지배적인 개신교 집단 안에서 강력한 사회 복음 운동이 생성되어나왔다는 사실은 우리에게 시사해주는 바가 크다. F. H. Tenbruck, "George Herbert Mead und die Ursprünge der Soziologie in Deutschland und Amerika," Hans Joas(엮음), *Das Problem der Intersubjektivität: Neuere Beiträge zum Werk George Herbert Meads*(Frankfurt am Main, 1985), p. 194 참조. 우리나라에서 전개된 사회 복음 운동도 이러한 미국의 운동을 이어받은 것이다.
13) 권진관, 윗글, pp. 17~21 참조; 민경배, 「기독교회의 응전 양식」, 『한국 기독교 사회 운동사』(서울, 1988), pp. 215~33 참조.

식을 대표하고 있다고는 말할 수 없다. 또한 이 운동이 독특한 한국 기독교 경건 유형을 규정하는 데 의미있는 영향을 끼쳤다고 보기도 어렵다.

2. 이용도 신비주의 운동의 위상

그러나 이용도(1901~1933)는 사회 복음 운동과는 정반대의 대안을 제시했다. 이 점에서 그는 초기 선교사들과 초기 개신교 집단이 지향한 신앙과 맥을 같이한다고 볼 수 있다. 한국 개신교 신비주의의 초기 형태는 앞서 논의한 근본주의적 성격을 가지고 있던 심령 부흥 운동 속에서 찾을 수 있다. 그렇지만 기독교 신비주의의 완숙한 모습은, 1920~1930년대에 종교 지식인 이용도의 주도하에 대중 속에 일어났던 신비주의적 부흥 운동에서 발견할 수 있다. 감리교 목사였던 이용도는 한국 기독교 신비주의 운동의 대표자로서 가장 유명한 사람 중의 하나이다. 이용도의 가르침 속에서 우리는 한국 개신교 신앙인의 경건 틀을 형성하는 요소의 두번째 이념형을 발견할 수 있다.[14]

일반적으로 말해 서구 개신교에서 신비주의는 부정적인 의미를 가지고 있다.[15] 그렇지만 한국에서 종교적인 대중 운동을 지도하였

---

14) 필자는 한국 개신교의 경건 형태 및 그것의 조성에 결정적인 역할을 했던 한국 개신교 지식인의 사고 구조를 1907년경에 모습을 드러낸 근본주의 운동, 1920~1930년대의 신비주의 운동, 1960년대의 오순절 성령 체험 운동과 기독교의 민중 운동에서 찾아낼 수 있다고 전제하면서 논의를 전개한 바 있다. Seong Hwan Cha, "Demokratie ohne öffentliche Ethik?: Zur Soziologie der religiösen Denkstruktur der Intellektuellen in Korea"(Tübingen 대학교 박사학위 논문, 1989), 제4장 참조; 민경배, 『한국 기독 교회사』, pp. 386~87 참조.

15) 개신교 전통은 신과 인간 사이에 결코 넘을 수 없는 근본적이고 질적인 차이를 강조한다. 때문에 어떤 형태로든 신과 인간이 합일하는 것을 목표로 하는 구원 추구는 신성에 대한 모독이요, 타락한 인간의 자기 교만의 발로라고 해석되기 때문이다. 이를 알려주는 하나의 보기는 윤성범, 「이용도와 십자가 신비주의」, 『신학과 세계』 4호(1978), p. 24 참조.

던 중요한 개신교 지식인들은 대중들의 신앙을 이러한 서구 개신교 전통의 바탕에 세운 것이 아니라, 신비주의어서 중시하는 체험을 바탕으로 양성했던 것이다.[16] 이러한 점에서는 초기 개신교 선교사와 한국인 종교 지식인들 사이에 어떤 차이도 없었다. 보다 정확히 말하자면, 이와 같은 신비주의적 색채를 띠었던 종교 지식인들만이 자신들의 가르침을 한국의 대중들에게 침투시킬 수 있었고, 또 그런 능력을 소유했다.

이용도가 이끌었던 기독교 신비주의 운동은 침체되던 교회 공동체에 새로운 활력을 제공했고, 그럼으로써 경건 유형을 새롭게 규정하는 데 의미있는 역할을 했다. 그의 신비주의적 신앙 부흥 운동은 이렇게 기성 교회 공동체 안에서 시작되었지만, 교회 공동체의 권위를 등에 업은 신학자와 교역자들에 의해서 거부 배척되어 교회 공동체내에서 존속될 수 없는 비운을 맞이하였다. 게다가 이 운동은 카리스마적 권위를 온몸에 지니고 있던 이용도의 조기 사망으로 인해 독자적인 공동체나 교단을 형성하는 데에로 이어지지 못하였다.[17] 그렇지만 이 운동으로 인해 원숙한 모습을 갖춘 기독교 신비주의는 한국 개신교 신앙인들의 경건 유형을 만드는 결정적인 요소로 자리잡게 되었다. 한국 개신교인들의 신앙은 이러한 신비주의 때문에 사회적 행위를 높이 평가하기보다는 인간의 내면 세계, 영혼의 신비적 평화와 기쁨을 높이 평가하게 되었다. 신앙이 능동적인 생활에 관련된 문제이기보다는 영적인 것에 관계된 문제가 되었다는 말이다.[18]

이용도의 운동은 사회 전반적인 문제적 상황에 대한 다른 어떤 대안 보다도 의미있는 것으로 신앙 대중에 의해서 받아들여졌다는 특징을 지니고 있다. 이 운동으로 인해 오늘날까지 한국 개신교 경건 생활을 규정하고 있는 두번째 이념형적 유형이 발전되었던 것이

---

16) 여기에서 한국 부흥 운동의 유명한 지도자였던 길선주(1869~1935)·김익두(1874~1950)·이용도(1901~1933) 등등을 계산에 넣을 수 있을 것이다.

17) 이용도의 전기적 사건에 대해서는 변종호(엮고 씀), 『이용도 목사전』(이용도 목사 전집 제 2 권)(인천, 1986) 참조.

18) 민경배, 『한국 기독 교회사』, p. 386 참조.

다. 곧 현재 한국 개신교에서 드러나는 신앙의 독특한 특성 형성에 어떻든 결정적으로 기여하게 되었다는 말이다. 이 때문에 우리는 이 운동이 개신교내에서 이단시되었고, 또 많은 신학적 문제를 내포하고 있었다는 사실을 익히 알고 있음에도 불구하고, 또 사람들에 따라서는 일개인에 의해서 전개된 교회사의 단순한 에피소드로 축소하여 취급됨에도 불구하고, 그것의 종교 사회적인 근원 및 한국의 기독교와 우리 사회에 대해서 가지는 문화적 의미를 묻지 않을 수 없다. 물론 우리의 논의는 개신교내의 신학적이고 종교 집단 내적인 문제와[19]는 원칙적으로 거리를 둔 사회학적인 질문에 한정될 것이다.

한국 개신교의 경건 생활을 규정하는 첫번째 유형을 형성하는 데 결정적인 역할을 한 것은 앞서 암시한 바 있는, 1905~1907년에 일어났던 근본주의적인 심령 부흥 운동이다.[20] 이 운동은 일제에 의한 한국의 강점이 사실상 현실화되고 있던 상황에서 민중들에게 독특한 방식으로 삶의 의미를 제공했다는 사회·문화적 의의를 가지고 있었다. 그러나 반면에 현실적인 사회적 상황을 합리적으로 장악하여 스스로 지배하려는 방향과는 거리가 먼 성격을 지녔다는 데에 문제가 있었다. 요약하면, 이 운동의 사회적인 의미는 타계적

---

19) 이용도의 신비주의 운동에 대한 신학자와 교회사가들의 논의는 적지 않다. 그 중 몇 가지 대표적인 것은 다음과 같다. 변선환, 「이용도와 마이스터 에크하르트」, 『신학과 세계』 제 4 호(1978), p. 72~123; 박봉배, 「이용도의 사랑의 신비주의와 그 윤리성」, 윗글, pp. 51~71; 송길섭, 「한국 교회의 개혁자 이용도」, 윗글, pp. 124~57; 윤성범, 「이용도와 십자가 신비주의」, 윗글, p. 9~30; 유동식, 「이용도 목사와 그의 주변」, 『기독교 사상』(1967/7), pp. 21~27; 민경배, 「이용도의 신비주의 연구」, 『현대와 신학』 제 5 집(1969).

20) 필자는 다른 곳에서 한국 개신교 종교 지식인의 사고 구조를 4가지 이념형적 유형으로 나누어 논의한 바 있다. Seong Hwan Cha, 윗글, pp. 24~30, 177~247 참조. 이 지식인의 사고 구조에 대응하여 종교적 대중 속에서 형성된 것을 경건의 유형이라 말하고자 한다. 물론 이 경건의 유형은 일개인 또는 하나의 종파 또는 교단 속에서 완전한 모습으로 나타나는 것을 의미하지 않는다. 한국 기독교 신앙인의 경건의 전체적인 모습을 분석적인 차원에서 이념형적으로 분류하여 논의할 수 있게 하기 위한 수단에 지나지 않는다. 3번째와 4번째 경건의 유형은 1960~1970년대에 발전되어 기독교 속에 확고한 자리를 잡게 되었다고 판단된다.

이고 비사회적인 삶을 지향하게 했다는 데에 있다. 이는 당시에 근본주의적인 심령 부흥 운동을 주도했던 한 선교사 자신의 다음과 같은 증언에서 분명하게 그 이유를 알 수 있다:

　　우리는 한국 교회가 일본인에 대한 적개심을 회개해야 할 뿐만 아니라, 하나님에 대하여 범한 모든 죄를 보다 더 분명하게 의식할 필요가 있다고 느낀다. 〔……〕 우리는 교회 전체가 성결하게 되고, 하나님의 거룩함을 인식할 필요가 있다고 느낀다. 그리고 자신들의 생각을 '비극적인' 국가적 상황으로부터 떠나서 자신이 주와 인격적인 관계를 맺는 데에로 향해야 할 필요성을 절감하는 통회하는 영혼들이 될 필요가 있다고 생각한다.[21]

　　앞서 말한 근본주의적 심령 부흥 운동은 선교사들의 이와 같은 문제 의식과 지향을 한국의 민중 속에 관철시킬 수 있었다는 데에 큰 의의가 있다.[22] 아울러 이 운동이 오늘날까지 '사경회'라고 부르는 독특한 전통에 의해 계승되고 있다는 점에 유의할 필요가 있다. 사경회는 말 그대로 집중적인 성경 공부를 하는 모임을 의미한다. 그렇지만 이 사경회는 성경 말씀에 대한 해석학적 문제를 도외시한 채, 이른바 '축자 영감설'이라는 원리에 따라서 성서에 등장하는 이야기 그 자체로부터 체계적인 세계상을 구축하고자 하는 특징을 가지고 있다. 이러한 경향 속에서 심령 부흥 운동은 성서의 여러 책 중에서 특히 계시록을 중시하여 새 하늘과 새 땅을 대망하고, 그리스도가 구름을 타고 공중 재림하는 세상의 종말이 임박했음을 강조하고 회개를 촉구하였던 것이다. 심령 대부흥 운동을 통해서 특이

---

21) William N. Blair/Bruce F. Hunt, *The Korean Pentecost and the Sufferings which followed*(Edinburgh, 1977), pp. 66~67. 여기에서 인용된 부분은 William N. Blair가 1910년에 The Korean Pentecost란 제목으로 자신들이 한국에서 있었던 심령 대부흥 운동에 대해 작성한 보고서이다. 이 보고서는 다른 것을 더 추가하여 1977년에 증보되어 출판되었으며, 우리가 따른 것은 이 증보판에서임을 밝혀둔다.

22) 근본주의적 심령 부흥 운동에 대해서는 다른 곳에서 논의한 바 있다. Seong Hwan Cha, 윗글, pp. 195~201 참조. 때문에 여기에서는 필수적인 것만을 제시하는 데 머무르고자 한다.

하게 형성된 이러한 세계관이 집합적인 성령 임재의 체험을 통하여 종교적 대중 속에 자리잡았던 것이다. 따라서 가장 중요한 것은 인간 개인의 영적·도덕적인 차원에서의 회개와 이를 통해 개인이 하나님과 인격적인 관계를 형성하는 것이었다. 그럼으로써 신앙인들은 민족적 비극에 처한 현실 세계와 이와 관련된 세속적 삶의 무의미성으로부터 해방될 수 있었다. 이와 관련된 한 삶은 상당한 정도로 영적·도덕적으로 순화되는 계기를 맞고 있었다. 그렇지만 이것은 신앙인이 사회적·세상적이라 규정된 일체의 것을 체계적이고도 합리적으로 장악해가는 것과는 정반대의 결과를 가져오게 하고 말았다. 우리는 여기에서 먼저 근본주의적 심령 부흥 운동이 이용도의 신비주의적 대중 운동과 분리되는 점을 분명하게 인식할 필요가 있다.

3. 이용도의 인격적 카리스마와 교회 비판

이용도는 비극의 극치를 달리고 있는 한국 사회에 적합한 종교적 생활의 새로운 형태를 자신의 심각한 고뇌를 통해서 발견해냈다. 신학교에 입학하기 전까지, 아니 결정적인 '종교적 신비 체험'을 하기 이전까지 이용도는 결코 타계적이며 탈정치-사회적인 개신교의 근본주의적 신앙에 맹신하는 인물이 아니었다. 이는 "이날(3월 1일) 만세를 부르기 시작해서 1924년 봄 신학교에 입학할 때까지 5년 동안, 용도는 만세 부르기에 목이 쉬어 있었고, 네 번 투옥되었고, 3년 이상의 시일을 감옥에서 살았다"[23)는 기록만을 보아도 알 수 있다. 신학교를 졸업하고 강원도 통천에서 목회 활동을 하다가 1928년 12월 24일에 "마귀와 싸워" 이기는 종교적인 신비 체험을

---

23) 『이용도 목사전』, p. 23. 곧 1919년 3월 1일에 붙들려 들어가 2개월간 유치장 생활, 1920년 2월 11일 기원절 사건에 연루되어 반년간 옥고, 1921년 성탄절 불온 문서 사건으로 붙잡혀 반년간 감옥 생활, 1922년 가을 태평양회의 사건으로 징역 2년을 언도받고 서대문 형무소에서 복역하였다. 윗글 참조.

한다.[24] 이것이 그가 세계를 바라보는 안목을 새롭게 정립하는 계기로 작용했던 것으로 보인다. 이러한 종교적 체험을 통해서 그는 부흥운동가로서의 카리스마를 획득하였고, 부흥 집회에서 그의 인격적 카리스마는 종교적 대중들로부터 인정받기 시작했다.[25] 이제 그는 민족의 비극적 현실을 이전과는 다른 방식으로 파악하기 시작했다:

약소한 민족 우리들은 세상의 한 노예로 십자가 형틀을 지고 갑니다. 우리는 벙어리와 같이 우리의 맞을 모든 매를 맞아 상하신 당신을 말없이 우러러 뵈올 뿐입니다. 이교의 지배자는 우리 머리에 가시관을 씌우고 우리는 억지로 사회적 계급의 바늘 침상에 눕게 됩니다. [⋯⋯] 오― 사랑의 선생님이여 우리의 마음속에까지 내려오시오. 사람의 모든 노고를 담당하시며, 일절을 포옹하는 사랑을 가지고 문둥이나 망하는 자에게까지 봉사할 수 있는 도를 가르쳐주십시오.[26]

교회와 사회에 대한 자신의 진단에 근거해서 이용도는 고난받는 한국 민중에게 "고난당하는 그리스도"를 따르라는 그 특유의 구원의 길을 제시했다. 종교적 대중은 세계를 합리적으로 지배·장악하는 길을 간 것이 아니라 이용도의 신비적인 구원의 길을 정열적으로 뒤따랐다. 이러한 결과는 오늘날까지 한국인의 삶의 질서를 운명짓는 데 의미있는 것으로 남아 있다. 고난 가운데 있는 한국 민족은 그가 제시한 진정한 기독교 신앙을 확고히 갖고, 현존하는 하나님으로서의 영적인 그리스도를 자신들의 고난 가운데서 계속 반복해서 확인해야만 했다. 이런 방향 전환의 내적 동기를 알려주는 구절을 소개하면 다음과 같다:

형님이여! 이제는 주님의 발 앞에 겸손히 엎드려 자복하시오.

---

24) 『이용도 목사전』, pp. 36~39 참조.
25) 이에 대한 이론적 근거는 Max Weber, *Wirtschaft und Gesellschaft*(Tübingen, 1980)(*WG*로 줄여씀), p. 140f. 참조.
26) 변종호(엮고 씀), 『이용도 목사 일기』(인천, 1986)(다음부터 『일기』로 줄여씀), 1929년 12월 21일, p. 67.

〔······〕 그때는 의를 위하여 참으로 희생의 제물이 될 수가 있는 것이외다. 그렇게 되기 전에는 사회를 위하느니 나라를 위하느니 대중을 위하여 어쩌느니 해도 다 잠깐 일어나는 감정적 충동에 불과하며 따라서 자기 변호적 일수단에 불과하는 것이올시다.[27]

그는 특유의 방식으로 예수의 십자가 사건을 해석하여 한국 민족의 현실에 적용함으로써 아주 독특한 결론을 도출해내고 있다. 이용도는 "예수의 모든 아름다운 성격은 그의 십자가에 모두 집중되었습니다"[28]라고 하여 고난받는 그리스도에 관심을 모으고 있다.

이것을 적절히 이해하기 위해서는 이용도의 예수에 대한 이해를 고려하지 않으면 안 된다. 그는 예수의 지상 삶의 의미는 전적으로 고난 속에 존재한다고 주장한다. 그래서 인간은 예수의 고난에 동참함으로써만 그와 합일에 도달할 수 있게 된다는 것이다. 이 점에서 그는 예수의 십자가와 부활에 대한 개신교의 전통적인 가르침을 무시하려 하고 있다. 용도는 자신의 신비적 체험으로부터 예수의 비극적인 죽음 속에서 예수 자신의 완성을 보았던 것이다. 그렇기 때문에 인간의 완성 또한 인간이 예수와 더불어 십자가에서 죽을 때에만 가능하다는 것이다.[29] 그러나 이러한 죽음은 전통적인 교회의 속죄·화해·참회 및 이에 상응하는 사상들과는 아무런 관계가 없는 것이다.[30] 이용도에게 있어서 고난받는 그리스도와의 현재적 합일이야말로 인간의 완성을 의미했다. 최상의 구원 상태에 도달하기 위해서는 윤리적인 계명도 기성 개신교의 어떤 가르침도 필요치 않다는 말이다.[31] 곧 십자가를 지신 그리스도를 수동적으로 일체의 고난을 감수하는 무조건적 사랑의 실체로 보고 있다. 여기에서 십자가의 형틀을 지고 있는 한국 민족이 십자가의 그리스도를 만나

---

27) 변종호(엮고 씀), 『이용도 목사 서간집(全)』(서울, 1984)(이후부터는 『서간집』으로 줄여 씀), pp. 36∼37.
28) 『일기』, 1929년 11월 10일, p. 61.
29) 『일기』, p. 228; 『서간집』, pp. 82∼84, 92, 148, 182f., 192 참조.
30) 『일기』, 1930년 1월 18일, p. 81 참조.
31) 박봉배, 『기독교 윤리와 한국 문화』(서울, 1983), p. 207 참조.

합일할 수 있는 가능성을 보고 있는 것이다. 그러나 이때의 십자가의 고난을, 죄와 세상의 악에 대한 철저한 저항 및 그것에 대한 하나님 자신의 거부로 보는 것이 아니라 무조건적인 수동적 태도라고 보는 데 그 특이성이 있다:

> 희생——나는 희생이 되려나이다. 참 희생이 되려나이다. 호랑이가 나와서 나를 해치려고 해도 나는 반항치 않으렵니다. 〔……〕 짐승에게까지 이유없이 그냥 희생이 되겠나이다. 사람들이 나를 욕하면 그냥 가만히 있으면서 그 욕을 먹겠나이다. 〔……〕 혹은 나를 죽이려든다 해도 거기도 역시 아무 대항도 안 하려나이다. 〔……〕 나는 그러므로 가만히 주의 뜻을 품고 그냥 순종하려 하나이다. 아벨의 피같이, 이삭 같이, 예수——우리 주님 같이, 털을 깎이는 양과 같이.[32]

이런 맥락에서 이용도는 고난받는 그리스도를 따르기로 결심한다. "방황하던 나는 이제야 길을 찾았나이다. 〔……〕 그 길이란 곧 예수님이 밟으신 길입니다. 〔……〕 나는 이제부터 아주 '예수쟁이' 가 되렵니다. 미치도록 믿으려 하나이다. 이렇게 노력하는 것이 곧 나의 생활이 되겠지요."[33] 그러나 여기에서도 이용도는 이성을 통해서 이해하기보다는 체험하려 한다. 곧 "하여간 주여, 나를 이끄사 어떠한 모양으로든지 당신의 십자가를 체험하게 하시옵소서. 나는 말없이 그 잔을 마시리이다."[34]

이러한 방향에서 그가 경험한 주님은 기성 교회의 그것과는 거리 감이 있다.[35] 그는 주님을 "천한 주님" "무력한 주님" "비근한 주님" 등으로 표현하고 있다.[36] 이런 그 특유의 '예언자적 관점'에서 볼 때 기성의 교회는 허구적인 것으로 보일 수밖에 없게 되었고,[37]

---

32) 『일기』, 1929년 12월 18일, p. 64(강조는 필자에 의함).
33) 『일기』, 1929년 8월 23일, p. 51.
34) 『일기』, 1931년 5월 5일, p. 134.
35) 여러 곳에서 이러한 사실을 발견할 수 있다. 몇몇 현저한 곳을 지적하면, 『일기』 1927년 2월 9일, p. 21; 1927년 5월 2일, pp. 32~33; 윗글, 1930년 2월 27일, p. 88 참조; 민경배, 『교회와 민족』(서울, 1981), p. 286 참조.
36) 『일기』, 윗글.
37) 예언자에 대한 사회학적 개념에 대해서는 Max Weber, *WG*, pp. 273~75 참조.

교회에 대한 비판은 근본적인 성격을 띠게 될 수밖에 없었다:

　　현대의 교인은 '괴이한 예수'를 요구하매 현대 목사는 괴이한 예수
를 전한다. 참 예수가 오시면 꼭 피살될 수밖에 없다. 참 예수는 저희
들이 죽여버리고 말았구나. 그리고 죄의 요구대로 마귀를 예수와 같이
가장하여 가지고 선전하는구나. 화 있을진저 현대 교회여! 저희의 요
구하는 예수는 육의 예수, 榮의 예수, 富의 예수, 高의 예수였고, 예수
의 예수는 辱의 예수, 賤의 예수, 貧의 예수, 卑의 예수니라. 〔……〕
예수를 갖다가 너희 마음에 맞게 할 것이 아니라, 너를 갖다가 예수에
게 맞게 하라.[38]

이런 그의 생각은 다른 곳에서도 계속 나타나고 있다:

　　예수는 죽이고 그 옷만 나누는 현대 교회야. 예수의 피도 버리고 살
도 버리고 그 형식만 의식만 취하고 양양자득하는 현대 교회의 무리
여, 예수를 믿는 본의가 어디 있었나요.[39]

　　이용도는 이렇게 무능하게 된 한국 교회의 원인과 이에 대한 새
로운 비전을 제시하기 위해서 훨씬 더 넓은 세계의 기독교 신앙의
변천 역사를 추적해나간다:

　　기독교회는 그의 주 그리스도의 이해를 향하여 무거운 발걸음을 오
늘날까지 옮겨놓으면서 왔다. 〔……〕 카톨릭 교회는 그 인간의 우매
의 무량을 나타내면서도 또한 그 이교 세계를 정복하는 임무도 다하여
왔다. 〔……〕 기약이 차서 개혁이 행하여져 프로테스탄트의 신앙은
일어났다. 이는 인류가 그리스도 이해에 향하여 진보한 바 일신 기원
이었다. 〔……〕 결코 종국적인 것은 아닌 것이었다. 과연 오늘의 기독
교계 현상은 어떠한가? 〔……〕 개혁자들의 신앙! 〔……〕 그러나 그
후 4세기를 지난 오늘 인류의 영적 생명은 다른 새 양식을 요구하게

---

38) 『일기』, 1930년 2월 20일, p. 87(본문의 예수의 예수는 榮의 예수는 전후 문
　　맥으로 보아 오자인 것이 분명하여 필자가 辱의 예수로 바로잡음).
39) 『일기』, 1930년 4월 5일, p. 91.

되었다. 또 그때 개혁자들의 성서관, 속죄관으로서 오늘의 세계를 정복하기에는 세상이 너무 변하여버렸다. 〔……〕 대개 현재의 이 혼돈 동요를 초래하게 된 것은 인류의 영혼으로 하여금 더 근본적인 무엇을 붙잡게 하시려는 하나님의 섭리인 줄 안다. 지금은 인류의 영계의 Ⅰ 혁명기이다. 〔……〕 나는 그 영의 운동, 그 생명의 활약이 마치 신약 시대와 같음이 있기를 20세기의 오늘날에도 기대하는 바이다.[40)]

여기서, 이용도가 기존의 보수적인 개신교에 대립하는 이유는 훨씬 더 근본적인 데에 있다는 것을 분명하게 보여주고 있다. 또한 이용도가 예언자로서의 강한 소명을 가지게 된 이유를 알 수 있다. 그는 여기에서 한걸음 더 나아가 신앙의 4시대, 곧 교회 시대·수도 시대·신앙 시대·사랑 시대를 구분하고, 마지막 시대인 사랑 시대의 예언자로서 사명 의식을 갖는다. 사랑 시대에는 신앙으로도 불만족을 느끼게 된다는 것이다. 사람들은 "사랑의 화신이 되어 자기는 사랑의 신에 삼킨 바 되기"를 원하게 된다고 말하고 있다.[41)] 그는 인간의 영혼이 온전히 하나님의 사랑으로 흠뻑 채워져야 한다는, 고난받는 그리스도 사랑의 제4 시대를 선포한 것이다.[42)] 여기에서 하나 분명해지는 것은, 이용도가 개신교 전통을 계승하고 거기에 머무르기보다는 그것을 넘어서려고 했다는 사실이다. 결과적으로 이는 개신교 전통이 중시하는 구약 성서와 신약 성서가 사랑 시대의 메시지를 담기에 부족하다는 것을 느끼는 데까지 이어진다.[43)] 성서 또한 참된 신앙의 바탕이 되기에는 충분하지 않았다는 말이

---

40) 『일기』, 1931년 1월 18일, pp. 108~09.

41) 『일기』, 1931년 1월 28일, p. 119 참조.

42) 유동식, 『한국 신학의 광맥』(서울, 1982), pp. 125~27 참조. 이용도는 기독교 신앙 발전의 단계를 교회 시대·수도 시대·신앙 시대·사랑 시대로 대별하였고, 자신은 바로 제4 기인 사랑 시대를 선포하고 있다고 생각했다. 유동식, 「한국 교회와 성령 운동」, 서광선 외, 『한국 교회 성령 운동의 현상과 구조』(크리스챤 아카데미 엮음)(서울, 1981), p. 12f. 참조.

43) 『일기』, 1930년 3월 26일, p. 89 참조; 이것이 뜻하는 바는 "성경의 말씀이 성경에 있는 까닭으로 진리가 아니라, 인간의 심령 생활의 사실이기 때문에 진리다"라는 이용도 자신의 말에서 유추해볼 수 있을 것이다. 『일기』, 1927년 3월 1일, p. 24.

다.[44]

이러한 자신의 관점에 입각해서 이용도는 일종의 근본주의적인 교리가 지배하고 있는 기성 한국 교회 공동체에 대해서 다음과 같이 비판하고 있다. 한국 교회 공동체에서 그리스도의 진리가 인습화된 도그마적 형식과 의례들로(믿음으로만, 성서로만, 주일 성수 등등) 대체되었으며, 이는 하나님과의 인격적인 관계를 쓸모없는 것으로 만들었고, 결과적으로 참된 그리스도의 사랑이 더 이상 존재하지 않게 만들었다는 것이다.[45] 문제는 기독교인들이 하나님의 뜻에 따라서 세속적인 질서들을 변혁할 수 있는 능력이 없다는 데에 있는 것이 아니라, 오히려 기독교 정신을 잃어버렸다는 데에 있다는 것이다.[46] 바로 이것이 그가 남긴 『일기』와 『편지 글』에서 사회와 세계에 대한 적극적인 비판의 흔적을 거의 찾을 수 없게 만든 원인인 것이다. 이처럼 그는 당시 일반 지식인 및 사회주의에 지향한 지식인들과 기성의 개신교 공동체와는 완전히 다른 견해를 제시했다.

4. 신비주의적 구원의 길과 생활 운용의 원리

이용도는 "십자가를 지고 고난받는 그리스도 사랑과의 영혼의 현재적 합일"을 기성 교회의 구원의 길에 대한 대안으로 제시했다. 물론 여기에는 전통적인 개신교의 기독론을 심각하게 고려하지 않았을 뿐 아니라, 성서의 축자 영감설에서 말하는 교리적인 문자주의의 한계를 넘어서려 한다는 특징을 지니고 있다. "고난받는 그리스도 사랑과 합일"하기를 지향하는 신비주의의 전형적 경향을 가장 분명하게 나타내는 몇 구절을 소개하면 다음과 같다:

---

44) 민경배, 『한국 기독 교회사』, p. 388 참조.
45) 『서간집』, p. 248f. 참조; 『일기』, 1932년 7월 12일, pp. 177~78; 윗글, 1932년 12월초, p. 181 참조.
46) 박봉배, 윗글, p. 214 참조.

이렇게 주님은 나에게 끌리시고, 나는 주님에게 끌리어, 하나를 이루는 것이었습니다(一化). 나는 주의 사랑에 삼키운 바 되고, 주는 나의 신앙에 삼키운 바 되어, 결국 나는 주의 사랑 안에 있고 주는 나의 신앙 안에 있게 되는 것이다. 아— 오묘하도소이다 합일의 원리여! 오— 나의 눈아, 주를 바라보자. 일심으로 주간 바라보자. 잠시라도 딴눈 팔지 말고 오직 주만 바라보세. 나의 시선에 잡힌 바 주님은 나의 속에 안주하시리라. 오— 나의 눈아, 일심으로 주만 바라보자. 주께서 피하시랴? 피치 못하시게 그만 바라보자.[47]

이용도는 고난받는 그리스도에 대한 자신의 체험을 기초로 하여 이제는 완전히 새로운 삶을 구축하고자 했다. 곧 자신의 체험을 바탕으로 완전히 새로운 세계를 전개하려고 했다. 그러나 이러한 세계는 어떤 말로도 형용할 수 없는 것이었다. 이것은 그가 자신의 편지 끝에 이름 대신에 자주 "말을 잃어버린 자"라는 뜻을 나타내는 "시무언(是無言)"이라고 서명하고 있다는 사실에서도 알 수 있다.[48] 그는 형언할 수 없는, 고난받는 그리스도와의 신비적인 합일의 체험을 근거로 하여 부흥 강사로 전국을 순회하면서 전도 집회를 시작하지 않을 수 없었다.[49] 그는 고난받는 한국 민족은 고난받는 그리스도와의 신비적인 합일을 통해서만 구원받을 수 있다고 선포했다.

그에게 이와 같은 합일은 일종의 연애 사건을 의미했다. 그렇기 때문에 그는 이러한 관계를 "영적인 결혼"이라고 묘사하고 있다. 곧 이러한 결혼 관계에서 하나님의 사랑과 인간이 하나로 합일되

---

47) 『일기』, 1931년 1월 27일, p. 118.
48) 『서간집』, pp. 50, 71, 85, 88, 91, 99, 108, 121, 129, 142, 161, 171, 174, 183, 208f, 212f, 214, 220, 234, 283. 이용도 자신은 『일기』에서 "나의 별명을 시무언이라 함은 말없음이 옳다는 의미와 메시아 오시기를 기다려 일생을 성전에서 지내다가 마침내 만나서 즐거워하던 시므온을 그리워하여 그리 지었습니다"라고 밝히고 있다. 『일기』, p. 16.
49) 전국을 누빈 이용도의 부흥 집회의 내용에 대해서는 변종호(엮고 씀), 『이용도 목사 연구 반세기』, 이용도 목사 전집 제 8 권(인천, 1986), pp. 179~247을 참조; 교회 부흥 운동이란 측면에서 이용도의 전반적인 생애를 살피고 있는 글로는 송길섭, 『한국 신학 사상사』(서울, 1988), pp. 300~12 참조.

고, 거기에서 상호 완전한 헌신이 발생하게 된다는 것이다. 그래서 그는 하나님을 사모하고 있는 기독교인을 신랑과 신부의 관계로 서술하고 있다. 여기에서 우리는 하나님과 관계를 맺고 있는 인간의 '영혼'을 이용도가 남녀의 성에 관계없이 여성이라고 보았다는 사실을 알 수 있다. 우리는 그가 정욕 및 신부의 사랑 등의 단어들을 사용하였음을 발견할 수 있다. 그의 논술은 논리적이기보다는 암시적이며 직관적인 성격을 띠고 있다.[50]

신비주의적 합일이 의미하는 바가 무엇인지를 알 수 있게 하는 구절이 그의 편지에 있다. 다음은 신비주의적 구원의 내용이 무엇인가를 알 수 있게 하는 구절이다:

오직 주님의 사랑! 자기가 버림을 당하며 자기 편의 불리를 보면서도 그래도 긍휼히 여기며 사랑할 수 있는 그 천적애, 그 무한애(無限愛), 그 성애(聖愛)에 목욕하여서만 가련한 인간의 심령은 생기를 얻게 되는 것입니다. 이 성애를 완전히 체득할 자, 저는 속된 인간애의 망(網)에서 벗어져나온 자, 혹은 거기서 버림을 당한 자가 아니면 아니 되는 것입니다. 주는 당신의 무한애의 궁전에 안식케 하시려고 눈물을 흘리시고 혈잔을 쏟으신 것입니다.[51]

이와 비슷하게 신비적 합일의 상태의 열락을 인간의 성적 관계와 비유하여 설명하고 있는 곳을 들면 다음과 같다:

그대는 주소로 염념사지(念念思之)하여 주님의 사랑을 찾고 찾으라! 그리하여 저— 깊은 사랑의 내전에까지 찾아 들어가라. 그곳은 한번 들어간 자 나올려야 나올 수 없는 애(愛)의 지성소니라. 거기서 그대는 주의 정체를 포옹하리라. 그리고 천국을 노래하며, 그 귀한 영광을 얻은 그대의 눈에는 감사의 눈물! 진주와 같이 솟아날 것이니라.[52]

---

50) 『서간집』, pp. 211~12 참조; 『일기』, 1930년 1월 17일, p. 78; 윗글, 1930년 1월 19일, p. 82; 윗글, 1931년 12월 7일, p. 158.
51) 『서간집』, p. 221.
52) 『서간집』, p. 211.

거룩하신 당신의 손이 나를 만지시오매 나의 조그마한 가슴은 기쁨에 도(度)를 잃어 이루 형용할 수 없는 소리를 발하옵니다.[53]

이제 문제가 되는 것은 이러한 신비적인 합일, 곧 구원에 이르기 위한 수단이 무엇인가 하는 것이다. 이용도는 최고도의 신비적 체험, 고난받는 신과의 합일에 도달하는 길로서 일종의 명상적 기도를 추천하고 있다. 그의 특이한 구원 수단은 능동적이며 실질적인 행위가 아니었다. 결과적으로 신적인 의지를 실천하려는 의식이 아니라 특이한 종류의 내적인 상태를 의미했다. 이용도는 일반 신비주의자들이 근본 원리로 삼고 있는 바와 같이 인간이 가지고 있는 모든 피조적인 것을 무(無)로 만들어야 비로소 신적인 것이 말한다고 생각하고 있다. 이것은 막스 베버의 신비가에 대한 논의와 일치되는 면이 있다:

진정한 신비가들은 다음과 같은 말을 좌우명으로 삼고 있다. 피조적인 것이 침묵하게 될 때, 비로소 신이 말할 수 있게 된다.[54]

이러한 신비주의자들의 성향을 이용도의 『일기』와 『편지 글』여러 곳에서 찾아볼 수 있다. 이를 알리는 구절을 소개하면 다음과 같다:

나의 소유라고는 생전에 다 주를 위하여 무가 되게 하여 주시기 바라옵나이다. 주께서 나를 위하여 무가 되어졌사오니 나는 주를 위하여 무가 됨은 마땅한 일이니이다.[55]

아주 '나'라는 관념을 없이 하여주소서. 그리고 나의 속에는 오직 주님만이 살아계시옵소서. 주가 움직이어 내가 움직이게 하여주옵소서.[56]

53) 『일기』, 1932년 6월 8일, p.173.
54) Max Weber, "Zwischenbetrachtung," *Gesammelte Aufsätze zur Religionssoziologie* I(*GARS* I로 줄임), p.539(우리말 옮김은 필자).
55) 『일기』, 1930년 1월 3일, p.72.
56) 『일기』, 1931년 1월 9일, p.101.

다만 무가 되라, 공이되라, 그 위에 우리 주가 역사하시느니라.[57)]

이러한 신비주의적 원리는 영과 육의 분리, 성속의 구별이라는 기성 교회의 전통과 이어지면서 특이한 방식으로 그 모습을 드러낸다. 곧 기성의 교회가 이원론적으로 규정하고 있는 것처럼 육적인 것과 세속적인 것을 최소화 내지 무로 만들려는 필사적인 노력을 하는 것이다. 이와 관련해서 겸비와 신뢰는 독특한 의미를 갖게 된다. 고난받는 그리스도 사랑과 합일에 도달하게 하기 위해서, 그는 자신을 따르는 신도들에게 그들의 모든 일상적 관심을 끊어버리고 인간 속에 있는 모든 피조적인 것들을 완전히 잠재울 것을 요구했다. 이용도는 한 편지에서 다음과 같이 적고 있다:

다— 버리소서 모두 끊어버리소서. 자매의 모든 이상 모든 구하(拘夏)로부터 모든 인간적 설계와 방침까지를 다 버리소서. 모든 지식! 〔……〕 그 지식도 버리고 특질 인물들까지도 다 마음에서 끊어버리어, 있으나 없는 자와 같이 가지지 못한 자와 같이 되소서. 〔……〕 성령의 지시 외에는 모든 설계와 수단을 베풀 수 없는 백치가 되여지소서 〔……〕 다— 버리고 그런 물질과 인물에서 온전히 초월하고.[58)]

이러한 그의 생각은 『일기』의 여러 곳에서 나타난다:

너는 너의 생각도 버리고 계획도 물리치라. 네가 터럭이 희여지고 얼굴에 주름이 잡히기까지 생각하고 설계하여 얻은 것이 무엇이냐? 〔……〕 오— 나의 소자야. 너는 너의 육과 육의 생각인 포로에서 뛰쳐나와 나에게 온전히 순종하는 생활을 해야 마땅하니라. 〔……〕 우리는 육에 있어서는 안일할자 아니오 수고할자요, 福할자 아니오 차라리 禍할자이니, 이 우리의 취할 바 길이니라.[59)]

57) 『일기』, 1931년 3월 6일, p. 125.
58) 『서간집』, p. 216f.
59) 『일기』, pp. 14~16.

영의 승리는 육의 패멸에 있느니라. 육은 멸시를 당할 때 영이 윤택하여 지느니라. 영의 대적은 육이었느니라. 영을 살리려면 육을 죽이라. 영의 生은 육의 死에 있으니. 영이 편안하려면 육에 고통을 주라. 영이 귀하려면 육을 천하게 하라. 영을 즐겁게 하려면 육을 슬프게 하라. 육신의 명예는 영의 치욕이니라. 육의 환란은 영의 悲哀였느니라. 육이 永滅에 入할 때 영은 영생에 入하느니라.[60]

이러한 신앙의 지향이 현실 세계를 하나님의 뜻에 따라서 외형적인 결과들을 중시하면서 장악하여 지배하고자 하는 금욕적 프로테스탄티즘의 그것과는 사뭇 다른 사회적 의미를 갖는다는 사실에 유의할 필요가 있다. 그에 의하면 기존 사회에서 수동적으로 당하는 정신적·육체적 패배감 및 박탈감이 곧바로 고난받는 그리스도의 사랑과 신비적 합일에 도달하게 하는 가장 중요한 구원 수단이 된다. 그럼으로써 세속에서의 철저한 수동적 태도는 종교적으로 완전히 정당화되어버릴 뿐 아니라, 찬양되는 결과를 가져온다. 이는 "금년에는 고(苦), 빈(貧), 비(卑)가 나의 생활이 되게 하기 위하여 지난 연말에 특별한 각오를 주심을 감사하옵니다." "고는 나의 선생, 빈은 나의 애처. 비는 나의 궁전, 자연은 나의 애인의 집으로 하고, 금년에 나는 거기서 주님으로 더불어 살리로다"라고 하는 데에서도 확증할 수 있다.[61]

천적인 사랑에 목욕한 자만이 그리스도의 사랑 가운데 있을 수 있으며, 그는 세속적인 사랑 및 이와 관련된 세속적 관심으로부터 완전히 차단될 뿐만 아니라, 세상으로부터 버림받는 존재가 되어야 한다는 것이다. 곧 세상 가운데서 거룩한 상태를 유지하기 위해서 행동을 최소화할 것을 요구했다.[62] 이용도는 이를 겸손과 자기 절

---

60) 『일기』, 1930년 1월 4일, pp. 76~77; 이와 비슷한 내용이 윗글, 1930년 1월 18일, pp. 81~82에 있음.

61) 『일기』, 1930년 1월 1일, p. 71; 윗글, 1931년 1월 1일, p. 100; 『일기』, p. 14에 자신의 좌우명에 대한 설명이 있다.

62) 『서간집』, p. 221f. 참조.

제라고 표현했다. 결국 바람직한 행위는 특유의 방식에서 속된 것 (영적인 것에 속한 것이 아닌 육적인 것들에 속한다)들을 억누르고 극복하는 데 한정되는 것이다. 그리고 기도를 통한 명상과 같은, 하나님이 의도하는 구원을 얻게 하는 능동적인 활동에 집중하는 것이다.[63] 이는 세속적인 질서 속에서의 행위를 회피하는 데에로 이어질 수 있었다.[64] 영적인 삶을 위해서는 인간이 필요로 하는 모든 종류의 '소유'는 배척되어야 마땅한 것이었다.

이에서 한걸음 더 나아가 이용도의 신비주의는 이성보다는 감성 및 감각을 중시하여, 현재까지도 감각주의 및 체험이 지배적인 한국 기독교 경건의 바탕을 형성하는 데 기여했다:

> 영원한 생명은 곧 하나님과 예수를 아는 것이다. 생명은 곧 진리라. 이 知는 연구 탐색의 知가 아니라 感하여 知하는 것이다. 感하여 知하는 일이 가장 만물을 잘 아는 법이다. 〔……〕 영계를 아는 일, 하나님을 아는 일, 이는 두뇌의 연구로서 하는 것이 아니라 靈의 感으로서 하는 것이다.[65]

> 주께서 말씀 하신 바 영생의 내용과 성질이 이러하다. 〔……〕 지금 이날에서 깊이 아버지와 아들을 경험하는 생명을 가지는 일이다.[66]

이용도의 고난받는 그리스도에 대한 이해는 그 어떤 기독교론과도 결부되어 있지 않다고 보아야 할 것이다. 그에 있어서 고난이란 기존의 세계 질서 속에서 인간들이 수동적으로 당하게 되는 고통의 느낌과 동일시되고 있다. 이는 신의 뜻을 관철하는, 곧 '이웃 사랑'을 실천하는 데에서 겪게 되는 고난을 의미하지 않는다. 이러한 것과 관련지어 생각해볼 때 그리스도의 고난에 동참한다는 것은 주어진 사회 속에서 손해를 당하는 데서 오는 감정을 그대로 수용하

---

63) 『서간집』, pp. 21, 68f., 100f., 126f., 168, 175, 참조.
64) 『서간집』, p. 120 참조.
65) 『일기』, 1931년 2월 8일, p. 121.
66) 『일기』, 1931년 2월 8일, p. 122; 이외에 경험 체험을 강조하는 구절의 보기는 윗글, 1931년 5월 7일, p. 134 참조.

는 것을 의미한다고 볼 수 있다. 보기를 들어 일본 식민지 지배 아래에서 느끼게 되는 쓰라린 감정을 인고하는 것도 이에 해당된다고 볼 수 있을 것이다.[67] 바로 이러한 태도를 이용도는 덕스러운 순종, 그리스도를 따르는 것으로써 높이 평가했다.[68] 그 결과는 세계에 대한 철저한 도피였다.

이용도는 일종의 특이한 순종적인 색채를 띠는 결핍과 고뇌를 높이 평가했다. 왜냐하면 그것에 대해서 다음과 같은 견해를 가지고 있었기 때문이다. 곧 인간은 그러한 가운데서 신적인 것에로 쉽게 빠져들어갈 수 있다는 것이다. 이러한 사실을 그는 한 편지에서 분명하게 말한 바 있다:

고(苦)는 나의 선생. 고통이 올 때 그것에서 배우는 것이 평안할 때 보다 더 배우는 것이 많으며 또 참된 진리를 배우게 됩니다. 빈(貧)은 나의 애처(愛妻). 가난함은 나의 사랑하는 아내같이 나를 떠나지 않나니 나는 건방진 부보다 착한 가난을 사랑할 수밖에 없습니다. 비(卑)는 나의 궁전. 나는 높은 데 처하야 있을 것이 아니라 나의 마음은 늘 겸비하여 낮은 데 처하여 있어야 됩니다. [……] 고와 빈과 비를 좋아하게 되면 다 되는 때입니다. 예수는 나의 구주. 다른 사람이나 돈이나 학식이나 부모나 자식이나 다— 나를 구원하지 못하되 예수만 나를 구원하시는 구주가 됩니다. 자연은 나의 친구. 믿을 사람도 없고 사귈 사람도 없을 때 하늘, 산, 흐르는 물, 공중의 별, 밤의 산과 들, 초목, 곤충, 새들, 이는 다— 자연에 속한 것으로 나의 친구가 되나니 나는 늘 이 친구를 보려 자연 속으로 들어갑니다.[69]

그는 세상에서 진정한 겸비의 태도를 가지는 것은 영혼이 세계에 안주하지 않게 되는 보증서라고 여겼기 때문이다.[70]

이와 관련해서 그는 또한 고난이 영적인 삶을 위해서는 필요 불

---

67) 『일기』, 1929년 12월 21일, p. 67 참조.
68) 『서간집』, pp. 48, 50, 82f., 118, 144, 216 참조.
69) 『서간집』, p. 100f.
70) 『서간집』, pp. 48, 49f., 55f., 77 참조; 이에 대한 더 본질적인 논의는 Max Weber, WG, p. 332f. 참조.

가결한 것, 결국 예수 그리스도를 따르기 위해서는 피할 수 없는 귀결이라는 견해를 제시했다.[71] 예수의 고난사를 그는 이러한 의미에서 이해했다.[72] 곧 이와 같은 고난 경험의 한가운데서 기독교인은 영적인 회열을 경험할 수 있다는 것이다. 그렇기 때문에 그는 인간들의 모든 세속적인 고난들을 기꺼이 받아들이려 했던 것이다.[73] 그는 이런 방식으로 일종의 무차별적인 기독교적 사랑을 주장할 수 있었다.

그가 선포한 계명은 어떤 합리적인 성격도 가지고 있지 않았다. 그 계명들은 급진적인 반규범적 성격을 띠고 있다. 이러한 방식에서 이용도는 위협, 인간의 배반 및 고난의 한복판에 있는 무의미한 현실 세계를 기독교인에게 의미 심장한 세계로서 제시했다. 이용도의 이러한 사상은 막스 베버가 세속내의 금욕주의자와 신비주의자를 이념형적으로 구분한 것에 적용될 수 있을 것이다:

세속내의 금욕주의자의 눈으로 볼 때 신비주의자의 태도는 자기 도취이며, 신비주의자에게 있어서 (세속내에서 행동하는) 금욕주의자의 태도는 신과 유리된 세상의 활동에 허영심에 찬 자기 정당화에 관련된 것으로 세속과 영합하는 것이다.[74]

5. 신비주의적 신앙자의 능동적 활동이 지닌 의미

그러나 이용도와 그의 추종자들에게는 고난받는 그리스도와의 합일이 결코 신과 인간 사이의 차이를 극복하는 것을 의미하지 않았다. 또한 이것은 신비적인 합일 속에서 분명하게 하나님과 인간이 항상 여전히 대립하여 서 있다는 사실을 경험하는 것이다. 신비적인 경험은 합일의 체험이라기보다는 거리감을 경험하는 것과 결부

---

71) 『서간집』, pp. 26~31 참조.
72) 『서간집』, p. 30f. 참조.
73) 『서간집』, pp. 33, 67f. 참조.
74) Max Weber, "Zwischenbetrachtung," *GARS* I, p. 539.

된 느낌을 가지게 되는 것이다. 그렇기 때문에 영혼은 신비적인 합일을 추구하는 가운데서 어떤 안식을 발견하기보다는, 완성을 위한 끊임없는 추구에 놓여지게 된다. 그와 같은 합일을 경험한 영혼은 깊은 내부로부터 더욱더 갈구하기 시작하게 된다. 이것은 동시에 기독교인이 고통스러운 분리, 결과적으로 하나님의 부재와 직면하게 된다는 것을 의미한다.[75] 구원의 확실성에 대한 더 높은 열망 때문에 점점 더 기도, 또는 기도 명상에 몰두하게 되는 경향으로 빠져들게 된다.

이러한 사실은 이용도의 신비주의적 부흥 운동의 추종자들이 기성 개신 교회가 제공하는 예배와 의례들에 만족할 수 없었다는 말에서 알 수 있다. 이러한 사정을 이용도 또한 알고 있었다. 이는 그가 1932년 7월 22일에 보낸 편지 글에 드러나 있다:

　바람이 한번 지난 후 바다는 조용하지 않았고, 우리 형제들의 움직임이 있는 곳에는 교회는 무사치 않았구나! 성신의 폭풍이 한번 일어나 매 죽은 듯이 잠들었던 심령은 깨어 일어나 바다같이 들끓었구나![76]

이용도가 인도한 심령 부흥을 위한 특별 집회가 있은 후에 보통 자연 발생적으로 특별한 기도 집단이 출현하게 되었다는 사실 또한 이를 입증하고 있다.[77] 그 결과 이러한 신비주의적인 부흥 운동은 스스로를 교회 공동체내의 부흥 운동으로 이해하고 있었음에도 불구하고 기성 개신교에 대항하는 저항 운동으로 발전하게 되었다. 결국 이용도 목사는 한국 개신교의 재판에 회부되었고, 그의 신비주의 부흥 운동은 개신교내에서 금지되었다.[78] 이에 따라서 개신

---

75) 『서간집』, p.114f. 참조.

76) 『서간집』, p.205.

77) 『일기』, 1932년 3월 24일, p.164; 윗글, 1932년 4월 17일, p.170에 김인서가 이용도에게 보낸 편지에 무인가 단체 해산 결정이라는 말이 나오고 있다. 이는 기도단을 의미함; 『서간집』, p.231 참조; 유동식, 「이용도 목사와 그의 주변」, 『기독교 사상』(1967/7), pp.25~26 참조; 이와 관련된 사항에 대해서는 『전기』, pp.192~97 참조.

78) 민경배, 『한국 기독 교회사』, p.389f.; 『기독 신보』 14, 1932년 12월; 윗글 25, 1932년 5월.

교회는 이용도를 더 이상 부흥회의 인도자로 초빙하지 말 것을 결의하였다.[79]

막스 베버가 이미 성격화하고 있는 바와 같이, 이와 같은 기독교인들의 신비적인 체험은 특별한 것으로 비일상적이며, 일상 생활과 모든 합리적인, 목적 합리적인 행위를 불가능하게 한다.[80] 우리는 분명히 이러한 기독교인들에게서 순전한 영적인 발전과 이와 관련된 역동적인 종교적 행위를 발견할 수 있다. 그러나 이러한 행위는 고난받는 그리스도, 또는 그리스도의 사랑에 대한 무차별적인 탐닉의 형태로 나타난다. 결과적으로 이러한 헌신 및 몰입은 "영혼의 성스러운 매음 *Die heilige Prostitution der Seele*"이라고 성격 지을 수 있는 탐닉이라고 할 수 있다.[81] 고난받는 그리스도 또는 사랑의 그리스도는 이러한 운동 속에서 결코 객관적으로 현존하는 역사적 의미를 갖지 않는다. 오히려 여기에서 드러나는 신비적인 연계는 일종의 영적인 기쁨 속에 존재하는 것이다. 그리스도의 영에 의해서 사로잡혔다는 강한 느낌이라고 말할 수 있는 고요한 희열, 신적인 거룩한 것의 고독한 소유의 감정은 어떤 행위의 규칙에도 결부될 수 없는 형태로 그 모습을 드러낸다. 막스 베버가 이미 관찰하고 있는 바와 같이 신비적인 구원 추구의 결과로 드러나는 현실 도피는 심리적으로는 결코 도피가 아니라 계속 능동적으로 싸우는 것과 관련되어 있는 시도에서 새롭게 승리하고 있는 것이다.[82] 따라서 신비주의적인 부흥 운동에서 이러한 영적인 발전이 생활을 합리적으로 이끌어가는 원리를 발전시키는 것과는 아무런 상관이 없다는 사실이 분명해진다.

---

79) 『서간집』, p. 231 참조.
80) Max Weber, "Einleitung der Wirtschaftsethik der Weltreligionen," *GARS* I, p. 262 참조.
81) Max Weber, "Zwischenbetrachtung," *GARS* I, p. 546.
82) 『일기』, 1927년 3월 2일, p. 24 참조; Max Weber, *WG*, p. 330 참조.

6. 맺는 말

이와 같은 신비주의적 부흥 운동의 영향 아래에서, 한국의 기독교인들은 구원이라는 문제에 있어 언제나 그 어떤 직접적인 종교적 체험을 희구하게 되었고, 신비주의적 경험을 묵시적으로, 기독교적 경건의 움직일 수 없는 근본 전제로 받아들이기에 이르렀다. 이 때문에 한국의 기독교인들에게는 단지 경험에 의해서 유효함이 입증된 지식만이 신앙의 바탕이 될 수 있었다. 하나님에 대한 지식은 인간 존재의 깊은 곳에 임재하는 상태를 뜻하는 것이었다. 결과적으로 이성에 의한 반성을 통해서 파악될 수 없는 지식만을 신앙의 바탕으로 받아들이려 하게 되었다. 한국의 기독교인들은 대부분 체험에 바탕을 두고 있거나 체험을 통해서 획득한 신에 대한 인식을 신에 대한 지식으로 이해한다. 신에 대한 지식은 신학적 사변, 반성, 또는 개념을 통해서 획득된 것이 아니다. 결과적으로 기독교인들은 전통적인 개신교의 신에 대한 관념 및 세계상을 이해하고 납득해서 받아들일 수 없었고, 그것을 새롭게 경험하지 않으면 안 되었다. 이해할 수 있기 때문이 아니라 경험할 수 있을 때에만, 그것을 삶의 의미를 묻는 질문에 대한 답변으로 존중하여 떠받드는 경향이 있다.[83] 그러나 이와 같은 인간의 내면적 소유 상태는 일상 생활을 이끌어가는 합리적인 윤리의 발전에 거의 아무런 영향도 끼칠 수 없다는 특징을 갖는다. 이러한 신비주의적 구원 추구에는 그로 말미암아 촉발된 새로운 삶을 사회 속에 확실하게 정착시킬 수 있도록 생활의 유형을 만들어내는 내적인 동기가 결여되어 있다.[84] 이용도의 신비주의 운동이 사회적 행위에 대해서 가지는 의미는 막스 베버의 다음과 같은 구절에서 분명하게 정식화되고 있다:

전형적인 신비주의자는 결코 강력한 사회적 행위를 하는 인간이 아

---

83) 서광선, 『한국 기독교의 새 인식』(서울, 1985), pp. 120~22 참조.
84) 이에 대한 이론적인 근거는 Max Weber, *WG*, p. 322 참조.

닐 뿐만 아니라, 삶을 외형적인 결과에 지향하는 가운데 이끌어감으로써 세속적인 질서를 합리적으로 철저하게 변형시키는 사람도 아니다. 참된 신비주의에 바탕을 두고 있는 공동체적 행위가 출현하는 곳에는 그것의 특수성이 만들어내는 신비적인 사랑의 감정에 의한 세계 부정 *Akomismus* 이 존재하는 것이다.[85]

이 모든 사실로부터 우리는 다음과 같이 결론 내릴 수 있다. 기독교 신비주의 운동은 곧바로 외형적인 결과를 지향하여 짜임새 있게 생활을 이끄는 방식을 만들어내는 것을 통해서 세속적인 질서들을 합리적으로 변형시키는 데에 어떤 영향도 끼치지 못했다는 것이다.

한국에서 기독교 신비주의는 독자적인 교단을 형성하는 데로는 발전하지 못했다.[86] 그렇지만 신비주의는 한국 개신교인들의 경건 형태를 결정짓는 독특하고 중요한 요소 중의 하나이다. 신비주의적 경건은 세상에서 합리적으로 생활을 영위하도록 하는 어떤 추진력도 내포하고 있지 않다. 신비주의적 색채를 띤 종교 운동은 한국에서 심리학적 의미에서 강한 전투적 태도를 대중들 가운데서 불러일으켰다. 여기에서 우리는 이와 같은 전투적 태도가 사회에 대해서 가지는 의미를 질문하지 않을 수 없다. 신비주의적 지식인들은 기독교 대중의 신앙에 특수한 방향을 부여했다. 기독교인들은 한국의 신비주의적 세계관에 따라서 고난, 고생 및 무상한 죽음 등으로부터 현세적 존재 또는 미래의 낙원적 존재로서 영혼의 영원한 복락을 받는 데에로 구원받아야 한다고 생각한다.[87] 이러한 신비적인

---

85) Max Weber, *WG*, p. 333.
86) 이용도 신비주의 운동이 독립된 교단으로 발전하지 못한 이유를 짐작해볼 수 있는 간단한 소개를 하고 있는 저서는 김성준, 『한국 기독교 순교사』(서울, 1993), pp. 69~74; 전택부는 「이용도 백남주 등의 예수 교회 운동」이란 제목으로 이용도 신비주의 운동을 다루고 있다. 여기에서도 독립된 교단의 형성이 좌절된 이유를 알 수 있을 것이다. 전택부, 『한국 교회 발전사』(서울, 1989), pp. 227~28 참조.
87) 이에 대한 이론적 바탕으로는 Max Weber, "Einleitung der Wirtschafts- ethik der Weltreligionen," *GARS* I, pp. 252~53 참조.

구원 추구는 사회적인 차원에서 볼 때 세속 속에서의 행위를 최소화하려는 경향과 관련된다.[88] 이렇게 하여 신비주의적 지식인들이 제시한 세계상은 세계를 철저하게 합리화하고 있는 근대적 세계상이 한국 사회에 정착되고 삶을 근대적인 합리성에 따라서 이끌어가는 방식이 발전하는 것을 방해하였다. 막스 베버에 의하면 근대 이후의 세계에서와 같이 사람들이 세계가 초월적인 가치를 담고 있지 않다고 믿게 될 때, 한편으로는 합리적인 지식 및 자연을 합리적으로 장악해감으로써 온통 주술적인 것으로 가득차 있던 원시적인 세계상의 통일성이 깨어지는 경향이 생겨난다. 그렇지만 다른 한편으로 '신비적인' 체험과 그 내용은 탈신격화된 세계의 메커니즘과 갈등을 일으킴 없이 유일하게 존속 가능한 내세로서 남아 있게 된다. 곧 신격화되고, 개인적으로 취득할 수 있는 구원의 왕국, 다시 말해 실제로 세계를 넘어서 있는 설명 불가능한 왕국으로서 여전히 남는 것이다.[89] 이로써 베버는 근대적인 세계상이 신비주의와 양립하는 것이 실제로 가능하다는 사실을 말하고 있다. 이는 한국에서 기독교 신비주의가 세계와 삶을 문명·개화해야 한다는, 근대 이후에 사회 속에 점점 더 일반화되고 있던 압력으로부터 신앙 대중이 벗어날 수 있게 해주는 결과를 가져왔다는 사실을 이해하도록 만든다. 결국 한국 교회는 양적으로 거대하게 부흥하였지만, 그 신앙의 내용은 신비적인 요소들에 의해서 강하게 채색되어 있으며, 한국의 신앙 대중 속에 전통으로서 강하게 자리잡고 있는 주술적인 요소를 걸러내는 데 기여하지 못했다는 평가를 면할 수 없게 된 것이다. 한국 교회의 성장이 우리가 당면하고 있는 심각한 사회적인 문제를 합리적으로 처리하는 능력의 향상과 내적으로 긴밀한 관련이 없다는 진단을 받게 될 수밖에 없는 이유 중의 하나가 이로써 밝혀진 셈이 된다.

---

88) Max Weber, *WG*, p. 357 참조.
89) Max Weber, "Einleitung der Wirtschaftsethik der Weltreligionen," p. 254 참조.

참 고 문 헌

강원돈(1992), 「일제하 사회주의 운동과 한국 기독교」, 『일제하 한국 기독교와 사회주의』(김흥수 엮음), 서울.

권진관(1992), 「1920〜30년대 급진주의 시대에 있어서의 민중과 교회」, 『일제하 한국 기독교와 사회주의』(김흥수 엮음), 서울.

김준협·김창순(1989), 『한국 공산주의 운동사』제 2 권, 서울.

민경배(1969), 「이용도의 신비주의 연구」, 『현대와 신학』제 5 집.

_____(1981), 『교회와 민족』, 서울.

_____(1982), 『한국 기독 교회사』, 서울.

_____(1988), 「기독교회의 응전 양식」, 『한국 기독교 사회 운동사』, 서울.

박봉배(1978), 「이용도의 사랑의 신비주의와 그 윤리성」, 『신학과 세계』제 4 호.

_____(1983), 『기독교 윤리와 한국 문화』, 서울.

변선환(1978), 「이용도와 마이스터 에크하르트」, 『신학과 세계』제 4 호.

변종호(1984)(엮고 씀), 『이용도 목사 서간집(全)』, 서울.

_____(1986)(엮고 씀), 『이용도 목사 연구 반세기』(이용도 목사 전집 제 8 권), 인천.

_____(1986)(엮고 씀), 『이용도 목사 일기』, 인천.

_____(1986)(엮고 씀), 『이용도 목사전』(이용도 목사 전집 제 2 권), 인천.

서대숙(1985), 『한국 공산주의 운동사 연구』(현대사 연구회 옮김), 서울.

송길섭(1978), 「한국 교회의 개혁자 이용도」, 『신학과 세계』제 4 호.

_____(1988), 『한국 신학 사상사』, 서울.

스칼라피노, 이정식(1986), 『한국 공산주의 운동사 1: 식민지 시대편』(한홍구 옮김), 서울.

유동식(1967/7), 「이용도 목사와 그의 주변」, 『기독교 사상』.

_____(1982), 『한국 신학의 광맥』, 서울.

윤성범(1978), 「이용도와 십자가 신비주의」, 『신학과 세계』 제 4 호.

이광수(1962), 『이광수 전집』 제17권, 서울.

이만열(1981), 『한국 기독교와 역사 의식』, 서울.

차성환(1991/여름), 「초기 개신교 선교사들의 종교 성향과 근대적 삶
　　　의 형성──종교사회학의 고전적 테제 재해석」, 『신학 사상』 제
　　　73집.

한창수(1984)(엮음), 『한국 공산주의 운동사』, 서울.

Blair, William N/Hunt, Bruce F.(1977), *The Korean Pentecost and
　　　the Sufferings which followed*, Edinburgh.

Cha, Seong Hwan(1989), "Demokratie ohne öffentliche Ethik?:
　　　Zur Soziologie der religiösen Denkstruktur der Intellektuellen
　　　in Korea," Tübingen 대학교(박사학위 논문).

Sohn, Kyoo-tae(1986), "Kirche und Nationalismus: Eine Studie
　　　über die Rolle des Nationalismus in der koreanischen
　　　Kirchengeschichte unter der japanischen Kolonialzeit,"
　　　Frankfurt 대학교(박사학위 논문).

Tenbruck, F.H.(1985), "George Herbert Mead und die Ursprünge
　　　der Soziologie in Deutschland und Amerika," Hans Joas(엮
　　　음), *Das Problem der Intersubjektivität: Neuere Beiträge zum
　　　Werk George Herbert Meads*, Frankfurt am Main.

Weber, Max(1978), "Einleitung der Wirtschaftsethik der
　　　Weltreligionen," *Gesammelte Aufsätze zur Religionssoziologie*
　　　I(*GARS* I으로 줄임).

_____(1978), "Zwischenbetrachtung," *GARS* I.

_____(1980), *Wirtschaft und Gesellschaft*, Tübingen.

색 인

1894년의 개혁   293~96
3·1 독립 운동   352
5·16 군부 쿠데타   312
가례(家禮)   91, 94
가부장적 지배 형태   116~17
가사체   170
가성직   137
가장의 권위   117
가족 및 씨족 집단의 의미
  299
가족적 행위   162
가족주의적 재벌군   324
가족 지배 체제   327
가족 집단의 의미   298~300
가치 관점   280
가치 평가   280
가치 합리성   282
가치 합리적 활동   141
간접적인 선교   232
갈등   271
갈등 처리 능력   312
갑오 농민 전쟁   194
갑오년의 개혁   218
값싼 노동   318
강학회   132~34, 136

개념 구성   273
개신교 윤리   339
개신교의 세계상   286
개신교 전통   366
개인 개념   84
개인 구원   120, 139
개인에 대한 충성   331
개인 윤리   259
객관성 논문   211, 268, 274
객관적인 계산   306
객관적인 세계   21
거란군의 침입   39
게르네 J. Gernet   150
결사체의 존재 양식   118
경건주의   226
경공업   320
경영 가족주의   335
경제 개발 계획   314
경제 개발과 정부 관료층   312
  ~17
경제기획원   315
경제문감   65
경제적 인간 homo economicus
  249
경제적 합리주의와 정신 세계

304

경제 활동 에토스 324
계몽주의 118, 203~04
──의 종교 비판 207, 209
계시록 360
고구려 55
고난당하는 그리스도 362~63
고난의 뜻 373
고도 성장 317
고등 종교의 예언자 166
고려 왕조 15
──의 유교 55~56
고려 국사 65
고려사 28, 37
고타마 싯다르타 12
고통 Leiden 12, 18
공개 채용 시험과 인맥 327
공개 채용 시험의 의미 338
공공 윤리 80, 85, 100, 102,
  104, 114~17, 159~61, 247,
  251, 257
공공의 영역 160, 162
공동체적 종교성 147
공동체적 종교 성향 195
공리공론 86, 130
공리주의적 동기 301
공민 65
공사 영역 분리 112, 248~51
공식적 관계 330
공양왕 65
공자 50~52
공장제 수공업 289

공적 영역 326
공적인 영역 255
공채 263~64
과거 시험 57
과거제 56
과거 제도 295
과거제 폐지 의미 295f
과업 지향적 리더 330
과학 280
과학론 Wissenschaftslehre
  269
과학의 계몽적 역할 284
관료 250
── 계층의 합리주의 102
관료 예비군 296
관료 조직 331
──에 의한 지배 288~93
──에 의한 지배 체제 290
──의 부패 302
──의 탁월성 290
관료 지배 체제 독주의 의미
  310
관료 집단의 이해 관계 297
관료층 316
──의 가부장적 활동 317
관리적 통제 290
관음보살 Avolokitesvar 38~
  40
관직과 카리스마 83
괴이한 예수 365
교육과 국가 73~74
교육과 자기 개발 72

교육의 유형　71~72
교종　17
구령　136
구세주 Heiland　13, 25
── 종교 성향　25~33
구원　284
──(해탈)　12
── 수단　370~71
── 수단과 비일상성　285
── 수단의 비일상성　43
── 의 길　362
── 의 내용과 수단　285
── 의 방식　17
── 의 3대 요소　111~12
── 의 확실성　376
── 자 불교　16~17
── 종교　164
구제의 획득　22
국가 독점 자본주의　313
국가 주도　313
국교의 교체　64
국민 복리와 내용 합리성　311
국민 복지　261
군대에서의 충성 의미　312
군사부일체(君師父一體)　255
군인 집단과 관료 조직　312
권근　60
그리스도의 십자가　148
극락　37
── 세계　31
── 정토　39
근대 국가　309

──관　311
── 의 개념　79~80
근대 사회 제도의 꽃　344
근대 서구의 문화적 바탕　332
근대 자본주의　272
── 성격　283
── 적 기업　290
── 적 노동　301
── 정신　281
근대적 사회 제도　272
근대적 삶의 운용　114
근대적 생활 운용 유형　284
근대적 학교 교육　258
근대 조직의 특성　305~06
근대화　160, 245, 248
──(개화)　217~18, 221~22
── 의 신화　341
근본주의　226
── 심령 부흥 운동　359
── 적 심령 부흥 운동　205~
06
금욕적 성격　283
금욕적 프로테스탄트 종교 윤리
287
금욕적 프로테스탄티즘　372
기(氣)　75~76
기독교 신비주의　357
── 운동　352
기독교 신앙의 변천 역사　365
기독교적 세계상　284
기독론　367
기업 경영　262

기업 관료 조직체   331~38
기업의 노동 조직   330
긴급 조치   313
길재   60
김범우   137, 139
김정수   152
깨달음   22

남인   123, 140
──파의 종교   138
낮은 임금   318
내면 세계   280
내수도문   185, 197
내용 합리성   251~56, 282,
    313
──의 의미   310
──의 조건   307
노동   282
── 과정   289
──력의 무한 공급   322
── 생산성   322~23
── 시장   341
── 운동   323
──의 실질적 예속   289
── 의욕 상실   302
──의 조직화   289
──의 질   288
──의 형식적 예속   289
── 집약적 산업   323
── 통제의 필요성   289
농민의 운명   179
농민의 종교   176~78

농민층   164
농업 부문의 희생   321
능률과 실질   261

단군 조상   299
닫힌 이론 체계   274
당쟁   96
──과 씨족 가문   85
대승 불교 Mahayana-Buddhismus
    14, 16~17
── 보살 개념   32
──의 천국 표상   30
대안적 행위의 지침들   297~
    98
대인간적 유대   249
대인간적 주종 관계 Pietätsbezie-
    hung   100, 103, 117, 125,
    138, 185, 248, 263
대인간적 주종의 의무   104~
    05
대인간적 지배 복종   50, 73,
    80, 158~59, 252~55, 257
──의 원리   305, 312
대인 관계   305
대장경판   39
대종정의   188
대중 계몽   221, 247
대중의 감각적 욕구   24
대중의 삶의 세계   101
대중의 삶의 운용   96, 98
대중의 종교적 욕구   144~45
대항 종교 개혁 counter reforma-

tion 224

덕과 천명 64, 65

덕치주의 340

도 Tao 54

도덕 군자 170

도덕성 회복 243

도미니칸 선교사 131

도선 26∼27, 28

도솔천 37

도시민과 구원 종교 222∼23

도시 산업 317

도시와 구원 종교 125

도시의 발달 125

독립 운동 194

동경대전 165, 171, 173∼74

동도서기파(東道西器派) 219,
  246

동아시아 271

동양의 종교 340

동학 105∼06

── 농민 전쟁 164

라오스 14

레비-브륄 209

로셔와 크니스 273

루옵 W. A. Ruopp 118∼19

마르크스 209, 288

마음〔心〕 18, 22, 184

마태오 리치 Matteo Ricci
  127∼29

막스 베버의 종교사회학 206

∼17

망상 20

매개 집단의 의미 118∼22

매코믹 신학원 226

맹자 52

멸사봉공 정신 261

명목 임금 322

명분(名分) 100

명상 31

── 불교 16, 24

──의 의식론 17∼25

──적 각성 286

──적 기도 370∼71

명종 81

목적 합리적 행위 113, 249

──의 비합리적 차원 115∼
  16

몽고 14

──의 지배 34

무극 75∼76, 184

무명(無明) 19, 21

무신정변 33, 61

무애가 29

무제한적 영리 추구 282

무지 20

문무왕 15

문어발식 경영체 326

문호 개방 221

문화적 가치 342

문화적 의미 270∼71, 275,
  277∼78, 280∼81

── 해명 275

뮐러 M. Müller 209
미 군정 309
미륵보살 37, 40
민본주의 254
민속 종교적 성향 40
민족 생존 244
민주주의 248~49
민중 운동 206
믿음의 종교 성향 36~41
믿음의 종교성 174, 175
밀교적 신앙 26

박탈감 271
발전론적 시각 270
방법론 논쟁 279
배금주의적 영리 활동 288
백연 결사 34~36
── 운동 33~34
백제 55
버마 14
번(藩) 336
벌 333
법적 지배 113, 160, 249~50
── 관계 327
── 유형 339
── 형식 311
법칙적 개념 277
법칙 추구 과학 204, 273, 277, 280
── 관점 272~74
──자 268, 276
법회 의식과 주술 37~38

베버 과학 276
──에 대한 오해 276~81
베버의 개신교 윤리 267
베버의 과학관 272
베버의 근대 자본주의 이해 272
베버의 동양 사회론 267~69
베버의 현실 탐구 과학 274~76
베자 Theodore Beza 287
베트남 14, 55
벤딕스 R. Bendix 278
보살 16, 30~31
── 의 성호 35
보편적 인과성 276
복음 228
── 전파 355
──주의적 evangelikals 개신교 225
부다 Erwachter 12~13
── 의 씨 21
── 의 자비 30
부동심 22
불공평 271
불교의 농장 28
불교의 다신교적 성격 37~38
불교의 인간학 30
불교의 전성기 15
불교적 신 41~42
불교적인 구원(해탈) 18
불사이군(不事二君) 100
불성 Buddha-Natur 19, 21

388

뷔히너 209

브라운 Arthur J. Brown 232

블레이어 William N. Blair 231

비교 사회적 방법 276

비밀스런 사적 관계 327

비숙련 노동자 289

비예언자적 종교 102

비인간적 관계 260

비인격적 규범 305~06

―― 및 계약 328

비인격적 규칙 23

비인격적 목적 73

비인격적 법인체 263

비인격적 신 68

비인격적 신의 표상 172

비인격적 원리의 관계 73

비합리적 바탕 212

비합리적 세력 207~08, 283

비합리적 종교 208, 212, 280

빈델반트 210

사경회 234, 360

사단 칠정론 87~88

사랑의 비인격적 성격 115

사림파(士林派) 82

사상적 구성물 275

사원 노비 28

사인여천(事人如天) 186

사적 관계 326

사적 윤리 50, 66, 73, 79, 85, 100~01, 104, 158~59, 195, 248, 251~56, 259, 263

사적인 관계 311

사제 집단 253

―― 부재의 신유교 윤리 296~98

사탑비보설(寺塔裨補設) 26~27

사화(士禍) 81~82

사회과학의 본질 279

사회 변동 272

사회 복음 운동 356

사회의 개념 279

사회의 영적 차원 292

사회의 전통 302

사회의 평등화 338

사회적 관계 281

사회적 박탈감 179~80

사회주의 354

―― 운동 356

사회 진보 신앙 219~20, 246

산업 구조 개편 316

산업 문명 280

산업 예비군 317~18, 324

산업화 272

――의 당위성 243~48

삶의 내용의 합리화 284

삶의 무의미성 283

삶의 운용 78, 158, 216, 217

삶의 추진력 22

삶의 합리화와 종교 214, 216~17

삼강(三綱) 79~81

──오륜 298
──의 원리와 우주적 조화 80
상제 128~29, 171~72
상황 해석과 믿음 체계 304
생계비 318
생산성 증대 272
생활 운용 원리 271
생활 운용의 원리 367~75
샹띠(上帝) 128
서구 문화 전통 272
서구 사상과 조선의 지식인의 친
 화성 126
서구 사회 집단 형성 원리
 112~16
서구의 경제적 및 사회적 특성
 277
서구의 공적 인간상 198~99
서구 정치적 지배 구조 113~
 14
서방 정토 31
── 왕생 32
서양의 윤리적 종교의 업적
 104~05
서원 133
── 운동 82
서학 126, 131, 169, 170
──서 132
선교사의 종교 성향 223~29
선대제 수공업 289
선조왕 91
선종 17
선택적 친화성 관계 58~59

성 Hsing 이 Li 54
성과 속의 분리 286
성교 요리문답 152
성교요지 146
성령 충만 234
성령의 그릇 225
성례전 Sakramente 147, 151~
 52
──의 사회적 영향 152
성리학적 조직 원리 237
성선설 52
세계관의 합리화와 지식인
 285
세계 도피 Weltflucht 21
──적 명상 35
세계로부터 도피 374
세계 시장 271
세계에 대한 무관심 Weltindiffe-
 renz 22~23
세계에 적응 74, 78
세계의 거부 78
세계의 무의미성 167~68
세계의 합리적 지배와 주술적 구
 원 36
세계 종교의 경제 윤리 270,
 276
세계 평가 절하 Weltentwertung
 21
세상적인 일 361
세상 지식 233
세속내 금욕주의자 232, 375
세속내 신비주의 Mystik 29

──자 375
세속내의 금욕 29
세속의 직업 Beruf 286
세속적 근대화 120
세속적 지식인 집단 58~59,
  61~62, 64
세속화 287
세조 81
소로킨 P. Sorokin 278
소승 불교 Hinayana-Buddhismus
  14
소유와 경영 분리 326
속인적 종교 욕구 25
손병희 187
송나라 시대 52~53
수선사 운동 33~35
수입 대체 산업 314
수직적인 주종 관계 80
수출 공업 단지 조성법 315
수출 주도형 공업 318
수출 지향적 산업 314
숙련 노동자 289
숙명적 추진력 283
순박한 복음의 진리 plain gospel
  truth 225
순자 52
스리랑카 14
승려 공동체 운동 33~36
승려 공동체 조직 13
시대적 과제 270~71
── 해명 279
시무언(是無言) 368

시민 계급 124~25
시민층 253~54, 308
시천주(侍天主) 182
── 신앙 186
식민 통치 조직 308
신 개념의 변동 128
신라 55
신비적 명상 Kontemplation
  22
신비적 체험 23~24
신비적 합일 375~76
신비주의 운동 206
신비주의 유형 29
신비주의의 영향 358
신비주의적 구원의 길 367~75
신비주의적 활동 의미 375~
  77
신에 대한 예배 40
신유교 128~29
── 구원 수단 90
── 사제 집단 295
── 역할 304
──와 관료층 66
──와 도교 불교 53
──와 세속 윤리 체계 293
──와 자율적인 종교 공동체
  70
──와 조상 숭배 67
──와 주술 95
──와 효 305
── 윤리와 삶의 지향 90
── 윤리 체계 298

—— 윤리 체계의 사회학적 의의
　299
——의 가치　272
——의 복지 국가관　342
——의 세계상　60~63
——의 유입　45
——의 의례주의　90~91
——의 제사　69
——의 존재 양태　293~96
——의 지배　69
——의 특성　66
——의 행위 원리　329
——적 가치　267, 300~07,
　325, 327
——적 가치들　298
——적 공동체　82~83
——적 공동체의 특성　307
——적 교육 체계　71
——적 사적 거래 관계　327
——적 세계상　296
——적 인정주의　326, 338
——적 조직 원리　323
——적 행위 지향　331
—— 지식인　66~74
—— 지식인의 생활 지향　89
—— 지식인층의 특성　101
—— 황금률　93~94
신을 강제　40
신의 도구　225
신의 비인격화　182~85
신의 성격　285
신일철　186

신 중심적 세계상　286
신진 사대부　57, 253
신학　278
실론　14
실제형 Real Typus　274
실존적 삶의 의미　283
실증주의　273
—— 적 방법　212
—— 적 사회과학　275
실질 임금　322
실질적인 정의　261
실학파　138
——와 카톨릭　122~27
심령 대부흥　233~34
심령 부흥 운동　224
십자가　363~64
씨족 가문　83~85
씨족과 조상 제사　83~84
씨족과 카리스마　84
씨족 공동체　103

아미타불　31~32, 35
아시아　270
—— 제국의 문화 전통　303
—— 지역 산업화　318
아펜젤러 Henry G. Appenzeller
　225, 228
알라야 Alaya 식　19
알라타스 S. H. Alatas　278
알렌 Horace Allen　225
알스트롬 Sydny E. Ahlstrom
　226

양반 체계의 사상적 기반 295
양보 259
언더우드 Horace G. Underwood
  225
업의 인과 법칙 Karman-Gesetz
  19~20, 23
업종 다각화 328
에밀 뒤르켐 203, 213
여래의 씨 19
여래장 19
역사 발전 법칙 279
역사 학파 274~75
연기적 속성 18
연등회 27
연산군 81
열반 Nirvana 13~14
염불 31
영도력 262
영리 추구의 윤리성 282
영부 175~76
영의 승리 372
영적 심령 대부흥 운동 353
영적인 결혼 368~69
영혼 76
── 구원 136, 138, 149, 153,
  228~29, 237
예(禮) 254
예수 146~47
── 의 고난사 375
예수쟁이 364
── 회 선교사 126~31, 134,
  145~46

예시 예언 13
── 자 exemplarischer prophet
  166
예언자적 관점 364
예언자 최제우 166~69
예정론 287
오경 51
오륜(五倫) 78~79, 146
오순절 성령 운동 206
오행(五行) 75
완전한 자유 22
왕위 찬탈 81
왕조의 정당성 63
── 과 종교 63
외국 차관 315
요순지치 173
욕심 Gier 12
용담유사 165, 170, 174
우왕 65
우주 생성론 54
우주의 기원 75
우주적 이상 16
우주적 조화 15
원묘 요세 34~35
원시 유교 125, 127
원융 사상 15
원초적인 구원 추구 119~20
원효 16, 18~19, 29
월남 파병 315
위정 척사파 244~45, 252,
  352
유교 대학 57

유교와 사제 집단　56
유교와 종교　53
유교의 세계상　74
유교의 종교 개념　222
유교의 종교 의식과 예수회 선교
　사　130
유교적 가치와 서구 문화적 가치
　343
유교적 공사 영역 분리　256
유교적 대인간적 주종 관계
　334
유교적 복지관　97
유교적 사제 집단　246
유교적 예수회 선교사 Confucian
　Jesuits　127
유교적 인정주의　251
유교적 자본주의　294, 316
유교적 조직 원리　253
유럽 계몽주의　224
유신 체제　313
육임제　198
윤리의 사적인 성격　97～98
윤리적 계명　15
윤리적 종교　56
윤사순　255
율법　146
음양(陰陽)　75
의(義)　99, 100
의리와 충정　311
의병 운동　219, 245, 352
의상　40
의식론 Bewußtseinslehre　16,

18, 28
의천　16
이(理)　72, 75～76
이가환　134, 140
이광수 교회 비판　354
이기론　87, 254
이기영　16
이념형 Ideal Typus　274, 281
　～82
── 의 가치　281
── 의 비현실성　281
── 적 개념　275
── 적 구분　17
── 적 분류　273
── 적 성격　275
이돈화　187
이벽　135～36, 140, 146～48
이상적 고대　51
이색　60
이성계　61, 63, 65
이승훈　135～37, 142
이와 기　87, 88
이용도　352
── 신비주의 운동　357～61
── 의 교회 비판　361～67
이웃 공동체의 의미　298～300
이웃 사랑　114～15
이원론적 인간론　148
이율곡　86, 88
이익 집단　113
이재현　60
이존창　139

이중 곡가제　319
이중 예정론　286
이퇴계　86, 88
이해 관계와 행위　284
이해 관계의 대립　271
이해 사회학　269, 271
인간 관계 지향적 리더　330
인간 본성론　81, 85～90
인간 의식(마음)　16
인간에 대한 인간의 지배　249
인간에 대한 지배 종식　291
인간에 대한 통솔력　333
인간에 의한 인간 지배　340
인간을 안중에 두지 않음　291,
　334
인간의 본능 체계　303
인간의 자기 신격화　191
인간의 죽음　75
인간의 집단　279
인간의 평등　93
인간 이해　283
인간 지배의 어려움　345
인간학적 논의　303
인간학적 전제　303
인격과 직책의 분리　332
인격적 신의 관념　76
인격적인 믿음의 종교 성향
　231
인격적인 신의 개념　170, 172
　～73
인격적 카리스마　175, 197,
　361～67

인격적 표상　128
인과 관계　276
인과 응보　20
인구 성장률　320
인극(人極)　72, 184
인내천(人乃天)　186～88
인도　12～13
인맥 관계　264
인맥 중심의 경영 풍토　328
인민 대중의 종교　141
인식 목표　275
인식의 주관적 성격　281
인심도심설　87
인정적 관계　72～73
인정주의　98
인플레이션　319
일반(평신도) 지식인과 불교
　44～45
일반화된 개념　276
일본　14～15
──── 불교　32～33
────식 자본주의　335
────의 문화 전통　303
일심론(一心論)　18～21, 188
잉여 인구층　317

자립 경제　315
자본에 의한 노동의 예속　288
자본주의 기원　212
자본주의 수용 의지　341
자본주의에 대한 지식　341
자본주의와 경제적 합리주의

293

자본주의와 신유교적 전통
　307~38
자본주의의 양적 확대　321
자본주의적 생산 양식　288~
　93
자본주의 정신　212, 281~88
──과 생활 양식　301
──과 생활 원리　339
자본주의 제도화의 주체　341
자본주의 추진 동력　316
자비 Mitleidstimmung　43
자아 의식　18~19
자유 시장의 원칙　292
자유주의 신학　225
작업 과정에 대한 통제　289
잠재 실업　321
장식(藏識)　21
장자　54
재벌　310, 314, 317
── 주도형 구조　324
──중심의 자본주의　324~31,
　342
재야 지식인층　142
저곡가 정책　318~19
저임금 구조　317~24
──와 자본주의　317~24
──의 노동 시장　317
저임금 노동　315
저임금 수준　318
전가구원 이주　321
전례 문제 Rittenstreit　131

전문화 전략　328
전오식(前五識)　18
전통 윤리　244, 247, 252
전통적 가치　270
전통적 지배　340
전통주의　300~07
전형적인 신비주의자　378~79
정경 유착　311
정도전　60, 65
정령　77
정몽주　60
정부 관료 독주　342
정부 관료 조직의 독주　307~
　12
정부 관료 집단　313
정부 관료층　314
정부 관료층의 역할　312~17
정부와 기업의 유착 관계　310
정부의 특혜와 재벌　325
정부 특혜와 기업　311
정약종　148
정이　54
정치적 인간 homo politicus
　249
정토 불교　31, 35, 40
정혜 결사(定慧結社)　33
정호　34
제3 세계의 동질성　340
제사 공동체의 장과 가족　300
제선　168
제6 식　18
제조업 노동장　323

제7식   18
제8식   19
조상 숭배   102, 255
──와 민속 신앙   94
조상 제사   92
── 거부   142～44
조선의 고립 정책   220～21
조직에 대한 충성   331
조직의 비인격성   307
종교 개혁   284
──기 지식인   285
종교 공동체와 공공 윤리   70
종교 발전과 지식인   121
종교 과학   209～10
종교 성향   302
종교와 근대 과학   280
종교와 인간   214～15, 283
종교 윤리의 자율적 조정 능력
   294
종교의 사제 집단 이해 관계
   296～97
종교의 세계상   215
종교의 자율성   213
종교적 구호 욕구   24
종교적 박해   296
종교적 세계상   284
종교적 신비 체험   361
종교적 예언자   134
종교적 의무   286
종교적 전통   280
종교적 종파   118
종교적 평신도 공동체   102

종업원의 비정착성   330
종토   85
종파의 발달   70
종파적 종교 성향   106, 120
주관적 가치의 영역   280
주관적인 세계   21
주돈이   54
주문   175
주문모   137
주술 Magie   25, 286
──과 사적 윤리   78
──적 구원   36
──적 방벽   26
──적 비보설   25～28
──적 세계상   43
──적 신앙의 특성   177～78
──적 종교 성향   79
──적 효험   38
주어사   132～33
주자   54
──가례   67～68
──학   86
중국   14
── 유교의 사회 윤리   99
──의 신유교   53～55
──의 유교   52～53
──인의 인간상   87
중생   30
중종   81
중화학 공업   316, 320
쥬교요지   148
증오와 열정 배제   334

색 인 397

증오와 편애함 없이　292

지구 환경 파괴　272

지눌　16, 34

지배 구조의 의미　291

지배의 구조　249

지배의 비인격성　292, 306, 335, 339

지배의 비인격적 성격　250, 291

지배 체제의 신유교적 바탕　338

지배층의 종교　141

지성인의 구원론　24~25

지성적 구원론　33

지식인의 사상 체계　285

지식인 개념　181

지성인층 개신교 수용 동기　230~31

지적 사변의 관조　23

직무상의 기능적 차이　332

직무와 인격 통합　345

직업에 부름받음　287

직업적 노동의 의미　287

직장은 제2의 가정　330

진여(眞如)　19

진화론적 모델　270

진화론적 합리화의 개념　279

집 공동체　83

집단 구성의 원리　111

집단 윤리　260

집의 상하 원리　258~59

집합적 성령 체험　234~35

참회　32

창왕　65

천도(天道)　75

천도교　164~65, 181, 186

천리　76

천명　51

──의 변동　64

천의 의지　64

천적(天的)인 세력　75~76

천주　128, 172

천진암　132~33

철학　278

첨단 기술 개발　271

청조　53

체원　38~40

체제 부정　144

체험　364

초세계적 신의 카리스마　168

최시형　165, 180~81

최재석　258

최제우　105, 160

──의 계시 체험　165

최창현　139

최필공　139

최후 심판　149

총체적 위기　343

축자 영감설　238, 360, 367

충(忠)　99~100, 256

충효　258

카리스마　72

카톨릭과 정토 불교　149

칼빈 286~87
──주의 114~15
캄보디아 14
켈러 Charles Roy Keller 224
쿠에넨 A. K. Kuenen 210
쿵후재 50

타일란드 14
타일러 E. B. Tylor 210
탈숙련화 과정 290
탈주술화 176
태극 72, 75~76, 184
태조 왕건 25
태평성세 75
텐부룩 F. H. Tenbruck 118~
 19, 207~08
토지 개혁 61~62
──과 불교 사원 62
통일 신라 15, 40, 55
특혜 재벌 316
티벳 14
틸레 C. P. Tiele 209

파견 예언자 Sendungsprophet
 105, 166
파슨즈 T. Parsons 277~78
판단력 신장 271
팔관회 27
평신도 공동체 71, 120
── 조직 13
포이에르바하 209
풍수지리설 26

프란체스코 선교사 131
프로테스탄트 윤리 204, 211,
 281~88
──와 자본주의 정신 268,
 270, 275, 281
프로테스탄트의 업적 120
프로테스탄티즘의 윤리 292
프린스턴 신학교 226
피조물 286
하나님의 의지 286
하날님 167
하늘(天) 75
하늘과 합일과 세계 지배 89
 ~90
하늘의 뜻(天命) 75
학벌 체제 327
한국 개신교의 사고 구조 유형
 205~06
한국 기업 관료 조직 344
──체의 특성 331~38
한국 기업에서 직무 직위 337
한국의 신유교적 가치 293
한국 자본주의 267, 314, 316
── 의 구조적 취약점 343
한국적 자본주의 288
한국 카톨릭 교회 105
한나라 시대 52
한슨 Eric O. Hanson 127
한울 183
한일 국교 정상화 315
합리성의 비합리적 차원 282
합리적 관료제 252

합법칙적 측면　273
해인사　39
행위자의 동기　333
헌트 Everett Nichols Hunt
　225
혁명 이론　64
현실 탐구 과학　211, 269～70,
　271, 273～75, 277, 279
──자　268
혈연 관계　98
혈연주의 덩어리　332
혈통의 종교 Stammesreligionen
　119
형식 및 목적 합리성　281
형식주의적 비인격성　334
형식 합리성　260

──의 조건　306
형식 합리적 행위　249
호국 불교　25～33
──의 구원론　28～33
화정 사상　15
환상　20
환생 Wiedergeburt　20
──의 수레바퀴　19
황금률　77
효도 Kindespietät　77, 90～
　101, 103～04, 143, 254
효와 공공 윤리　99
효와 조상 제사　92～93
훈요십조　27～28
희생　364